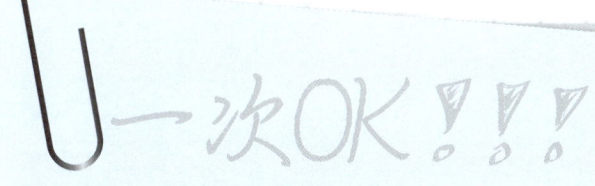

一次OK！！！

陳思緯◎編著

社會政策與社會立法（含概要）

2024 最新試題

 考用出版股份有限公司

目錄 Contents

應考須知 .... ⑦
準備要領 .... ㉒
本書使用說明 .... ㉔
歷屆試題分析 .... ㉚
命題大綱 .... ⑲
上榜心得 .... ㉓
100日讀書計畫 .... ㉘

第一章　社會政策與社會立法的基本概念 ★

重點1　社會政策與社會立法之基本概念 4
! 重點2　**社會福利之相關概念** 9

第二章　社會政策的福利意識型態與價值觀 ★★★★

重點1　社會福利的意識型態 22
重點2　社會政策的價值觀 42

第三章　社會政策的制定理論與決策模式 ★

重點1　社會政策制定理論 58
重點2　社會政策決策模式、分析方法 73

第四章　福利國家發展理論與模型 ★★★

重點1　福利國家發展理論 92
! 重點2　**福利國家發展模型** 108

第五章　福利國家的危機與轉型及全球化 ★

重點1　福利國家危機與轉型.................................134
重點2　全球化與新社會風險...................................149

第六章　臺灣社會政策與立法的發展脈絡 ★★

重點1　社會福利政策綱領、國際公約.........................162
!重點2　**社會安全網**..171

第七章　社會保險之政策與立法 ★★★★★

重點1　社會安全與社會保險...................................200
!重點2　**健康保險、年金保險**................................213

第八章　社會救助之政策與立法 ★★★★★

!重點1　**貧窮、社會救助**....................................232
!重點2　**社會津貼、資產脫貧**................................251

第九章　就業安全暨勞動福利之政策與立法 ★★★

重點1　勞動市場、工作福利...................................266
重點2　就業政策、社會企業...................................270

第十章　兒童及少年福利之政策與立法 ★★★★★

! 重點1　**兒童福利服務**..282
　重點2　兒少福利修法..290

第十一章　身心障礙者福利之政策與立法 ★★★★

　重點1　看待障礙者的觀點..306
! 重點2　**ICF、身障者就業**..311

第十二章　家庭及婦女與人口福利之政策與立法 ★★★★★

! 重點1　**家庭政策、家庭暴力**..324
! 重點2　**性別主流化、少子化**..338

第十三章　老人福利之政策與立法 ★★★★

　重點1　老化..354
　重點2　老人福利政策與方案..363

第十四章　原住民及婚姻移民福利之政策與立法 ★

　重點1　原住民..376
　重點2　新移民..380

第十五章　社會住宅與社區營造福利之政策與立法 ★

　　重點1　社會住宅..................................392
　　重點2　社區發展工作綱要、社區關懷據點...................395

第十六章　健康與醫療福利之政策與立法 ★

　　重點1　精神衛生、安寧緩和..................406
　！重點2　**長期照顧**..................412

第十七章　社會政策的人力及財力資源之政策與立法 ★★★

　　重點1　《社會工作師法》與人力、志願服務................430
　　重點2　公益勸募與公益彩券、社會服務契約................443

附　錄　歷屆試題　　　　　　　　　　　468

應考須知

一、應考資格

考試名稱	類科	應考資格
公務人員高等考試暨普通考試／特種考試地方政府公務人員考試	社會行政	一、公務人員高等考試三級考試、特種考試地方政府公務人員三等考試 （一）公立或立案之私立獨立學院以上學校或符合教育部採認規定之國外獨立學院以上學校各系、組、所畢業得有證書者。 （二）經普通考試或相當普通考試之特種考試及格滿三年者。 （三）經高等檢定考試及格者。 二、公務人員普通考試、特種考試地方政府公務人員四等考試 （一）公立或立案之私立高級中等學校畢業得有證書者。 （二）經初等考試或相當初等考試之特種考試及格滿三年者。 （三）經高等或普通檢定考試及格者。
	公職社會工作師	具有下列各款資格之一，並「領有社會工作師證書者」，及領有執業執照後受聘公私立機關（構）、立案之團體2年以上社會工作相關工作經驗證明文件者，得應本考試： 一、公立或立案之私立獨立學院以上學校或符合教育部採認規定之國外獨立學院以上學校各系、組、

考試名稱	類科	應考資格
		所、學位學程畢業得有證書者。 二、經普通考試或相當普通考試之特種考試及格滿3年者。 三、經高等檢定考試及格者。
專門職業及技術人員高等考試	社會工作師	一、公立或立案之私立專科以上學校或經教育部承認之國外專科以上學校社會工作科、系、組、所畢業，領有畢業證書者。 二、公立或立案之私立專科以上學校或經教育部承認之國外專科以上學校相當科、系、組、所畢業，領有畢業證書，曾修習社會工作（概論）或社會工作（福利）理論、人類行為（發展）與社會環境、社會個案工作、社會團體工作、社區組織與（社區）發展或社區工作、社會（工作）研究方法或社會及行為研究法或社會調查與研究、社會福利概論或社會福利通論、社會福利行政（與立法）或社會工作管理、社會政策與（社會）立法、社會工作（福利）實習或實地工作、社會工作方法或臨床社會工作或醫療社會工作、高等社會工作或高等社會個案工作或高等社會團體工作或高等社會社區工作或進階社會工作或進階社會個案工作或進階社會團體工作或進階社會社區工作、社會工作督導、非營利組織（經營）管理或社會服務機構（行政）管理或方案規劃與評估、社會政策分析或比較社會政策、家庭政策或家庭（福利）服

考試名稱	類科	應考資格
		務或家庭社會工作、社會福利（服務）或兒童福利（服務）或青少年福利（服務）或老人福利（服務）或身心障礙者福利（服務）或婦女福利（服務）等學科至少7科，合計20學分以上，每學科至多採計3學分，其中須包括社會工作（福利）實習或實地工作，有證明文件者。 三、中華民國90年7月31日前，經公立或立案之私立專科以上學校或經教育部承認之國外專科以上學校社會政策與社會工作、青少年兒童福利、兒童福利、社會學、社會教育、社會福利、醫學社會學等科、系、組、所畢業，領有畢業證書者。 四、中華民國89年12月31日前，具有國內公立或立案之私立或經教育部承認之國外大學或獨立學院以上非社會工作相關學系畢業，有國內社會工作實務經驗2年以上，並領有中央主管機關審查合格之證明文件者。 五、中華民國95年7月31日前，具有國內已設立10年以上之宗教大學或獨立學院之社會工作相關科系畢業，有國內社會工作實務經驗2年以上，並領有中央主管機關審查合格之證明文件者。

考試名稱	類科	應考資格
		自中華民國102年1月1日起，中華民國國民具有下列資格之一者，得應本考試： 一、公立或立案之私立專科以上學校或經教育部承認之國外專科以上學校社會工作相當科、系、組、所、學位學程畢業，曾修習社會工作（福利）實習或實地工作，領有畢業證書者。所稱社會工作相當科、系、組、所、學位學程係指開設之必修課程包括下列五領域各課程，每一學科至多採計3學分，合計15學科45學分以上，且經考選部審議通過並公告者： (一) 社會工作概論領域課程2學科：包括 　　1. 社會工作概論。 　　2. 社會福利概論或社會工作倫理。 (二) 社會工作直接服務方法領域課程3學科，包括 　　1. 社會個案工作。 　　2. 社會團體工作。 　　3. 社區工作或社區組織與（社區）發展。 (三) 人類行為與社會環境領域課程4學科，包括 　　1. 人類行為與社會環境。 　　2. 社會學。 　　3. 心理學。 　　4. 社會心理學。

考試名稱	類科	應考資格
		（四）社會政策立法與行政管理領域課程4學科，包括 1. 社會政策與社會立法。 2. 社會福利行政。 3. 方案設計與評估。 4. 社會工作管理或非營利組織管理。 （五）社會工作研究法領域課程2學科，包括 1. 社會工作研究法或社會研究法。 2. 社會統計。 二、公立或立案之私立專科以上學校或經教育部承認之國外專科以上學校社會工作相關科、系、組、所、學位學程畢業，曾修習社會工作（福利）實習或實地工作，領有畢業證書，且其修習之課程符合前款規定之五領域課程，有證明文件者。 三、前二項實習或實地工作認定標準由考選部另定之。具有第一項各款資格之一者，限於中華民國105年12月31日以前，得應本考試。 ※102年以後畢業者，實習以課堂外實習為限，應至少實習二次且合計400小時以上。

考試名稱	類科	應考資格
公務人員特種考試原住民族考試	社會行政、社會工作	一、三等考試 中華民國國民具有「原住民」身分，年滿18歲者，且具有下列所列資格者，得應本考試： （一）公立或立案之私立獨立學院以上學校或符合教育部採認規定之國外獨立學院以上學校各系、組、所畢業得有證書者。 （二）經普通考試或相當普通考試之特種考試及格滿三年者。 （三）經高等檢定考試及格者。 二、四等考試 中華民國國民具有「原住民」身分，年滿18歲者，且具有下列所列資格者，得應本考試： （一）具有三等考試應考資格第一款資格者。 （二）公立或立案之私立高級中等學校畢業得有證書者。 （三）經初等考試或相當初等考試之特種考試及格滿三年者。 （四）經高等或普通檢定考試及格者。
公務人員特種考試身心障礙人員考試	社會行政	一、三等考試 中華民國國民領有由政府機關核發之「身心障礙手冊（或證明）或殘障手冊」，年滿18歲以上，且具有下列應考資格之一者，得應本考試：

考試名稱	類科	應考資格
		(一)公立或立案之私立獨立學院以上學校或符合教育部採認規定之國外獨立學院以上學校各系、組、所畢業得有證書者。 (二)經普通考試或相當普通考試之特種考試及格滿三年者。 (三)經高等檢定考試及格者。 二、四等考試 中華民國國民領有由政府機關核發之「身心障礙手冊（或證明）或殘障手冊」，年滿18歲以上，且具有下列應考資格之一者，得應本考試： (一)具有三等考試應考資格第一款資格者。 (二)公立或立案之私立高級中等學校畢業得有證書者。 (三)經初等考試或相當初等考試之特種考試及格滿三年者。 (四)經高等或普通檢定考試及格者。

備註：應考資格如有變更，以考選部最新公告為準。

二、考試科目

考試名稱	類科	考試科目
公務人員高等考試暨普通考試/特種考試地方政府公務人員考試	社會行政	一、公務人員高等考試三級考試、特種考試地方政府公務人員三等考試 1. ◎國文（作文與測驗） 2. ※法學知識與英文（包括中華民國憲法、法學緒論、英文） 3. ◎行政法 4. 社會福利政策與法規 5. 社會學 6. 社會工作 二、公務人員普通考試、特種考試地方政府公務人員四等考試 1. ◎國文（作文與測驗） 2. ※法學知識與英文（包括中華民國憲法、法學緒論、英文） 3. ※行政法概要 4. ◎社會工作概要 5. ◎社會政策與社會立法概要
	公職社會工作師	公務人員高等考試三級考試、特種考試地方政府公務人員三等考試： 一、公職社會工作師類科分二試舉行，第一試為筆試，第二試為個別口試。第一試錄取者，始得應第二試。第一試錄取資格不予保留。 二、公職社會工作師筆試成績占總成績70%，口試成績占總成績30%。 三、公職社會工作師類科免列考普通科目，應試專業科目如下： （一）社會工作實務

考試名稱	類科	考試科目
		（二）行政法、社會福利政策與法規
專門職業及技術人員高等考試	社會工作師	1. ◎國文（作文） 2. ◎社會工作 3. ◎社會政策與社會立法 4. ◎社會工作管理 5. ◎社會工作直接服務 6. ◎人類行為與社會環境 7. ◎社會工作研究方法

備註：
1. 科目前端有「※」符號者，係全部採測驗式試題。
2. 科目前端有「◎」符號者，係採申論式及測驗式之混合式試題。

備註：考試科目如有變更，以考選部最新公告為準。

三、考試日期

考試名稱	類科	預定辦理日期
公務人員普通考試	社會行政	約於每年7月舉辦。
特種考試地方政府公務人員考試四等考試	社會行政	約於每年12月舉辦。
專門職業及技術人員高等考試	社會工作師	每年舉辦1次,並視需要再辦1次。 1. 第1次:約於每年1～2月舉辦。 2. 第2次:約於每年7～8月舉辦。

備註:確定考試日期以考選部公告為準。

四、錄取率

※公務人員考試（社會行政類科）

年度／試種	報考人數	到考人數	錄取（及格）人數	錄取（及格）率
103 年高考	1,286	910	97	10.7%
103 年普考	1,945	1,456	110	7.6%
104 年高考	1,183	825	79	9.6%
104 年普考	1,734	1,314	140	10.7%
105 年高考	1,097	778	92	11.8%
105 年普考	1,442	1,039	100	9.6%
106 年高考	1,070	781	56	7.2%
106 年普考	1,469	1,135	53	4.7%
107 年高考	928	661	62	9.4%
107 年普考	1,277	930	92	9.9%
108 年高考	993	699	66	9.4%
108 年普考	1,345	973	111	11.4%
109 年高考	956	658	60	9.12%
109 年普考	1,228	914	92	10.07%
110 年高考	919	591	51	8.6%
110 年普考	1,287	852	126	14.8%
111 年高考	800	511	31	6.1%
111 年普考	1,068	763	36	4.7%
112 年高考	793	521	50	9.6%
112 年普考	1,018	691	106	15.3%

※專技社會工作師

年度	應考人數	到考人數	錄取（及格）人數	錄取（及格）率
103年第一次	4,487	3,133	348	11.1%
103年第二次	5,044	3,841	745	19.4%
104年第一次	3,943	2,765	280	10.1%
104年第二次	4,808	3,666	759	20.7%
105年第一次	4,209	3,057	330	10.8%
105年第二次	4,957	3,756	617	16.4%
106年第一次	2,398	1,840	143	7.7%
106年第二次	3,384	2,340	497	21.2%
107年第一次	2,367	1,660	606	36.5%
107年第二次	3,606	2,817	486	17.3%
108年第一次	2,632	1,997	535	26.8%
108年第二次	3,546	2,730	451	16.5%
109年第一次	2,794	2,085	260	12.5%
109年第二次	4,262	3,191	790	24.7%
110年第一次	2,891	2,068	282	13.6%
110年第二次	4,402	2,848	557	19.6%
111年第一次	2,742	1,759	530	30.1%
111年第二次	4,337	3,059	399	13.0%
112年第一次	2,956	2,050	703	34.3%
112年第二次	4,191	2,978	702	23.6%
113年第一次	3,344	2,368	355	15.0%

命題大綱

公務人員普通考試、特種考試四等考試
「社會政策與社會立法概要」

適用考試名稱	適用考試類科
公務人員普通考試	社會行政
特種考試地方政府公務人員考試四等考試	社會行政
公務人員特種考試原住民族考試四等考試	社會行政
公務人員特種考試身心障礙人員考試四等考試	社會行政
特種考試退除役軍人轉任公務人員考試四等考試	社會行政

專業知識及核心能力

- 認識社會政策的價值原則與社會政策制定的過程。
- 熟悉我國現行相關之社會政策和法規的內容,並能夠應用。
- 對人民經濟安全相關法規之理解,側重在社會救助與社會保險之相關法規。
- 應用相關法規於因應特定社會現象或案例之能力。
- 對福利服務各人口群相關法規之掌握,包括老人、兒少、婦女及家庭、身障者等相關法規。

命題大綱
```
命題大綱
├─ 社會政策部分
│   ├─ 社會政策立基之價值或原則
│   └─ 社會政策制定過程
│       ├─ 內在作用力
│       ├─ 國際作用力
│       └─ 我國社會政策發展、政策與立法制定的過程
└─ 社會立法部分
    ├─ 老人類：老人福利法、敬老福利生活津貼暫行條例
    ├─ 兒少類：兒童及少年福利與權益保障法、兒童及少年性剝削防制條例、少年事件處理法
    ├─ 婦女及家庭類：特殊境遇婦女家庭扶助條例、性騷擾防治法、性侵害犯罪防治法、家庭暴力防治法、性別工作平等法
    ├─ 身障類：身心障礙者權益保障法、精神衛生法
    ├─ 社會救助類：社會救助法
    ├─ 社會保險類：全民健康保險法、勞工保險條例、就業保險法
    └─ 其他：原住民敬老福利生活津貼暫行條例、老年農民福利津貼暫行條例、勞動基準法、就業服務法、職業訓練法、安寧緩和醫療條例、國民住宅條例、社會工作師法、人民團體法、志願服務法、公益勸募條例
```

＊備註：一、表列命題大綱為考試命題範圍之例示，惟實際試題並不完全以此為限，仍可命擬相關之綜合性試題。
　　　　二、表列之立法均含其施行細則與相關行政命令與解釋。
　　　　三、表列之立法得依法規增刪修訂做調整。

專門職業及技術人員高等考試社會工作師「社會政策與社會立法」

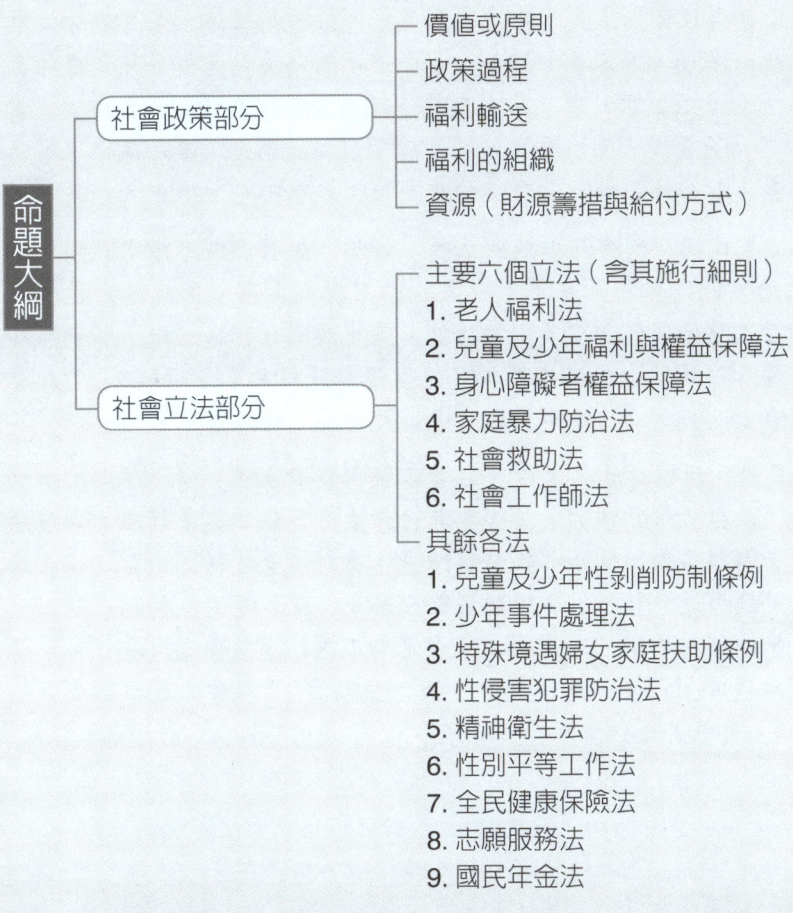

命題大綱

- 社會政策部分
  - 價值或原則
  - 政策過程
  - 福利輸送
  - 福利的組織
  - 資源（財源籌措與給付方式）

- 社會立法部分
  - 主要六個立法（含其施行細則）
    1. 老人福利法
    2. 兒童及少年福利與權益保障法
    3. 身心障礙者權益保障法
    4. 家庭暴力防治法
    5. 社會救助法
    6. 社會工作師法
  - 其餘各法
    1. 兒童及少年性剝削防制條例
    2. 少年事件處理法
    3. 特殊境遇婦女家庭扶助條例
    4. 性侵害犯罪防治法
    5. 精神衛生法
    6. 性別平等工作法
    7. 全民健康保險法
    8. 志願服務法
    9. 國民年金法

＊備註：表列各應試科目命題大綱為考試命題範圍之例示，惟實際試題並不完全以此為限，仍可命擬相關之綜合性試題。

準備要領

　　社會政策與社會立法是門靈活學科,可以說很好準備,易拿高分,也可以說,難以準備,不容易拿高分。分析這門學科為何具有如此多樣的面貌?因為「社會政策與社會立法」包含了「理論」、「政策」、「立法」、「實務」、「時事」等五個方面,彼此之間,環環相扣。因此,要於考場上解出漂亮的答案,就必須瞭解五個環節的重要性,缺一不可,得分立見高下。

　　理論,是建構一門學科知識的基礎;理論,讓我們在準備考試時,不會掛一漏萬,也是分析實務時不可或缺的引證。實務,是理論的實施場域,並對理論驗證與修正有反思的功能。考生於準備的過程中,務必熟讀理論,並將各法規的立法架構與內容建立清楚邏輯且充分理解後,「社會政策與社會立法」之功力定將大增,必能於考場上輕易奪取高分。

　　在此要特別提醒考生,準備「社會政策與社會立法」時,須同步加強解題經驗,以提升解題能力,編者為各位考生另外細心編著題庫,申論題採逐題提示解題方向,同時亦延伸提醒考生應該注意的相關考點,建立考生準備相關題型之完整性;測驗題採部分解析,除了讓考生辨別正確答案與錯誤答案的細微差距,且能同步建立清晰正確的選題觀念與技巧,使考生能在測驗題拿到高分,請參編者另著:陳思緯,《社會政策與社會立法搶分題庫》,考用出版公司。

給讀者的期勉:

　　　　名不顯時心不朽,再挑燈火看文章!

　　　　預祝各位　金榜題名!

　　　　　　　　　　　　　　　　　　　編者　陳思緯　敬上

上榜心得（榜首、錄取者經驗分享）

專技社會工作師上榜心得

每次講到社會政策與社會立法，以前在學校的時候，同學總是說，女生閃邊，這科是男生的強項（性別歧視啦……），雖然我在校時社會政策與社會立法不是特別地強，但也不致弱到被同學取笑，不過在真的參加社會工作師考試時，這才知道，真的要努力啦！

在考試的過程中，我發現：申論題部分，除了必須要有功力深厚的政策理論分析與論述能力外，也要能對各領域有透澈地瞭解，才有辦法寫出好的論述內容；而測驗題部分，除了考社會政策的基礎理論外，最常考的就是各領域的社會政策法規，而且一占就占50分（但這50分比申論題好拿，務必掌握，不要跟分數過意不去），法規的準備頂多就是多讀幾遍法條，但得融會貫通，而且要注重細節，膽大心細，就能有不錯的成績。

故於準備的過程中，我翻遍坊間所有的參考書，有的內容不是體系紊亂，就是未按主題整理，看了也跟著思緒混亂（不看還好，看了頭更暈，還懷疑自己是不是貧血呢？）；後來，藉著有考上的同學推薦，我選用陳思緯老師的書籍做後續準備，讀完真的是豁然開朗，任督二脈完全被打通。

準備祕訣在此公開：每個章節讀完之後，別急著進入下個章節，若手上有相關題庫書籍，建議讀完一章，就馬上練習，這樣的話不僅記憶深刻，也可立即知道自己哪個部分不清楚，以免讀到最後所有的觀念混在一起（而值得高興的是，作者有出版題庫書，如此倒是期待看到作者本尊，不過這可能性非常地小，他應該不會辦簽書會啦！）；就此基礎扎實準備一次（本書內文＋搶分題庫），然後再進入同樣的準備模式（第二次會覺得較為輕鬆），第三次就可以直接以題庫為主。事實證明，專技社會工作師所有的考科中，社會政策與社會立法是我得分最高分的科目，由於分數脫穎而出，也使我順利考上專技社會工作師。

以上是我的上榜心得，與大家分享。

專技社會工作師上榜生　吳○煙

本書使用說明

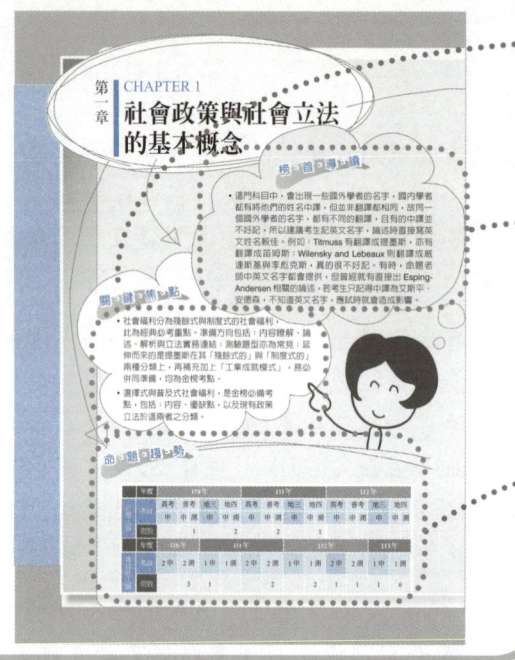

1. 關鍵焦點
提出本章最關鍵的考點,考生可以特別針對這個部分加強閱讀。

2. 榜首導讀
點出本章最關鍵的考點,考生可藉由前輩的提醒事項直接切入!

3. 命題趨勢
提出本章占各年度的考題數,考生可依命題趨勢分配閱讀時間。

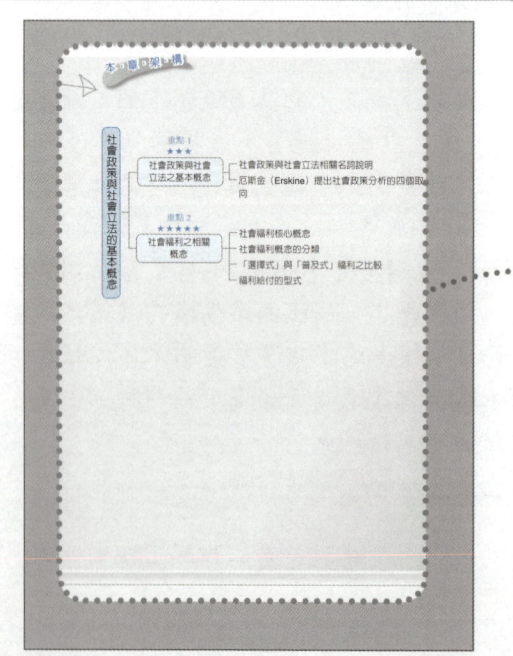

4. 本章架構
考生可以先了解本章概略的內容。

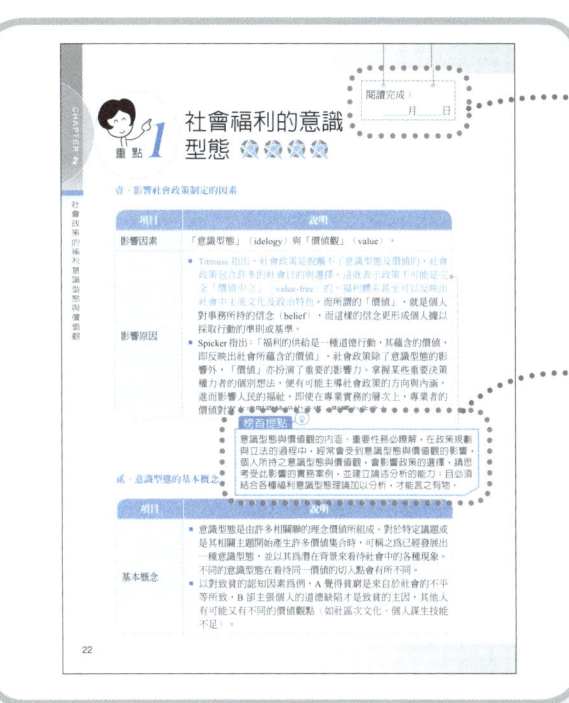

5. 閱讀完成日
可記錄唸完本章的時間，再次複習時以供參考。

6. 榜首提點
針對內文延伸出的重要觀念，或是老師提醒考生應該注意的地方，增進實力。

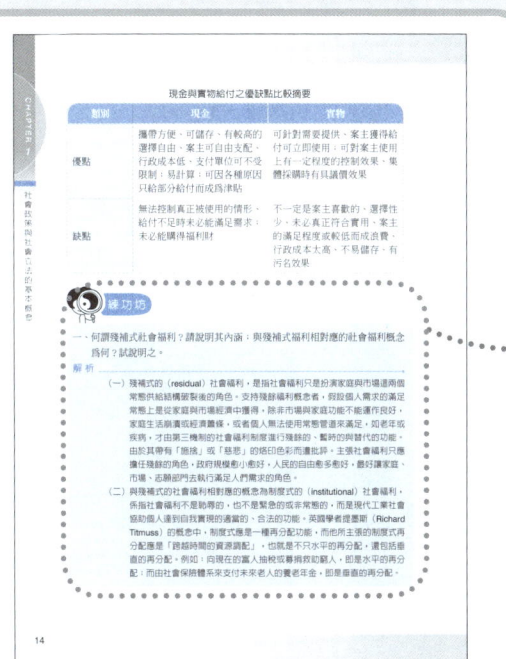

7. 練功坊
學習一段重要觀念後，馬上練習，增加記憶。

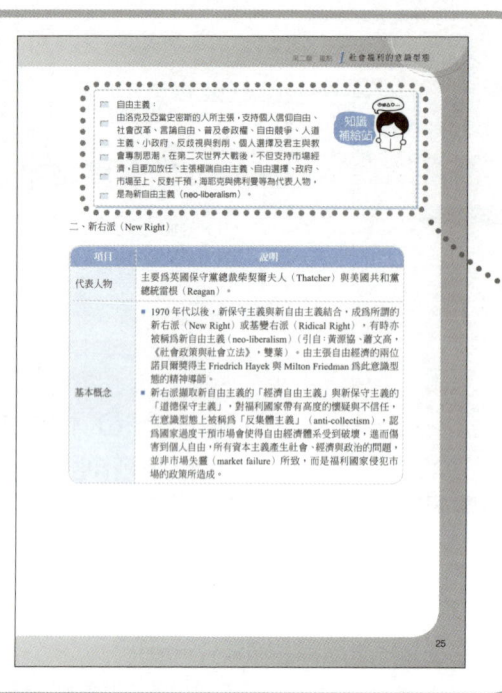

8. 知識補給站

針對內容較艱深的部分做例子補充或說明，考生一目瞭然。

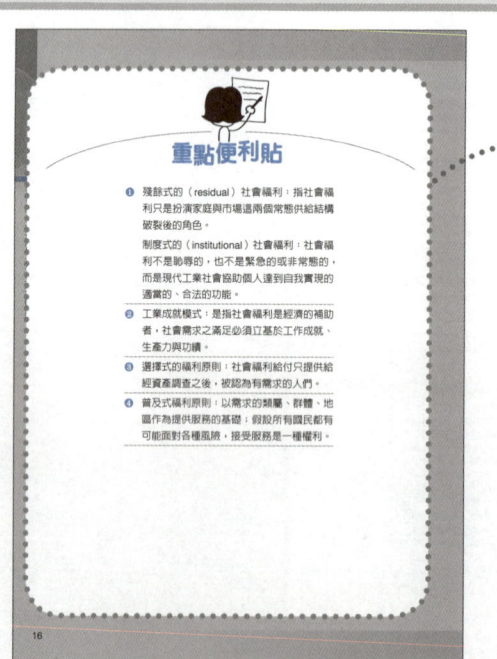

9. 重點便利貼

讀完本章，供考生最後再次瀏覽本章重點。

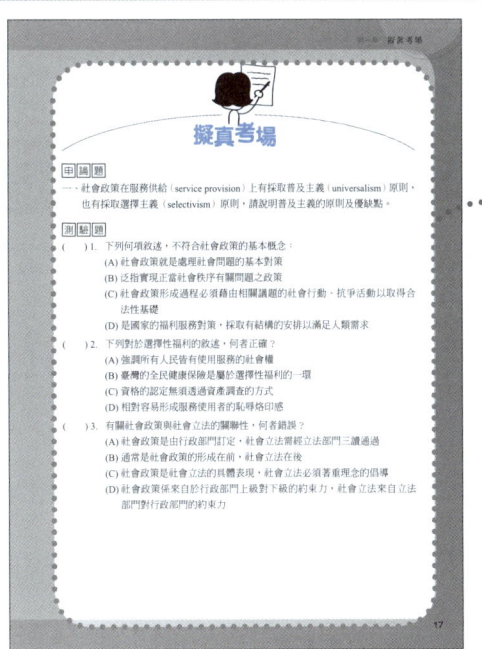

10. 擬真考場

章末附上相關試題,難題提供解析,加強記憶力。

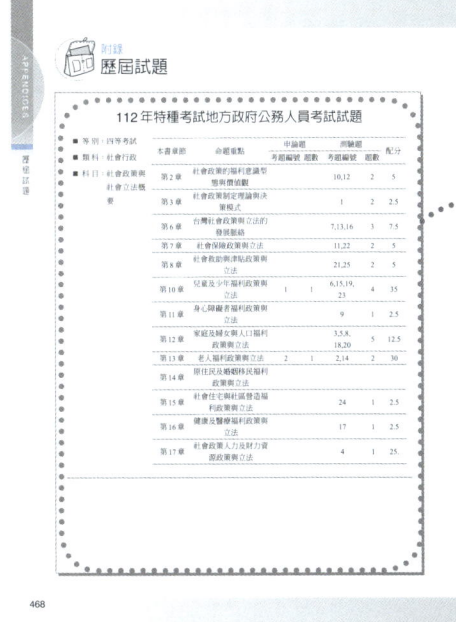

11. 歷屆試題

書末歷屆試題除供考生練習外,每題亦附上出題的章節,如有不清楚的地方,更可快速翻閱,進行閱讀。

100日讀書計畫

執行天數	範圍內容	重要性	時數	完成日期
第1天	第一章重點1	★★★	1	
第2天	第一章重點2	★★★★★	0.5	
第3-7天	第二章重點1	★★★★	8	
第8-9天	第二章重點2	★★	4	
第10-12天	第三章重點1	★★★	6	
第13天	第三章重點2	★★★	2	
第14-16天	第四章重點1	★★★	6	
第17-21天	第四章重點2	★★★★★	8	
第22-24天	第五章重點1	★★★	5	
第25天	第五章重點2	★★	2	
第26天	第六章重點1	★★★	2	
第27-29天	第六章重點2	★★★★★	6	
第30-31天	第七章重點1	★★★	6	
第32-38天	第七章重點2	★★★★★	10	
第39-45天	第八章重點1	★★★★★	8	
第46-47天	第八章重點2	★★★★★	4	
第48天	第九章重點1	★★	0.5	
第49-50天	第九章重點2	★★★	1.5	
第51-54天	第十章重點1	★★★★★	8	
第55-56天	第十章重點2	★★★★	3	

執行天數	範圍內容	重要性	時數	完成日期
第57天	第十一章重點1	★★★	2	
第58-60天	第十一章重點2	★★★★★	6	
第61-64天	第十二章重點1	★★★★★	8	
第65-68天	第十二章重點2	★★★★★	8	
第69-70天	第十三章重點1	★★★★	3	
第71-73天	第十三章重點2	★★★★	6	
第74天	第十四章重點1	★	0.5	
第75天	第十四章重點2	★★	1	
第76天	第十五章重點1	★	0.5	
第77-78天	第十五章重點2	★★★	2	
第79天	第十六章重點1	★★	1	
第80-81天	第十六章重點2	★★★★★	3	
第82-86天	第十七章重點1	★★★★	8	
第87-90天	第十七章重點2	★★★	8	
第91-100天	歷屆試題	★★★★★	10	

歷屆試題分析

※公務人員考試

考試年度 章節	110年 高考 申論題	110年 普考 申論題	110年 地三 測驗題	110年 地四 申論題	110年 地四 申論題	110年 地四 測驗題	111年 高考 申論題	111年 普考 申論題	111年 普考 測驗題	111年 地三 申論題
第1章：社會政策與社會立法之基本概念			1			2			2	
第2章：社會政策的福利意識型態與價值觀	1		2			1			2	
第3章：社會政策的制定理論與決策模式			1						2	
第4章：福利國家發展理論與模型							1			1
第5章：福利國家的危機與轉型及全球化			2	1						
第6章：臺灣社會政策與立法的發展脈絡及組織		1			1	1			1	
第7章：社會保險之政策與立法			1	1		2	1		1	
第8章：社會救助之政策與立法	1		3	1		5	1		2	
第9章：就業安全暨勞動福利之政策與立法			1			1			2	1
第10章：兒童及少年福利之政策與立法		1	5			5			3	1
第11章：身心障礙者福利之政策與立法			2	1				1	1	
第12章：家庭及婦女與人口福利之政策與立法	1		3		1	2			3	
第13章：老人福利之政策與立法			1			2			2	
第14章：原住民及婚姻移民福利之政策與立法								1		
第15章：社會住宅與社區營造福利之政策與立法									1	
第16章：健康及醫療福利之政策與立法	1		1			2	1		2	1
第17章：社會政策的人力及財力資源之政策與立法			2			2			1	
合計	4	2	25	4	2	25	4	2	25	4

111年地四		112年高考	112年普考		112年地三	112年地四		出題數合計			
申論題	測驗題	申論題	申論題	測驗題	申論題	申論題	測驗題	申論題	占申論題總出題數比率	測驗題	占測驗題總出題數比率
	1							0	0%	6	4%
	3			2			2	1	3%	12	8%
	3		1				1	1	3%	7	5%
								2	6%	0	0%
				1				1	3%	3	2%
							3	2	6%	5	3%
1	1	1		4			2	4	12%	11	7%
	2		1	2	1		2	5	15%	16	11%
	2			4				1	3%	10	7%
	4	1		4		1	4	4	12%	25	17%
	2	1		1	2		1	4	12%	7	5%
1	3	1		4			5	4	12%	20	13%
	2			1	1	1	2	2	6%	10	7%
								0	0%	0	0%
							1	0	0%	2	1%
	1			1			1	3	9%	8	5%
	1			1			1	0	0%	8	5%
2	25	4	2	25	4	2	25	34	100%	150	100%

※專技社會工作師考試

考試年度\章節	110 1申	110 1測	110 2申	110 2測	111 1申	111 1測	111 2申	111 2測
第1章：社會政策與社會立法之基本概念		1		3	1			2
第2章：社會政策的福利意識型態與價值觀		6		3		5	1	6
第3章：社會政策的制定理論與決策模式	1					2		2
第4章：福利國家發展理論與模型		4		2		1		1
第5章：福利國家的危機與轉型及全球化		3		5		7		5
第6章：臺灣社會政策與立法的發展脈絡及組織		2		1				1
第7章：社會保險之政策與立法		1		2		2		1
第8章：社會救助之政策與立法		5	1	3		2	1	2
第9章：就業安全暨勞動福利之政策與立法				2				2
第10章：兒童及少年福利之政策與立法	1	6	1	5		4		4
第11章：身心障礙者福利之政策與立法		3		3		3		3
第12章：家庭及婦女與人口福利之政策與立法		3		2	1	6		4
第13章：老人福利之政策與立法		1		3				3
第14章：原住民及婚姻移民福利之政策與立法						4		
第15章：社會住宅與社區營造福利之政策與立法								
第16章：健康及醫療福利之政策與立法		2		1		2		3
第17章：社會政策的人力及財力資源之政策與立法		3		5		2		1
合計	2	40	2	40	2	40	2	40

\multicolumn{4}{c	}{112}	\multicolumn{2}{c	}{113}	\multicolumn{5}{c	}{出題數合計}
1申	1測	2申	2測	1申	1測	申論題	占申論題總出題數比率	測驗題	占測驗題總出題數比率
	2	1	1	1	6	3	20%	15	5%
	4		4		9	1	7%	37	13%
	5		2	2		3	20%	11	4%
	2		2		1	0	0%	13	5%
1	3		8		2	1	7%	33	12%
	1					0	0%	5	2%
	2		2			0	0%	10	4%
	2		3		2	2	13%	19	7%
			1			0	0%	5	2%
	4		2		2	2	13%	27	10%
	3		3		3	0	0%	21	8%
1	7		6		5	2	13%	33	12%
	2	1	2		2	1	7%	13	5%
						0	0%	4	1%
						0	0%	0	0%
	2		2		4	0	0%	16	6%
	1		2		4	0	0%	18	6%
2	40	2	40	3	40	15	100%	280	100%

第一章 社會政策與社會立法的基本概念

CHAPTER 1

榜・首・導・讀

- 這門科目中，會出現一些國外學者的名字，國內學者都有將他們的姓名中譯，但並非翻譯都相同，故同一個國外學者的名字，都有不同的翻譯，且有的中譯並不好記，所以建議考生記英文名字，論述時直接寫英文姓名較佳。例如：Titmuss 有翻譯成提墨斯，亦有翻譯成笛姆斯；Wilensky and Lebeaux 則翻譯成威連斯基與李彪克斯，真的很不好記。有時，命題老師中英文名字都會提供，但曾經就有直接出 Esping-Andersen 相關的論述，若考生只記得中譯為艾斯平・安德森，不知道英文名字，應試時就會造成影響。

關・鍵・焦・點

- 社會福利分為殘餘式與制度式的社會福利，此為經典必考重點。準備方向包括：內容瞭解、論述、解析與立法實務連結；測驗題型亦為常見；延伸而來的是提墨斯在其「殘餘式的」與「制度式的」兩種分類上，再補充加上「工業成就模式」，務必併同準備，均為金榜考點。
- 選擇式與普及式社會福利，是金榜必備考點，包括：內容、優缺點，以及現有政策立法於這兩者之分類。

命・題・趨・勢

<table>
<tr><td rowspan="4">公務人員</td><td>年度</td><td colspan="4">110年</td><td colspan="4">111年</td><td colspan="4">112年</td></tr>
<tr><td rowspan="2">考試</td><td>高考</td><td>普考</td><td>地三</td><td>地四</td><td>高考</td><td>普考</td><td>地三</td><td>地四</td><td>高考</td><td>普考</td><td>地三</td><td>地四</td></tr>
<tr><td>申</td><td>申</td><td>申 測</td><td>申 測</td><td>申</td><td>申 測</td><td>申</td><td>申 測</td><td>申</td><td>申 測</td><td>申</td><td>申 測</td></tr>
<tr><td>題數</td><td></td><td>1</td><td colspan="2">2</td><td></td><td>2</td><td></td><td>1</td><td></td><td></td><td></td><td></td></tr>
</table>

<table>
<tr><td rowspan="3">專技社工師</td><td>年度</td><td colspan="2">110年</td><td colspan="2">111年</td><td colspan="2">112年</td><td colspan="2">113年</td></tr>
<tr><td>考試</td><td>2申</td><td>2測</td><td>1申</td><td>1測</td><td>2申</td><td>2測</td><td>1申</td><td>1測</td><td>2申</td><td>2測</td><td>1申</td><td>1測</td></tr>
<tr><td>題數</td><td colspan="2">3</td><td>1</td><td></td><td colspan="2">2</td><td>2</td><td>1</td><td>1</td><td>1</td><td>1</td><td>6</td></tr>
</table>

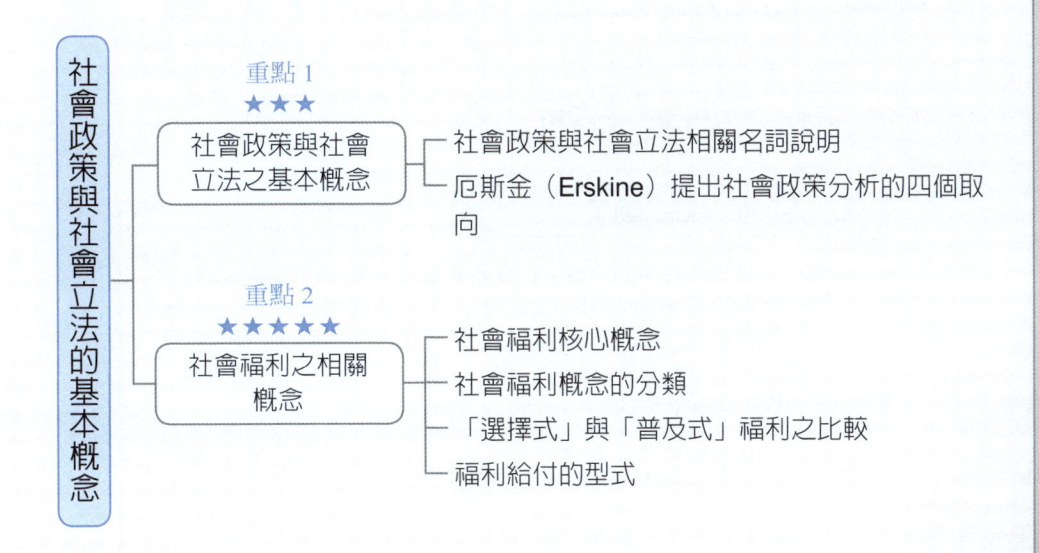

本·章·架·構

社會政策與社會立法的基本概念
- 重點1 ★★★ 社會政策與社會立法之基本概念
  - 社會政策與社會立法相關名詞說明
  - 厄斯金（Erskine）提出社會政策分析的四個取向
- 重點2 ★★★★★ 社會福利之相關概念
  - 社會福利核心概念
  - 社會福利概念的分類
  - 「選擇式」與「普及式」福利之比較
  - 福利給付的型式

重點 1 社會政策與社會立法之基本概念

閱讀完成：____月____日

壹、社會政策與社會立法相關名詞說明

1. 社會政策（social policy）

- 我國社會工作辭典的定義：社會政策是國家或政黨為達成某種目標，所確立的某些基本原則或方針。而社會福利政策，則為解決或預防社會問題，以維持社會秩序並謀求人民福利，所確立的基本原則或方針。廣義的社會政策，即是國家政策；狹義的社會政策，即是社會福利政策。

2. 社會立法（social legislation）

- 狹義的社會立法：著眼於解決與預防社會問題，用以保護處於經濟劣勢狀況下的一群弱者的生活安全制度所制定的社會法規，諸如社會救助立法、勞工保護立法。
- 廣義的社會立法：著眼於增進社會大眾的福利，用以改善大眾生活及促進社會進步發展所制定的有關法規，諸如衛生保健法、國民就業立法、國民住宅立法。

3. 社會政策與社會立法

- 社會政策與社會立法兩者，是為了解決或預防社會問題，進而謀求社會大眾的福利，具有密不可分的關係。
- 簡言之，社會政策是社會立法的原則或方針，而社會立法則是社會政策的法制化或條文化。

4. 社會行政（social administration）

- 社會政策重在目標的抉擇，及其制定過程。也就是如何選擇可以影響人民福利的政策，及此一政策如何被制定。社會行政旨在研究各種提供社會服務的人群組織和正式結構，及其間的選擇。社會行政重在討論如何把社會服務輸送到需求者手上的過程，其間包括三個主要的任務：規劃、管理與執行。

5. 社會服務（social services）

- 社會服務在英國稱為「個人社會服務」（personal social services），在美國稱為「人群服務」（human services），在臺灣則稱為「福利服務」（welfare services）。個人社會服務指的是那些因為個人或社會環境影響，而導致有特殊需求的人口群所提供的服務，如老人、身障者、兒童等。

6. 社會安全（social security）

- 社會安全是社會以集體的行動來保障個人對抗所得的不足。
- 社會安全的類型：
  (1) 繳保費的給付：也就是社會保險，由被保險人與雇主（有時包括國家）先繳保費，一定期限後，俟保險事故發生，如老年、疾病、生育、傷殘、殘災與失業時，可請領給付。
  (2) 資產調查給付：就是社會救助或公共救助，請領給付者一定要經過資產或所得調查，其資產或所得低於規定水準以下，不足部分才由給付補足。
  (3) 普及的非繳保費與非資產調查的事故給付：即只要是國民遇到某種法定社會事故，如生育、單親家庭、身心障礙者均可分別領取家庭津貼，以及身心障礙津貼等。這些統稱社會津貼（social allowance）。

7. 社會福利（social welfare）

- 社會福利為「一種國家的方案、給付與服務體系，以協助人民滿足其社會、經濟、教育與健康需求，此乃社會維持的基礎。」

8. 福利國家（welfare state）

- 威廉斯基（Wilensky）對「福利國家」界定為：「政府保障每一個國民的最低所得、營養、健康、住宅、教育之水平，對國民來說，這是一種政治權利，而非慈善。」進一步說，福利國家意即所得再分配，以及強調給年輕人均等的機會。

上榜關鍵 ★★★
請瞭解福利國家的定義，往後論述福利意識型態與福利國家發展理論時，才能建立清楚的概念。

榜首提點
社會安全的類型，無論是申論題或測驗題，均是重要考點；尤其更要進一步研讀各類型之內涵，充分區辨各類型之不同。

知識補給站

社會安全的類型：

類型	說明
1. 繳保費的給付（contributory benefits）	■ 這是一般慣稱的社會保險。由被保險人與雇主，或政府先繳保險費，一定期限後，俟保險事故發生，如老年、疾病、生育、死亡、傷殘、職災、失業、失能等，可請領相關給付。 ■ 亦即為社會保險，由被保險人與雇主（有時包括國家）先繳保費，一定期限後，俟保險事故發生，如老年、疾病、生育、傷殘、殘災與失業時，可請領給付。
2. 資產調查的給付（meanstested benefits）	■ 這是所謂的社會救助（social assistance），或公共救助（public assistance）。請領給付者必須先經過資產調查或所得調查，其資產所得低於規定水準以下，不足部分才由社會救助給付補足。 ■ 亦即為社會救助或公共救助，請領給付者一定要經過資產或所得調查，其資產或所得低於規定水準以下，不足部分才由給付補足。
3. 普及的非繳保費與非資產調查之事故或分類給付	■ 這是指國民因為某種法定事故，如生育、身心障礙、失能、老年等，而由國家發給津貼，補償其損失。如因生育造成家庭教養兒童的負擔，而有兒童津貼或家庭照顧津貼；因家庭成員嚴重身心障礙而造成家庭照顧負擔沉重而有失能者照顧津貼等。

類型	說明
	■ 通常社會津貼是社會保險不涵蓋的項目，才以津貼形式發給。例如：有老年年金保險的國家，就不再有老年津貼之發放；有失業保險的國家，就不再有失業津貼，而只保留失業救助。即只要是國民遇到某種法定社會事故，如生育、單親家庭、身心殘障者均可分別領取家庭津貼，以及身心障礙者津貼等。這些統稱社會津貼（social allowance）。

貳、厄斯金（Erskine）提出社會政策分析的四個取向。

一、**社會議題（social issues）**：社會政策常為了回應或探究當前的社會議題。例如：隨著人口結構老化，家庭規模改變，衡量國家未來可能面臨之衝擊，為了避免老年人口缺乏照顧，政府便著手規劃長期照顧政策，或是採行鼓勵婦女生育的社會政策，以增加新世代人口數，避免社會安全體系崩解。

二、**社會問題（social problems）**：這是最傳統的社會政策產出來源，目的在找出解決問題之道。例如：有貧窮現象，我們就需要社會救助政策；有失業問題，我們就會制定對付失業的社會政策等。

三、**社會群體（social groups）**：亦即社會政策是在滿足特定人口群的需求。例如：老人、兒童、遊民或失業者等，因此，我們可能會看到老人福利政策、兒少福利政策、身心障礙者權益保障政策等。

四、**社會服務（social services）**：這裡的社會服務指的是福利的項目。例如：大家所熟知的全民健康保險政策、國民年金政策、居家服務政策、社區照顧政策等。

上榜關鍵 ★★
測驗題考點。

練功坊

一、試說明社會安全制度的類型。

解析

社會安全體系可分為三種類型，說明如下：
(一) 繳保費的給付（contributory benefits）：這是一般慣稱的社會保險。由被保險人與雇主，或政府先繳保險費，一定期限後，俟保險事故發生，如老年、疾病、生育、死亡、傷殘、職災、失業、失能等，可請領相關給付。
(二) 資產調查的給付（means-tested benefits）：這是所謂的社會救助或公共救助。請領給付者必須先經過資產調查，或所得調查，其資產所得低於規定水準以下，不足部分才由社會救助給付補足。
(三) 普及的非繳保費與非資產調查之事故或分類給付：這是指國民因為某種法定事故，如生育、身心障礙、失能、老年等，而由國家發給津貼，補償其損失。假設因生育造成家庭教養兒童的負擔，而有兒童津貼或家庭照顧津貼；假設因家庭成員嚴重身心障礙造成家庭照顧負擔沉重，而有失能者照顧津貼等。通常社會津貼是社會保險不涵蓋的項目，才以津貼形式發給。例如：有老年年金保險的國家，就不再有老年津貼之發放；有失業保險的國家，就不再有失業津貼，而只保留失業救助。

練功坊

(　) 1. 在社會安全的福利方案中，以提供均等現金給付給特定目標人口群，不考慮其所得、就業與財產的制度設計是屬於下列那一類？
(A) 社會保險
(B) 社會救助
(C) 社會津貼
(D) 社會資本

解析

(C)。「社會津貼」指的是提供均等現金給付給特定目標人口群，不考慮其所得、就業與財產，惟領取資格通常有居住設籍的規定，大部分財源來自政府的稅收。

重點 2 社會福利之相關概念

閱讀完成：＿＿＿月＿＿＿日

壹、社會福利核心概念

核心概念	說明
1. 社會福利是「國家」的	■ 指的是它不是私人的，或是個別的，而是公共的、集體的。但是，並不是說社會福利的規劃與執行一定排除私人或民間的。如果由國家提供的福利，稱之為「國家福利」（state welfare），或者美國人所說的「公共福利」（public welfare）。 ■ 在公共福利之外，還是有一些福利由志願部門（voluntary）（如宗教、社團），以及營利部門（市場或個人開業）所提供，都應該算入社會福利的範圍內。
2. 社會福利包括方案、給付與服務體系	社會福利體系包含的不只是給錢、給衣物、食米、棺材等救濟，還包括了提供服務（社會工作、法律、醫療、護理、教育、心理等），更重要的是，它是有計畫、持續的行為。
3. 目的是協助人民滿足其社會、經濟、教育與健康等需求	社會福利無意取代人民靠自身及家庭所能滿足的需求，而是協助其滿足需求。協助的範圍從替代、補充到支持。個人一生中無可避免的社會事故，因此社會福利的協助勢不可免。
4. 社會福利是社會維持的基礎	■ 人民滿足了社會、經濟、教育與健康的需求，才可能維持社會進步與穩定，這也是為何左派學者認為社會福利的功能是資本累積與政權合法化。也就是社會福利被由資本家所掌握的政府用來安撫勞工、穩定社會，以有利於經濟發展，而促使資本累積更快速；同時，國家也藉社會福利來獲得選民的支持。因此，歐費才說：「其矛盾在於資本主義不能與福利國家並存，也不能沒有福利國家而自存。」

核心概念	說明
	■ 歐費之意思是說資本主義體制是反對社會福利的，因為社會福利主張所得再分配、公平與社會正義，是花錢、花人力的事業，但是，資本主義體制為了要活下去，不得不推行社會福利，因為沒有社會福利，勞資對立更嚴重，社會不安，社會成本提高。

貳、社會福利概念的分類

（Titmuss，提墨斯的分類）

> **榜首提點**
> 此為經典必考重點，準備方向包括：內容瞭解、論述、解析與立法實務連結。

類型	說明
1. 殘餘（補）式的（residual）	■ 指社會福利只是扮演家庭與市場這兩個常態供給結構破裂後的角色。支持殘餘福利概念者，假設個人需求的滿足常態上是從家庭與市場經濟中獲得，除非市場與家庭功能不能運作良好，家庭生活崩潰或經濟蕭條，或者個人無法使用常態管道來滿足，如老年或疾病，才由第三機制的社會福利制度進行殘餘的、暫時的與替代的功能。由於其帶有「施捨」或「慈悲」的烙印色彩而遭批評。1935年美國社會安全法案通過後，才有改觀，不過，殘餘（補）式福利仍是美國的基調。 ■ 殘餘（補）式福利的概念認為未經資產調查，而提供現金或實物給求助者，在道德上說不過去。社會福利只應擔任殘餘的角色，政府規模愈小愈好，人民的自由愈多愈好，最好讓家庭、市場、志願部門去執行滿足人們需求的角色。讓人們憑理性與良知在民營市場裡自由地運作其生產與消費，不需讓那些「不知道什麼才是最好的」大小官僚來干擾市場的運作，這就是殘餘（補）式福利的道德論。這種福利的主張在臺灣仍是廣受各界歡迎的。
2. 制度式的（institutional）	■ 指社會福利本身就是現代工業社會常態的第一線功能。社會福利不是恥辱的，也不是緊急的或非常態的，而是現代工業社會協助個人達到自我實現的適當的、合法的功能。

類型	說明
	■ 英國學者提墨斯（Richard Titmuss）的概念中，制度式應是一種再分配功能，而他所主張的制度式再分配應是「跨越時間的資源調配」，也就是不只水平的再分配，還包括垂直的再分配。例如：向現在的富人抽稅或募捐救助窮人，即是水平的再分配；而由社會保險體系來支付未來老人的養老年金，即是垂直的再分配。
3. 工業成就模式（industrial achievement-performance）	■ 提墨斯在其「殘餘式的」與「制度式的」兩種分類上，再補充加上「工業成就模式」，是指社會福利是經濟的補助者，社會需求之滿足必須立基於工作成就、生產力與功績，這個模式相近於俾斯麥模式。更精確的說，這個模式是歐洲大陸社會安全制度的基石，義大利人稱之為「功績特殊模式」（meritocratic particularistic model）或侍女模式（handmaiden model）。 ■ 工業成就模式，是指社會福利是經濟的補助者，社會需求之滿足必須立基於工作成就、生產力與功績。社會福利是經濟的補助者，社會需求的方案立基於工作成就。不同生產力與功績的群體被歸類在不同的保險方案中。本模式主張社會政策附屬於經濟政策，福利給付用於激勵生產，個人的社會經濟滿足，應依其本身的貢獻、工作表現及生產的多寡，社會政策輔助經濟政策，用於激勵及酬償個人的成就或表現。

參、「選擇式」與「普及式」福利之比較

> **榜首提點**
> 本部分為金榜考點。申論題及測驗題均是。

一、選擇式的福利

項目	說明
原則	1. 以個人資產多寡作為提供服務的資格要件，社會福利給付只提供給經資產調查之後，被認為有需求的人們。 2. 服務提供的對象是透過資產調查後決定個人需求的滿足，如社會救助。 3. 資產調查的功能 　（1）認定非就業人口的所得水準，以決定是否吻合所得維持方案所認定的最低生活水準。 　（2）認定誰需要負擔固定的費用或租金，以取得服務。

項目	說明
	（3）決定誰可以取得免費公共服務或給付的資格，其他人則必須自費在私人市場購買服務或給付，或付費購買公共服務或給付。 （4）決定普及式的服務的折扣優惠，例如：退稅。
優點	1. 效果較好：服務提供聚焦在有需求的人身上，較不會浪費資源。 2. 成本較低：能將每一分錢均花在刀口上。不需要服務的人均被排除在服務之外，在財政的限制下，較能符合節省成本的原則。
缺點	1. 不能回應人民的需求。 2. 烙印低收入人民或低下階級。 3. 無法回應環境變遷所創造出的立即需求。 4. 政治上難以永續。 5. 行政成本高。 6. 不具所得重分配效果。 7. 缺少鼓勵工作的誘因。

二、普及式的福利

項目	說明
原則	1. 以需求的類屬、群體、地區作為提供服務的基礎，只要同一類屬，如經濟安全、就業；同一群體，如兒童、老人、身心障礙者；相同的地區，如教育優先區，則可取得相同的服務。 2. 假設所有國民都有可能面對各種風險，接受服務是一種權利。
優點	1. 較能適當回應不同人口群的基本社會需求：例如：兒童與少年普遍需要教育與照顧，老人普遍需要健康照顧、經濟安全、公共教育等，就不需要再資產調查，才確認其個人需求。 2. 較能關照到人的尊嚴與社會凝聚：因為每個人均能公平地得到福利，就不會有人被標籤化、差辱或汙名化。 3. 較能回應人們的立即需求：因為資產調查常是定期辦理，因此，有急迫需求，如失業、單親、疾病、未成年懷孕、家庭暴力等事件隨時發生，這些需求無法等待資產調查後才認定。

項目	說明
	4. 政治上的有利：福利對象基於包容原則照顧到全體國民，自然較容易獲得人民的支持。
5. 行政成本較低：減少耗費時間與人力在資產調查行政上，也減少因人民通過資格與否的紛爭。
6. 達到所得重分配的效果：特別是由稅收作為普及的福利財源，所得較高的中、上階層繳較多的稅，用來移轉所得較低的家戶，自然有較高的所得重分配效果。
缺點	資源容易被浪費，引發不必要的福利需求效應。

肆、福利給付的型式

上榜關鍵 ★★
申論題、測驗題考點。

一、現金

提供民眾自行到自由市場購買所需，如年金。優點是自由，獲得福利給付的民眾可以自由選擇所需的財貨，但對於給付者而言，則有使用者無法充分運用之疑慮。

二、實物與服務

實務指的是實際的物品，如食物。服務，如教育。優點是能確保及限制福利使用者的使用，較不會有浪費及分配上的偏差。相對地，限制福利使用者選擇的自由，其感受到效用會降低。除了有形、具體可見的物資外，各項福利服務及社會工作專業服務亦屬之。

三、代券

代券（或抵用券、證明單）可說是介於實物與現金之間的綜合產物。通常由福利給付單位發給福利需求者，需求者持代券向特定的商店領取或兌換實物或獲得服務，而提供服務的單位再憑代券向發出代券的福利單位請求付款。代券仍具有自由市場的特性，而具有現金給付的優點，代券被 Gilbert 和 Terrell 喻之為「能平衡社會控制與消費者選擇的工具」。

四、回溯式核退給付

回溯式核退給付，是指政府先給予給付的同意，並告知福利使用給付使用規定，而由福利使用者先行支付福利消費的費用，再由福利使用者憑著支付單據申請全額費用或部分費用。回溯式給付因如同現金給付般，可由消費者（或使用者）自行購買，而具較高的自由，並沒有實物給付的各種儲存及分配成本，且可以部分杜絕福利欺騙及誤用而獲得重視。

現金與實物給付之優缺點比較摘要

類別	現金	實物
優點	攜帶方便、可儲存、有較高的選擇自由、案主可自由支配、行政成本低、支付單位可不受限制；易計算；可因各種原因只給部分給付而成為津貼	可針對需要提供、案主獲得給付可立即使用；可對案主使用上有一定程度的控制效果、集體採購時有具議價效果
缺點	無法控制真正被使用的情形、給付不足時未必能滿足需求、未必能購得福利財貨	不一定是案主喜歡的、選擇性少、未必真正符合實用、案主的滿足程度或較低而成浪費、行政成本太高、不易儲存、有污名效果

練功坊

一、何謂殘補式社會福利？請說明其內涵；與殘補式福利相對應的社會福利概念為何？試說明之。

解析

(一) 殘補式的（residual）社會福利，是指社會福利只是扮演家庭與市場這兩個常態供給結構破裂後的角色。支持殘餘福利概念者，假設個人需求的滿足常態上是從家庭與市場經濟中獲得，除非市場與家庭功能不能運作良好，家庭生活崩潰或經濟蕭條，或者個人無法使用常態管道來滿足，如老年或疾病，才由第三機制的社會福利制度進行殘餘的、暫時與替代的功能。由於其帶有「施捨」或「慈悲」的烙印色彩而遭批評。主張社會福利只應擔任殘餘的角色，政府規模愈小愈好，人民的自由愈多愈好，最好讓家庭、市場、志願部門去執行滿足人們需求的角色。

(二) 與殘補式的社會福利相對應的概念為制度式的（institutional）社會福利，係指社會福利不是恥辱的，也不是緊急的或非常態的，而是現代工業社會協助個人達到自我實現的適當的、合法的功能。英國學者提墨斯（Richard Titmuss）的概念中，制度式應是一種再分配功能，而他所主張的制度式再分配應是「跨越時間的資源調配」，也就是不只水平的再分配，還包括垂直的再分配。例如：向現在的富人抽稅或募捐救助窮人，即是水平的再分配；而由社會保險體系來支付未來老人的養老年金，即是垂直的再分配。

練功坊

( ) 1. 下列何者是基於「殘補式」（residual model）的社會福利觀點所建構的福利制度？
　　(A) 國民年金　　　　　　　(B) 全民健康保險
　　(C) 勞工保險　　　　　　　(D) 特殊境遇婦女的生活扶助

解析

(D)。社會保險均屬於制度性的社會福利，選項 (A)、(B)、(C) 均屬社會保險制度。

( ) 2. Wilensky, H. L. 和 Lebeaux, C. N. 於 1958 年提出之社會福利制度的模式為何？
　　(A) 殘補式模式（residual model）與制度式模式（institutional model）
　　(B) 俾斯麥（Bismarck）模式與貝佛理奇（Beveridge）模式
　　(C) 福利多元主義模式與福利混合模式
　　(D) 全民式模式與選擇式模式

解析

(A)。Wilensky and Lebeaux 社會福利的二分法：「殘補」的福利相對於「制度」的福利。「殘補模式福利」是指社會福利制度的產生只扮演常態結構——家庭與市場破敗後的補救措施；「制度模式福利」則是視福利服務為現代工業社會中，扮演常態的第一線的功能。

重點便利貼

❶ 殘餘式的（residual）社會福利：指社會福利只是扮演家庭與市場這兩個常態供給結構破裂後的角色。

制度式的（institutional）社會福利：社會福利不是恥辱的，也不是緊急的或非常態的，而是現代工業社會協助個人達到自我實現的適當的、合法的功能。

❷ 工業成就模式：是指社會福利是經濟的補助者，社會需求之滿足必須立基於工作成就、生產力與功績。

❸ 選擇式的福利原則：社會福利給付只提供給經資產調查之後，被認為有需求的人們。

❹ 普及式福利原則：以需求的類屬、群體、地區作為提供服務的基礎；假設所有國民都有可能面對各種風險，接受服務是一種權利。

擬真考場

申論題

一、社會政策在服務供給（service provision）上有採取普及主義（universalism）原則，也有採取選擇主義（selectivism）原則，請說明普及主義的原則及優缺點。

測驗題

(　) 1. 下列何項敘述，不符合社會政策的基本概念：
　　(A) 社會政策就是處理社會問題的基本對策
　　(B) 泛指實現正當社會秩序有關問題之政策
　　(C) 社會政策形成過程必須藉由相關議題的社會行動、抗爭活動以取得合法性基礎
　　(D) 是國家的福利服務對策，採取有結構的安排以滿足人類需求

(　) 2. 下列對於選擇性福利的敘述，何者正確？
　　(A) 強調所有人民皆有使用服務的社會權
　　(B) 臺灣的全民健康保險是屬於選擇性福利的一環
　　(C) 資格的認定無須透過資產調查的方式
　　(D) 相對容易形成服務使用者的恥辱烙印感

(　) 3. 有關社會政策與社會立法的關聯性，何者錯誤？
　　(A) 社會政策是由行政部門訂定，社會立法需經立法部門三讀通過
　　(B) 通常是社會政策的形成在前，社會立法在後
　　(C) 社會政策是社會立法的具體表現，社會立法必須著重理念的倡導
　　(D) 社會政策係來自於行政部門上級對下級的約束力，社會立法來自立法部門對行政部門的約束力

解析

申論題

一、普及主義（universalism）的福利，其原則及優缺點說明如下：
（一）原則
1. 以需求的類屬、群體、地區作為提供服務的基礎，只要同一類屬，如經濟安全、就業；同一群體，如兒童、老人、身心障礙者；相同的地區，如教育優先區，則可取得相同的服務。
2. 假設所有國民都有可能面對各種風險，接受服務是一種權利。

（二）普及主義福利的優點
1. 較能適當回應不同人口群的基本社會需求：例如：兒童與少年普遍需要教育與照顧，老人普遍需要健康照顧、經濟安全、公共教育等，就不需要再資產調查，才確認其個人需求。
2. 較能關照到人的尊嚴與社會凝聚：因為每個人均能公平地得到福利，就不會有人被標籤化、羞辱或汙名化。
3. 較能回應人們的立即需求：因為資產調查常是定期辦理，因此，有急迫需求，如失業、單親、疾病、未成年懷孕、家庭暴力等事件隨時發生，這些需求無法等待資產調查後才認定。
4. 政治上的有利：福利對象基於包容原則照顧到全體國民，自然較容易獲得人民的支持
5. 行政成本較低：減少耗費時間與人力在資產調查行政上，也減少因人民通過資格與否的紛爭。
6. 達到所得重分配的效果：特別是由稅收作為普及的福利財源，所得較高的中、上階層繳較多的稅，用來移轉所得較低的家戶，自然有較高的所得重分配效果。

（三）普及主義福利的缺點
資源容易被浪費，引發不必要的福利需求效應。

測驗題

1. C 社會政策並非均會透過社會行動或社會抗爭等形成。
2. D 選項 (A)，選擇性福利係針對特定人口所提供的福利服務；選項 (B)，全民健保係普及性的社會福利；選項 (C)，選擇性福利資格的認定，通常須經過資產調查。
3. C 社會立法的是社會政策的具體表現。

Note.

第二章 | CHAPTER 2
社會政策的福利意識型態與價值觀

榜・首・導・讀

- 本章是本科最重要的基礎，出題類型上，除了意識型態的論述或相互比較外，最常出現的就是與各章各種政策與立法相結合，故考題類型以混合型態的題型出現居多。
- 許多考生對於個別領域社會立法如有一定程度的瞭解，答題得分差異不大，但在加入意識型態與價值觀的混合題型時，得分差異立見高下。

關・鍵・焦・點

- 社會政策脫離不了意識型態及價值，其中包含許多的社會目的與選擇，這就表示政策不可能完全「價值中立」（value-free），福利體系亦可以反映出社會中主流文化及政治特色。因此，意識型態與價值觀的內涵、重要性務必瞭解。請思考受此影響之實務案例，並建立論述分析的能力；且必須結合各種福利意識型態理論加以分析，才能言之有物。

命・題・趨・勢

公務人員	年度	110年				111年				112年			
	考試	高考	普考	地三	地四	高考	普考	地三	地四	高考	普考	地三	地四
		申	申	測	申	測	申	申	測	申	測	申	申	測
	題數	1		2		2			2		3	2		2

專技社工師	年度	110年			111年			112年			113年	
	考試	2申	2測	1申	1測	2申	2測	1申	1測	2申	2測	1申	1測
	題數	3		5	1	6		4		4		9

本·章·架·構

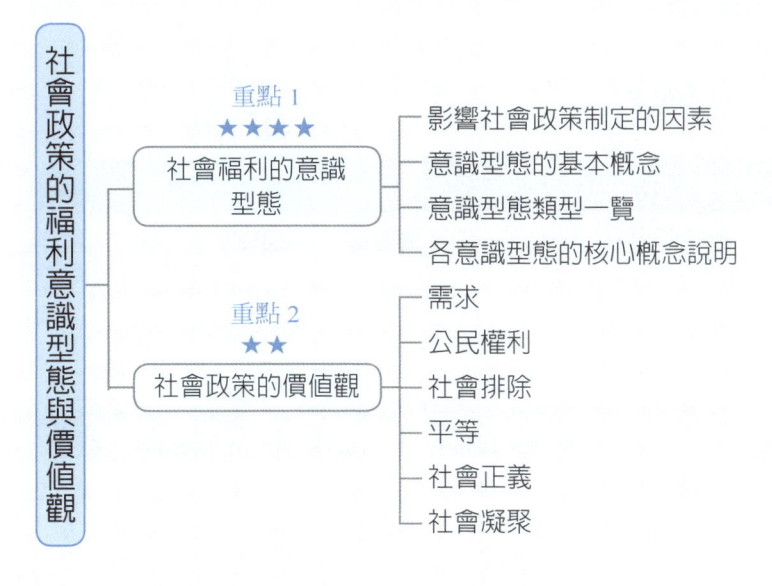

社會政策的福利意識型態與價值觀
- 重點 1 ★★★★ 社會福利的意識型態
  - 影響社會政策制定的因素
  - 意識型態的基本概念
  - 意識型態類型一覽
  - 各意識型態的核心概念說明
- 重點 2 ★★ 社會政策的價值觀
  - 需求
  - 公民權利
  - 社會排除
  - 平等
  - 社會正義
  - 社會凝聚

重點 1 社會福利的意識型態 ★★★★

閱讀完成：＿＿月＿＿日

壹、影響社會政策制定的因素

項目	說明
影響因素	「意識型態」（idelogy）與「價值觀」（value）。
影響原因	■ Titmuss指出，社會政策是脫離不了意識型態及價值的，社會政策包含許多的社會目與選擇，這就表示政策不可能是完全「價值中立」（value-free）的，福利體系甚至可以反映出社會中主流文化及政治特色。而所謂的「價值」，就是個人對事務所持的信念（belief），而這樣的信念更形成個人據以採取行動的準則或基準。 ■ Spicker指出：「福利的供給是一種道德行動，其蘊含的價值，即反映出社會所蘊含的價值」，社會政策除了意識型態的影響外，「價值」亦扮演了重要的影響力。掌握某些重要決策權力者的個別想法，便有可能主導社會政策的方向與內涵，進而影響人民的福祉，即使在專業實務的層次上，專業者的價值對案主或服務輸送的承諾，影響力非常大。

榜首提點

意識型態與價值觀的內涵、重要性務必瞭解，在政策規劃與立法的過程中，經常會受到意識型態與價值觀的影響，個人所持之意識型態與價值觀，會影響政策的選擇，請思考受此影響的實務案例，並建立論述分析的能力；且必須結合各種福利意識型態理論加以分析，才能言之有物。

貳、意識型態的基本概念

項目	說明
基本概念	■ 意識型態是由許多相關聯的理念價值所組成。對於特定議題或是其相關主題開始產生許多價值集合時，可稱之為已經發展出一種意識型態，並以其為潛在背景來看待社會中的各種現象。不同的意識型態在看待同一價值的切入點會有所不同。 ■ 以對致貧的認知因素為例，A覺得貧窮是來自於社會的不平等所致，B卻主張個人的道德缺陷才是致貧的主因，其他人有可能又有不同的價值觀點（如社區次文化、個人謀生技能不足）。

項目	說明
福利意識型態（welfare ideologies）	■ 是關於社會福利的價值體系與信念，社會中的個人依此來理解、描繪、發展社會福利，但並非該社會只有一種福利價值體系與信念，而是指該價值體系與信念被視為比其他更正確與優越而被接受。 ■ 意即國家要提供何種福利給誰，受到該國社會福利意識型態的影響很深。

參、意識型態類型一覽

意識型態類型一覽

1. 保守主義（Conservatism）
2. 新右派（New Right）
3. 馬克思主義（Marxism）
4. 社會民主觀點（Social Democracy Perspective）
5. 中間路線（Middle Way）
6. 第三條路（Third Way）／新中間路線（New Middle Way）
7. 女性主義（Feminism）
8. 社群主義（Communitarianism）

上榜關鍵

由此觀點思考我國各種社會福利政策之制定，即可明瞭我國社會政策受福利意識型態的影響很深。

肆、各意識型態的核心概念說明

一、保守主義（Conservatism）

項目	說明
代表人物	保守主義流行於 1930～1940 年代的英國，保守黨是其主要代言人。
基本概念	■ 保守主義基本主張是個人要為自己負責，政府介入人民生活愈少愈好，改變並非必要的。 ■ 主要特徵： 1. 抗拒變遷：認為變遷帶來的好處比其帶來的麻煩少，如果沒有破壞，何須修補。 2. 對人性悲觀假設：認為貪婪、自私、懶惰、假慈悲是人性的本質，如果有福利，人人都想要，提供福利的就是笨蛋。 3. 人人應自我依賴：認為人們應該認真工作以養活自己，根本不需要別人幫助。 4. 尊重傳統：認為傳統帶給社會繁榮穩定，歷史與文化的智慧才是值得學習的。據此推崇權威與父權。 5. 國家介入家庭教育與教養：尊崇家庭價值，因此主張國家應該介入家庭維繫與教育，讓家庭支持其成員。
演變趨勢	保守主義在 1950 年代以後，基於很強的國家主義傳統，逐漸接受社會保守主義（social conservatism）的修正，支持公平、有限度的福利、經濟成長與政治穩定、適度干預個人行為、家庭與宗教維護、尊重階層與服從權威、追求紀律的社會，這就是新保守主義（neo-conservatism），反對社會主義主張的社會正義，也反對自由主義的自由。

上榜關鍵 ★

保守主義基本主張是個人要為自己負責，政府介入人民生活愈少愈好，改變並非必要的，為基礎觀念。

> **知識補給站**
>
> 自由主義：
> 由洛克及亞當史密斯的人所主張，支持個人信仰自由、社會改革、言論自由、普及參政權、自由競爭、人道主義、小政府、反歧視與剝削、個人選擇及君主與教會專制思潮。在第二次世界大戰後，不但支持市場經濟，且更加放任、主張極端自由主義、自由選擇、政府、市場至上、反對干預，海耶克與佛利曼等為代表人物，是為新自由主義（neo-liberalism）。

二、新右派（New Right）

項目	說明
代表人物	主要為英國保守黨總裁柴契爾夫人（Thatcher）與美國共和黨總統雷根（Reagan）。
基本概念	■ 1970年代以後，新保守主義與新自由主義結合，成為所謂的新右派（New Right）或基變右派（Ridical Right），有時亦被稱為新自由主義（neo-liberalism）（引自：黃源協、蕭文高，《社會政策與社會立法》，雙葉）。由主張自由經濟的兩位諾貝爾獎得主 Friedrich Hayek 與 Milton Friedman 為此意識型態的精神導師。 ■ 新右派擷取新自由主義的「經濟自由主義」與新保守主義的「道德保守主義」，對福利國家帶有高度的懷疑與不信任，在意識型態上被稱為「反集體主義」（anti-collectism），認為國家過度干預市場會使得自由經濟體系受到破壞，進而傷害到個人自由，所有資本主義產生社會、經濟與政治的問題，並非市場失靈（market failure）所致，而是福利國家侵犯市場的政策所造成。

項目	說明
	■ 新右派將炮火對準過去左派政黨的不當公共支出所帶來的危機，及政府科層過大且缺乏效率所產生的政府失靈（state failure），並致力於削減福利國家，包括推動各項國營事業及福利服務的民營化，對企業或資本家進行減稅、實行公共行政改革等，並將政府的福利供給角色縮到最小，避免過度干預市場。 ■ 新右派除了擷取自由放任主義的觀點之外，新右派更融合了「公共選擇理論」的分析，嘗試將傳統的經濟分析運用在政治市場上，其強調若企業試圖將其利潤極大化，那麼政治家試圖讓自己的選票極大化，而政府科層人員則嘗試將其預算極大化。如此論述之下，政府的科層將會如脫韁野馬般愈來愈巨大，因而此理論認為政府體質應重新設計，以控制公共支出的成長，特別是將市場中的各種技術運用到政府部門內，讓政府運作更有效率。
對凱因斯福利國家（Keynesian Welfare State）的批判重點	**1. 福利國家是反經濟的**：因為它傷害了資本主義市場經濟的投資誘因與工作誘因。 **2. 福利國家是不具生產性的**：它鼓勵龐大的公部門官僚體系出現，迫使資本與人力遠離具生產性的私部門經濟，且國家壟斷僱用工人於不具生產性的公部門服務，導致私部門工資上漲。 **3. 福利國家是無效率的**：公部門壟斷福利的提供，創造與贊助一個特殊利益的部門（指社會服務），引導出一個無效率的服務輸送體系、違反市場是以生產者利益為優先的法則。政府愈擴大介入人民生活的範疇，失敗機會愈大。 **4. 福利國家是無效果的**：即使已經投入龐大的資源，福利國家方案仍然無法消除貧窮與剝削。 **5. 福利國家是專制的**：藉由建構一個弱化人民的官僚體系，聲稱福利國家是為了保護人民而存在，而遂行剝奪公民自由，進行國家控制與操弄。 **6. 福利國家是反自由的**：福利部門強制地提供服務，拒絕人民選擇的自由。沉重與累進的稅制幾近充公人民財產。

> **榜首提點**
> 新右派是福利意識型態常見的考點，著重在基本概念及其主張，以及對福利國家的批判，相關觀點唯有扎實準備，才能完整論述。

三、馬克思主義（Marxism）

> **上榜關鍵** ★
> 馬克思主義的核心概念為階級鬥爭。

項目	說明
代表人物	馬克思
基本概念	■ 馬克思將社會分成兩種結構：基礎（base）與超結構（或譯為上層結構）（superstructure），基礎結構指的是社會的經濟基礎，包括生產力量（productive forces）（如工具、機器、知識）與生產關係（productive relations）（即所有權體系），這是社會秩序的最重要元素。 ■ 超結構依賴基礎結構與法律、政治與文化體系的內涵，據此，超結構反映了基礎結構的本質。 ■ 資本主義的生產模式具有剝削與衝突支配的本質。剝削關係是因為生產工具被少數資本家所擁有，藉由生產體系極大化其利益，沒有生產工具的工人就成為被剝削者。衝突是因為工人要求提高工資與工作條件，這違背資本家的利益，階級衝突於是產生，這種階級衝突與剝削在資本主義社會裡是本質上無法避免的。
對福利國家的看法	1. 福利國家是一種社會控制： （1）認為國家是統治階級的有組織機器，為資本家效命，是沒有自主性的。例如：警察、軍隊及監獄等，是鎮壓的國家機器，而教會、家庭教育體系等，則是意識型態的國家機器。馬克思認為，國家最終將只是「統治階級的管理委員會」。 （2）馬克思主義者認為社會福利是為了要鞏固當權者或資本階級的執政基礎，並消弭群眾的不滿，使其成為「包著糖衣的毒藥」，讓人民形成一種「虛假意識」，而進行社會控制。最有名的例子，就是19世紀末德國鐵血宰相俾斯麥所推行的社會保險，其目的是為了防止廣大的無產階級倒向共產黨，避免其威脅到德意志帝國的穩定。 （3）福利國家為了社會控制所形成的集中式行政科層與專業形式，為了認定自己符合福利服務之提供，案主通常必須證明自己有這項「需求」，而且是「值得」幫助的，因此，必須順從社會的主流經濟、政治與文化的標準。例如：失業者須願意接受另一份工作（通常比原來的差），才能享有失業的福利，福利國家成為一種交換裝置，它用物質的利益與有需要的人交換他們對於「道德秩序」的順從。

項目	說明
	2. 福利國家本身充滿矛盾關係： （1）認為福利國家的發展是一種社會形成的矛盾。歐康納（O'Connor）認為福利國家面對兩個基本且互相矛盾的功能：資本累積（accumulation）與合法性（legitimation）。國家一方面須提供福利與利益俾利私人獲利，但又必須增進資本主義的社會接受度，他認為兩者是不可能同時達成的。因為忽略了資本主義資本累積功能必然使得資本家的獲利較低，苦了經濟成長率，但少了合法性，必然傷害到國家的公眾形象，降低國家統治的正當性。社會服務因此被整合入資本主義體系裡，扮演拯救經濟與政治的生存，但是，為了擴大社會服務的結果，必然造成國家財政的危機。 （2）歐康納從馬克思的經濟分類觀點，將國家支出分成「社會資本」（social capital）與「社會費用」（social expensive）兩種形式。「社會資本」的支出目的是為了促進資本累積，「社會費用」則是用於獲取國家的合法性，不過這種支出卻會帶來財務危機，因為政府的財務支出往往較收益來得快速，使得國家在收支之間產生結構性的落差。 （3）歐康納認為，某些教育支出構成了社會投資，由於它提升了勞動生產力；而某些則非如此。社會保險方案有助於勞動力的再生產（即社會消費），另一方面，「對貧民的所得補助有助於安撫與控制剩餘人口」（即社會費用）。

上榜關鍵 ★★
務必清楚社會資本與社會費用之內涵，測驗題考點。

上榜關鍵 ★★
歐康納的資本累積與合法性觀點，務必要懂。

項目	說明
馬克思主義學者的主張	■ 歐康納： 歐康納的國家支出形式。 **歐康納的國家支出形式** | 形式分類	說明
1. 社會資本（social capital）	■ 其支出是為了滿足獲利性的私人累積，屬於一種間接性產生的利益。 ■ 社會資本又可分為兩種形式： 1. 社會投資（social investment）：指增加勞動力生產的方案或服務，例如：國家所出資的工業發展園區。 2. 社會消費（social consumption）：指減少再生產（reproduction）成本的方案或服務，例如：社會保險。
2. 社會費用（social expensive）	指為增進和諧的方案或服務，其增加國家合法性的功能，例如：專為失業勞工所設計的福利體系。 | ■ 歐費（Offe）： **歐費對資本主義的觀察** |	說明
資本主義是組成的三個次體系	經濟體系、政治／行政體系、社會文化體系
次體系運作說明	資本家提供國家財政來源（稅收），國家必須回報，給予成長與累積的維持，然後，國家使用這些財源來支撐社會福利體系，以贏取公民的效忠。因此，社會福利被整合進入有組織的資本體系裡運作，但是，由於高的社會支出與稅率，使資本主義總是處在累積的風險裡。然而，沒有社會福利，人民是會推翻國家的，資本主義就無法取得合法性，因此，其矛盾在於「資本主義無法與福利國家共存，但也不能沒有福利國家。」	

> **上榜關鍵** ★★
> 請再詳讀說明內之各舉例，俾利測驗題選答。

四、社會民主觀點（Social Democracy Perspective）

項目	說明
代表人物	以英國的費邊社（Fabian Society）及瑞典的社會民主黨為代表。另德國的社會民主黨及法國的社會黨等均是。
基本概念	■ 社會民主觀點（Social Democracy Perspective）或稱民主社會主義（Democratic Socialism），在意識型態左右光譜上，是屬於中間偏左的。 ■ 本觀點之所以稱為「民主」，代表的是政府所獲得的權威來自於人民，而「社會」則表示一種集體的行動，不論它是出於互助或為了共同的目標。
主要支派	<table><tr><th>支派</th><th>說明</th></tr><tr><td>1. 漸進論者（gradualists）</td><td>主張透過團結的力量，發展國家與地方政府的社會民主，即可促成社會正義，例如：瑞典在過去60年來所發展出來的社會民主。社會民主觀點是屬於「漸進論者」。</td></tr><tr><td>2. 革命論者（revolutionaries）</td><td>此觀點認為，在資本主義的內部矛盾下，政治經濟將遭受毀壞，最後形成社會主義的國家或社會，甚至發展成全球性的秩序，資本主義經濟與競爭性的個人主義將使革命到來，最明顯的例子就是1917年的蘇聯、1948年的中國及1958年的古巴。</td></tr></table>
核心理念	1. 認知到資本主義的產生，對勞工階級產生嚴重的壓迫性結果，但並非像馬克思主義者所稱，勞工階級的地位將愈來愈不利，甚至許多勞工階級的情況有所改善，因而主張資本主義是能夠加以改革的。 2. 整個資本主義的階級結構並非馬克思主義者所稱日漸兩極化——資本家與勞工兩種階級，反而應該是逐漸走向差異化，許多中產階級已開始增加。 3. 一個改革過的資本主義能持續成長而不會產生危機，透過持續的經濟成長，社會將愈來愈進步。 4. 議會民主制度有助於控制經濟的力量，非理性的市場將讓位給有計畫的行政管理。

上榜關鍵 ★★★
核心理念及對福利國家的看法，務必要懂。

項目	說明
對「福利國家」的看法	1. 福利國家可以消弭社會的不幸或匱乏。 2. 某些社會福利可以刺激經濟,對國家經濟繁榮可說是一種投資。例如:社會安全的支出除可消弭貧窮外,亦可使人民手中有錢,因而刺激消費、需求及生產。 3. 對教育的支持不僅充實兒童的能力,更重要的是,它是促使社會更加平等的工具。 4. 可以促進利他精神以及社會的整合。 5. 可以補償社會進步所帶來的反福利(diswelfare),例如:對失業者的補償。 6. 可以減少水平或垂直的不平等。
理論整體看法	在消滅資本主義所帶來的不平等上,政府所採的普及性或是制度式的福利,成為社會民主觀點所認同的核心機制,透過所得重分配的方式,減少日漸產生的對立,並形成和諧的社會,這可以看出其對政府具備較正向的看法,並對於資產調查式的選擇性福利產生較高的懷疑。

五、中間路線(Middle Way)

項目	說明
代表人物	中間路線最早由洽茲(Childs)提出用來描述瑞典的社會民主黨的社會政策。
基本概念	■ 洽茲認為社會民主模式的社會政策不具有顯著的社會主義意識型態與方略,也擺脫資本主義的自由市場經濟掛帥,因此,是一種改革的、務實的、後意識型態的政策,洽茲稱此種政策為「中間路線」。中間路線強調為了社會穩定與秩序必須發展社會福利。穩定與秩序是社會生活的基礎,國家有責任保護它,據此說中間路線是務實的,並不為過。現在,所稱的中間路線,則用來代表介於瑞典制度式福利的福利國家,以及其他採取西方殘補式福利國家之間的取向。

上榜關鍵 ★★★
瞭解中間路線的相關內涵後,才能進一步地瞭解新中間路線的核心精神,因此基礎概念之建立不可或缺。

項目	說明
	■ 中間路線認為市場體系是組織經濟的最佳方式，但須加以管理，且其所產生的後果亦應進行控制並作補償，因此，此觀點相信政府能夠管理資本主義，但卻不認為政府有能力去創造一個理想的社會，它亦可說是反集體主義者，但卻不像新右派那般憎恨國家，這亦表示他們想在經濟與社會政策間取得一個平衡。 ■ 社會福利的供給應以實用為取向，而非要大量供給或取消，甚至能夠採取福利混合經濟（mixed economy of welfare），鼓勵公司部門一起合作。且強調個人必須先盡義務才可享有權利，而非像新右派過度注重經濟政策，以及社會民主觀點過度強調社會政策。
核心理念	1. 認為市場體系並非總是最完美的經濟與社會生活方式。人類社會應該在不被管制資本主義與無限的集體主義之間，找到一種新的可能。 2. 政府行動可以修正某些資本主義的社會後果。例如：組織社區以達成公共目的和促成社會與經濟正義，以及保護個人。 3. 平衡經濟與社會政策。社會政策不應臣服於經濟政策之下，必須有自己的主張。 4. 支持機會均等式的社會均等。 5. 主張一個國家，而非一國二制，避免階級戰爭出現。 6. 社會進步不可能從市場競爭的不福利中獲得。國家有責促進社會進步。

六、第三條路（Third Way）／新中間路線（New Middle Way）

項目	說明
代表人物	■ 1993年美國民主黨總統柯林頓。 ■ 1997年英國新工黨首相布萊爾：受到紀登斯的影響，英國新工黨揚棄過去老工黨所著重的社會民主觀點，改強調其中間偏左的政治路線以取回政權，並自稱是一種「社會民主的更新」，其特色就如布萊爾所言，是結合了對經濟效益與社會公平的承諾，雖然布萊爾的第三條路比紀登斯的主張，在道德、家庭與社區責任上，更趨近於保守主義，但是，紀登斯的第三條路仍然被英國新工黨奉為圭臬。

項目	說明
基本概念	■ 第三條路，亦稱為新中間路線，指的是在社會民主主義與新自由主義中間，屬於中間偏左的意識型態。 ■ 1990年代全球化的趨勢愈來愈明顯，立基於福特主義工業社會的傳統凱因斯福利國家，被認為無法解決全球化的新風險社會問題，例如：失業、貧富差距擴大、彈性工時、部分工時、工會密集度下降、社會夥伴關係鬆懈、移民大量進入工業國家、國家導致的社會傾銷等社會現象，在新自由主義的強力倡導下，歐洲福利國家有被拋棄的疑慮。 ■ 英國社會學者紀登斯（Giddens）在討論《超越左派右派》時，即已點出找尋第三條路的可能性與必要性。在《第三條路》一書中，紀登斯顯然試圖超越老式的社會民主主義（左派）與新自由主義（右派），找到第三條路，且仍根植於社會民主。 ■ 第三條路與早期的「中間路線」可以說是相當接近，亦期望在社會民主與新右派中間找尋出路，特別是在經濟全球化的情況下所提出的革新之道，又被稱為「新中間路線」。 ■ 紀登斯在福利國家或是社會福利的探討上，強調的是建立一個社會投資國家（social investment state），以擺脫過去社會民主過度強調經濟安全與所得重分配，以及新右派僅關心財富競爭與創造的二個極端，政府的角色應放在人力資源與基礎設施之投資上，國家與公民社會（civil society）中的各單位必須發展成夥伴關係，在如此的社會之下，社會福利變成一種積極式的福利，盡可能的對人力資本進行投資，以增加人民的就業能力，而不是直接給予人民經濟上的協助，亦即「無責任即無權利」。 ■ 第三條路的意識型態，是要在左派政府干預的社會主義與完全放任的自由資本主義之外，找尋第三種可能。換言之，第三條路超越左派與右派，它不同於左派的是，不鼓勵直接的經濟補助，而強調積極的人力投資；它不同於右派的是，主張國家積極干預，強調社會福利對於減少人生風險與貧窮的必要性。

榜首提點
主要代表學者為紀登斯，且必須瞭解其意識型態的光譜所在位置，此為重要觀念。

榜首提點
社會投資國家是新中間路線的核心概念，相關內涵務必清楚，此為重要考點。

項目	說明
核心理念	根據紀登斯的說法，第三條路的核心理念包括CORA：社區（community）、機會（opportunity）、責任（responsibility）及責信（accountability），其社會政策內涵，包括如下：

	說明
1. 包容的平等	平等不只是社會的均等，而是更積極的包容社會的所有成員，例如：不同的種族、性別、年齡、職業與階級等，這是歐洲流行的社會包容（social inclusion）概念對抗社會排除（social exclusion）。
2. 有限度的功績主義	功績主義是「能者多拿」，更流行的話是「贏者全拿」，結果，資源分配更趨於不均。「付出愈多，報償愈多」固然符合市場經濟原則，但不應是判斷社會生活的唯一標準。有些社會貢獻是難以用利潤衡量的，例如：女性的家庭照顧、社工的社會問題預防與處置。因此，功績主義只應有限度的被採用來處理社會政策議題。
3. 市民社會的更新	是指強化政府與民間的夥伴關係，鼓勵社區參與公共事務，以及分權化，讓公共事務不再只是政府的事，也不再依賴中央政府來指示。
4. 積極的福利	指不要一方面把社會福利壓縮在社會救助的範疇裡，另一方面又指責社會福利造成財政負擔、人民懶惰、福利依賴；而是將社會福利的投資與就業促進、族群融合、性別平等、區域正義與社會團結等扣緊，將個人責任、家庭自助、社會互助與國家照護相結合。積極福利的具體展現，就是社會投資的國家。

榜首提點

請務必清楚新中間路線的核心概念，要能完整論述；我國在大溫暖社會福利套案之方案說明中，亦引用了第三條路的相關概念。

說明		
		說明
	5. 社會投資的國家	國家盡可能以人力資本的投資，取代直接的金錢補助。換句話說，社會福利與就業、教育應密切配合。不要把社會福利制度的設計只用來保障最低生活標準（經濟安全），而是同時要考量勞動力市場的穩定與品質（積極就業）。意即社會投資的策略在微觀層面就是透過各項公共政策的提供（包括福利），推動人民去採納積極面對危機，發展獨立自主的態度；宏觀層面就是需要政府積極參與社會經濟，配合及鼓勵民間各體系去推動整體的發展。

知識補給站

福特主義：
指社會福利像過去福特汽車標準化大量生產與大量消費，讓人民在福利的使用上缺乏可選擇性，由於其需運用泰勒（Taylor, F. W.）的標準化生產之管理技術，有時與泰勒主義（Taylorism）交互運用。

知識補給站

左派與右派
1. 左派（The Left）
   （1）所謂「左派」，簡言之，就是社會主義（Socialism）陣營，它源自於英國費邊社（Fabin Society），主張透過政府干預，以便有夠多的資源以協助弱勢者。其發展出來的集體主義（Collectivism）、社會民主或民主社會主義（Democratic Socialism）、馬克思主義（Marism）、新左派（New Left）等，雖然各有一些修正，但其本質仍傾向於社會主義。
   （2）這種社會主義的意識型態，認為人類有普遍性的福利需求（universal welfare needs），以及尋求這些基本需求被滿足的普遍性責任（universal societal responsibility），因而反對資本主義經濟制度所造成的弱肉強食，及其所帶來的社會不平等。
   （3）至於左派的社會政策取向，在政策目標方面，擴大社會資源共享，消弭社會的匱乏或不幸；在政策工具方面，透過國家干預，推展普及化的福利措施。

2. 右派（The Right）
   （1）所謂「右派」，簡言之，就是資本主義（Capitalism）陣營，它源自於美國自由放任的經濟制度，其後衍生出來的個人主義（Indivualism）、反集體主義（Anti-Collectivism）、新自由主義（Neo-Liberalism）、新保守主義（New Conservatism）、柴契爾主義（Thatcherism）、雷根主義（Reaganism）、新右派（New Right）等，雖然有一些修正，但本質上仍不離資本主義。
   （2）這種資本主義的意識型態，強調自由競爭，追求利潤，認為個人必須為自己的幸福負責，因而反對國家過度干預。
   （3）至於右派的社會政策取向，在政策目標方面，追求機會平等，提高服務效率；在政策工具方面，強調自由市場、公民社會，以選擇性福利為主要服務項目。

第三條路與社會民主及新右派之區別

類別 比較基礎	社會民主 （老左派）	新自由主義 （新右派）	第三條路 （中間偏左）
價值觀	平等、安全感	不平等、安全	包容、積極式福利
經濟	舊式的混合經濟（偏好政府主導）	市場基本教義派（偏好市場主導）	新式的混合經濟（不偏好任一方）
福利國家	強烈的福利國家：從「搖籃到墳墓」的保護	福利安全網：社會福利是最後一道安全網，只有當個人與家庭都失去功能，國家才會介入。	社會投資國家

第二章 重點 *1* 社會福利的意識型態

類別 比較基礎	社會民主 （老左派）	新自由主義 （新右派）	第三條路 （中間偏左）
論述	權利、公正、市場失靈	責任、效率、國家失靈	權利與責任、公正與效率、國家與市場失靈
政策目標	結果平等、充分就業	機會平等、低通貨膨脹	最低限度的機會、就業能力

（引自黃源協、蕭文高。《社會政策與社會立法》，雙葉。）

七、女性主義（Feminism）

項目	說明
基本概念	女性主義自1970年代開始對福利體系進行批判，她們意識到國家受到性別因素的影響，在缺乏對性別的覺察下，福利制度使婦女對男性產生依賴，甚至福利國家本身就對婦女帶來了壓迫。
主要流派	

流派	說明
1. 自由主義的女性主義（liberal feminism）	認為性別的不平等來自於對女性的不理性偏見、刻板印象及過時的性別歧視，要求性別之間在公共層面應有正式的平等，享有同等的公民權利，因此著重的是透過各種行動以改變國家既有的立法（如反歧視法令）與制度（如教育體系）。
2. 社會主義或稱馬克思主義的女性主義（social/Marxist feminism）	認為性別間的不平等是經濟力量的分配不均所造成，於是其將女性的位置與主要生產模式進行連結，運用馬克思主義的階級分析架構，指出資本主義及父權體制合流，強化了女性依賴家庭，成為照顧者及低薪工作者之角色。

榜首提點

女性主義的三大流派，請以申論題型的方式準備，並要有將我國現有之社會政策立法依三大流派分類的能力；另測驗題型亦為常見考題，切勿疏漏。

項目	說明	
主要流派	流派	說明
	3.激進主義的女性主義（radical feminism）	認為女性是被男性壓迫的群體或階級，所有的社會制度（包括經濟、家庭、教育及法律等）都是由男性或父權體制掌控並用以控制女性，因此實務與政治活動較關心對抗男性的壓迫，例如：有關性別暴力或對存活者提供支持的部分，其強調以女性為中心的福利服務途徑。
對福利國家的看法	<ul><li>自由主義的女性主義：本觀點相對重視福利國家，認為福利國家可以削弱男性所擁有的權力，促進女性在法律與財務層面的自主與平等，減少女性遭遇的各種成就機會阻礙。例如：提供托育照顧服務、職業訓練或是通過性別平等的法令，降低社會對女性的各種歧視。</li><li>社會主義／馬克思主義的女性主義：雖然質疑福利政策只是為了服務資本主義，無法根除女性所面臨的經濟不平等，但是與傳統父權體制相較，本觀點認為福利國家對於女性的傷害相對較小，只要透過各種政治手段，便能夠修正福利體系。</li><li>激進主義的女性主義：本觀點相對敵視福利國家，認為國家或福利本身就是男性或是父權體制，因而偏好由女性來滿足自身的福利需求。例如：由女性團體提供照顧、庇護服務等，這些服務內容或許不夠全面完整，卻能免除來自政府科層與法令的約束，保有單位的自主性。</li></ul>	

八、社群主義（Communitarianism）

項目	說明
基本概念	福利國家的支持者將論述重點擺在國家，福利國家的反對者或懷疑論者將重心擺在回歸市場、個人或個別群體之中，在國家與市場間拉鋸與爭辯似乎永無止境之際，整個社會解組的狀況就如同後現代主義所言日趨嚴重，無論是左派或右派都急於將整個社會的不安拋給對手來承擔，社群主義者在此背景下萌芽發聲。

項目	說明
核心概念	■ 社群主義認為,無論是福利國家的支持者或懷疑者,都忽略了一個重要的事實,即人是集體性的動物,必須放在集體與結社的脈絡下加以討論。因為人們對於世界的理解與溝通都是透過交互關係的網絡學習分辨對錯,脫離這個網絡的話,人類的存在只是種虛幻,因此在學術分析上,亦須將重心拉回到以社群為基礎的脈絡中。 ■ 社群主義者從社會學的角度,從社會關係的「禮俗社會」與「法理社會」著手。所謂的禮俗社會含有較為自發性且富有情感的關係,是由相似的家族所組成;而法理社會則為計畫性、且非人性的結合。對於社群主義者而言,他們認為在禮俗社會下發展出來的關係是較好的,而法理社會將對整個社會的福利帶來不良的後果。
對福利國家的看法	1. 聲稱福利國家是失敗的,因為福利國家所採取的是粗糙的平等形式,並將此規則硬套到個人身上,社會改革並沒有創造或維持強烈的「集體連結」。 2. 社群主義期望家庭或社區獨立於國家干擾之外,目的是要維護社區完整而非平等的原則,並設法在個人權利與社區責任間取得一個平衡。 3. 福利制度想創造的普及性社會平等,並不能帶給社群主義者所嚮往的理想社會,唯有透過傳統社群價值之強化,才是對於個人最大的福祉。 4. 社群主義者不喜歡福利國家,亦無法認同毫無節制的個人主義,但其卻相當強調社區的傳統價值,不過此種社區並非傳統壓迫或威權型社會,必須是一種包容而非排除的社區,且成員須能共同討論所有訴求,並有共同的價值與相互責任,且採取社群主義式的權力關係,所以受權力結構影響者,均能夠平等參與,以決定權力該如何運作。

> 練功坊

一、什麼是第三條路（the third way）？是誰的主張？與核心理念為何？

解析

(一) 第三條路之意涵與提出學者：第三條路指的是在社會民主主義與新自由主義中間，屬於中間偏左的意識型態。英國社會學者紀登斯（Giddens）試圖超越老式的社會民主主義（左派）與新自由主義（右派），找到第三條路，且仍根植於社會民主。第三條路與早期的「中間路線」可以說是相當接近，亦期望在社會民主與新右派中間找尋出路，特別是在經濟全球化的情況下所提出的革新之道，又被稱為「新中間路線」（New Middle Way）。

(二) 第三條路的核心理念：依紀登斯的說法，第三條路的核心概念包括CORA：社區（community）、機會（opportunity）、責任（responsibility）及責信（accountability），其社會政策內涵，包括如下：

1. 包容的平等：平等不只是社會的均等，而是更積極的包容社會的所有成員，例如：不同的種族、性別、年齡、職業與階級等，這是歐洲流行的社會包容（social inclusion）概念對抗社會排除（social exclusion）。

2. 有限度的功績主義：功績主義是「能者多拿」，更流行的話是「贏者全拿」，結果，資源分配更趨於不均。「付出愈多，報償愈多」固然符合市場經濟原則，但不應是判斷社會生活的唯一標準。有些社會貢獻難以用利潤衡量的。例如：女性的家庭照顧社工的社會問題預防與處置。因此，功績主義只應有限度的被採用來處理社會政策議題。

3. 市民社會的更新：是指強化政府與民間的夥伴關係，鼓勵社區參與公共事務，以及分權化，讓公共事務不再只是政府的事，也不再依賴中央政府來指示。

4. 積極的福利：指不要一方面把社會福利壓縮在社會救助的範疇裡，另一方面又指責社會福利造成財政負擔、人民懶惰、福利依賴；而是將社會福利的投資與就業促進、族群融合、性別平等、區域正義與社會團結等扣緊，將個人責任、家庭自助、社會互助與國家照護相結合。積極福利的具體展現，就是社會投資的國家。

5. 社會投資的國家：國家盡可能以人力資本的投資，取代直接的金錢補助。換句話說，社會福利與就業、教育應密切配合。不要把社會福利制度的設計只用來保障最低生活標準（經濟安全），而是同時要考量勞動力市場的穩定與品質（積極就業）。意即社會投資的策略在微觀層面就是透過各項公共的提供（包括福利），推動人民去採納積極面對危機，發展獨立自主的態度；宏觀層面就是需要政府積極參與社會經濟，配合及鼓勵民間各體系去推動整體的發展。

練功坊

( ) 1. 強調利用兩性先天本質差異建構出來的性別壓迫，是一切不平等的根源，並特別關注家庭權力議題的女性主義是：
 (A) 自由的女性主義　　　　　　(B) 社會主義的女性主義
 (C) 激進的女性主義　　　　　　(D) 後現代的女性主義

解析

(C)。激進主義的女性主義（radical feminism）觀點，認為女性是被男性壓迫的群體或階級，所有的社會制度（包括經濟、家庭、教育及法律等）都是由男性或父權體制掌控並用以控制女性，因此實務與政治活動較關心對抗男性的壓迫，例如：有關性別暴力或對存活者提供支持的部分，其強調以女性為中心的福利服務途徑。

( ) 2. 下列有關第三路線之政策主張的敘述，何者錯誤？
 (A) 強調積極性的福利體系
 (B) 主張直接給予人們經濟上的協助
 (C) 重視機會而非結果的平等
 (D) 降低福利普及性的承諾

解析

(B)。第三路線之政策主張社會投資的國家，亦即國家盡可能以人力資本的投資，取代直接的金錢補助。換句話說，社會福利與就業、教育應密切配合。不要把社會福利制度的設計只用來保障最低生活標準（經濟安全），而是同時要考量勞動力市場的穩定與品質（積極就業）。

重點 2 社會政策的價值觀

閱讀完成：＿＿＿月＿＿＿日

壹、需求（need）

榜首提點：申論題及測驗題均是金榜考點。

一、Bradshaw 之需求類型

Bradshaw 之需求四種類型

需求類型	說明	舉例
規範性需求（normative need）	1. 即專家學者所界定的需求，係依據現有之資料作為規劃之基礎。從類似的社區調查報告或專業人士的意見，均可用來研判標的人口群為何，且一般是透過以比率（ratio）的方式與現有資料之間做對照比較來表達需求的程度。如果實際的比率低於特定標準，就可以據以認定需求的存在。 2. 優點：能使方案規劃者以較客觀之方式建立標的人口群。 3. 限制：知識、技術、價值觀的改變，需求的程度也會隨之改變。	某社區可能需要的醫院或養護中心之床位數量（常以每千人需要幾床表示）。
感覺性需求（perceived need）	1. 即標的人口群透過想像與感受覺知的需求。人們透過想像和感受來覺知自己有何種需求。若以客觀標準而論，生活品質較高的人，可能比生活貧困的人會有更多的需求。因此，方案規劃者必須對服務對象的處境具有敏感度，同樣重要的是，也必須考慮以其他的需求觀點來詮釋此現象。 2. 限制：感受性需求沒有絕對唯一的標準（不像規範性需求有一定的標準），亦即判別感受性需求的標準會有因人而異的現象。	在社區中自認為健康不佳的人數。

需求類型	說明	舉例
表達性需求（expressed need）	1. 即有需求者實際嘗試或接受滿足需求的服務。方案規劃者以實際尋求協助的人數來界定需求。 2. 優點：它著重人們將感受實際轉化成行動的情況，而未滿足的需求或要求，自然而然就成為規劃所要改變的標的。	社區中正在等候家庭諮商的人數。
比較性需求（relative need）	1. 亦稱為相對性需求。亦即比較類似的情境與服務差距所存在的需求。比較性需求的測量是比較類似之兩社區或兩地理區域間現有服務的差距來說明需求的存在。 2. 比較性需求分析時，必須同時考慮人口組成及社會問題形成方面的差異，比較性需求不同於規範性需求的測量，最後提供的是一套絕對判定需求之標準。比較性需求關注的是對等性、公正性的議題。	與乙社區相較，甲社區中已安置於庇護所的遊民比例。

上榜關鍵 ★★★
請建立基礎觀念，為冷門考點。

二、Ian Gough 的需求分類

（一）Gough 從較為積極的觀點將需求分為「基本需求」（basic needs）與「中介需求」（intermediate needs），說明如下：

1. 基本需求（basic needs）

    是人們參與社會生活的必要條件，可以區分為兩種：

    （1）身體健康（physical health）：一般認為需求的基本條件是滿足人們的生存，Gough 認為應該進一步達到良好的身體健康。

    （2）自主性（autonomy）：指個人能選擇該做些什麼及如何完成。當個人失去心智健康、認知技能及社會參與的機會時，自主性便有缺陷。

2. 中介需求（intermediate needs）

    中介需求則是支持基本需求的元素，主要有十個類別：

    （1）適當營養的食物與水。

    （2）適當可提供保護的住宅。

    （3）免於危險的工作環境。

    （4）免於危險的生活環境。

    （5）適當的健康照顧。

    （6）兒童時期的安全。

（7）身體安全。
（8）經濟安全。
（9）安全的生育控制與兒童養育。
（10）基礎教育。

（二）Gough 的分類讓我們對需求的認識有了新圖像，傳統福利國家的需求滿足幾乎都著重在中介需求，消極地將社會福利定位為給予人民經濟安全、教育或是照顧等各項服務措施，對於 Gough 來說，這並非終極目的。例如：一位長期臥床的人可能經濟不虞匱乏，享有適當的健康照顧及身體安全，卻因缺乏身體健康而失去自主性，無法實踐與一般人同等的權利及義務。因此，中介需求必須促成人民基本需求的實現，唯有人民身體健康並達到自主性及社會參與時，才是真正的需求滿足，亦是每個人所需具備且不可分割的一部分。

貳、公民權利（citizenship）

> **榜首提點**
> 測驗題金榜考點。

一、主要論點提倡者為英國學者 Marshall，他指出：「公民權利指的是一個共同體中所有的成員都享有的資格，成員因其資格而被賦予相對的權利與義務。」

權利類型	說明
1. 公民權	指的是個人享有自由所需的權利，包括人身、言論、思想及信仰自由、私有財產、締結契約、受司法保護的權利，相應而生的制度就是法院。
2. 政治權	指的是參與政治力運作的權利，即參與政治組織並進行投票，相應而生的制度就是議會及地方政府。
3. 社會權	指的是適度的經濟福利安全，完全享有社會遺業，以及過去社會普遍標準的文明生活，相應而生的就是教育體系與社會福利。

二、對 Marshall 所描繪的三種公民權利（公民權、政治權、社會權）之批判

> **上榜關鍵** ★★
> 各學者對 Marshall 所描繪的三種公民權利，務必詳加區辨，測驗題考點。

（一）Turner 的批判

Turner 認為 Marshall 的論述忽略了經濟權與文化公民權。前者是工業民主的理念，影響資本主義的私有財產，包括勞工所能享有之工作條件、工資及利潤的分配；後者則是針對少數民族，強調人們能保有特定社會中的多元文化，不會遭受文化歧視。這同時引發弱勢群體對公民

權利隱含價值之批判，包括婦女、少數民族或是同性戀者，均認為在主流社會價值中（例如：以男性、統治群體、異性戀為中心等），自己所享有的公民權利是次等的，應修正主流價值，反映多元需求與觀點。

（二）Fitzpatrick 的批判

Fitzpatrick 認為在 Marshall 的公民權利觀點中，有關公民權與政治權的部分較不具爭議，社會權則非如此。右派學者反對有所謂的社會權存在，甚至認為社會權不是一種權利，他們從學理上指出，權利應該是每個人都可以普遍享有的，例如：投票權，但社會權並不具備此種普遍性，即使要推動也是不可行的，因為它需視資源的有無而定，若缺乏資源，人民根本無法享有社會權。更重要的是，權利的享有應伴隨相對義務，社會權卻非如此，享有者通常不需付任何相對責任。

（三）Lister 的批判

就權利與義務之間的重要性與輕重之分，Marshall 曾指出：「如果公民權利是訴諸於捍衛權利的話，亦不能忽視相對責任，這並非要求個人犧牲自由或無條件地順從政府，而是具有責任感，個人的行動應該增進整個共同體的福利。」Lister 認為現今社會較強調的反而是公民義務，而非公民權利，特別是社群主義者主張透過志願行動，表現有積極性的公民權利。同時，許多新興社會運動亦強調公民責任。例如：綠色運動所推動的生態公民權利，即聲稱人們要對環境及後世子孫負起責任；女性主義者則強調照顧工作亦屬公民責任，它的價值並不遜於有償勞動。

參、社會排除（social exclusion）

一、1974 年法國學者 Rene Lenoir 的著作《十分之一的法國人被排除》一書中，較早運用相關概念來指稱被排除在社會保險體系之外的各類人口，包括窮人、身心障礙者、單親等無法享有該項福利者。

二、「社會排除」的定義：1994 年歐洲社會政策白皮書界定為：「排除過程的本質是動態的而且是多面向的，它們不只是和失業或與低所得有關，同時也和住宅條件、教育與機會水準、健康、歧視、公民權，以及與地方社區整合有關。」

三、社會福利的功能之一就是促進社會的整合，因此就社會政策的項目，若個人所應享有的社會權遭剝奪，且這種剝奪通常不是個人所能控制的狀況時，我們會稱之為社會排除。

> **榜首提點**
>
> 社會排除是金榜重要的概念，定義的瞭解為第一要務，延伸而來是排除的項目，並與舊貧、新貧併同思考，以申論題型的方式準備；社會排除的主要代表學者，為測驗題型常見的考題。

四、社會排除 知 包含項目：學者 Peace 根據歐盟的文件分析發現，社會排除包含以下幾個部分：

(一) 指的是被排除人口群的類別，例如：因性別、年齡或失能等，受到社會、經濟及文化邊緣化的人口。

(二) 指的是各種排除的類型，例如：新貧、社會邊緣化等排除。

(三) 指的是各種加深排除的類型，例如：社會邊緣化、缺乏公平的認可（如社會歧視偏見與敵意等）。

(四) 指的是各種排除的狀態、情況或場所的隱喻，例如：貧窮的陷阱、工作情況的解離、風險的情境等。

(五) 指的是排除的結構成因，意即個人所難以掌握的部分，例如：童工或是從事危險工作及低技術工作者的就業排除。

(六) 指的是排除的心理社會影響，例如：心理問題、認同喪失、失去目標等。

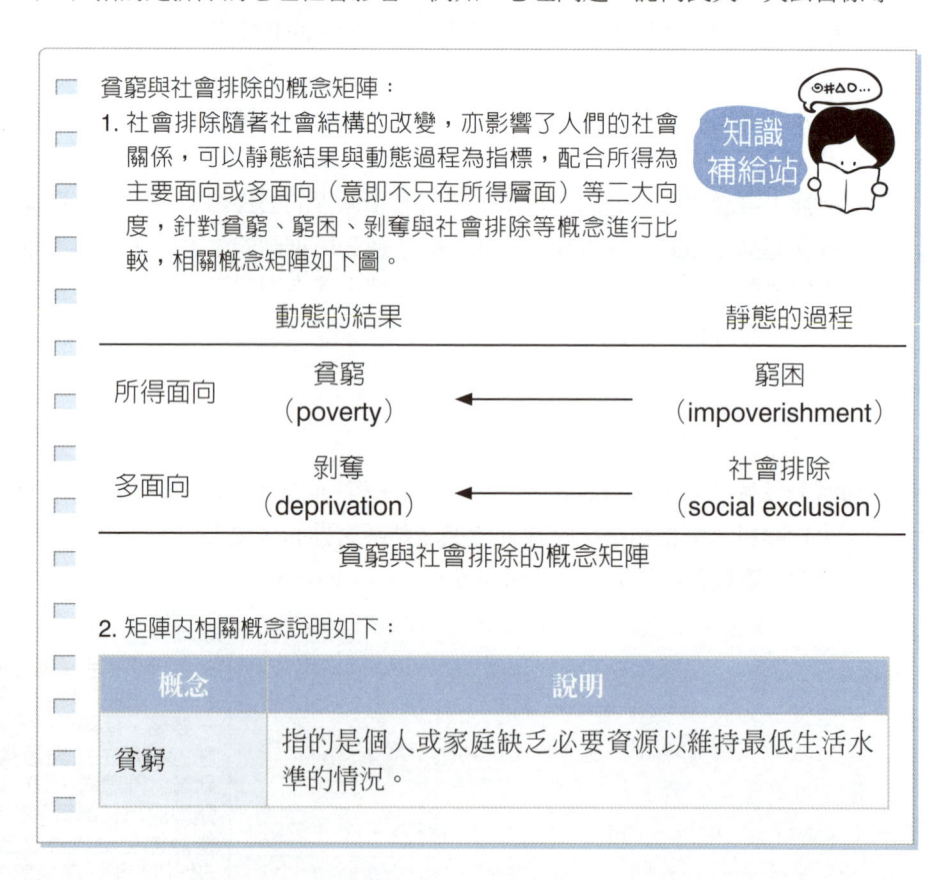

知識補給站

貧窮與社會排除的概念矩陣：

1. 社會排除隨著社會結構的改變，亦影響了人們的社會關係，可以靜態結果與動態過程為指標，配合所得為主要面向或多面向（意即不只在所得層面）等二大向度，針對貧窮、窮困、剝奪與社會排除等概念進行比較，相關概念矩陣如下圖。

	動態的結果	靜態的過程
所得面向	貧窮（poverty） ←	窮困（impoverishment）
多面向	剝奪（deprivation） ←	社會排除（social exclusion）

貧窮與社會排除的概念矩陣

2. 矩陣內相關概念說明如下：

概念	說明
貧窮	指的是個人或家庭缺乏必要資源以維持最低生活水準的情況。

概念	說明
窮困	指的是一種過程，它使得個人或家庭永久的（或至少是一段非常長的時間）處於貧窮線之下。
剝奪	指的是個人或家庭非常缺乏財貨或服務的多面向情境，它使得人們的生活無法參與社會成員所期待的例行活動。
社會排除	指的是動態且多面向的排除過程，這個過程可能型塑出剝奪感。

肆、平等（equality）

> 上榜關鍵 ★
> 測驗題考點。

一、內涵

（一）平等分為「數值平等」（numerical equality）與「比例平等」（proportionate equality）。以切蛋糕為例，假設今天四位飢餓的人，且這四位飢餓程度一樣，將蛋糕切成四等分，便是「數值平等」；但若這四位當中有兩位飢餓程度是其他人的二倍時，這時蛋糕的切法應該是採取「不平等」的方式，使每個人的欲望能獲得「平等」的滿足，這即達到「比例平等」。以亞里士多德的區分來看，平等指的是「依照某些標準 X（如飢餓程度）所做的公平分享」，平等的本質則需視 X 而定。

（二）Weale 認為在社會福利平等的實際運作上，可以區分為實質的平等（substantive equality）和程序平等（procedural equality）的概念。實質平等是正義的實現，而程序的平等是維護和平與保障平等持續的工具。此外，Weale 進一步提出資源的平等（equality of resources）和福利的平等（equality of welfare）。資源的平等是指每一個公民享有同等數量的福利資源，如醫師數、病床數等，強調財貨分配而非其價值；福利的平等係指對每一個公民有同等的福利效用。即使用福利財貨的可能性相等，不僅強調分配，亦更重視財貨的價值。

47

二、政府推動社會政策平等的五種策略（Le Grand 的區分）

> **上榜關鍵** ★★★★
> 申論題考點，請思考國內社政法規應用在此五種策略之分析；另亦為測驗題考點。

策略	說明
1. 公共支出的平等	當提供某項特定的社會福利時，公共支出應平等分配到所有人身上，亦即平等配置。例如：兩個同樣規模的公立社會福利機構，必須接受等量的公共經費；例如：各中小學的學生是否享有相同的預算。
2. 最後（終）所得的平等	這表示貧富之間垂直的重新分配。例如：富人多繳稅，而窮人在接受福利之後，縮小其間的所得差距；公共支出的分配較偏向窮人，使得他們接受福利（包括現金或實物）後，縮小與有錢人的差距。
3. 使用者的平等	人們是否可平等的使用各項社會福利。例如：山地鄉的原住民是否能享有與平地人同等的教育機會、全民健保服務。
4. 成本的平等	總計公共服務所有相關的個人所使用，必須相同。例如：兩個人同樣生病，同樣的病情，必須接受等量的醫療處遇；人們使用社會服務時負擔成本之平等，例如：全民健保的部分負擔、接受教育所繳的學費。
5. 成果的平等	福利服務的成果，必須為它的使用者提供一個等值的服務。例如：住在偏遠地區的民眾，繳交健保費之後，能跟都市居民得到同樣的醫療保健服務；各種社會福利成果的平等，例如：健保對人民健康改善之狀況，學生接受教育後各種技能之程度等。

三、機會平等與結果平等

（一）機會平等：指每個人都應有相同可成功的機會，無論其階級、性別或種族，決定人們能否成功並獲得酬賞的條件，應該是天賦及努力，而非社會背景。教育政策即是促成機會平等的主要方式，但容易導致功績取向，某些被認定價值較高的才能或技術易獲得較高酬賞，此種平等方式也無法阻止多數已功成名就者，將優勢傳遞給自己的後代；甚至為什麼人們只因天賦較高（俗稱幸運的精子）就在社會上享有較優勢的地位與資源呢？

（二）結果平等：關心的是結果，較為極端方式是不論每個人的起點及原有能力高低，最終人們應享有共同的資源，或至少公正地依不同需求分配資源。實務上，主要是透過強制立法與政治手段，盡量縮小競爭性市場所造成的社會不平等。

> **上榜關鍵** ★★
> 兩者觀念請區辨清楚，測驗題考點。

伍、社會正義（social justice）

> **上榜關鍵** ★★
> 誰提出正義論？為基本觀念。

一、社會正義是制定社會政策的重要目標，亦即透過社會政策照顧弱勢者，並促使人民自由地追求更高層次的生活水準，以克服現代社會存在的各種不平等狀況，達成社會財富重分配的目標。

二、1971 年 John Rawls 所著《正義論》，最著名的就是社會正義，該論點表示「正義即公平」，就如真理是思想體系首要德行一般。Rawls 為了建立正義的原則，列出正義原則可供選擇的「原初立場」（original position），且在「無知之幕」（veil of ignorance）後，進行正義的選擇。而在這個「無知之幕」後，沒有人能夠知道自己在社會中的位置、階級及社會地位為何，亦沒有人知道自己的自然資質、能力、智能及體能等，唯一可以知道的是他位於一個正義的環境中。

三、在「原初立場」中，基於各種權利與義務之分派，以及社會與經濟利益的分配，因此修訂兩個原則：

> **上榜關鍵** ★★
> 二個原則，必須清楚其意涵。

原則	說明
第一原則	每個人對於同等基本自由之充分合適體系，均擁有同樣不可剝奪的請求權利，且該體系與他人所擁有之相同自由體系是相容的。
第二原則	社會與經濟的不平等應該滿足兩個條件，包括： ■ 各種職位和地位應在公平的機會平等條件下對所有人開放。 ■ 且它們應該讓社會中最劣勢的成員獲得最大的好處。在上述的原則中，第一原則（自由原則）優於第二原則，而第二原則中的第一個部分（機會平等原則）優於第二部分（差異原則）。

陸、社會凝聚

> **上榜關鍵** ★★
> 「社會凝聚」是老觀念、新思考，是社會政策的重要價值之一，請詳讀相關的內容，並思考「社會凝聚」之價值如何應用於社會福利體系。

一、社會凝聚（solidarity）又稱為「社會連帶」、「連帶」或「團結」。在涂爾幹（Durkheim）1893 年的《社會分工論》（Social Division of Labour in Society）著作中，即有所謂社會連帶的主張。Titmuss、Marshall 都是所謂的社會凝聚論者。彼等將福利制度視為一個整體、整合的集合；也認為社會政策與福利制度係社會內國民的團結與互助，在共同的道德意識下，為矯正工業革命後所發生的社會五害——貧、愚、懶、髒、病所發展出來的。

49

Titmuss 更認為必須在社會凝聚互助的社會中，始得以推展社會福利制度。即其認為社會凝聚是社會福利制度的必要條件。

二、社會凝聚的思想內涵，Kamali 認為其思想核心有二：即利他互助，以及社會內成員的忠誠共識。Titmuss 也一再強調忠誠與信任對這種利他與互利組織的重要，是社會凝聚的基礎。

三、雖然社會凝聚是社會政策與福利制度出現及運作的基礎，但在民主法治國家中，各種社會制度必須以法律的形式來規範，以法律為基礎，並以社會契約與權利為外顯形式的福利制度，幾乎全面取代忠誠、信任等以道德為基礎的團結共識，即以「權利」取代「利他互助」。當然，在社會凝聚價值下的互助組織有其利己與保障的效果，但其基本原理仍為「互助」與「忠誠」，與現代政府介入後之社會政策，尤其是社會保險制度，已有所不同。因為，對現代社會保險的被保險人而言，其不但基於「利己」與「安全」出發而參加保險，更注重保險權利與義務的關係。

四、固然平等是很重要的社會政策目標，但是，社會政策卻是在這種凝聚的基礎中來接納成員的差異、不同、甚至不平等，以及將之置於相同的制度與體系中，而朝向平等邁進。甚至，在凝聚的價值與信念中，乃得以共同合作及解決不安全的問題。

練功坊

一、近年來，社會排除（social exclusion）的概念逐漸被用在社會政策分析上，請申述社會排除的核心概念。

解析

(一) 1974年法國學者 Rene Lenoir 的著作《十分之一的法國人被排除》一書中，較早運用相關概念來指稱被排除在社會保險體系之外的各類人口，包括窮人、身心障礙者、單親等無法享有該項福利者。

(二) 到底什麼是「社會排除」呢？1994年歐洲社會政策白皮書做了以下的界定：「排除過程的本質是動態的而且是多面向的，它們不只是和失業或低所得有關，同時也和住宅條件、教育與機會水準、健康、歧視、公民權，以及與地方社區整合有關。結果，預防與打擊社會排除也就需要動員所有的努力，以及經濟與社會措施雙方面的結合。對於歐洲層次而言，也意即聯盟所有政策架構中，應著重社會排除問題。」社會福利的功能之一就是促進社會的整合，因此就社會政策的項目，若個人所應享有的社會權遭剝奪，且這種剝奪通常不是個人所能控制的狀況時，我們會稱之為社會排除。

(三) 社會排除包含項目：學者 Peace 根據歐盟的文件分析發現，社會排除包含下列幾個部分：

1. 指的是被排除人口群的類別，如因性別、年齡或失能等，受到社會、經濟及文化邊緣化的人口。
2. 指的是各種排除的類型，如新貧、社會邊緣化等的排除。
3. 指的是各種加深排除的類型，如社會邊緣化、缺乏公平的認可（如社會歧視偏見與敵意等）。
4. 指的是各種排除的狀態、情況或場所的隱喻，如貧窮的陷阱、工作情況的解離、風險的情境等。
5. 指的是排除的結構成因，意即個人所難以掌握的部分，如童工或是從事危險工作及低技術工作者的就業排除。
6. 指的是排除的心理社會影響，如心理問題、認同喪失、失去目標等。

> 練功坊

( ) 1.「社會排除」概念在全球的廣泛流通,係與下列何者有關?
　　(A) 馬克思主義者的倡導
　　(B) 多元文化主義者的行銷
　　(C) 法國社會福利學者的創用
　　(D) 歐盟(EU)的政策主張

解析

(D)。1994 年歐洲社會政策白皮書做了以下的界定:「排除過程的本質是動態的而且是多面向的,它們不只是和失業或低所得有關,同時也和住宅條件、教育與機會水準、健康、歧視、公民權,以及與地方社區整合有關。結果,預防與打擊社會排除也就需要動員所有的努力,以及經濟與社會措施雙方面的結合。對於歐洲層次而言,也意即聯盟所有政策架構中,應著重社會排除問題。」亦即歐盟促成「社會排除」概念在全球的廣泛流通。

( ) 2. 馬歇爾(Thomas Humphrey Marshall)所謂公民資格(citizenship)的發展,不包括以下何種權利?
　　(A) 公民權(civil rights)
　　(B) 政治權(political rights)
　　(C) 社會權(social rights)
　　(D) 統治權(governance rights)

解析

(D)。提倡者為英國學者 Marshall,其指出:「公民權利指的是一個共同體中所有的成員都享有的資格,成員因其資格被賦予相對的權利與義務。」公民權利的種類:(1)公民權;(2)政治權;(3)社會權。

重點便利貼

❶ 新右派（New Right）／新自由主義（neo-liberalism）：新右派認為國家過度干預市場會使得自由經濟體系受到破壞，進而傷害到個人自由，所有資本主義產生社會、經濟與政治的問題，並非市場失靈所致，而是福利國家侵犯市場的政策所造成。

❷ 第三條路／新中間路線核心理念
（1）包容的平等；（2）有限度的功績主義；（3）市民社會的更新；（4）積極的福利；（5）社會投資的國家。

❸ （1）自由主義的女性主義（liberal feminism）：認為性別的不平等來自於對女性的不理性偏見、刻板印象及過時的性別歧視，要求性別之間在公共層面應有正式的平等，享有同等的公民權利。

（2）社會主義／馬克思主義的女性主義（social/ Marxist feminism）：認為性別間的不平等是經濟力量的分配不均所造成。

（3）激進主義的女性主義（radical feminism）：認為女性是被男性壓迫的群體或階級，所有的社會制度（包括經濟、家庭、教育及法律等）都是由男性或父權體制掌控並用以控制女性。

擬真考場

申論題

一、女性主義思潮為影響社會政策與立法的重要因素之一,請說明女性主義的主要流派內容。

測驗題

( ) 1. 下列何者不屬於第三路線(The Third Way)社會政策的內涵:
　　(A) 強調個人責任　　　　　　(B) 增加人民就業能力
　　(C) 重視教育的投資　　　　　(D) 注重所得與結果的平等

( ) 2. 社會排除(social exclusion)一詞的概念內涵,並不包括下列那一項?
　　(A) 它指的是所得的單一面向
　　(B) 它指的是各種加深排除的因素
　　(C) 它指的是被排除人口群的類別
　　(D) 它指的是排除的心理、社會影響

解析

申論題

一、女性主義（Feminism）主要流派，可分為自由主義的女性主義、社會主義／馬克思主義的女性主義，以及激進主義的女性主義。茲將三大流派內容說明如下：

(一) 自由主義的女性主義（liberal feminism）

此觀點認為性別的不平等來自於對女性的不理性偏見、刻板印象及過時的性別歧視，要求性別之間在公共層面應有正式的平等，享有同等的公民權利，因此著重的是透過各種行動以改變國家既有的立法（如反歧視法令）與制度（如教育體系）。

(二) 社會主義／馬克思主義的女性主義（social/ Marxist feminism）

此觀點認為性別間的不平等是經濟力量的分配不均所造成，於是其將女性的位置與主要生產模式進行連結，運用馬克思主義的階級分析架構，指出資本主義及父權體制合流，強化了女性依賴家庭，成為照顧者及低薪工作者之角色。

(三) 激進主義的女性主義（radical feminism）

此觀點認為女性是被男性壓迫的群體或階級，所有的社會制度（包括經濟、家庭、教育及法律等）都是由男性或父權體制掌控並用以控制女性，因此實務與政治活動較關心對抗男性的壓迫，例如：有關性別暴力或對存活者提供支持的部分，其強調以女性為中心的福利服務途徑。

測驗題

1. D　第三路線（The Third Way），強調的是建立一個社會投資國家（social investment state），政府的角色應放在人力資源與基礎設施之投資上，盡可能的對人力資本進行投資，以增加人民的就業能力，而不是直接給予人民經濟上的協助，亦即「無責任即無權利」。

2. A　社會排除指的是所得的「多面向」，選項(A)所述「單面向」有誤。

第三章 CHAPTER 3
社會政策的制定理論與決策模式

榜・首・導・讀

- 考生應將社會政策制定之理論讀熟，同時，切勿忘記加入決策過程模式進行思考，並試著以臺灣的某項社會政策立法為例，從各種理論觀點分別評析，以便使理論融入論述本章學習重點中，且一定要自己親筆練習試寫，再對照理論基礎後檢討，針對不足之處再補強，使得論述更為完整，才能臨場應用。
- 凡寫過必有進步～因為可以翻書再對照有沒有寫錯，但真正考試的時候，可不能翻書的！

關・鍵・焦・點

- 政策制定過程是相當重要的考點，但制定過程的模式有非常多的分類，準備上以 DiNitto 的架構準備，故各過程與內容務必清楚。另請準備一個社會政策的立法過程，作為分析之用。
- 政策合法化過程為金榜考點，請以繪製流程圖方式建立觀念，再逐項分析，亦請準備一個實務案例備用。
- 務必將社會政策制定之理論的內涵讀熟，重點是要能有申論的能力；而在測驗題則必須有區辨各理論不同之處的能力。

命・題・趨・勢

年度	110年				111年				112年			
公務人員 考試	高考	普考	地三	地四	高考	普考	地三	地四	高考	普考	地三	地四
	申	申 測	申	申 測	申	申 測	申	申 測	申	申 測	申	申 測
題數		1					2		3		1	1

年度	110年		111年		112年		113年	
專技社工師 考試	2申	2測	1申	1測	2申	2測	1申	1測
題數				2		2	5	2	2

本・章・架・構

社會政策的制定理論與決策模式
├─ 重點1 ★★★ 社會政策制定理論
│ ├─ 社會政策的制定過程之模式
│ ├─ 影響社會政策制定之因素
│ ├─ 政策合法化之過程
│ ├─ 社會政策制定之理論一覽
│ ├─ 多元論
│ ├─ 菁英論
│ ├─ 統合論
│ ├─ 國家中心論
│ └─ 公共選擇
└─ 重點2 ★★★ 社會政策決策模式、分析方法
   ├─ 社會政策決策模式一覽
   ├─ 理性決策途徑
   ├─ 政治決策途徑
   ├─ 漸進決策途徑
   ├─ 制度決策模型
   ├─ 過程決策模型
   └─ 社會政策分析方法（取向／觀點）

重點 1 社會政策制定理論

閱讀完成：____月____日

壹、政策的規劃原則

上榜關鍵 ★★
各原則內容請詳加區辨，測驗題細微考點。

一、「公共政策」的規劃原則

（一）公正原則（the principle of impalliality）：政策規劃要針對問題的解決使相關人或團體受益，不可偏頗、偏私，尤其不可為了某些人的利益而使特定人受到不利，或犧牲某些人的利益以成就另外一些，此便是公正原則。

（二）個人是最終受益者原則（the principle of individuality）：政策規劃忌大而無當，要實際且真正落實在國民身上，國民真正經由政策而受益，是謂個人最終受益原則。

（三）弱勢者最大受益原則（the maximin principle of minmun）：政策規劃將使社會上處於弱勢地位之人口群或團體，獲得最優先的考慮與最大的利益，亦即政策規劃要先注意到社會基層人民而非社會的頂端人士。

（四）分配原則（the distributive principle）：政策規劃在受益者人口的數目上要考慮廣泛程度，即政策要能廣布一般人而非少數人。

（五）連續原則（the principle of continuity）：政策規劃要有連續性，政策的變遷需先建立制度轉換的程序，與過去政策不連結的政策，不會有實質上的價值。

（六）國民自主原則（the principle of autonomy）：政策只對國民不會做、不能做的部分進行，以維持與培養國民解決問題的自主能力，同時亦避免政府的獨裁。

（七）緊急原則（the principle of urgency）：即政策規劃要注重時效性，已形成問題的議題由於具有實質上的壓力，故不立即從事政策規劃問題將日益嚴重，此即緊急原則。

上榜關鍵 ★★
測驗題基礎考點。

二、「社會政策」的規劃原則

（一）資源重分配的社會正義原則：強調人民不論貧富均保有社會權的權利，社會政策透過「資源分配」的手段，修正社會中貧富差距過大的情況。雖然在重分配的過程中，表面上會傷害到資源較多者的權利，但在實質

上符合公共利益的原則，使得人民可以獲得機會上的平等，其效果在於避免貧富差距的加大，減少社會衝突對立，而維持社會秩序。
(二) 弱勢者優先受益原則：社會政策在進行資源重分配時，會以弱勢者為優先受益的對象。所謂的社會弱勢者，指的是因先天性的殘疾、社會性的男女性別角色、體力的差異、受教育程度不足及經濟市場的排除等原因，而造成某些國民在就業、就學、其他生活機會上的不足，甚至在各種基本權利上受到排除者。社會政策在於以此等社會弱勢者為對象，使這些社會弱勢者能夠獲得「實質平等」，增加其自立的機會。
(三) 保障最低生活水準原則：社會政策所進行的資源再分配及生活保障，在提供上乃以最低生活水準為原則。採用基本生活水準的用意在於最低生活水準可以平衡生活需要及工作意願，即國民不會因領取保障給付而對工作意願有負面作用。而對於無力維生者則可以在最低生活保障給付中維持最低生活水準。
(四) 最終目的為國民自立原則：社會政策雖提供國民最低生活水準的保障，但最終目的乃在於國民可以自立，因而社會政策的制度設計除了提供現金等經濟資源的協助外，也會透過教育、就業等方案，協助國民進入勞動市場自立。

貳、社會政策的制定過程之模式

一、制度過程模式之比較

最簡單的模式是 Freeman & Sherwood 的三階段論，最為複雜的是 Gilbert & Terrell 的八階段論，其間的差異並非在於過程的不同，而在於所著重的面向之細膩度所致。

模式類型	模式 A（Kahn）	模式 B（DiNitto）	模式 C（Freeman & Sherwood）	模式 D（Gilbert & Terrell）
政策過程階段	■ 做規劃的啟動者 ■ 研議 ■ 定義規劃的任務 ■ 政策形成 ■ 形成方案 ■ 評估與回饋	■ 定義政策問題 ■ 形成政策計畫 ■ 公共政策合法化 ■ 執行公共政策 ■ 評估公共政策	■ 規劃 ■ 方案發展與執行 ■ 評估	■ 確認問題 ■ 問題分析 ■ 公開訊息 ■ 發展政策目標 ■ 獲取公共支持與合法性 ■ 方案設計 ■ 執行 ■ 評估與評量

（引自黃源協、蕭文高。《社會政策與社會立法》。）

二、政策的各階段過程探討

以模式 B，由 DiNitto 所提出的五階段標準架構，探討政策的各階段過程，說明如下：

榜首提點
政策制定過程是重要的考點，但制定過程的模式有相當多的分類，準備上以 **DiNitto** 的架構準備，各過程與內容務必清楚，請準備一個社會政策的立法過程作為分析之用。

1. 定義政策問題
政策的改變通常反映出社會需求未得到滿足，公眾對於政府的要求，形成政府對政策問題的認定，一旦問題被明確定義，接著便須對問題加以分析，包括強度、嚴重性及受影響的人數等。

2. 形成政策計畫
政策的計畫可以透過各種政策管道取得，包括政策規劃與組織、利益團體、中央及地方的民意代表等，這計畫中均須有明確的政策目標，以及清楚的計畫內容。

3. 社會政策合法化
社會政策的合法化可能來自於官方及民意代表所提出的公共聲明或行動，此時亦是各方（包括利益團體、官方及民意代表）等角力的重要階段，其結果將對後續的執行方向有重大影響。

4. 執行社會政策
政策透過政府科層的活動而加以執行，亦造成公務預算的支出，在社會政策體系中，負責執行社會政策者，即是我們較為熟悉的社會行政及社會工作人員。

5. 評估社會政策
政策執行完畢後，可被政府機構、外部諮詢人員、利益團體、大眾媒體及民眾做出各種正式及非正式的評估，以瞭解政策的影響或成本效益。

三、政策過程的標準架構與實際過程的落差

模式 B（由 DiNitto 所提出）的政策過程五階段，係一般政策過程的標準架構，但必須瞭解，這是個相對理想的架構。通常每項社會政策的產出並非如想像中理性，會受到各種因素的影響，因而決定了社會政策的內容、方向與結果。且就實際的政策過程，並非每項政策在制定的過程中，都會依序經歷這些階段，亦可能產生下列的情形：

> **上榜關鍵** ★★★★
> 常見的測驗題考試重點，對各面向之分類內容必須清楚，才能在測驗題正確選答。

	說明
不完整性	不是每種社會問題在得到認定後，或形成政策計畫後，就會被官方或民意代表所認定，更不用說能真正落實到執行面上；此外，在政策過程的最後一個階段——政策評估上，目前在臺灣亦是較少進行，許多政策推動之後並未進行完整的評估。
次序混亂	政策可能一面執行，再一面規劃，抑或是先執行後，再注意到規劃的細節，甚至再回頭確定真正的問題到底在那裡，這種情形特別容易出現在政治力的運作大於理性的考量時。

參、影響社會政策制定之因素

一、水平面向的分類（Howard Leichter 提出）

因素	說明
1. 情境因素	指的是一種偶發、非永久或特殊性的情況或事故對政策制定造成了影響，這些事件可能會持續一段時間。例如：二次世界大戰爆發或是發生種族暴動。
2. 結構因素	指的是社會或政體中相對較不會改變的要素。所以其屬於體系中較為長久性及持續性因素，如經濟基礎、政治制度或人口結構等，由於較具持續性，相對於情境因素來說，也較容易被預測。例如：政府的組成是內閣制、總統制或獨裁政權。
3. 文化因素	指的是一個社群中的部分群體或是整體社群所持有的價值觀，其中包括政治性與一般文化的價值（如宗教或家庭價值）。
4. 環境因素	指的是存在於政治體制之外，影響體系內決策的事件、結構或價值。例如：跨國公司對第三世界國家的干預，以及國際組織對於各國政策的影響。

榜首提點
申論題、測驗題金榜考點。

二、垂直面向的分類（Hudson 與 Lowe 提出）

層次	說明
1. 巨視層次	此層次分析的是影響社會政策較為廣泛的部分。例如：全球化、後工業社會轉型、資訊社會的來臨等。
2. 中視層次	此層次擔任連結巨視與微視二個層次的角色，它著重在社會政策如何被制定，誰使政策進入議程以及制度環境。例如：選舉制度、政黨體系與結構、中央與地方關係、國際組織智庫等。
3. 微視層次	此層次分析著重在社會的基本單位──個人，考量的是特定人士或關鍵行動者的影響力。例如：政治家、消費者或基層公務員的特質、價值觀等。

肆、政策合法化之過程

一、政策合法化的內涵

（一）政策合法化，就是將政策轉化為法規的過程。在政策合法化階段，它將決定社會政策的內容為何。通常，政府機關、國會議員、人民透過請願，都有權針對公共問題的解決計畫、或現行政策的改變，提出法律規劃案，再針對立法機關依一定程序，完成立法，以便付諸執行。

（二）在民主法治國家，政府在處理或執行任何影響及干預人民生活的措施時，必須依循一種「依法行政」的概念，政府所推動的任何社會政策，必須受到法律的規範，而社會福利措施的推動，除了深切影響人民的福祉，亦造成政府財政的支出，以及大量或部分的所得重分配過程。在這樣的過程中，勢必難以弭平各方意見之爭議，亦因而須透過政策的合法化動作，以建立政府與人民共同認可的規則，使政府的作為具備「合法性」，如此整個國家才得以正常運作。

二、我國社會政策合法化的過程

（一）我國社會政策轉化為社會法規的流程圖：

> **榜首提點**
> 政策合法化過程為金榜考點，請以繪製流程圖方式建立觀念，再逐項分析，亦請準備一個實務案例備用；另二次立法的意涵需一併準備。

```
                          社會政策
                            │
                            │ 立法規劃開始
                            ▼
┌─────────┬──────────────┬──────────────────────────────┐
│         │ 1.提出規劃    │ 依政策理念或政策變遷，提出立法 │
│         │              │ 之規劃案。                    │
│         ├──────────────┼──────────────────────────────┤
│         │ 2.專家諮詢    │ 為法案規劃籌組諮詢或顧問小組， │
│ 立法之規劃│              │ 進行討論。                    │
│         ├──────────────┼──────────────────────────────┤
│         │ 3.公聽會      │ 將規劃文件或綠皮書向社會大眾公 │
│         │              │ 開諮詢及討論。                │
│         ├──────────────┼──────────────────────────────┤
│         │ 4.草擬法律制定 │ 由政府主管機關或國會助理再檢視 │
│         │   案          │ 規劃的法案，並草擬法律制定案   │
│         │              │ （有時附白皮書）。            │
└─────────┴──────────────┴──────────────────────────────┘
                            │
                            │ 立法過程開始
                            ▼
┌─────────┬──────────────┬──────────────────────────────┐
│         │ 5.提案        │ 政府提案、國會議員提案或請願   │
│         │              │ 案形成議案。                  │
│         ├──────────────┼──────────────────────────────┤
│         │ 6.列入議程    │ 立法機關程序委員會將提案排入   │
│         │              │ 議程。                        │
│         ├──────────────┼──────────────────────────────┤
│         │ 7.一讀        │ 政府提案宣讀標題，委員提案摘   │
│         │              │ 要說明，進行大體討論。        │
│         ├──────────────┼──────────────────────────────┤
│ 立法之程序│ 8.審查       │ 委員聽取報告、討論、修正，完   │
│         │              │ 成審查報告。                  │
│         ├──────────────┼──────────────────────────────┤
│         │ 9.二讀        │ 朗讀議案，宣讀審查報告、說明   │
│         │              │ 或質疑；逐條進行實質討論，仔   │
│         │              │ 細檢查及修正。                │
│         ├──────────────┼──────────────────────────────┤
│         │ 10.三讀       │ 簡要討論、文字修正，全案交付   │
│         │              │ 表決，通過。                  │
│         ├──────────────┼──────────────────────────────┤
│         │ 11.公布       │ 咨請總統公布。                │
└─────────┴──────────────┴──────────────────────────────┘
                            │
                            │ 法規生效
                            ▼
                          社會法規
```

社會政策制定過程各部門之類別與功能：

部門	說明
行政部門	進行立法之規劃，包括提出規劃、專家諮詢、舉辦公聽會、草擬法律制定案等，經過行政院院會通過後，函送立法院審議。
立法部門	針對行政部門函送之法律草案進行審議，並接受各利益團體的遊說，或提出相對的草案版本，進行黨政協商、法案送委員會審查，到最後送院會交付表決，三讀通過後咨請總統公布；或法案窒礙難行或無共識退回行政部門或擱置等。
總統府	公布通過之法律案，並自生效日起實施。

政策執行：
- 法律案公布後，是為社會政策合法化，主管機關進行施行細則訂定，以便透過規定、個別程序、計畫準則及其他細節，落實政策的執行。這些行政過程，被稱為「第二次立法」（secondary legislation）。
- 政策下達各執行機關，進行政策實施之各項說明與教育訓練，同時整合各項公、私立社會資源，進行服務提供之規劃與實務運作之研議，務使各項社會政策的實施達到立法之目的。
- 政策執行過程中，如不足或窒礙難行之處，透過意見之蒐集與彙整，研擬具體可行之建議，作為下次修法之參考，此即政策制定之循環。

伍、社會政策制定之理論一覽

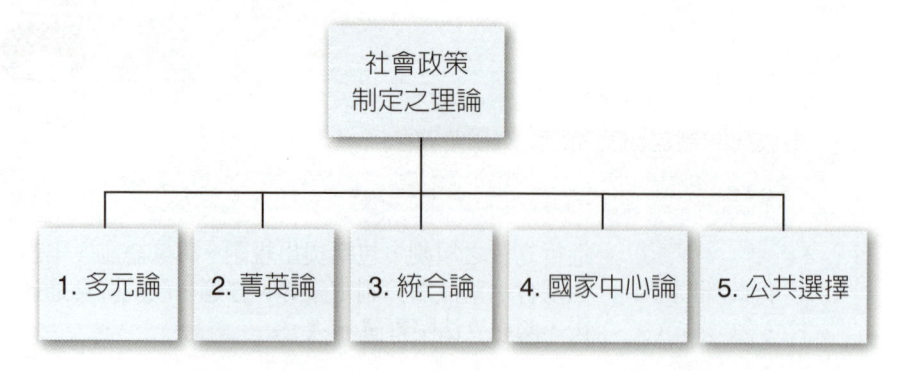

```
                    社會政策
                    制定之理論
    ┌──────┬──────┼──────┬──────┐
 1.多元論  2.菁英論  3.統合論  4.國家中心論  5.公共選擇
```

陸、多元論（Pluralism）

項目	說明
代表人物	多元論或譯為「多元主義」，也稱為民主多元論（democratic pluralism），是 1950～1960 年代政策研究的重要取向，最重要的代表學者為 Robert Dahl。
主要論點	■ 多元論者視決策制定係處於各種利益相互競逐的狀態下，最直接的方式是透過選民的努力來影響議會或行政官僚的決策過程，主張所有群體都有力量影響決策，沒有任何群體能夠支配決策，若經過充分考量的話，任何群體其政治偏好以及期望都會被採納。 ■ 多元論假設有一個短期的「理念市場」（market place of ideas），在這個市場之中，有相當多數的團體及其利益，在角逐政策決定的權力或影響力，至於個人，通常透過團體的組織，以團體成員的身分參與政策決定。 ■ 基本假設為所有的聲音都會被聽到，權力是廣泛的擴散，而非集中。例如：健康照護的改革，醫師、醫院、企業、勞工工會、健康改革倡導者、消費者都有機會加入討論，同時每個人對於健康照顧問題的解決都有一些意見。

> **榜首提點**
> 請將各理論的內涵讀懂，重點是要能有申論能力；在測驗題則必須有區辨各理論不同之處的能力。

項目	說明
不足之處	就現實面而言，這個論點過於簡化，也很難實現，從現今代議政治的角度來看，政策過程無可避免的需要政黨或是個別政治人物居中協調，且有許多利益分配是在議場之外達成的。而且有部分壓力團體擁有較多的權力或地位與聲望，其訴求有相對容易從政策內容中得到展現。意即，不是每一種聲音都能被列入討論，某些有力團體，往往聲稱他們在公共場合接觸聽眾，是代表大眾表達意見，並且運用制度化的程序，藉口正在處理中，或者反對某種理念，使真正重要主題的討論被保留，而進行私下協商，藉以影響社會政策的決定。

柒、菁英論（Elitism）

項目	說明
基本概念	精英論，或譯為菁英主義，也稱為菁英控制論（elite control），對照多元論，菁英主義將眾多團體及利益的產生，視為反映菁英團體及個人的目的，Mills 稱之為「權力菁英」（power elite）。
主要論點	■ 菁英論是對多元論的重要批判論述之一，其認為政策決定過程並非是多元利益進行角逐，而是集中在少數菁英手中所做成之決定，特別是政治體系中有力量影響其他行動者的一群人。例如：富有的市民、企業領導者、軍事機構的領袖、財務良好的利益團體領導者，代表的是社會政策決定的有力人士，而處於社會較低階層的人，往往被視為無權力者。 ■ 社會政策的產出容易反映出菁英價值的觀點，甚至是菁英的偏好與喜惡，但這並不代表菁英不會替大眾著想，只是菁英會衡量對其利弊得失後，才會推行各式各樣的社會政策。而且，因為菁英的影響，使得政策的選擇變小，許多考量甚至會排除一般民眾的觀點。

上榜關鍵 ★★★
菁英論於社會政策與立法的過程中，有相當的重要性，相關內容請加以準備。

捌、統合論（Corporatism） ★★ 測驗題考點。

項目	說明
主要論點	■ 統合論可以說是多元論與菁英論的結合。 ■ 本觀點認為權力並非集中在某些菁英上，但同樣的，亦非有效的分配給大眾，而是由影響力被認可的利益團體參與決策制定，並在既有共通利益中進行權力運作。
統合論的形式	根據 Schmitter 的分析，統合論有兩種形式： ■ 國家統合論（state corporatism）：屬於一種威權且反自由的，它適用於義大利的法西斯主義及德國納粹的政治體制中。 ■ 社會統合論（social corporatism）：因應西歐及北美多元論之退敗後產生，社會統合者主義之發展，是由於資本主義制度轉變所致，為了確保資本累積之環境需要，迫使國家進行更直接的干預，並與某些政治結盟進行協議，此論點因而取代了多元論，著重主要利益代表參與決策，這主要是歐陸國家（特別是北歐、奧地利及荷蘭）之政策過程，所反映出工會代表、資方以及政府三者之間所進行的各種協商，包括薪資、稅率以及社會政策的內容，不過這種協商結果亦容易使少數弱勢團體需求受到忽視。

玖、國家中心論（state-centered theory）

項目	說明
代表人物	多元論、菁英論及統合論，三個理論觀點有共同的特色，即較不將政府視為是可獨立運作的實體，它們是外控於菁英或利益團體的政治角力中，抑或只是扮演協調者或配合者的角色，但國家中心論則不認為國家沒有自主性，主要代表學者為 Skocpol。
主要論點	■ Skocpol 認為有必要把「國家帶回來」，以解釋社會變遷與政策發展。國家不應被視為完全依賴一般的社會結構特徵，或是特定利益團體間政治權力與資源分配。毋寧說國家是一種聲稱控制土地與人民的組織，其形成和追求目標並非單純為了反映社會團體、階級或結社的利益需要。因此，國家是擁有「國家自主性」（state autonomy）的。

項目	說明
	■ 國家中心主義的觀點認為，政府不必然是受到外部因素所擺布，國家本身就是行動者，擁有國家自主性，有其獨立的目標需要實現，因此許多公務員在社會政策發展過程中，其貢獻與重要性大過於利益團體或是政黨，因為即使政務官或立法委員掌握了重要政策的制定，但這些政策大部分早先經過行政官僚的規劃與設計。 ■ 國家從兩方面獨立的影響政治。其一是，國家可以是一個自主性公務員行動的場所，而其活動不必然要回應任何團體的偏好或需要。其二，國家是一個政體，不只是由於公務員與政治家能獨立的行使其職權，而且也由於制度化的組織結構能間接的影響政治意義與方法。 ■ 國家中心理論的內涵，可由三種構成要素組成，分列如下： 　1. 國家的科層組織在社會福利政策形成時，具有相當大的影響力。 　2. 政治上之學習促使政策決策者在決定社會政策時，不只考量外在之需求，而且會對先前國家所採取之行動做考量。 　3. 政策之創新與否會受國家結構型態之內涵與時間等因素的歷史脈絡所影響。 ■ 國家是可以用「國家強度」（state strength）加以度量。國家強度通常是包含國家「自主性」與「能量」，且涵蓋其下層結構與專制權力。「自主性」是指國家有能力獨立於或對抗社會歧異的社會利益，而形成自己的利益。「能量」是指國家有能力執行達成經濟、政治或社會目標的策略。國家自主性不必然是全面的自主性，端視國家與社會利益間的一致或分歧，而且國家自主性也會因不同的政策領域而有不同。 ■ 國家影響社會政策的制定主要來自於三個方面，一是國家組成（state formation），包括憲法、戰爭、選舉民主，以及官僚化等宏觀政治過程；二是國家制度結構，如集中科層制國家，或是分散式科層制國家；三是政策回饋，亦即社會政策也在創造政治。國家的自主性與能量，則取決於上述國家制度政治過程的差異。

上榜關鍵 ★★
請瞭解國家中心主義的主要代表學者，及其核心觀點，測驗題考點。

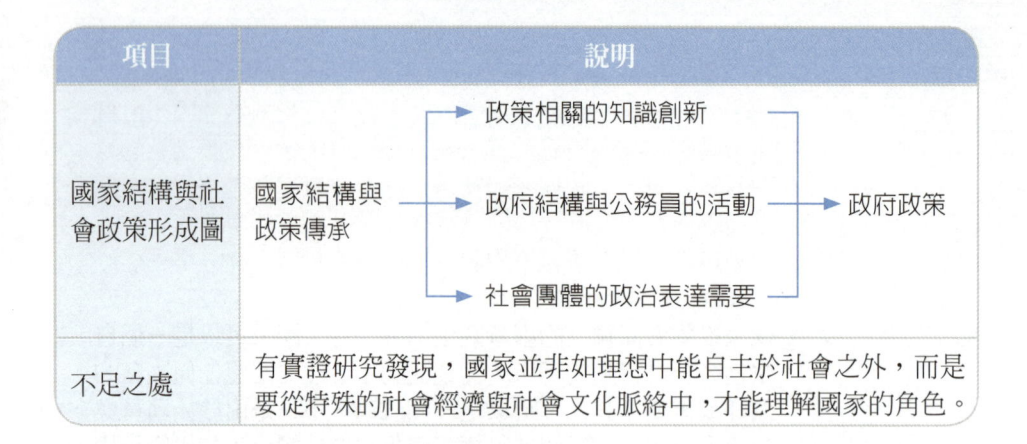

項目	說明
國家結構與社會政策形成圖	國家結構與政策傳承 → 政策相關的知識創新 → 政府政策 政府結構與公務員的活動 → 社會團體的政治表達需要 →
不足之處	有實證研究發現，國家並非如理想中能自主於社會之外，而是要從特殊的社會經濟與社會文化脈絡中，才能理解國家的角色。

拾、公共選擇（public choice）

一、公共選擇不同於多元論之處，是它加入了經濟層面的討論。

二、公共選擇觀點認為，傳統的經濟學家認為市場是在追求私人利益，公共選擇的理論乃是將這些觀點運用於政治的競技場，認為政治的所有行動者，包括候選人、投票者、納稅者、立法者、政府、官僚、政黨、利益團體、商人，似乎都將他們的個人利益與政治活動混為一談，其實他們的利益是必須分開討論的。

三、公共選擇理論的解釋認為，政治人物所關心的是，如何贏得選舉，以擴展他們的權力？相對的，投票者經常關心的是，社會政策如何影響他們？有什麼新的利益？原利益能否繼續保留。這種公共部門與投票者之間，其目的各有不同的見解，將有助於討論社會政策的發展與實施。

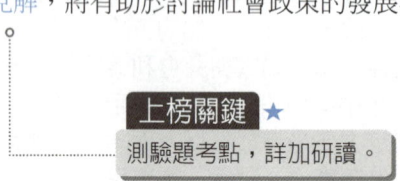

上榜關鍵 ★
測驗題考點，詳加研讀。

練功坊

一、社會政策的制定過程為何,請說明。

解析

最簡單的模式是 Freeman & Sherwood 的三階段論,最為複雜的是 Gilbert & Terrell 的八階段論,其間的差異並非在於過程的不同,而在於所著重的面向之細膩度所致。茲以 DiNitto 所提出的五階段標準架構,說明政策的各階段過程如下:

(一) 定義政策問題:政策的改變通常反映出社會需求未得到滿足,公眾對於政府的要求,形成政府對政策問題的認定,一旦問題被明確定義,接著便須對問題加以分析,包括強度、嚴重性及受影響的人數等。

(二) 形成政策計畫:政策的計畫可以透過各種政策管道取得,包括政策規劃與組織、利益團體、中央及地方的民意代表等,這計畫中均須有明確的政策目標,以及清楚的計畫內容。

(三) 社會政策合法化:社會政策的合法化可能來自於官方及民意代表所提出的公共聲明或行動,此時亦是各方(包括利益團體、官方及民意代表)等角力的重要階段,其結果將對後續的執行方向有重大影響。

(四) 執行社會政策:政策透過政府科層的活動而加以執行,亦造成公務預算的支出,在社會政策體系中,負責執行社會政策者,即是我們較為熟悉的社會行政及社會工作人員。

(五) 評估社會政策:政策執行完畢後,可被政府機構、外部諮詢人員、利益團體、大眾媒體及民眾做出各種正式及非正式的評估,以瞭解政策的影響或成本效益。二代健保將俟實施一段期間以後,再行提相關評估報告,以利下次修法之參考。

練功坊

( ) 1. 人口高齡化與少子女化是影響社會政策的重要因素,這兩個因素是屬於:
(A) 情境因素　　(B) 文化因素　　(C) 環境因素　　(D) 結構因素

解析

(D)。結構因素指的是社會或政體中相對較不會改變的要素。所以其屬於體系中較為長久性及持續性因素,如經濟基礎、政治制度或人口結構等,由於較具持續性,相對於情境因素來說,也較容易被預測。例如:政府的組成是內閣制、總統制或獨裁政權。人口高齡化與少子女化均為結構因素。

( ) 2. 下列那一理論主張政策的制定是各利益團體相互競逐之後的結果?
(A) 多元論　　　　　　　(B) 統合論
(C) 菁英論　　　　　　　(D) 國家中心論

解析

(A)。多元論者視決策制定係處於各種利益的相互競逐的狀態下,最直接的方式是透過選民的努力來影響議會或行政官僚的決策過程,主張所有群體都有力量影響決策,沒有任何群體能夠支配決策,若經過充分考量的話,任何群體其政治偏好以及期望都會被採納。

重點 2　社會政策決策模式、分析方法

閱讀完成：___月___日

壹、社會政策決策模式一覽

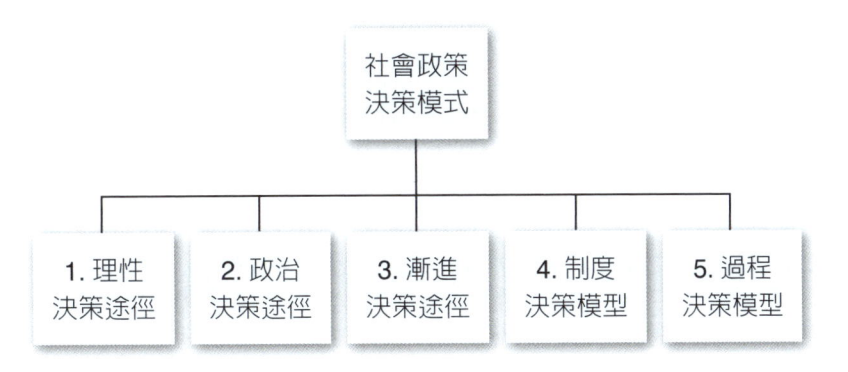

```
                    社會政策
                    決策模式
    ┌───────┬───────┼───────┬───────┐
1.理性    2.政治    3.漸進    4.制度    5.過程
決策途徑  決策途徑  決策途徑  決策模型  決策模型
```

貳、理性決策途徑（Rational approach）

項目	說明
主要觀點	■ 理性途徑也稱為理性決策（rational decision making），它強調在政策制定過程中，必須將關注的層面，盡量涵蓋所有尚未滿足的需求或社會問題，並且充分蒐集相關的資訊，再針對問題解決的方案，進行周詳的考慮，以制定最佳的政策。理性決策類似將問題解決途徑（problem-solving）運用社會工作實務中的政策決定。 ■ 在理性決策的過程，決策者必須檢視既存計畫與當前政策規劃的關聯性，認同所有相關的社會目的和價值，探討每一個政策選擇的情況。在這樣的基礎上，依一定程序或公式，運作政策，制定法案，產生理性的決策。

榜首提點

理性決策途徑是分析社會政策的必備經典模式，相關內涵務必清楚；延伸思考為有限理性決策途徑。

項目	說明
	■ 就理想層面來看，社會政策的制定過程應該充滿理性，且其制定之結果也應該理性。但何謂理性？一般來說，一個政策之所以被認為是理性的，主要在於制定的過程中有全盤的考量，包括欲達到的目的與須耗損資源間的比率為何，是否有其他更為有效的替代方案等。雖然理性考量通常從經濟面來做成本效益分析，但這部分的分析絕非僅在金錢或成本上，還包括社會價值與長期性的影響。因此，真正的理性模式，必須要衡量到社會政策所能達到的社會、政治及經濟價值。
不足之處	■ 理性模式似乎是個相當理想的政策制定途徑，然而受到現實面種種因素的限制，其往往是不容易達成的。因為我們無法充分知道所有的訊息，人類的知識是有限的，而重要的是，社會中某個人認為理性的政策，在另一個人眼中也許是不理性的，其中更牽涉到意識型態、價值觀及政治考量的問題。 ■ 就理性模式來說，現在已經將重點放在有限的理性（bounded rationality），政策制定者在有限的選擇與限制因素中進行考量，並在可接受的成本支出下，預測其可能結果後，找出其中較好的方式，以實現某種重要的價值。

參、政治決策途徑（Political approach）

項目	說明
主要觀點	■ 社會政策既然脫離不了政治的影響，這表示社會政策無法忽略社會群體間的利益衝突，一旦牽涉到資源的分配，便很難讓所有的群體完全滿意政策所做的任何決定。一般來說，政府要解決這種衝突，主要以「建立並執行某些普遍性的規則」、「在社會政策中進行妥協獲利益均衡」，以及「爭議調解」等三種方式。 ■ 在上述情況下，若一種政策能獲得足夠的支持而制定成法律，並因而被行政機關所執行，便稱之為具備了政治理性（political rationality）。

> **榜首提點**
> 政治決策途徑是分析臺灣社會政策的重要觀點，相關內涵務必清楚。

項目	說明
	■ 另，有所謂的「衝突理論」的決策模式（conflict theory），認為 Lindblom 的漸進途徑即使有一大堆理由，但是無法解釋何以政策的突然改變經常發生？因此衝突理論試著去處理政策為何及如何發生變革的議題。其決策模式是沿襲馬克思學派的社會理論，認為衝突是循著階級的路線發生，當工人階級與支配精英之間爆發衝突的結果，可能引起相關政策的重大變革。因有些衝突理論運用於政治經濟的透視，來解釋政策變革的過程，因而也稱為政治經濟模式（political economic model）或政治途徑，有助於瞭解社會政策間歇性、大幅度及結構性變遷的情況。
不足之處	政治理性不容易達成，特別是當社會價值、問題難以達成共識之際，有時政治力的影響是超乎預期的，有權有勢者似乎占較大的影響力，而弱勢者相對無法輕易取得發聲的機會。更何況，我們並不能瞭解政治制定者本身是否有私心，畢竟他們也會為了自己的權力、地位或以選舉的角度而進行各種考量。

肆、漸進決策途徑（Incremental approach）

項目	說明
代表人物	漸進途徑亦稱為漸進主義（incrementalism）的決策模式，是針對理性決策模式提出質疑而產生的。在理性途徑與政治途徑之中，看來似乎立場有些歧異，是否有辦法在其中進行媒合呢？政治學者 Charles E. Lindblom 便提出漸進模式，作為決策之運用。
主要觀點	■ <u>Lindblom 認為政策變遷是一步一步發生的，而且是建立在一系列的協調過程。如果激烈變革，或大幅度改變現狀，將轉移權力的平衡，可能產生非預期的反效果。</u>通常，政策決定者傾向於考量政治運作的可行性，以現狀政策為基礎，進行局部的修正，而不作大幅度的政策更動。<u>許多的政策決策者認為，政策決定是永無休止的過程，在現行沒有夠好的政策提出之前，最好繼續一點一點的加入可能替代的新方案。</u>

上榜關鍵 ★★
劃底線為漸進決策途徑的核心觀念。

項目	說明
	■ 大部分的政策制定者並未定期檢視既存的政策,或是確認社會目標,並研究達成這些目標所需的成本效益,亦因為無法獲得充足的資訊,在有限的時間、知識與成本的考量下,作為一個漸進式的決策者,會採取一種較為保守的政策制定過程,會以現有的政策、方案或支出當基礎,來增減或改進政策,因為既有的政策往往爭議較小,所以後續政策只會進行小幅度的調整,這樣也較不會引起劇烈的衝突與爭議。更何況,決策制定若要採行全新的政策或方案時,其不確定性實在太高,所需冒的風險也就愈大,無論過去的政策成效為何,採取較為保守的微調方式才是相對安全的方式。

伍、制度決策模型

項目	說明
基本概念	制度模型認為政府機關的結構,往往對政策有深遠的影響力。嚴格的說,許多的政策必須經過政府機關的認定、接受、擬定及設計執行後,才能成為政策。因為只有政府制度才能給予政策合法的地位,而理論上也只有政府的福利才具有「包容性」,才能兼顧所有人民之權益問題,而不是只為了利益團體而設。制度取向的決策分析強調的是政府組織結構及其內涵。
特性	■ 合法性:唯有政府能賦予政策的合法性地位,意涵乃是政治制度透過認可化的過程,明示政府對社會及人民的法律義務及契約責任。而所謂的合法權利,乃是個人透過合法性程序,在組織中占有位置,依據組織的規章制度,可以進行決策的權利。例如:民意代表透過選舉產生,政府職位有些透過選舉獲得,有些為上級指派或文官考試甄選產生。 ■ 普遍性:唯有政府的決策能夠涵蓋社會上所有的成員,具有普遍性。 ■ 強制性:唯獨政府能透過它的制度與組織,將違反政策的人加以合法的給予制裁。

上榜關鍵 ★★★
制度決策模型的基本觀念、特性請詳細的研讀,並建立分析的能力,申論題及測驗題均為考點。

榜首提點
漸進決策途徑是最常見的決策觀點,熟記其內涵並應用於實務法案。

項目	說明
不足之處	並不是每一個政策完全具有普遍性，即使政府願意，但許多環境的限制，也常限制了政府決策的包容力。政府部門內部資源與角力，未必產生最好的決策。政治制度間的權力影響政策產出，例如：行政系統與立法系統之間的角力，容易因為權力集中，形成決策壟斷。制度產生問題，造成體制癱瘓、效率低落。

陸、過程決策模型

項目	說明		
基本概念	■ 強調政策形成以及執行時的過程 知。過程分析的思考架構，首先考慮的乃是一連串的政策選擇在決策過程中的地位與考量；其次，這些政策選擇可能包括政策目與不同決策手段的應用。因此，政策過程不但注重每一個階段的政策變數及其互動，它同時也強調階段與階段之間的互動。 ■ 社會政策的產生並不是永遠依循著一定的邏輯順序而發展出來的，政策的過程開頭基本上是源自於決策者對社會訴求的一種承諾，從而產生決策階段與過程。		
特性／特徵	特性／特徵	說明	
	1. 形成的評估	此種分析途徑係以進行中的社會政策為主要研究及考評的對象，主要乃藉此提出政策或方案之意見，以具體的建言，協助政策選擇的順利執行與改善。	
	2. 內在的評估	乃是政策的理念及選擇是否依照原定計畫（政策目的）來進行，包括政策提供那些方案、針對那些對象、何時提供、在何種環境提供等。	
	3. 持續的檢驗	往往是針對新的政策及其執行過程，進行持續性的敘述分析與檢驗。	
	4. 外來的評估	針對已經實行一段時間，需要進行修訂的工作，也會洽請專家學者進行評估。	
	5. 責任的承擔	主要來自於過程取向的回饋功能，責任承擔被視為具有雙向溝通功能。	

榜首提點

過程模型是一個相當實務的模型，為金榜考點；準備時除基本概念外，對過程模型的特性理解不可或缺。

	說明
不足之處	決策過程的分類階段及標籤,基本上還是意涵著社會政策分析家的專業背景及其主觀意識。社會訴求不同,影響了決策過程的邏輯順序。

> **知識補給站**
>
> 政策過程的分析參考架構:
>
> | 政策過程 | 主要階段 | 分析重點 |
> |---|---|---|
> | (一)政策輸入期 | 1. 問題論述 ↓↑ | 問題定義
需求調查 |
> | | 2. 政策形成 ↓↑ | 目的闡釋
策略考量 |
> | | 3. 政策選擇 ↓↑ | 方案設計
決策者辨認
受益者辨認 |
> | (二)政策執行期 | 4. 政策執行 ↓↑ | 政策問題
方案問題 |
> | | 5. 政策評估 ↓↑ | 經驗評估
內容分析 |
> | (三)政策輸出期 | 6. 政策調整 ↓↑ | 政策保持
政策適應
政策廢止 |
>
> 說明:→意指政策過程的邏輯路徑。
> --▶意指決策過程的回饋功能。

柒、社會政策分析方法（取向／觀點）

社會福利政策分析方法（或取向）有很多種模式，美國著名的社會福利學者 Neil Gilbert 和 Harry Specht，在其所出版的《社會福利政策面向》（*Dimension of Social Welfare Policy*）一書中，提出以下二種分析方法（取向／觀點），說明如下：

> **榜首提點**
> Neil Gilbert 和 Harry Specht 所著的《社會福利政策面向》（*Dimension of Social Welfare Policy*）一書，是社會福利政策分析的經典之作。該書中「以分析觀點研究的社會福利政策」的 three Ps'（3Ps'）的政策分析，首次命題為109年地方三等特考公職社工師「社會福利政策與法規」的申論題，請考生加強準備，並預為準備一項政策以 3Ps' 加以分析。另「以政治觀點研究的社會福利政策」，亦須完整準備。

一、以分析觀點研究的社會福利政策

社會政策分析家傾向以多種相互關聯的方式來研究社會福利政策。主要的分析方法可以分成三個 P（'three Ps'）：過程（process）、產物（product）及績效（performance），以分析社會福利政策，說明如下：

（一）過程的研究

過程的研究，著重在政策形成中社會政治及技術層面的動態關係。政治學和歷史這兩個領域是研究政策形成過程之重要基礎。在研究政策形成的過程中，最關注的是影響政策形成的政治體系、政府，以及其他利益團體間的關係與互動。過程的研究通常應用在政策評估進行的時候，以個案研究的方式，蒐集政治與技術層面資料來作為決策的依據。用來作為發展整體社會福利體系或特殊的服務方案時，過程研究可能會使用長期研究案的方式進行。

（二）產物的研究

在計畫過程中，所謂的產物就是政策的選擇（choices）。這些選擇可能被架構在建議案、法令法規或是最後形成方案的長期計畫中。在進行產物研究時的重點在於選擇的相關議題（issues）。什麼是形成政策設計的選擇項目型態或成分？什麼選項是在選擇時所排斥的？何種價值、理論、假設是可以用來支持選擇的？

（三）績效的研究

績效的研究是著重在方案執行成果的描述與評估。方案成果較過程和產物的研究，更要求客觀及系統化的觀察。因為方案的範圍是比較具體的。績效可以利用質性或量化的資料，並使用具有方法論基礎的應用軟體工具來評估結果。在社會科學或專業學校所教導的研究法，正可以提供進行此類研究所需的主要知識和技能。調查人員從這樣的觀點會提出二個問題，一是「方案能夠執行得多好？」以及「方案所帶來的影響是什麼？」

關於前者，方案將會被檢視，包含執行內容為何？是否提供給預定的服務對象？以及花費多少成本等相關議題。另外，在方案影響程度方面，會測量在方案執行中，能夠確認與干預過程有關的執行前後行為或狀況差異來評估。

二、以政治觀點研究的社會福利政策

社會福利政策的傳統辯論多集中在個人主義與集體主義這兩種觀點上。這兩種觀點對所謂美好社會的定義與政府應扮演的角色，提供了截然不同的看法。說明如下：

(一) 個人主義（individualism）
1. 是一種強調個人利益追求哲學導向，相信普羅大眾會基於自己的生活態度與企圖心的驅使而能獲得成功機會。個人主義的基本假設，認為每個人應該要為自己的命運負責。這個假設架構在相信人們只要努力工作及自食其力，便能獲得物質成就的獎勵。當然，這同時也暗指人之所以無法成功，是因為個人行為不當、努力不夠或缺乏足夠的技能。
2. 個人主義強調自由放任經濟的觀點，個體若能夠在無障礙的私有化市場中，得以自由地靠自己的努力獲取想要的物質利益，則社會也能運作得很好。這種社會福利推論，認為私有利益的展現，可以透過企業精神創造工作、財富及經濟安全等，將福利導向最理想狀態。個人主義構成了保守主義的政治基本元素，首重社會的私人機制。認為所謂「社會干預」（social interventions）活動，應該來自於家庭、教會、企業及私人機構等，而不是由國家或政府提供。

(二) 集體主義（community）
1. 集體主義對社會上所謂適當行為有著截然不同的觀點，他們表彰社會以共同的行為來達成共同目標的重要性，並強調社會行動（而非個人行動）才是社會福祉的重要元素，也必須同時檢視那些因個人自我發展需要而存在的分歧。集體主義在經濟與政治的理念，與左派運動、民主社會主義（democratic socialism）、改革主義（progressiveism）、現代自由主義（modern liberalism）等站同一陣線，認為民眾應該要能「公平分享」社會利益。對左派論點而言，社會問題多因為社會經濟功能不佳，而非個人行為不適。當今集體主義的核心假設，認為現代社會問題，多來自於工業資本主義引起的自私貪婪。如在美國大蕭條及新政（New Deal）時期，左派觀點充滿了反對中央集權式經濟力量及獨裁制度的問題。

2. 當代的集體主義少了社會主義及階級衝突的論點，而多了社會經濟因素、機會問題及社會福利等議題。儘管已與資本主義基本架構做了完全的調和，但左派觀點仍然認為個人主義是造成在個人行為及市場機制中，出現不平等情況、社會問題，以及受社會經濟菁英主宰狀況的原因之一。

綜上可知，左右派政治觀點所爭議的重點在於，對政府所應扮演角色有著截然不同的想法。個人主義理所當然地認為個人行動較政府措施來得重要。相反地，集體主義的原則，是將政府視為廣大公民民主意志的展現，也是社會中防止利益被少數人強占的重要機制。

社會福利政策之政治觀點

比較項目	個人主義觀點	集體主義觀點
政治理念	保守主義的	自由主義／革新的
看待社會問題的觀點	問題本身代表選擇不當、個人失功能及貧窮文化。	問題反映根本的社會經濟狀況、取得資源有障礙及缺乏機會。
看待市場的觀點	支持無紀律的市場狀態和私人財產，以確保繁榮和福祉。	無紀律的市場會導致危險的經濟循環、失業、都市破壞、貧窮與不平等及環境衰退。
政府的責任	殘補式觀點──小政府、適度而非集體式的附屬於私人機構。	制度式觀點──大政府，政府應該夠大到可以在廣大的社區推動社會福利。
社會政策議程	依賴市場性、自發性與宗教性的安排，提供著重在窮人的安全網。	倚重公部門的領導人，提供廣泛的方案範圍，以確保完全的就業機會、經濟安全及基本的社會所需用品（social goods）。

練功坊

一、社會政策制定的模式有那些？請任舉一項政策制定模式，並說明該決策模式內容及其利弊得失。

解析

社會政策制定模式，主要是探討如何決定社會政策？或者如何影響社會變遷？這是社會政策制定過程的議題，就會有不同的決策過程模式被提出，相關模式包括理性決策途徑、政治決策途徑、漸進決策途徑、制度決策、過程決策等模式。茲以理性決策途徑為例，說明如下：

(一) 理性途徑也稱為理性決策（rational decision making），它強調在政策制定過程中，必須將關注的層面，盡量涵蓋所有尚未滿足的需求或社會問題，並且充分蒐集相關的資訊，再針對問題解決的方案，進行周詳的考慮，以制定最佳的政策。理性決策類似將問題解決途徑（problem-solving）運用於社會工作實務中的政策決定。

(二) 在理性決策的過程，決策者必須檢視既存計畫與當前政策規劃的關聯性，認同所有相關的社會目的和價值，探討每一個政策選擇的情況。在這樣的基礎上，依一定程序或公式，運作政策，制定法案，產生理性的決策。

(三) 就理想層面來看，社會政策的制定過程應該充滿理性，且其制定之結果也應該理性。但何謂理性？一般來說，一個政策之所以被認為是理性的，主要在於制定的過程中有全盤的考量，包括欲達到的目的與須耗損資源間的比率為何，是否有其他更為有效的替代方案等。雖然理性考量通常從經濟面來做成本效益分析，但這部分的分析絕非僅在金錢或成本上，還包括社會價值與長期性的影響。因此，真正的理性模式，必須要衡量到社會政策所能達到的社會、政治及經濟價值。

練功坊

( ) 1. 認為社會政策與立法，其實無法完全理性，而是根據先前施政的經驗逐步修正的，是下列那一種模型的主張？
(A) 漸進模型
(B) 制度學派模型
(C) 公共選擇模型
(D) 政策過程模型

解析

(A)。漸進模型，Lindblom 認為政策變遷是一步一步發生的，而且是建立在一系列的協調過程。如果激烈變革，或大幅度改變現狀，將轉移權力的平衡，可能產生非預期的反效果。通常，政策決定者傾向於考量政治運作的可行性，以現狀政策為基礎，進行局部的修正，而不作大幅度的政策更動。許多的政策決策者認為，政策決定是永無休止的過程，在現行沒有夠好的政策提出之前，最好繼續一點一點的加入可能替代的新方案。

( ) 2. 社會政策制定的理論中，關於「國家中心論」的觀點，下列敘述，何者錯誤？
(A) 國家本身不是行動者
(B) 國家擁有自主性
(C) 行政官僚在政策制定過程中是積極參與者
(D) 為史卡司波（T. Skocpol）所提出

解析

(A)。國家中心主義的觀點認為，政府不必然是受到外部因素所擺布，國家本身就是行動者，擁有國家自主性（state autonomy），有其獨立的目標需要實現，因此許多公務員在社會政策發展過程中，其貢獻與重要性大過於利益團體或是政黨，因為即使政務官或立法委員掌握了重要政策的制定，但這些政策大部分早先經過行政官僚的規劃與設計。

重點便利貼

❶ 社會政策制定之理論
（1）多元論：視決策制定係處於各種利益的相互競逐的狀態。
（2）菁英論：認為政策決定過程並非是多元利益進行角逐，而是集中在少數菁英手中所做成之決定。
（3）統合論：認為權力並非集中在某些菁英上，但同樣的，亦非有效的分配給大眾，而是由影響力被認可的利益團體參與決策制定，並在既有共通利益中進行權力運作。
（4）國家中心論：國家中心論則不認為國家沒有自主性。
（5）公共選擇：認為政治的所有行動者，似乎都將他們的個人利益與政治活動混為一談，其實他們的利益是必須分開討論的。

❷ 社會政策決策模式
（1）理性決策途徑：它強調在政策制定過程中，必須將關注的層面，盡量涵蓋所有尚未滿足的需求或社會問題，並且充分蒐集相關的資訊，再針對問題解決的方案，進行周詳的考慮，以制定最佳的政策。

(2) 政治決策途徑：社會政策既然脫離不了政治的影響，這表示社會政策無法忽略社會群體間的利益衝突，因牽涉到資源的分配。

(3)「衝突理論」的決策模式：認為衝突是循著階級的路線發生，當工人階級與支配精英之間爆發衝突的結果，可能引起相關政策的重大變革。

(4) 漸進決策途徑：政策決定者傾向於考量政治運作的可行性，以現狀政策為基礎，進行局部的修正，而不作大幅度的政策更動。

(5) 制度決策模型：認為政府機關的結構，往往對政策有深遠的影響力。制度取向的決策分析，強調的是政府組織結構及其內涵。

(6) 過程決策模型：強調政策形成以及執行時的過程。

擬真考場

申論題

一、Lindblom 於 1959 年提出之漸進模式（Increamental model）是至今仍常被運用之社會政策制定模式，請敘述此一模式被採用之原因？

測驗題

( ) 1. 請依政策過程的發展階段，排出正確順序：①政策規劃　②政策執行　③政合法化　④政策問題形成　⑤政策評估
  (A) ⑤①④③②　 (B) ④①③②⑤
  (C) ①③②④⑤　 (D) ④③②①⑤

( ) 2. 根據社會政策學者Howard Leichter的說法，下列何種因素會影響到政策形成？①情境因素　②結構因素　③文化因素　④心理因素
  (A) ①②③　 (B) ①②④
  (C) ①③④　 (D) ②③④

( ) 3. 下列那種決策模型有助我們瞭解社會政策為什麼會產生大幅度的、結構性的改變？
  (A) 理性模型　 (B) 漸進模型
  (C) 衝突模型　 (D) 多元模型

解析

申論題

一、(一)漸進途徑亦稱為漸進主義的決策模式，是針對理性決策模式提出質疑而產生的。Lindblom 認為政策變遷是一步一步發生的，而且是建立在一系列的協調過程。如果激烈變革，或大幅度改變現狀，將轉移權力的平衡，可能產生非預期的反效果。通常，政策決定者傾向於考量政治運作的可行性，以現狀政策為基礎，進行局部的修正，而不作大幅度的政策更動。許多的政策決策者認為，政策決定是永無休止的過程，在現行沒有夠好的政策提出之前，最好繼續一點一點的加入可能替代的新方案。

(二)大部分的政策制定者並未定期檢視所既存的政策，或是確認社會目標，並研究達成這些目標所需的成本效益，亦因為無法獲得充足的資訊，在有限的時間、知識與成本的考量下，作為一個漸進式的決策者，會採取一種較為保守的政策制定過程，會以現有的政策、方案或支出當基礎，來增減或改進政策，因為既有的政策往往爭議較小，所以後續政策只會進行小幅度的調整，這樣也較不會引起劇烈的衝突與爭議。更何況，決策制定若要採行全新的政策或方案時，其不確定性實在太高，所需冒的風險也就愈大，無論過去的政策成效為何，採取較為保守的微調方式才是相對安全的方式，這也是本模式被採用的原因。

測驗題

1. **B** 政策過程的發展階段為政策問題形成→政策規劃→政策合法化→政策執行→政策評估。

2. **A** 社會政策學者 Howard Leichter 認為情境因素、結構因素、文化因素會影響政策之形成。

3. **C** 「衝突理論」的決策模式（confiict theory）認為 Lindblom 的漸進途徑即使有一大堆理由，但是無法解釋何以政策的突然改變經常發生？因此衝突理論試著去處理政策為何及如何發生變革的議題。其決策模式是沿襲馬克思學派的社會理論，認為衝突是循著階級的路線發生，當工人階級與支配精英之間爆發衝突的結果，可能引起相關政策的重大變革。因有些衝突理論運用於政治經濟的透視，來解釋政策變革的過程，因而也

稱為政治經濟模式（political economic model）或政治途徑（political approach），有助於瞭解社會政策間歇性、大幅度及結構性變遷的情況。

第四章 福利國家發展理論與模型

CHAPTER 4

榜‧首‧導‧讀

- 請考生對常見的社會福利七個理論加以詳讀，這些理論往後會在分析各項社會福利政策時運用的到。
- 請先建立 Esping-Andersen 之福利資本主義三個世界的分類架構，三個各有其特點，後續研讀切勿混淆，相關內容為經典必備，係屬金榜考點；體制是個重要概念，請對福利體制的定義及代表學者有清楚的認識。

關‧鍵‧焦‧點

- 俾斯麥模型相關內容，務必完全清楚，其方案是選擇性的，例如：臺灣的勞保與公保；延伸思考為選擇性與普及性社會福利。貝佛里奇是普及性的，主要特徵請詳加準備，例如：臺灣的全民健保。
- 提墨斯的社會福利分工為經典必備考點；準備內容包括：基本概念、分工形式、模型類別，均不可疏漏。

命‧題‧趨‧勢

公務人員	年度	110年				111年				112年			
	考試	高考	普考	地三	地四	高考	普考	地三	地四	高考	普考	地三	地四
		申	申	申	申測	申	申測	申	申測	申	申測	申	申測
	題數						1		1				

專技社工師	年度	110年			111年			112年			113年	
	考試	2申	2測	1申	1測	2申	2測	1申	1測	2申	2測	1申	1測
	題數		2		1		1		2		2		1

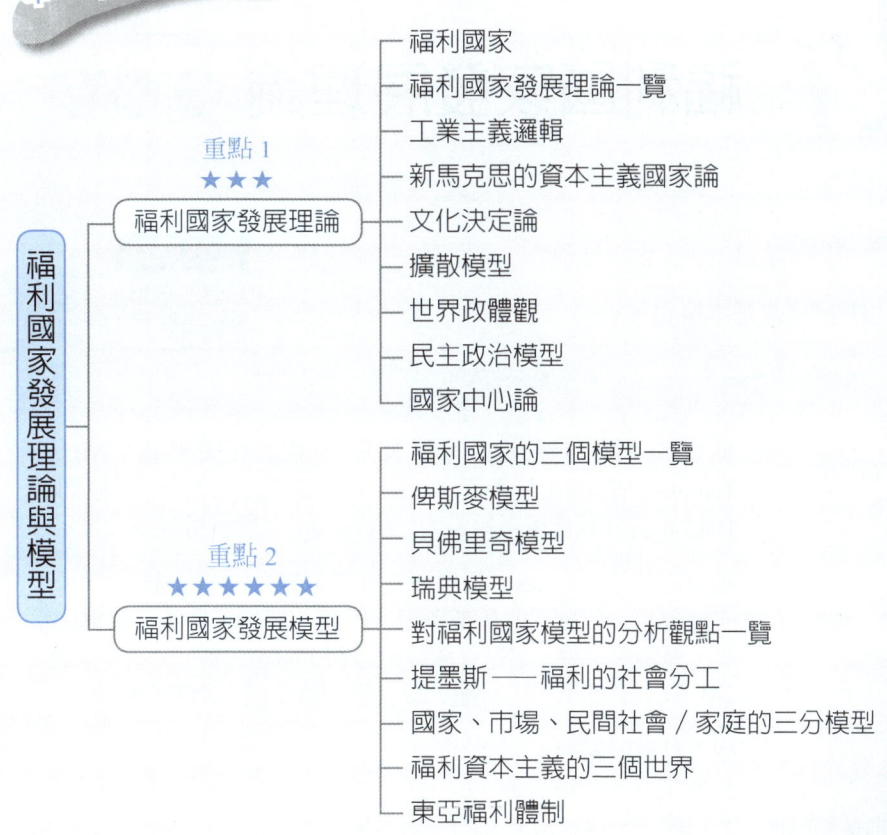

本·章·架·構

福利國家發展理論與模型
- 重點 1 ★★★ 福利國家發展理論
  - 福利國家
  - 福利國家發展理論一覽
  - 工業主義邏輯
  - 新馬克思的資本主義國家論
  - 文化決定論
  - 擴散模型
  - 世界政體觀
  - 民主政治模型
  - 國家中心論
- 重點 2 ★★★★★★ 福利國家發展模型
  - 福利國家的三個模型一覽
  - 俾斯麥模型
  - 貝佛里奇模型
  - 瑞典模型
  - 對福利國家模型的分析觀點一覽
  - 提墨斯——福利的社會分工
  - 國家、市場、民間社會／家庭的三分模型
  - 福利資本主義的三個世界
  - 東亞福利體制

重點 1 福利國家發展理論

閱讀完成：＿＿＿月＿＿＿日

壹、福利國家

一、福利國家之基本概念

上榜關鍵 ★★★
基礎的概念，非常重要，務必瞭解。

項目	說明
「福利國家」起源	英文的「福利國家」一詞最早出現於威廉天普（William Temple）在 1941 年所著的《公民與教徒》一書中。隨即於 1942 年的《貝佛里奇報告》（Beveridge）所引用。
「福利國家」的定義	威廉斯基（Wilensky）對福利國家的定義：「福利國家」為「政府保障每一個國民的最低所得、營養、健康、住宅、教育之水平，對國民來說，這是一種政治權利，而非慈善。」進一步說，福利國家意即所得再分配，以及強調給年輕人均等的機會。
福利國家的四項主要特質	學者林萬億歸納： 1. 國家介入市場經濟。 2. 保障每一國民最基本的需求滿足。 3. 福利是一種國民的權利，亦即社會權，而非慈善。 4. 福利的提供是國家強制性、集體性與非差別性的直接滿足人民需求為主的福利。

二、福利國家興起的四階段

（一）1870 年以前

不論傳統的慈善，或是近代的社會福利之所以存在，解決貧窮是主因，而在工業革命以後，貧窮又與勞工形影不離。1870 年以前，國家介入濟貧工作僅是邊際的，最早，宗教是濟貧的主要動力來源。

項目	說明
重要法案	■ 1601年，英國首次將濟貧法案成文化，稱為「濟貧法」或「伊麗莎白43號法案」，這個法案肯定教區（地方社區）濟助貧民的責任，但是，必須在居住教區三年以上才得到濟助，這是對「居住地」或「遷徙權」的重視，也強調親屬責任，意即親屬（親戚、夫妻、父母、子女）負有基本照顧與支持自家窮人的責任。當親屬無能為力時，公眾才有必要伸出援手。這個法案將窮人分為三種，並有濟貧監察員： 1. 有工作能力的貧民：亦即健壯乞丐，將被送到矯治之家或習藝所去工作，市民禁止給予這些人救濟。貧民從那裡來，就會被送到那裡去，如果健壯的乞丐不接受強制勞動，將被示眾或下獄。 2. 沒有工作能力的貧民：例如：老人、盲人、瘖啞、精神錯亂，以及帶有幼兒的母親，將被送進濟貧院。如果這些人住在院外，看起來成本較濟貧院低，濟貧監察員可以採用「院外救濟」的方式來救濟他們，通常是「實物補助」，如衣服、油料等。 3. 失依兒童：孤兒、棄兒、貧童將被安置在寄養家庭。如果沒有免費家庭願意收留，兒童將被拍賣。男童要到24歲，女童要到21歲或結婚，才可恢復自由之身。 4. 「濟貧監察員」：主管教區濟貧的行政工作。由法官任命，負責貧民申請救濟案的接案、調查、決策等。同時，濟貧監察員也得徵收濟貧稅，稅額依土地、住宅，以及居民的什一稅。 5. 影響：濟貧法建立了英國往後三百年的濟貧基本模式，這種親屬責任、教區救助原則，以及政府以稅收支應的濟貧原則，成為往後社會救助的基本架構。直到今天，許多國家的社會救助以此為藍本。 ■ 1869年，慈善組織會社（Charity Organization Society）成立於倫敦，簡稱COS，這是因為索里（Henry Solly）建議的建立一個公私慈善機構的協調委員會來整合救濟資源所成立。

上榜關鍵 ★★
慈善組織會社的功能請詳細研讀，以測驗題型的方式準備。

上榜關鍵 ★★★
思考英國濟貧法與社會救助立法的關聯；另為測驗題型常見考點。

> 新濟貧法：
> - 1782 年，通過「濟貧法修正案」，又稱為「季爾伯特法」，即是季爾伯特所推動，規定取消「外包制度」，將榮譽職的濟貧監察員改為有給薪的「貧民救濟委員」，並改善院內救濟為家庭居住。
> - 1795 年，伯克謝爾郡的濟貧官員集會於史賓漢蘭，決定建立「普及實施的食物表」，確立救助的基礎是依家庭維生所需的地方性麵包成本為準。這也就是所謂的「麵包尺度」（bread scale），是一種補充勞工因為所得低於最低生活標準的工資，經過議會通過，成為出名的「史賓漢蘭法」（Speenhamland act）。依照這個法案，貧民救濟採取居家原則，且依家庭大小救濟不同，這是院外救濟的再起。
> - 1834 年，通過「新濟貧法」（The new poor law），取消史賓漢蘭法的部分救濟，有工作能力的貧民安置在習藝所，只有病人、老人、殘障及寡母才能獲得院外救濟，幾個教區協調為一個濟貧法工會，及低於最低工資救濟原則，並建立一個國王任命的中央委員會。這個濟貧法其實是回到 1601 年的嚴苛、鎮壓的舊濟貧法時代。這個法案完全忽略貧民的產生是因為失業與不景氣。為了強化新濟貧法的精神，1852 年又通過「院外救濟」來執行「最低合格原則」。

結論：1870 年代以前的濟貧活動還是以志願為主，國家介入只是邊緣的。貧窮被當成是個人的懶惰、失敗、不道德的結果。濟貧者以一些地方教區中的富紳為主。優越的「慷慨女士」的態度充滿於濟貧的組織中。

上榜關鍵 ★
測驗題考點。

（二）1870 年到 1914 年

國別	說明
英國	■ 1883 年，英國「湯恩比館」（Toynbee Hall）成立，是一個大學睦鄰會館，主要目的係為貧民的教育與文化發展，提供居民與學生有關貧民的資訊，及覺醒社會大眾有關社會與健康問題，並為社會改革與立法而辯護。 ■ 由慈善組織會社（COS）所主導的濟貧原則，所謂「教他捕魚，不要給他魚」的教條，假定貧民是個人失敗所造成的。1884 年，「費邊社」（Fabian society）成立，這個社團接受社會主義的原則，但是反對以革命的手段來改造英國的社會兩極化，目標是透過有組織、有系統的知識，藉由政治力來達成「社會主義國家」的理想，而逐漸走向「福利國家」。 ■ 1911 年，「國民保險法」通過，涵蓋疾病給付、身障年金、生育給付。
德國	俾斯麥發現社會保險是贏取勞工階級效忠與瓦解社會主義的利器，於 1883 年，德國俾斯麥首相開辦世界第一個強制性的國家「疾病保險」。
瑞典	■ 1906 年，全國性的調解組織設立，也就是瑞典出名的「十二月妥協」（December Compromise），由瑞典雇主聯盟與瑞典工會聯盟雙方同意，雇主有權選擇工人、督導工人；同時，雇主同意工人有集會結社與罷工權。 ■ 1913 年，開辦老人年金，但並非普及性的，而是要透過資產調查形式的給付制度。

上榜關鍵 ★★★
慈善組織會社的濟貧原則，請以測驗題型的方式準備；延伸思考為英國濟貧法的濟貧原則。

上榜關鍵 ★★★
湯恩比館與慈善組織會社功能不同，請區辨清楚，為測驗題型常見考點。

上榜關鍵 ★★
俾斯麥的強制性社會保險，開啟國家辦理社會保險的先河；熟記年代、提出者、保險項目，屬測驗題型。

（三）兩次大戰間福利國家的開端

兩次世界大戰，以及二、三〇年代的經濟危機帶給各國社會政策相當程度的影響。一次戰後大量的失業使得英國持續擴大其社會保險體系。而在北歐，社會民主黨取得政權，一系列的社會政策於是展開。現代福利國家的奠基，應可說在此一時期。

（四）二次戰後福利國家的出現與擴張

國別	說明
英國	■ 1946年，「國民保險法」（the National Insurance Act）通過，建立一個以一般稅收為基金的均一給付老年、疾病、失業與死亡保險。又通過「國民保健服務法」（the National Health Service Act），建立醫療行政系統。 ■ 1980年代，柴契爾夫人主政期間，又稱為新右派，對英國的社會產生了最大的挑戰，也造成了相當程度福利國家的再萎縮，特別是所得分配不均。
德國	德國推動社會市場經濟，一方面強調要充分發揮市場競爭功能，另一方面又要透過國家制定必要的秩序與規則，使競爭有章可循、有法可依，有別於瑞典的社會民主或英國的自由集體主義，學者就以「組合主義模型」（the corporatist model）來界定德國的福利國家。
瑞典	1945年以來，瑞典福利國家擴張迅速，其所立基的是充分就業，也就是一種以預防為主的社會政策。國民的社會保障是由勞動市場、社會保險、社會服務以及有效的經濟來達成，如此才能與國際市場競爭，結合充分就業與穩定價格的「雷恩－美德諾模式」（Rehn-Meidner model），主張「積極的勞動市場政策」（active labour market policy），涵蓋的不只是為失業者創造就業的方案，還包括刺激區域與職域間的勞動流通，以及勞動力的再訓練。

貳、福利國家發展理論一覽

```
                    ┌─ 1. 工業主義邏輯
                    │
                    ├─ 2. 新馬克思的資
                    │      本主義國家論
                    │
                    ├─ 3. 文化決定論
                    │
    福利國家發展理論 ─┼─ 4. 民主政治模型
                    │
                    ├─ 5. 擴散模型
                    │
                    ├─ 6. 世界政體觀
                    │
                    └─ 7. 國家中心論
```

> **榜首提點**
> 福利國家發展理論的七個重要理論，核心要義務必清楚。

參、工業主義邏輯（logic of industrialism）

項目	說明
基本概念	這是一種聚合論，透過對西方工業民主國家跨部門、聚集量化資料的蒐集，得出工業化、都市化、人口老化對社會支出的影響。
主要論點	■ 認為社會方案回應經濟體制內結構變遷所產生的問題與需求，這是一種立基於結構功能的社會變遷觀點，強調經濟、人口成長與社會結構分化間的因果關係。 ■ 這種理論嘗試去解釋工業社會中社會制度的本質與發展是受到兩組推拉而生，一是功能的必要性（functional necessities）的拉力，另一是工業化結果的推力。因此，在工業化工技與經濟發展之下，社會機構的出現與發展成為不可避免的結果。也就是說，現代工業社會中，社會福利的發展是為了替代宗族、社區與宗教組織在滿足人們需求的功能，而這些需求大多是因為工業化而產生。

項目	說明
工業主義邏輯的基本關係	工業化→社會經濟與文化變遷→新的社會需求與社會組織出現→新的福利服務、結構與供應。
被批評之處	■ 未能解釋為何在工業化民主國家裡有如此分歧的社會政策，例如：美國與紐西蘭是工業主義邏輯的例外。這二個國家的工業化程度不亞於西、北歐的工業國家，但是卻有落後的福利國家發展。 ■ 從方法論分析，聚合論只能看出某些社會福利指標的表象之相似性，卻不能深究其內涵，例如：社會福利方案內容是什麼？那些方面成長了？給付範圍？抑或行政成本？ ■ 從歷史觀點分析，認為工業主義邏輯是反歷史的研究，其忽略了大多數西歐、北美在發展其第一個現代化社會福利方案之前，均已邁入先進的城市工業社會之林。因此，社會福利方案之提出，並不只是為了解決社會經濟的問題，也是為了解決政治問題。

肆、新馬克思的資本主義國家論（Neo-Marxist theories of the capitalist state）

項目	說明
基本概念	與工業主義邏輯在方法上有些相似，其在瞭解社會政策的發展是透過資本主義國家發展的邏輯推演。此派理論著重在分析從競爭轉型到壟斷的資本主義生產形式，而不像工業主義邏輯是以農業社會轉型到工業社會為分析重點。
主要論點	■ 新馬克思主義者同意社會政策的出現是資本主義國家轉型過程的功能需要（functional demand）。但是，功能需要卻存在一種矛盾，亦即國家既要促進資本累積，又要維持民主合法性。因而，福利國家與資本主義國家的矛盾在於資本主義與福利國家不能共存，但資本主義國家卻也不能不與福利國家共存。

上榜關鍵 ★

以申論題型的方式準備，準備重點為主要論點、邏輯關係、被批評之處等，屬記憶型考題。

項目	說明
	■ 在新馬克思主義眼中，社會政策的產生在於國家為維持先進資本主義的「社會再生產」（social reproduction），這包括為了儲備有動機與技術的工人投入勞動力市場，也為了使受雇者與家庭有足夠的購買力以活絡消費市場；同時，為了維持經濟與社會秩序，以免因為某些不幸事件、傷害、死亡、疾病、老化等因素而被自由經濟市場淘汰後的不滿產生。這種說法很像工業主義邏輯的推論。因此，如果說工業主義邏輯是一種工技決定論，新馬克思主義則是經濟決定論。
被批評之處	■ 新馬克思主義的解釋，還是很依賴抽象的概念推演，尤其是以個案研究為主的分析，較不能獲得跨國共通性的結論。 ■ 新馬克思主義所主張的勞工階級組織的重要決定會影響社會政策發展的說法，在面對另一個常被提到的「社會民主模式」的福利國家發展解釋時，也是光芒盡失。即使是輔以「企業自由主義」的觀點，因馬克思主義的觀點還是不能自圓其說得很好。

伍、文化決定論（curtural determinism）

項目	說明
基本概念	文化決定論又稱為「道德決定論」（moral determinism），或稱為「國家價值說」（national value approach）。
主要論點	■ 立基於假設普及的社會價值滲入社會行動，並且導引社會解決問題的正義方向。道德主義者認為社會政策是一種道德正義的結果，而這種道德正義，在西方是指基督教義。
被批評之處	■ 以國家的主流價值或大人物的高道德作為社會福利發展的起源與範圍的解釋，並無法精確的指出到底文化價值的影響力如何在政治衝突或政策爭議中使力，使得政策被制定以反映社會的主流價值與大人物的道德號召。 ■ 無法解釋在反福利的道德主義思潮裡，仍然有一些社會福利方案提出，及其時機與結構特徵。

陸、民主政治模型

項目	說明
基本概念	民主政治模型在解釋社會政策的起源與擴張,認為應歸功於代議政治中社會力的運作。依照這個觀點,社會力可以是個別選民,也可以是選民的結盟。選民為了擴大其偏好,政客為了選票,企業家為了經濟利益,社會改革者為了政治理想,無不透過民主政治競技場,以尋求其偏好被支持。因此,社會政策即在這種選民的壓力下產生。
模型類型	由於強調社會力的角度不同,因此,民主政治模型又分為「簡單民主模式」、「大眾抗爭模式」與「社會民主模式」三種。

	說明
1. 簡單民主模式	■ 此觀點認為正式的民主結構,大眾選舉參與,或者選舉競爭導致社會政策的產生與發展。社會政策的發展並不必然反映階級或意識型態的需要,而是反映選民的偏好。所以,只要具有西方形式的民主選舉,社會政策必然會被提出成為議題,而且被立法執行。 ■ 此觀點假設選民是理性的,他們會選其偏好的政見,支持對其有利的候選人。因此,是一種需要面的理性抉擇解釋(demand-side rational choice explanation)。從這個角度來看個別選民或團體選民會因有利於自己的偏好而支持特定的公共政策。同時,如果社會政策的提出有利於選戰的勝利,政黨也會支持社會政策,政客們也會為了選民的偏好而主張高的社會安全給付標準、低的稅率。而且,每到選舉年,社會政策都會隨之擴張。因此,代議民主制度被認為是社會政策發展的主要動力。

上榜關鍵 ★★★★

民主政治模型三大類型,請先對內涵建立清楚瞭解;並思考我國的社會政策是否有符合其分類的案例。

項目	說明	
		說明
2. 大眾抗爭模式		■ 被批評之處：簡單民主模式的解釋看似有理，其實弱點很明顯。首先，選民並非如想像中理性，也不見得有清楚的偏好。因此，社會政策是反映選民的需要不一定成立。再者，選舉中的政治承諾未必被實現，政見支票與政策的制定常有差距。因此，將選戰的政見訴求當成社會政策的起源未必貼切。何況，同樣有高度民主制度的社會，並不保證都有相近的社會福利發展，美國落後的社會福利即是一例。 ■ 本觀點認為社會政策是在回應群眾的抗爭。社會福利政策的起源與擴張是統治菁英對抗爭的工人與窮人的妥協。通常在政治與經濟危機時，統治菁英不易使用鎮壓手段來處理暴動、罷工或示威，那時，社會政策就取而代之。 ■ 因此，只要有好戰的工會罷工或其他形式的群眾運動，就可能施加壓力給統治菁英，以提供社會福利或擴張社會支出。但是，群眾抗爭停止後，這些社會給付可能隨即被取消。
3. 社會民主模式		■ 基本概念：社會民主模式基本上是一種以階級為基礎的政治鬥爭，因此，又被稱為政治階級鬥爭（political class struggles）模式。這個模式主要從瑞典國家發展經驗中檢驗出來的。勞工階級透過政治動員，以取得國家權力的階級均衡，因而，創造出有利於勞工階級的福利國家。 ■ 主要論點： 1.社會民主模型認為資本家基本上是反對福利國家的。因此，在資本家為統治階級的國家裡，不太可能出現福利國家的形式，若有也只是福利資本主義。

項目	說明
社會民主模式	說明 2. 所以，為了建立有利於勞工階級的福利國家，工人要組織強有力的工會，且支持一個站在勞工立場的社會民主黨或工黨。如果勞工階級的力量大到政治與經濟市場足以抗衡資本家所支持的政黨，則福利國家的產生愈有可能，反之亦然。 3. 社會民主模型的福利國家形成過程： 前資本主義社會　　　　　　　國家結構 ↓ 社會結構 → 工人階級動員 → 國家權力的階級均衡 → 福利國家政策 ↑（階級的多寡、規模、區隔、分裂性）　（程度、集中化、左翼政黨與工會的結盟）　（左翼政黨掌權）　（時效、成長、再分配） ↑ 資本主義經濟結構　　　階級意識型態的霸權 ■ 被批評之處： 1. 有學者懷疑其解釋力，認為這個模型並不能解釋歐洲國家社會保險方案的產生。因為，大多數國家的第一個社會保險都是由保守的統治者，或者頂多是自由派的政客所提出。1933 年瑞典的社會民主黨與農黨的結盟才是福利國家發展的契機，而非單純因為工會的力量。 2. 這個模型在解釋北歐國家較有說服力。在缺乏社會民主黨的國家，因為沒有相似於瑞典的經驗，很難認定缺乏強有力的工會是造成落後福利國家的原因。

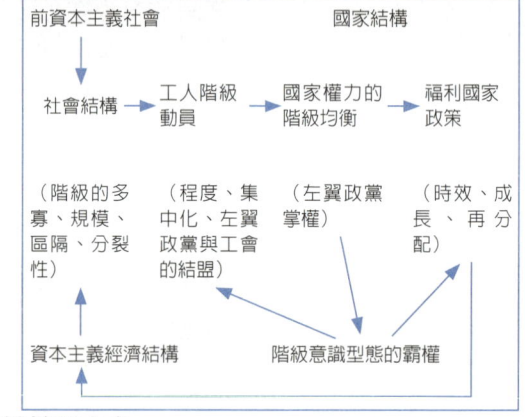

柒、擴散模型（diffusion model）

> **上榜關鍵** ★★
> 基礎觀念。

項目	說明
主要論點	■ 認為對福利國家的解釋，外部因素的示範效果才是社會福利方案形成的主要來源。 ■ 具體案例：德國1883年建立國家供應的社會方案影響到歐陸的其他國家。因為，當德國的疾病與意外災害提出之後，許多國家的決策者被吸引去關注德國社會政策的動向，並且指派委員會去研究德國的社會政策與立法，甚至派員去德國取得第一手的資料。
擴散的類型	分為空間擴散（spatial diffusion）與層級擴散（hierarchical diffusion）兩種。 ｜類型｜說明｜ ｜---｜---｜ ｜1. 空間擴散（spatial diffusion）｜■ 社會安全體系的發展與社會發展的地理位置有很強的關係。創新的擴散並非只發生在鄰近的國家，也會隨著主要的路徑而散播開來。 ■ 具體案例：例如：德國的社會安全制度被其他歐洲國家所仿效，雖然，這些國家的社經水平不及德國，但是由於靠近創新中心的德國而易於被擴散。亞洲四小龍的社會發展遠落後於歐洲的新興工業國家，主要理由之一，是因為歐洲新興工業國家較接近社會福利的創新中心。｜ ｜2. 層級擴散（hierarchical diffusion）｜■ 是指發生於不同社經發展國家的擴散。也就是創新發生於先進的大中心，而後依序被落後的邊緣小國家所採借。 ■ 層級擴散的觀念被大量用來解釋第三世界落後而不當的社會福利政策。尤其與依賴理論結合，用來解釋社會安全制度也是殖民母國用來維持其殖民地的不對等交換關係。大部分第三世界的社會福利，都建立於殖民母國滲透殖民地的控制中心之城市，而非被剝削者集中的鄉村。而且，也非所有的社會安全制度都被引進殖民地。｜

> **上榜關鍵** ★★
> 測驗題考點。

103

項目	說明
	說明
	▪ 具體案例：例如：歐洲殖民母國大量將其社會安全制度介紹給拉丁美洲、亞洲、非洲的殖民地。
	▪ 擴散模型認為社會政策是國家間相互學習的結果，即認為當國家面對社會變遷或社會需求時，採取向其他國家進行政策學習，參酌其他國家的作法後，採行社會政策。 ▪ 擴散理論的確能檢證國家間在社會政策上的政策學習實況，但這個理論仍受一些質疑： 1. 無法對最先提出原始政策作法之國家的社會政策提供解釋。 2. 即使存在政策學習的實況，但忽略了國家提出政策的內部因素。 3. 也未能說明在政策學習的情況下，為何又出現政策差異。 4. 政策學習或擴散傳播的時間點與社會發展、政策出現三個時間點的關係並沒有規律，亦未能對比進行解釋。
被批評之處	▪ 擴散模型雖然點出了外部因素對社會政策形成的模塑作用，但有學者認為，擴散過程並無法與內在社會經濟觀點因素截然區隔。例如：從歷史觀點來看德國的社會保險對歐洲的影響發現，瑞典受到較多的影響，但是英國則不然。北歐諸國由德國學到的內涵也不一致，例如：芬蘭學到意外保險、瑞典則學到年金保險、挪威學到意外與疾病保險、丹麥則與德國無關係。擴散模型並未精確的說明擴散的路徑與因果關係，且擴散理論強調國際間的關係，但是，誰模仿誰不確定，例如：許多社會保險的原則，事實上是北歐先創於德國。因此，有學者主張社會政策的聚合，是經由一種制度的環境動力，也就是世界政體的概念。

上榜關鍵
全段請詳讀，為測驗題細微考點。

捌、世界政體觀（world polity）

一、認為不論各國歷史特性如何，各國社會福利制度的變化部分是由於世界政體的國家發展。世界政體如同其他制度環境般，密度不一。其密度取決於世界體系中各單位間的互動與互賴的程度。國家單位愈多，政治經濟互動範圍愈廣，密度愈高，產生較大的採借世界傳統的壓力。進一步，經由對話的增加，助長世界政體合理化。

二、世界經濟分工的角色構成政治傳統與結構的框架。一些國家,特別是半邊陲國家被吸納入世界體系之中,需要學習新的世界正義的概念,以及發展新型式的政治。而國家福利方案的合理化與擴張,就在這個制度架構下出現。

三、國家福利方案的變異性,不只是受到納入世界體系的程度的影響,也受到環境滲透與合理化該社會的程度影響。總之,全球模式的世界政體觀相信,國家福利方案的產生,是由於環境壓力成為一種儀式後的產物。因此,許多方案被採行、擴張或示範,其實只不過是權充該國置身於世界體系中的制度式緩衝器,而不一定與國家政治條件相搭配。例如:正式的方案擴張了,但是經費、行政與執行卻沒有增加。

玖、國家中心論

項目	說明
基本概念	國家中心論的主要代表學者為 Skocpol。認為國家是人們所管理的一種機器,而這些人們擁有清楚的目標、動機、技術、知識,以執行其目標或利益。
主要論點 (略述)	■ Skocpol 認為有必要把「國家帶回來」,以解釋社會變遷與政策發展。 ■ 政府不必然受到外部因素所擺布,國家本身就是行動者,擁有國家自主性,有其獨立的目標須實現。 ■ 國家從兩方面獨立的影響政治。其一,國家可以是一個自主性公務員行動的場所,而其活動不必然要回應任何團體的偏好或需要。其二,國家是一個政體,不只是由於其公務員與政治家能獨立的行使其職權,也由於制度化的組織結構能間接的影響政治意義與方法。 ■ 國家可以用「國家強度」(state strength)加以度量。國家強度通常包含國家「自主性」與「能量」,且涵蓋其下層結構與專制權力。 ■ 國家影響社會政策制定主要來自於三個方面,一是國家組成(state formation);二是國家制度結構;三是政策回饋。

上榜關鍵 ★★★
基礎但非常重要的核心概念。

項目	說明
內涵的三種構成要素	<ul><li>國家的科層組織在社會福利政策形成時，具有相當大的影響力。</li><li>政治上之學習促使政策決策者在決定社會政策時，不只考量外在之需求，而且會對先前國家所採取之行動做考量。</li><li>政策之創新與否會受國家結構型態之內涵與時間等因素的歷史脈絡所影響。</li></ul>
國家結構與社會政策形成圖	國家結構與政策傳承 → 政策相關的知識的創新 → 政府結構與公務員的活動 → 政府政策 → 社會團體的政治表達需要
不足之處	有實證研究發現，國家並非如理想中能自主於社會之外，而是要從特殊的社會經濟與社會文化脈絡中，才能理解國家的角色。

練功坊

( ) 1. 下列那一個慈善團體的濟貧原則是「教他捕魚,不要給他魚」,其假設貧民是個人失敗所造成的?
(A) 湯恩比館　　　　　　　　(B) 霍爾館
(C) 愛伯福制度　　　　　　　(D) 慈善組織會社

解析

(D)。慈善組織會社濟貧原則是「教他捕魚,不要給他魚」,其假設貧民是個人失敗所造成的。

( ) 2. 關於美國社會福利政策的發展,下列敘述何者錯誤?
(A) 英國於 1834 年制定新濟貧法
(B) 美國於 1930 年制定社會安全法
(C) 英國於 1942 年出版貝佛里奇報告
(D) 美國於 1996 年制定個人責任與工作機會調和法

解析

(B)。美國於 1935 年制定社會安全法。

( ) 3. 關於美國社會福利政策的發展,下列敘述何者錯誤?
(A) 羅斯福總統提出「新政」
(B) 甘迺迪總統提出「大社會」
(C) 柯林頓總統提出「終結我們所知道的福利」
(D) 布希總統提出「憐憫式的保守主義」

解析

(B)。1963 年甘迺迪遇刺身亡,詹森總統繼任,延續甘迺迪的政策,發動對貧窮作戰。1965 年又在社會安全法案中增加老人醫療照顧、貧民醫療救助,這就是詹森總統的「大社會」計畫。

重點 2 福利國家發展模型

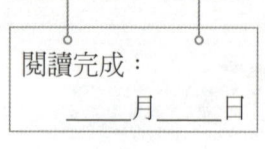

壹、福利國家的三個模型一覽

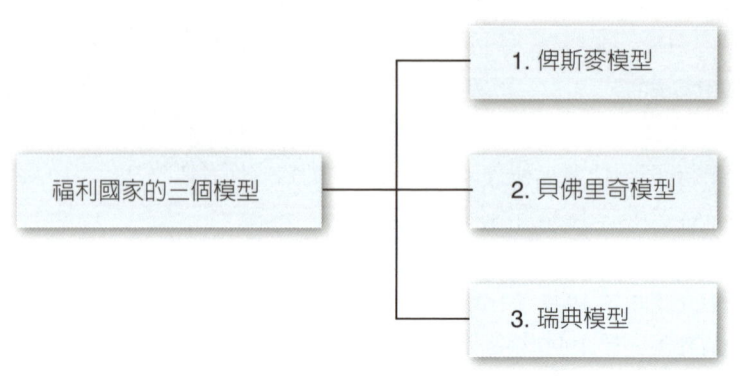

```
                          ┌── 1. 俾斯麥模型
福利國家的三個模型 ────────┼── 2. 貝佛里奇模型
                          └── 3. 瑞典模型
```

貳、俾斯麥模型

項目	說明
基本概念	■ 俾斯麥（Bismarck）模型是最早的福利國家原型（the original model）。 ■ 1884年的健康保險是俾斯麥的第一個社會立法。這是德國進入「社會福利國家」（social welfare state）的開始，以強制性與工資有關的保險，而非資產調查形式的社會救濟來保障工人的健康。
被批評之處	俾斯麥的方案基本上是選擇性（selectivity）或組合主義（corporatism）的，其目標是希望涵蓋勞工成為一個類屬，具有共同利益。比起老式的所得調查濟貧法，俾斯麥的社會保險的受益人是被授權（entitled）領取給付的。據此，勞工的社會地位被提升，因為，俾斯麥的社會保險模型是以男性勞工為主的社會保險制度，有工作（有繳保費）的人才有保障，所以被批評為保守的福利國家模型。

榜首提點
俾斯麥模型相關內容，務必完全清楚，其方案是選擇性的，例如：臺灣的勞保與公保；延伸思考為選擇性與普及性社會福利。

參、貝佛里奇模型

項目	說明
基本概念	■ 1942 年提出的貝佛里奇（Beveridge）模型是往後全球福利國家模型的範本。貝佛里奇希望建構一個「社會安全網」（social safety net）。 ■ 貝佛里奇報告的精神相近於凱因斯的主張，其重點在於強調社會保險是一個「自動的穩定器」（automatic stabilizer）。貝佛里奇模型比德國俾斯麥模型、美國新政模型都要廣泛，他強調福利不應只與貧窮和飢餓連在一起。
主要特徵	1. 整合：將各種社會保險整合，同時將社會保險與社會救助緊密扣連。 2. 風險分攤：除了健康保險外，所有國民的風險（工業災害、失業、老年、殘障）均整合在一起，共同來分攤。 3. 國家最低標準：不論社會保險給付或社會救助金均以維持國民最低生活標準為前提。 4. 均一給付（flat-rate）：每一國民不論所得高低均獲得同樣的給付，不像德國或美國的社會保險都是與被保險人的薪資所得相關（income-related），也就是薪資高的人繳較多的保險費，也領取較高的保險給付。
模型整體看法	貝佛里奇的福利國家模型並未加上瑞典的充分就業。就貝佛里奇報告的實踐而言，最典型的是 1948 年的國民健康服務（national health services），號稱英國福利國家的象徵。由於這個突顯的符號，使得一些學者認為英國比較上是社會服務國家，而非社會保險與充分就業的福利國家。

榜首提點
俾斯麥模型是選擇性的，貝佛里奇是普及性的。主要特徵請詳細準備，例如：臺灣的全民健保。

肆、瑞典模型（The Swedish Model）

項目	說明
基本概念	瑞典模型主要是以共識與和平的勞動市場政策為最典型的元素，其內涵包括中間路線（the middle way）、混合經濟策略（strategy of mixed economy）、雷恩模式（Rehn Model）的經濟政策等三個。
內涵說明	1. 中間路線（the middle way）： （1）是指改革主義的勞工運動為了達到福利政策的目標，而

項目	說明
	廣泛的與其他利益團體進行妥協。各自獨立的合夥團體（指瑞典的各利益團體）間的共識與合作，以及和平的勞工市場，成為瑞典模式的重要特色之一。 （2）不同利益團體間的共識與合作最典型的例子就是勞資間的妥協，1938年的沙堡協定，瑞典雇主聯盟與瑞典工會聯盟間的議價。這種協商的特色是一種集中化的議價體系，最大目的是促成勞工和平。 2. 混合經濟策略（strategy of mixed economy）：是指在生產的範疇內維持市場經濟，而同時存在著大量的分配政策。也就是說透過綜合性的社會政策來達到再分配效果，以達到正義與公平的理想。 3. 雷恩模式（Rehn Model）的經濟政策：是指既維持價格穩定，又達成充分就業。也就是連結一個有限度的一般經濟政策與選擇的工作開創法案。
西方未形成瑞典模式之探討	1. 如果僅以中間路線、混合經濟策略及雷恩模式的經濟政策三個元素來指涉瑞典模式仍是不足的，即使是將三個元素放在一起討論，也嫌短缺。政治上的共識存在許多國家，最典型的應該是瑞士、芬蘭，而非瑞典。和平的勞工市場也出現在德國，但卻沒有人因此而稱和平的勞動市場政策為「德國模式」。混合經濟促成公共部門的成長，也是大部分西方工業國家的特色之一，而且這些國家也都試圖追求勞工市場政策，只是規模大小有別而已。為何這三個元素在瑞典就成為瑞典模式呢？ 2. 西方未形成瑞典模式，主要是因為這三個元素同時在瑞典出現。瑞典有不尋常的勞工市場和諧程度，非常高的私有企業比率，龐大的公共部門，積極的勞動市場政策，高的就業率，以及綜合的福利政策。但是，除了三個元素的匯合之外，另外有一個非常重要的因素，促成瑞典模式的名號打響，那就是瑞典的勞工運動。 3. 瑞典有世界上最高的勞工參與工會比率（工會密集度高達80～90%），再加上結合社會民主黨，共創瑞典模式，這也是為何瑞典成為「社會民主模式」（social democratic model）的代表。 4. 瑞典的福利國家模式又可稱為「工作福利的版本」（civilized version of workfare），是因為瑞典在充分就業作為基礎之下，現金給付的失業保險，至今大都只是扮演次要角色。

項目	說明
被批評之處	極左派認為妥協與共識是意圖向資本家投降。這種讓步是放棄階級鬥爭與努力去改變所有權結構，為的只是交換經濟成長與得到福利改革，然而，這種交換其實無法觸及資本主義的核心。經濟混合策略使得國家的公共部門迅速成長，右派認為成長的公共部門會傷害經濟。

伍、對福利國家模型的分析觀點一覽

一、不同學者對福利國家模型的分析觀點

提出學者	主要內容	主要分類
馬歇爾（T. H. Marshall）	以歷史演進的角色，解釋福利國家中公民權的定位。	公民權、政治權及社會權。
提墨斯（Richard Titmuss）	比較不同福利國家的本質及解析福利國家的模型。	福利的社會分工：財稅政策、職業給付及社會服務。社會政策三個模型：包括殘補、工業成就及制度。
艾斯平－安德森（Gosta Esping-Andersen）	以「福利國家體制」（welfare state regime）來解析福利資本主義世界。	自由福利國家、歷史組合國家主義的福利國家、社會民主體制的福利國家。
歐爾森（Hort Olsson）	解析福利國家的模型。	國家、市場、民間社會／家庭的三分模型。

二、馬歇爾的社會權
　　（一）馬歇爾（T. H. Marshall）界定的權利有三種，包括公民權、政治權及社會權。
　　（二）公民權的演進表：

上榜關鍵 ★★
測驗題考點。

項目	公民權	政治權	社會權
時期	18世紀	19世紀	20世紀
原則	個人自由	政治自由	經濟自由
法案	法律平等	投票權	年金保險

(三) 依照馬歇爾的說法，社會權包括以下三種：
　　1. 最起碼的經濟福利。
　　2. 完全享有社會遺業。
　　3. 生活在一個普遍標準的文明生存條件裡。

> **上榜關鍵** ★
> 測驗題考點。

(四) 馬歇爾的社會權是循著英國福利國家的發展而來。馬歇爾認為福利國家的演進，是一個公民權力擴張的歷史過程。有了足夠的經濟資源、適當的教育、相稱的醫療服務以及住宅，是一個國家保障國民公民權與政治權的必要條件。缺乏社會權的保障，公民權與政治權是無法真正落實的。

(五) 社會權的概念在 1944 年的聯合國宣言中已納入，而且許多國家都將之列入憲法之中。

> **榜首提點**
> 提墨斯的社會福利分工為經典必備考點；準備內容包括：基本概念、分工形式、模型類別，均不可疏漏，務必紮實準備。申論題、測驗題考點。

陸、提墨斯——福利的社會分工

項目	說明
提出者	英國學者提墨斯（Richard Titmuss）1958 年〈福利的社會分工〉的論文（Social Division of Welfare）。

社會分工形式	形式	說明
	1. 社會福利	是指透過中央政府支付的「社會福利」支出，包括直接的行政服務、移轉支出，以及各種以「社會服務」為科目的國庫支出，以及地方政府的住宅計畫。更明確地說，應該說是「福利的公共體系」（public system of welfare）或「公共福利」之福利。
	2. 財稅福利	1. 指的是所得稅中所含括、附帶存在具有津貼與救助效果的項目。Titmuss 指出，其範圍是指凡透過中央和地方稅制所提供的救助、扣減，並包括社會保險中政府所負擔的保費。 2. 政府為減輕對需求者的福利責任與負擔，政府對免稅家庭提供免稅的優惠，就像是給付予現金給付的效果般。其減稅、免稅或扣減的範圍項目繁多，包括對老年儲蓄、人壽保險、退休年金、慈善捐款，以及扶養老人、身心障礙者的特別減免等。

項目	說明		
	形式	說明	
	3. 職業福利	1. 是指由企業依職業地位、服務年資所提供給其所僱用之職工之現金給付或實物給付。其項目繁多，包括養老年金、死亡給付，也會包括教育訓練及其他個人性的項目。 2. 職業福利的提供使得雇主也同受其利，不過它是以工作績效、職業成就及生產力為基礎來滿足一部分的社會需求。	
三個模型	■ 提墨斯提出的社會政策三個模型：包括殘補（residual）、工業成就（industrial achievement performance），以及制度（institutional）等。這三個分法來自於威廉斯基（Wilensky and Lebeaux）的二分法：「殘補」的相對於「制度」的福利。 ■ 威廉斯基的「殘補模式福利」，是指社會福利制度的產生只扮演常態結構——家庭與市場破敗後的補救措施。而威廉斯基的「制度模式福利」，則是視福利服務為現代工業社會中扮演常態的第一線的功能。 ■ 提墨斯在威廉斯基分類加上「工業成就模式」，是指社會福利是經濟的補助者，社會需求之滿足必須立基於工作成就、生產力與功績，這個模式相近於俾斯麥模式。更精確的說，這個模式是歐洲大陸社會安全制度的基石，義大利人稱之為「功績特殊模式」（meritocratic particularistic model）或侍女模式（handmaiden model）。 ■ 「功績特殊模式」：指的是要得到生活保障，必須先有工作成就。一般所稱「年輕時工作繳保費，年老時領退休年金」，即是這種概念中的年金保險系統。因為它是保障有工作的人口為主的一種社會福利，因此，相較於制度式的福利模型，工業成就模型是「片斷」、「部分」的福利系統。工業成就模式的給付與所得有關，無工作所得無給付，這與貝佛里奇模型的保障國民最低生活水準大不相同。以歐陸的社會保險方案來說，雖以強制的社會保險為主，但行政上是由雇主與受僱者一起管理，有些亦是政府扮演第三者作為管理，因此，一般歐陸傾向於「組合主義」（corporatism），同時，此也屬於「功績特殊模式」。		

上榜關鍵 ★★

核心概念。

項目	說明	
	類型	說明
殘補／制度式福利的代表國家	1. 殘補式福利的代表國家	■ 最佳代表為美國。美國的社會福利緊扣市場至上。殘補式的福利模式只允許政府有限度的介入福利分配，國家干預只有在市場及家庭分配的功能失靈時才介入。 ■ 但也並非如威廉斯基所言，美國社會也不是僅有殘補式的社會福利，同時亦存在著制度式福利。不過，威廉斯基並未區分工業成就模式與制度式福利的差別。其實，美國社會安全法案在於工業成就模式的成分較濃，也就是說，美國是夾雜殘補式福利與工業成就福利的國家。
	2. 制度式福利的代表國家	■ 以瑞典為代表。 ■ 然而，瑞典也有少數的新自由主義者主張應調整瑞典模式的制度式福利轉向殘補式福利。但這個號稱「個人福利政策」（individual welfare policy）的新替代方案，並不完全等同於殘補式福利。個人福利是指個人應透過私人保險或者依賴其親人來保障自己，而非仰賴國家的強制介入。慈善再度被主張為一種理想的社會互助行為。 ■ 制度模式以貝佛里奇模式為原型，強調個人的福利是社會集體的責任。制度模式主張「社會最低」（social minimum）原則，所有國民都被授權享有基本生存的權利，這也就是馬歇爾所說的社會權。這種權利是無條件的，不分貧富、性別、種族、有無工作等。 ■ 制度模式不認為市場可以扮演初級的福利分配功能。反而，主要的福利分配者應該是政府。瑞典無疑是世界上最吻合制度式福利的國家。

柒、福利資本主義的三個世界

一、「體制」（regime）的概念
- (一) 艾斯平－安德森（Esping-Andersen）首先提出體制（regime）的概念。所謂「福利體制」，又被稱為「福利資本主義」，強調的不僅是國家的角色，也包括福利與資本經濟邏輯之間的互動，強調國家－市場－家庭三者之間的關係；而「福利國家」僅是一種包括以國家為主要福利提供者的概念。換言之，福利體制不僅是一種政經發展的結果，更是維持政治、經濟、社會制度的關聯，而且是一種緊密的動態關係。層次概念較高，較能解釋一國的社會政策在國家、市場與家庭三者的關係。
- (二) 艾斯平－安德森之力作《福利資本主義的三個世界》（The Three Worlds of Welfare Capitalism），用「福利國家體制」（welfare state regime）來解析福利資本主義世界，用體制分析意謂著，國家與經濟的關係是一個立法與組織面系統化交織的複雜體。

二、Esping-Andersen 的福利資本主義三個世界

項目	自由的福利國家（liberal welfare state）	歷史／組合國家主義（historical corporatist-statist legacy）的福利國家	社會民主體制的福利國家
代表國家	美國、加拿大、澳洲	奧地利、法國、德國、義大利等歐陸國家	北歐國家，尤其是瑞典

榜首提點
請先建立 Esping-Andersen 之福利資本主義的分類架構，三個各有其特點，後續研讀切勿混淆，相關內容為經典必備，係屬金榜考點。

榜首提點
體制是個相當重要的概念，請對福利體制的定義及代表學者有清楚的認識。

項目	自由的福利國家（liberal welfare state）	歷史／組合國家主義（historical corporatist-statist legacy）的福利國家	社會民主體制的福利國家
特點	■ 以資產調查的社會救助、適度的普及移轉性方案，或適度的社會保險為主。福利國家的受益者是低收入者，通常是勞工階級，以及國家依賴者，如兒童、身障、老人等。 ■ 這類型的福利國家的社會改革是由傳統的、自由的工作倫理規範所主導，強調工作倫理、家庭觀念、個人道德，也就是不主張以福利來取代工作，福利的權利賦予是有限度的，而且經常與恥辱（stigma）關聯在一起，國家介入較少的福利提供，給付也是適度的。也就是說，國家鼓勵市場介入社會福利，不論是採取消極的最低保證，或是積極的補貼私人社會福利方案。	■ 這類具有保守性格與強烈組合主義的福利國家裡，自由主義、市場效率與商品化不再是社會主流，社會權的議題很少被爭議。而地位的差別仍然被保存，權利與地位階級相關聯。 ■ 這類福利國家有保守的歷史傳統與強烈的組合主義色彩，其福利是基於職業與地位別，國家介入市場，且成為福利主要的提供者。由於重視傳統家庭價值，因此，女性被鼓勵留在家中扮演母職角色。據此，國家並不重視所得重分配與性別公平，而強調地位差別與國家團結。	■ 這個模式的福利體制主張普及主義（universalism）與去商品化的社會權擴及新中產階級。這個體制被稱為社會民主模式，是因為社會民主黨這個國家具有決定性的影響力。社會民主黨不能容忍勞工階級與中產階級的雙元性，而積極地追求高標準的公平，而不只最低的公平。也就是說，服務與給付都提高到新中產階級可以接受的水平，且保障勞工完全參與改善生活的相同權利。

> **榜首提點**
> 對自由的福利國家，除內容之研讀外，著重在去商品化的極小化論述，務必扎實準備，為重要考點。

項目	自由的福利國家（liberal welfare state）	歷史／組合國家主義（historical corporatist-statist legacy）的福利國家	社會民主體制的福利國家
	■ 這個模式的福利國家極小化「去商品化」（decommodification）效果，社會權被限制，階層化秩序被確立。在國家福利受益者間保有相對的公平（一樣窮），在社會主要成員間隨著市場差別而福利也有差別。社會的多數人口與福利受益人（窮人）間維持階級政治的二元性，社會團結薄弱。	■ 因此，這類模式仍然強調傳統的家庭價值維護。社會保險經常排除無工作的家庭主婦們，而透過家庭給付（兒童津貼）來鼓勵母性。日間托育、家庭服務較不被開展。國家介入原則是只有當家庭能量枯竭時才被同意。因此，這個模式的福利國家被認為有保守傾向。	並非所有國民都共同享有相同的給付，而是每一個國民均加入普及的社會保險體系，享有相同的權利；但是，保險給付仍然會因所得不同而有差別。例如：每一個國民均享有基本的年金保險，但是，受雇者又可加入附加年金保險，享受較高的給付。據此，市場力量被排擠。 ■ 社會民主體制與組合主義的福利國家不同，主張解放組合主義強調市場與傳統家庭的理念。主動將家庭成本社會化，國家直接介入照顧兒童、老人、無助者，而不是強調家庭在照顧依賴者的責任。據此，國家不但是接受一個較重的社會服務負擔，而且允許女性選擇工作而走出家庭。

> **榜首提點**
> 歷史／組合國家主義，以歐陸國家為主，主要特點及福利方案，請詳加研讀，以免與金榜擦身而過。

項目	自由的福利國家（liberal welfare state）	歷史／組合國家主義（historical corporatist-statist legacy）的福利國家	社會民主體制的福利國家
			■ 本體制最大的特徵是福利與工作的融合。充分就業是社會民主的最大特色之一。工作權與所得保障權一樣重要，並同時花費龐大的成本維護一個團結、普及、去商品化的福利國家，以極小化社會問題與極大化年收入，要達成此目標，就必須有充分就業。

榜首提點
社會民主體制以北歐國家為主，主要特點為福利與工作融合、充分就業等，請詳加研讀，以奪取致勝關鍵分數。

知識補給站

1. 去商品化的指標（Esping-Andersen 提出）：
   (1) 人民接近給付的程序：指資格要件與權利賦予的限度。
   (2) 所得替代率：指給付的水平是否維持人民常態的生活水準。
   (3) 權利賦予的範圍：指國家提供那些社會權的保障，以對抗社會風險，例如：失業、殘障、疾病、老年等。
2. 權利賦予的三種形式：
   (1) 資產所得調查：以英國、美國為主，主要是依據濟貧法與社會救助的傳統。
   (2) 工作成就：以德國為主的歐陸傳統，以社會保險人口為主，繳交保費，事故發生後得到給付。
   (3) 社會權：發展自貝佛里奇的普及化公民權，不論需求的程度或工作成就的範圍，只要是國民或居住在該國一定期間，均可獲得權利賦予，這種以「人民福利」為主的權利賦予，具有很強的去商品化色彩。

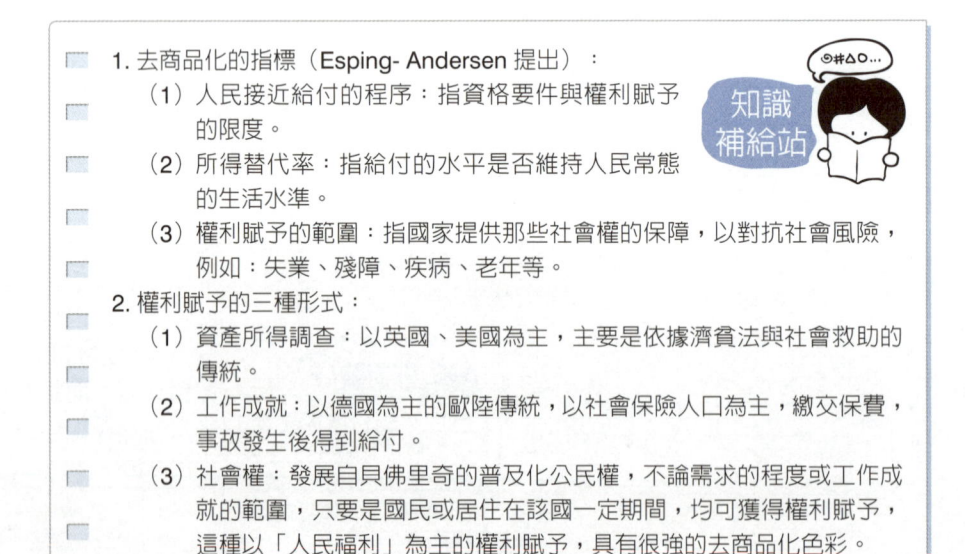

捌、東亞福利體制

一、東亞福利體制的源起

在 Esping-Andersen 所分類的三種福利體制中,研究發現東亞的福利體制無法完全契合在三種福利體制中的任何一種,於是乎朝向第四種體制的方向思考,並為「東亞福利體制」命名。

> **上榜關鍵** ★★★
> 東亞體制類型的準備,務必紮實。

二、東亞福利體制的類型

類型	說明
1. 文化取向的「儒家福利國家」	東亞儒家福利國家的特色在於沒有勞工的組合主義,沒有接受教會的補助,沒有平等的團結,沒有自由主義的自由放任;取而代之的是家庭在福利供給所扮演的角色,強調親屬關係,因此家人有提供照顧服務的義務,且對家人的認定是建立在血緣與姻親事實上。
2. 注重家庭責任的「家庭主義福利國家」	雖然南歐國家在某種程度上也屬於保守家庭主義,透過公共給付達成去商品化的目標,相較之下,東亞國家的家庭主義則有低度去商品化與去家庭化的意涵。隨著社會變遷和人口結構轉型,家庭規模逐漸縮小、女性參與勞動市場比例升高,家庭不再可以負擔其他家庭成員的照顧服務,家庭的功能和女性的照顧角色式微,進而弱化原本家庭主義的福利體制。
3. 著重政治取向的「保守型福利國家」	以東亞的臺灣、日本、南韓、香港、新加坡與中國為例,利用政治制度、政黨競爭及政治正當性等因素,將東亞歸類為保守型福利國家。這些東亞國家的社會政策具有共同的特色,如職業分立的社會保險、有烙印的社會救助、仰賴市場提供社會安全、軍公教人員享有福利提供的優先權、逐漸擴張的社會保險體系,以及國家對公共福利的反感。
4. 著重經濟政策與福利政策鑲嵌的「生產型福利國家」與「發展型福利國家」	■ 「生產型福利國家」的概念首先由 Holliday 提出,肯定東亞福利體制的特殊性。他對於東亞的分析中,除了 Esping-Andersen 去商品化程度、階層化效果,以及政治經濟的三個概念之外,主張東亞係屬於生產型的福利體制。東亞國家雖有社會政策的提供,但是社會政策多集中在教育、健康等「生產型」的福利項目上。所謂「生產型福利國家」,是指社會政策服膺於經濟政策,提供社會政策的目的在於輔助經濟發展。

類型	說明
	■ 「發展型福利國家」係指政府一切作為皆以促進經濟發展為主要目的，Evans 提出「鑲嵌的自主性」來形容東亞的福利體制，認為東亞的福利體制是一種國家組合主義，政府同時傾聽勞方與資方的建議，以制定可以促進經濟發展的產業政策與勞工政策。就社會政策而言，則是著重於對人力資本有利的社會政策項目，例如：教育支出及健康支出。因此，東亞的福利體制又被稱為「發展型福利體制」。 ■ 至於「發展型福利國家」，強調社會政策中政府干預的成分，以提升國際競爭力，發展型國家可以定義為：一個國家在經濟發展上扮演策略性的角色，在科層組織中國家具有足夠能力採取行動及有效運作。 ■ 根據東亞地區特殊的勞工和土地等條件，使得東亞地區的國家必須採用出口導向的經濟發展策略，強調本國勞工在國際市場的競爭力。因此在社會政策的選擇上，則以具有社會投資效果的生產項目為主，例如：教育和健康。這種將社會政策視為促進經濟發展的政策工具，而非單純回應人民生活需求的政策導向。因而達成同時發展經濟和社會福利的目標，且是在社會支出相對低於西方國家時而達成。這種以促進出口為導向的福利體制特徵，被稱為「生產型福利體制」、「發展型福利體制」。東亞的韓國和臺灣即屬此類型。

三、東亞福利體制的特色與共同點

Wilding 提出：東亞福利體制之共同特色	Tang 提出：東亞新興經濟體的社會政策具有之特性	Holliday & Wilding 提出：東亞國家的共同點	Park & Jung 提出：以歷史和社會政策的觀點觀察歸納之東亞國家的共同點
1. 低的政府社會福利支出。 2. 注重經濟成長的積極性福利政策。 3. 政府對福利敵視的態度。	1. 認為經濟發展就是最好的福利。 2. 政府傾向優先發展經濟，以避免過多的政府支出赤字，	1. 以政治目的為主要考量。 2. 福利的目的在於經濟成長與充分就業。 3. 以生產型福利為主。	1. 被殖民的經驗，韓國和臺灣曾經被日本殖民，香港、馬來西亞和新加坡則是被英國殖民。

Wilding 提出：東亞福利體制之共同特色	Tang 提出：東亞新興經濟體的社會政策具有之特性	Holliday & Wilding 提出：東亞國家的共同點	Park & Jung 提出：以歷史和社會政策的觀點觀察歸納之東亞國家的共同點
4. 強烈的殘補式福利的概念。 5. 以家庭為中心。 6. 政府扮演規範及鼓勵的角色。 7. 零散的社會福利方案。 8. 福利提供作為建立政權的穩定與合法性。 9. 對福利權有限的承諾。	以及勞動市場較大的彈性。 3. 以社會安全為手段，維持特定利益團體的支持。 4. 將社會福利視為解決政治危機的方法。 5. 資格嚴謹且帶有烙印的社會救助。 6. 整個文化以強調國家發展為主軸，而反對福利。 7. 政府提供勞工優先的福利，以免勞工運動。	4. 福利主義不明顯。 5. 由家庭負擔福利角色。 6. 國家角色強烈。	2. 以經濟發展為主軸，福利政策附屬於經濟政策之下。 3. 注重家庭和企業角色，減少國家責任。 4. 主要的福利方案不是社會保險模式（韓國、臺灣），就是公積金模式（香港、新加坡）。 5. 社會保障從公務人員和核心工作者開始逐漸擴張。

四、東亞福利體制與 Esping-Andersen 的福利資本主義三種體制的比較

比較	說明
與自由主義福利體制的比較	有論述認為東亞存在某些自由主義福利體制的特質，這是由於在社會救助上都採取資產調查的方式，且社會保險涵蓋率低。相異之處在於東亞國家的政府高度介入，不同於自由主義福利體制採取市場機制、自由放任的小政府模式。且降低社會支出的考量不同，自由主義福利體制是為了市場自由化，而東亞模式則是為了刺激經濟發展。

比較	說明
與組合主義福利體制的比較	有許多論述認為，東亞存在組合主義的特質是因為以社會保險為福利提供的主要模式。兩者的主要差異在於東亞國家的社會保險是由國家主導而非工會，這和東亞以國家為領導發展方式有關。兩者都強調階級地位的劃分，不同的職業階級所享有的社會保障差異甚大，重視家庭提供福利的特質。
與社會民主福利體制的比較	社會民主體制強調左派政黨和階級結盟，以普及式福利和高度去商品化為核心。然而，這種政治經濟的安排在東亞並不存在，由於地緣的關係，東亞在冷戰時期被認為是遏阻共產勢力的最後一道防線，對於左派政黨是敵對的，因此根本沒有機會發展出左派的政黨和勞工力量。就算是東亞各國國內最大的工會組織，也是透過國家認可而成立的。因此，東亞被稱為「沒有勞工的組合主義」，去商品化的程度較低。

五、不同福利體制類型的比較

福利體制類型	社會政策	社會權	階層效果	國家－市場家庭的關係	強調
自由主義	非優先，亦非隸屬	極小化	少數人貧窮平等；多數人市場差別待遇平等	鼓勵市場供應	市場
組合主義	非優先，亦非隸屬	相當廣闊	保存現存的地位分化	家庭被保護	地位
社會民主	優先	廣闊	通常根據所得給予普遍津貼	市場被排除；家庭社會化	福利
生產型福利體制	隸屬於經濟政策	極小化；擴展以連結生產性活動	強化生產要素	首要成長目標為前提	成長

六、「超越生產型福利體制」或「超越發展型福利體制」
（一）因為經濟全球化程度的提高，加速資本、產品和勞工的流動，加上結構性等低生育率與人口高齡化的問題，造成經濟成長率逐漸下降、充分就業失敗、依賴人口增加和家庭型態與撫養責任改變，使得原本支持生產型福利體制的條件被侵蝕。Holliday所提出的生產型福利體制開始受到挑戰，這些挑戰並非前述東亞福利體制的其他面向，例如：儒家或家庭主義，而是來自於超越「生產型福利體制」或「發展型福利體制」的聲浪。
（二）大部分的研究以東亞的韓國和臺灣為例，因為這兩個國家的社會政策開始走向重分配效果更佳，更全面性的社會福利政策，稱之為超越「生產型福利體制」或「發展型福利體制」。換言之，肯定東亞曾經具有生產型福利體制的特徵，但由於經濟和政治結構的轉變，使得東亞的福利體制「超越」原本要刺激經濟發展，而將社會政策視為輔助經濟政策的附加品。認為社會政策本身對國家就具有存在的價值，並非為了經濟發展而存在。民主化的過程使得東亞的福利體制告別了「生產主義式」，而進入了「後生產主義式」的福利體制。

練功坊

一、社會政策學者提出東亞社會福利體系中，具有「發展主義」（developmentalism）與「家庭主義」（familism）兩個特色，請說明何謂「生產型福利國家」與「發展型福利國家」及意涵。

解析

東亞福利政策著重經濟政策與福利政策鑲嵌為「生產型福利國家」與「發展型福利國家」，說明如下：

(一)「生產型福利國家」的概念首先由 Holliday 提出，肯定東亞福利體制的特殊性。他對於東亞的分析中，除了 Esping-Andersen 去商品化程度、階層化效果，以及政治經濟的三個概念之外，主張東亞係屬於生產型的福利體制。東亞國家雖有社會政策的提供，但是社會政策多集中在教育、健康等「生產型」的福利項目上。所謂「生產型福利國家」，是指社會政策服膺於經濟政策，提供社會政策的目的在於輔助經濟發展。

(二)「發展型福利國家」係指政府一切作為皆以促進經濟發展為主要目的，Evans 提出「鑲嵌的自主性」來形容東亞的福利體制，認為東亞的福利體制是一種國家組合主義，政府同時傾聽勞方與資方的建議，以制定可以促進經濟發展的產業政策與勞工政策。就社會政策而言，則是著重於對人力資本有利的社會政策項目，例如：教育支出及健康支出。因此，東亞的福利體制又被稱為「發展型福利體制」。至於「發展型福利國家」，強調社會政策中政府干預的成分，以提升國際競爭力。發展型國家可以定義為：一個國家在經濟發展上扮演策略性的角色，在科層組織中國家具有足夠能力採取行動及有效運作。

練功坊

(　) 1. 下列關於貝佛里奇福利模型的特徵,那一項是正確的?
　　　(A) 就業人口才享有福利
　　　(B) 保險給付非均一費率
　　　(C) 維持國民最低基本生存
　　　(D) 稅收支付為主,而非保險費支付原則

解析

(C)。貝佛里奇福利模型的四項特徵:(1)普及式福利;(2)均一費率;(3)維持國民最低基本生存;(4)保險費支付為主,而非稅收支付原則。

(　) 2. 當一個國家社會政策的制定,價值信念在於滿足需求,並循家庭、社區、雇主、政府等層級來運作,建構連結家庭和職業福利體系,該模式屬於下列何者?
　　　(A) 北歐社會民主模式　　　(B) 英美自由主義模式
　　　(C) 歐陸組合主義模式　　　(D) 東亞集體主義模式

解析

(C)。歷史組合國家主義(歐陸組合主義模式)的福利國家,代表國家為奧地利、法國、德國、義大利等歐陸國家。這類具有保守性格與強烈組合主義的福利國家裡,自由主義、市場效率與商品化不再是社會主流,社會權的議題很少被爭議。而地位的差別仍然被保存,權利與地位階級相關聯。

重點便利貼

❶ 俾斯麥（Bismarck）模型：是最早的福利國家原型，1884年的健康保險是俾斯麥的第一個社會立法；以強制性與工資有關的保險，而非資產調查形式的社會救濟來保障工人的健康。

❷ 貝佛里奇模型

（1）1942年提出的貝佛里奇（Beveridge）模型是往後全球福利國家模型的範本。貝佛里奇希望建構一個「社會安全網」（social safety net）。

（2）主要特徵：將選擇式的社會保險擴充至普及式（universality）；社會保險應是均一費率（flat rate），保險費也是均等費率；國家最低生活標準保障，不再只是給予有限的公共救助，而是維持國民最低基本生存；以保險費支付為主，而非稅收支付原則。

❸ 馬歇爾（T. H. Marshall）界定的權利有三種：公民權、政治權及社會權。

❹ 提墨斯福利的社會分工形式

（1）財稅政策：如稅的優惠、減免等來代替現金給付，也就是財稅福利。

（2）職業給付：如企業所提供的勞工福利，經由工會與雇主的組織共同協商，達成

全國一致性的契約關係，亦即職業福利。

(3) 社會服務：如各種形式的志願協助、慈善與互助等。

❺ 提墨斯提出的社會政策三個模型：包括殘補（residual）、工業成就（industrial achievement performance），以及制度（institutional）等。

❻ 福利資本主義的三個世界

(1) 自由的福利國家（liberal welfare state）：以資產調查的社會救助、適度的普及移轉性方案，或適度的社會保險為主。

(2) 歷史／組合國家主義（historical corporatist-statist legacy）的福利國家：這類具有保守性格與強烈組合主義的福利國家裡，自由主義、市場效率與商品化不再是社會主流，社會權的議題很少被爭議。而地位的差別仍然被保存，權利與地位階級相關聯；仍然強調傳統的家庭價值維護。

(3) 社會民主體制的福利國家：主張普及主義（universalism）與去商品化的社會權擴及新中產階級。

擬真考場

申論題

一、有關東亞地區福利體制的討論,強調其為「生產型」(又稱「發展型」)的福利體制,請說明東亞福利體制與西方福利國家慣用的「自由主義」、「保守主義」與「社會民主」三種體制間的異同。

測驗題

(　) 1. 社會福利模式中之貝佛里奇(Beveridge)模式,其受益對象為何(請選出最適合的)?
　　(A) 弱勢族群　　(B) 受雇者　　(C) 雇主　　(D) 全體人民

(　) 2. 以下關於福利的模型敘述何者是正確的?
　　(A) 德國俾斯麥模式主張是以社會救助為主
　　(B) 英國貝佛里奇模式是以社會救助為主
　　(C) 德國俾斯麥模式是以受雇者為主要對象
　　(D) 英國貝佛里奇模式是以受雇者為主要對象

(　) 3. Richard Titmuss曾將福利分為三類,請問下列何者不屬於其分類?
　　(A) 社會福利(social welfare)
　　(B) 職業福利(occupational welfare)
　　(C) 財政福利(fiscal welfare)
　　(D) 公共福利(public welfare)

解析

申論題

一、茲將東亞福利體制與 Esping-Andersen 的福利資本主義三種福利體制之異同，說明如下：

（一）與自由主義福利體制的比較

有論述認為東亞存在某些自由主義福利體制的特質，這是由於在社會救助上都採取資產調查的方式，且社會保險涵蓋率低。相異之處在於東亞國家的政府高度介入，不同於自由主義福利體制採取市場機制、自由放任的小政府模式。且降低社會支出的考量不同，自由主義福利體制是為了市場自由化，而東亞模式則是為了刺激經濟發展。

（二）與組合主義福利體制的比較

有許多論述認為，東亞存在組合主義的特質是因為以社會保險為福利提供的主要模式。兩者的主要差異在於東亞國家的社會保險是由國家主導而非工會，這和東亞以國家為領導發展方式有關。兩者都強調階級的地位劃分，不同的職業階級所享有的社會保障差異甚大，重視家庭提供福利的特質。

（三）與社會民主福利體制的比較

社會民主體制強調左派政黨和階級結盟，以普及式福利和高度去商品化為核心。然而，這種政治經濟的安排在東亞並不存在，由於地緣的關係，東亞在冷戰時期被認為是遏阻共產勢力的最後一道防線，對於左派政黨是敵對的，因此根本沒有機會發展出左派的政黨和勞工力量。就算是東亞各國國內最大的工會組織，也是透過國家認可而成立的。因此，東亞被稱為「沒有勞工的組合主義」，去商品化的程度較低。

測驗題

1. **D** 貝佛里奇模式將選擇式的社會保險擴充至普及式，不只工人或就業人口才可以享有福利，只要是國民均有權利被涵蓋在社會保險或社會安全制度內。

2. **C** 俾斯麥（Bismarck）模型是最早的福利國家原型（the original model），這是人類最早以強制社會保險制度來取代傳統的「資產調查」的濟貧法體系的社會政策；貝佛里奇（Beveridge）模型是將選擇式的社會保險擴充至普及式，不只工人或就業人口才可以享有福利，只要是國民均有權

利被涵蓋在社會保險或社會安全制度內。

3. D　Richard Titmuss 福利的社會分工：財稅政策、職業給付及社會服務。

Note.

CHAPTER 5 福利國家的危機與轉型及全球化

第五章

榜·首·導·讀

- 福利多元主義主張社會福利應由不同部門提供，包括政府、志願、商業和非正式部門，並藉由「分權」與「參與」策略來達成福利服務供給來源多元化的目標；福利多元主義之基本概念，與福利混合經濟概念的不同，須有清楚概念；福利多元主義的兩個重要概念：分散化、參與，除瞭解其相關意涵外，請思考在政策實務之分析案例。

關·鍵·焦·點

- 對福利國家的攻擊論點，包括：經濟問題、政府問題、財政問題、合法性危機、道德危機等，各項問題的左、右派支持與反駁觀點務必清楚；請思考區域性或全球性金融風暴的發生，是否助長對福利國家攻擊的力道。
- 貝克的風險社會觀點，是當代分析社會政策之重要觀點，務必扎實準備；包括風險影響面向與管理工具；請先瞭解舊社會風險為何，再就新社會風險的類型、內涵進行研讀，建立統整的概念及綜合能力。且如何運用於臺灣的社會政策實務案例中，務必列為重要思考。

命·題·趨·勢

<table>
<tr><td rowspan="3">公務人員</td><td>年度</td><td colspan="4">110年</td><td colspan="4">111年</td><td colspan="4">112年</td></tr>
<tr><td>考試</td><td>高考</td><td>普考</td><td>地三</td><td>地四</td><td>高考</td><td>普考</td><td>地三</td><td>地四</td><td>高考</td><td>普考</td><td>地三</td><td>地四</td></tr>
<tr><td></td><td>申</td><td>申</td><td>申測</td><td>申測</td><td>申</td><td>申</td><td>申測</td><td>申測</td><td>申</td><td>申</td><td>申</td><td>申測</td></tr>
<tr><td></td><td>題數</td><td></td><td>2</td><td>1</td><td></td><td></td><td></td><td></td><td></td><td></td><td>1</td><td></td><td></td></tr>
<tr><td rowspan="3">專技社工師</td><td>年度</td><td colspan="3">110年</td><td colspan="3">111年</td><td colspan="2">112年</td><td colspan="2">113年</td></tr>
<tr><td>考試</td><td>2申</td><td>2測</td><td>1申</td><td>1測</td><td>2申</td><td>2測</td><td>1申</td><td>1測</td><td>2申</td><td>2測</td><td>1申</td><td>1測</td></tr>
<tr><td>題數</td><td colspan="2">5</td><td colspan="2">7</td><td colspan="2">5</td><td>1</td><td>3</td><td colspan="2">8</td><td colspan="2">2</td></tr>
</table>

本·章·架·構

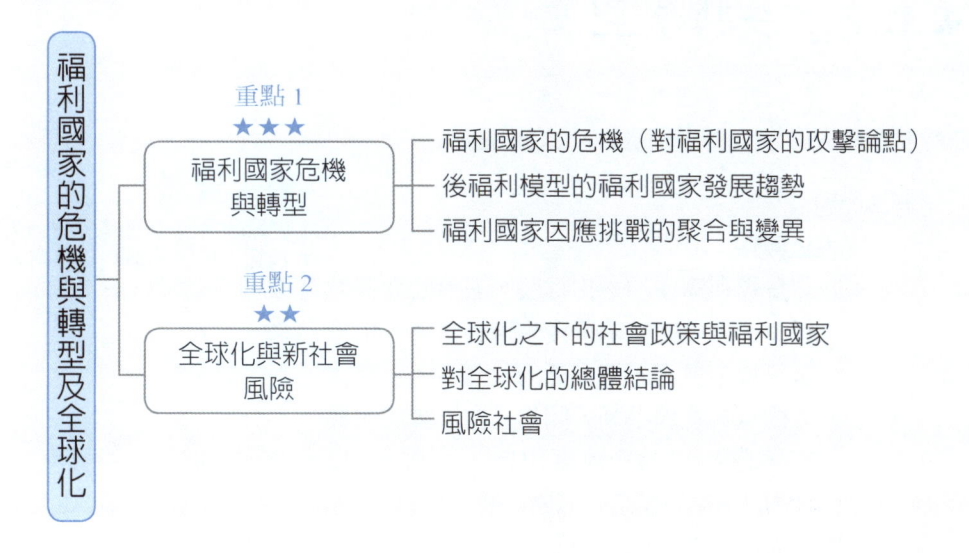

福利國家的危機與轉型及全球化
- 重點1 ★★★ 福利國家危機與轉型
  - 福利國家的危機（對福利國家的攻擊論點）
  - 後福利模型的福利國家發展趨勢
  - 福利國家因應挑戰的聚合與變異
- 重點2 ★★ 全球化與新社會風險
  - 全球化之下的社會政策與福利國家
  - 對全球化的總體結論
  - 風險社會

重點 1　福利國家危機與轉型

閱讀完成：＿＿＿月＿＿＿日

壹、福利國家的危機（對福利國家的攻擊論點）

一、經濟問題

（一）右派觀點

1. 認為福利國家的支出成長，必然需要高的稅率，而高的稅率阻礙生產性投資。由於邊際稅率愈高，富人繳的稅愈多，這對富人的投資意願不利，因為，富人賺的錢與其真正得到的稅後純益不成比例。因此，富人會選擇消費而不生產。
2. 低的投資率將創造一個惡性循環。首先，投資不足導致低成長率；其次，低成長率加上國家福利支出不斷擴充，深化了通貨膨脹。

（二）左派的反駁觀點

布洛克（Fred Block）認為，新右派過於強調硬體投資，例如：建築、資本財，而忽略了無形投資，例如：訓練、教育、研究發展、電腦軟體等人力與高科技成長。因此，投資不足的說法不具說服力。

> **榜首提點**
> 對福利國家的攻擊論點，包括：經濟問題、政府問題、財政問題、合法性危機、道德危機等，各項問題的左、右派支持與反駁觀點務必清楚。

二、政府的問題

（一）右派觀點

1. 羅斯（Richard Rose）批判福利擴張導致的「大政府」必然會走向破產。對於新右派而言，大政府是一個災難。政府干預市場活動，破壞了市場的功能。政府的效率因缺乏競爭，而遠低於自由市場的效率。另政府為了增加社會福利方案，必然擴增公務員，並提高稅收以支應社會支出，導致人事成本升高、預算赤字也升高。新右派所抨擊的是，大量的社會支出，並未相對的帶來效益。
2. 政府擴張基本上也是一種民主政治的結果，也就是「政治市場」（political market）運作整個政府的擴張。企業家希望增加利潤，政客希望增加選票，官僚希望極大化其部門。同時，反對黨以增加福利方案為政見，誘使選民支持，執政黨為了繼續執政，就不得不做適度的回

應。如此社會支出不斷擴張，競爭的政黨會以短期的效益來看待選舉，任何一個社會方案一經提出就很難收回，導致政府愈大，依新右派的說法，政府效率就愈低。

(二) 左派的反駁觀點

1. 認為資本主義不可能不與福利國家並存。理由是沒有福利國家的社會控制方案，例如：勞工福利，資本主義自由經濟市場不可能運作下去，勞工必然會因被剝削而群起反抗資本家，結果造成資本累積的下降。而資本家為了累積資本，一定要有好的投資環境與勞動力。為了要有好的投資環境，包括社會治安與工業關係，資本家會支持政府採取一些創造有利投資環境的方案，如治安內閣；而政客也為了自身的繼續執政，需要資本家繼續投資，且有穩定的成長率。因此，政客也會主動提出一些有利於創造投資環境的方案。結果是資本家與政客合作來共同創造自己的利益。為了管理資本主義國家的危機，政府的不斷擴張，反而成了「不可管理」，也就是「危機管理的危機」。

2. 歐費（Offe）的政治行政體系（政府）的組織分裂（如下圖），說明了資本主義國家的三個次體系及其相互關係：

組織的分裂

經濟體系 ←規制服務— 政治行政體系 —福利國家服務→ 規範（合法性）體系
經濟體系 —財政輸入→ 政治行政體系 ←大眾效忠— 規範（合法性）體系

政治行政體系（政府）的組織分裂

(1) 資本主義市場經濟有賴政治體系提供規制服務，而政治體系需要資本主義市場經濟提供財力投入，政治體系要靠福利國家來服務大眾，以換取大眾的效忠（選票），如此一來，資本主義體系與大眾規範（合法性）體系之間的積極平衡（positive balance）有賴於政治體系本身的自主性，以及階級力量的均衡。

（2）然而，政治體系所提供的規範性服務（國家干預以消除資本主義市場功能）和來自資本主義經濟體系的財務供輸間的平衡，是否穩定；政治體系對規範體系（大眾）所提供的福利國家服務，是否能真正滿足大眾的需求，而獲取大眾對政治體系的效忠；同時，資本主義體系是否可以源源不斷的擁有來自大眾的高品質勞動力。

（3）對政治體系而言，是左手與右手之爭。經濟體系為了創造利潤，必然會期待少提供財力供輸給政治體系（少繳稅），多獲取規制性服務（維護治安、降低基本工資、限制罷工）；相對來說，規制體系（合法性體系）也期待從國家（政治行政體系）身上獲取更多的社會保障（福利國家服務），才願意把選票（效忠）投給政治行政體系，使這個政府取得合法性。如此，周而復始，政治行政體系的問題永遠存在結構緊張與矛盾。

3. 對新右派服務國家政府危機的反駁

（1）新右派所稱公共部門較無效率，經濟學者蓋伯瑞斯（John Kennneth Galbraith）曾言：「私人富裕中的國家悽慘」是美國的寫照。而相對於北歐，卻是「私人部門奮鬥中公共部門也顯赫了」，可見公私部門關係並非十足的「零和遊戲」，期間有諸多公私部門關係的不同考量。

（2）對於政治競爭討好選民的批判，並非福利國家的問題，而是民主政治的問題，政客喜歡用什麼誘因來拉票，在不同社會有不同的作法。新自由主義所喜歡的治安維護，也常是選舉政見。因此，將民主政治的經濟成本轉嫁給福利國家來承擔，是一種移花接木，福利部門經常成為競爭下的代罪羔羊。

（3）福利國家的發展並不是無限制的。而且，大部分也都是選民結合政黨限制了它。選民與利益團體並非貪得無厭的，而差別在於什麼是福利國家的適度規模。例如：瑞典1992年的危機協定，溫和但顯著的緊縮了福利國家的權利賦予範圍。

（4）所謂大政府也不見得是福利國家的必然產物。從大政府的指標之一就是公務員占總就業人口的比率來看，有些先進福利國家的政府僱用人力比臺灣還少。

三、財政問題
　　（一）右派觀點
　　　　1. 新右派攻擊福利國家的財政負擔過重。由於公共支出成長，而歲收不足以支應，則會採取以下措施：政府刪減公共服務支出、借貸與赤字預算，以及同時進行預算刪減與赤字預算。而由於刪減預算的可能性與速度有限，因此，為了繼續支應公共支出，則開源必不可免。開源的方式不外乎增稅，增稅的結果將使家庭與企業負擔加重，影響家庭儲蓄與消費，也阻礙企業的競爭，特別是國際競爭力。在新右派的觀點裡，社會福利支出是最不能創造國民生產總值的項目。
　　　　2. 新右派認為福利國家是奢侈的。其產生了兩種最大的赤字：政府赤字與平衡貿易赤字。福利國家被認為是無效率的使用資源。福利國家的擴大也被指責為導致工資上漲、稅率提高、雇主保險費分攤增加，因而將成本轉嫁到產品的價格，導致物價上漲，降低國際競爭力，進而產生貿易赤字。同時，政府借貸增加，必然引發利率上漲的壓力，導致投資減少，貨幣升值，進而惡化國際貿易失衡。
　　（二）左派的反駁觀點
　　　　1. 認為資本主義社會中，國家有兩組功能：資本累積與合法化，而兩組功能相互衝突。國家擴大社會服務以取得公共支持，並合法化自己在資本累積過程中的活動與資本主義體系的存在。
　　　　2. 國家支持資本累積的方法有二：透過經濟下層結構中的公共支出，如交通、汙水處理、水資源供輸等，以及經由教育、住宅、保健服務等提供來達到勞力的再生產。國家負責了這兩方面的成本，但是，創造出來的利益卻歸為私有。因而，財政的漏洞愈來愈大，政府的公共支出愈來愈多，財政的負荷愈來愈大。

四、合法性危機
　　合法性危機主要來自於左派的批判，且結合了經濟問題、政府的問題，以及財政的問題等三項危機。如果一個國家出現的經濟危機、政府的無效能，以及財政負荷過重，必不能繼續執行人民交付的任務，也無法滿足人民的期待，人民必然起而推翻它。在民主國家裡，就是選舉，人民所不支持的政府，自然失去合法性，而產生了合法性危機。

知識補給站

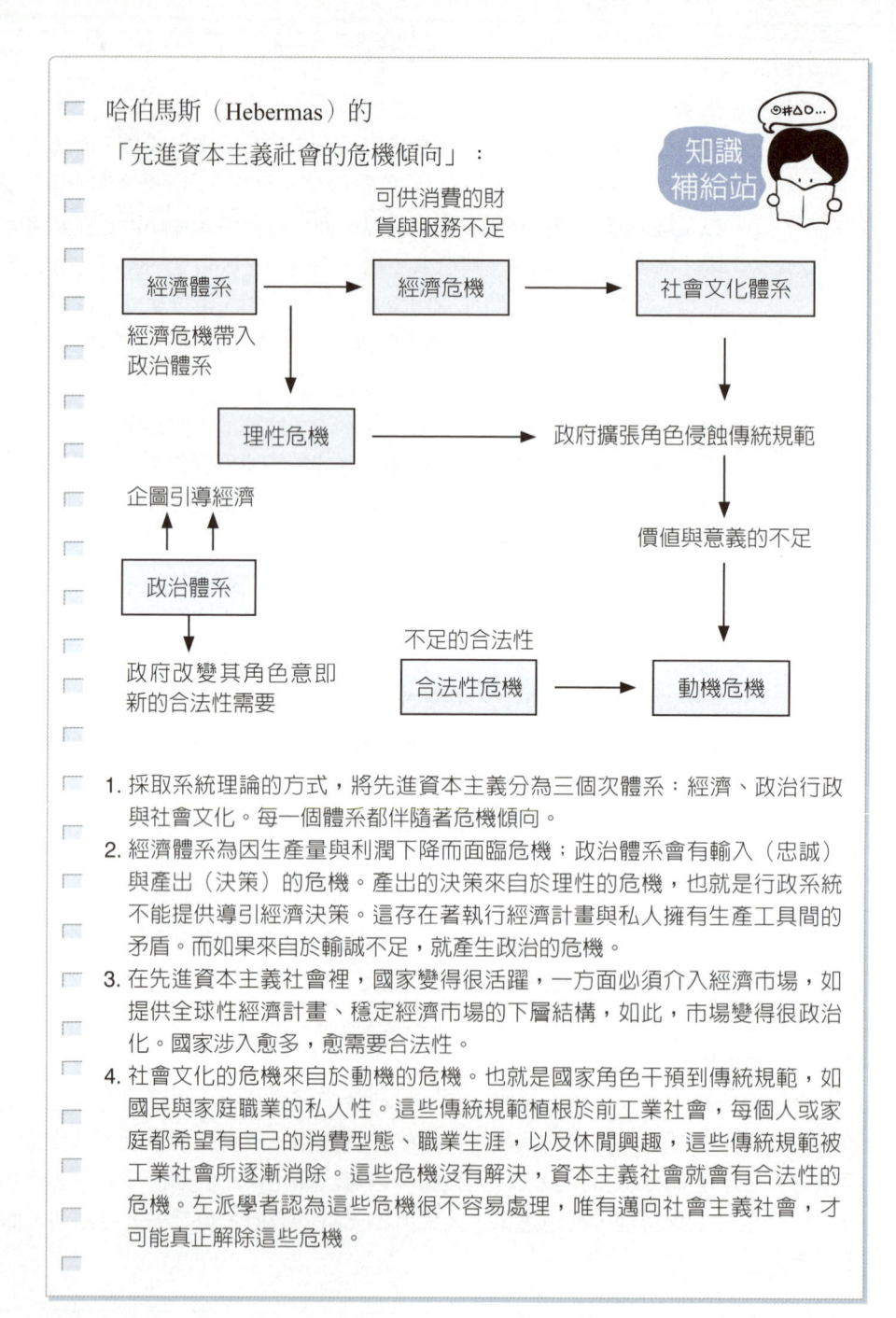

哈伯馬斯（Hebermas）的「先進資本主義社會的危機傾向」：

```
                        可供消費的財
                        貨與服務不足
    ┌─────────┐       ┌─────────┐       ┌─────────────┐
    │ 經濟體系 │ ────→ │ 經濟危機 │ ────→ │ 社會文化體系 │
    └─────────┘       └─────────┘       └─────────────┘
    經濟危機帶入                                │
    政治體系                                    │
         ↓                                      ↓
    ┌─────────┐       政府擴張角色侵蝕傳統規範
    │ 理性危機 │ ──────→
    └─────────┘
                                           價值與意義的不足
    企圖引導經濟
      ↑  ↓                                       ↓
    ┌─────────┐     不足的合法性
    │ 政治體系 │       ┌─────────┐       ┌─────────┐
    └─────────┘       │ 合法性危機│ ────→ │ 動機危機 │
         ↓            └─────────┘       └─────────┘
    政府改變其角色意即
    新的合法性需要
```

1. 採取系統理論的方式，將先進資本主義分為三個次體系：經濟、政治行政與社會文化。每一個體系都伴隨著危機傾向。
2. 經濟體系為因生產量與利潤下降而面臨危機；政治體系會有輸入（忠誠）與產出（決策）的危機。產出的決策來自於理性的危機，也就是行政系統不能提供導引經濟決策。這存在著執行經濟計畫與私人擁有生產工具間的矛盾。而如果來自於輸誠不足，就產生政治的危機。
3. 在先進資本主義社會裡，國家變得很活躍，一方面必須介入經濟市場，如提供全球性經濟計畫、穩定經濟市場的下層結構，如此，市場變得很政治化。國家涉入愈多，愈需要合法性。
4. 社會文化的危機來自於動機的危機。也就是國家角色干預到傳統規範，如國民與家庭職業的私人性。這些傳統規範植根於前工業社會，每個人或家庭都希望有自己的消費型態、職業生涯，以及休閒興趣，這些傳統規範被工業社會所逐漸消除。這些危機沒有解決，資本主義社會就會有合法性的危機。左派學者認為這些危機很不容易處理，唯有邁向社會主義社會，才可能真正解除這些危機。

五、道德危機
　　(一) 右派觀點
　　　　新右派指責福利國家不鼓勵儲蓄。又指責福利國家破壞倫理，亦即，政府的角色介入托兒、養老、濟貧，這些本來都是家庭應該做的事，如果政府負起這些責任後，不但國家財政負荷過重，家庭也會瓦解，使得傳統家庭價值遭到破壞。福利國家不鼓勵工作，造就了「懶人國」，例如：佛利曼認為「那些依賴救濟的人很少被鼓勵去工作」。
　　(二) 左派的反駁觀點
　　　1. 北歐福利國家的儲蓄率確實較低，但是，同樣是歐美福利國家，儲蓄率卻有很大的差異。北歐的個人儲蓄率較少，但是社會的儲蓄率較高，公部門的集體儲蓄，例如：年金基金，用來保障未來的經濟安全。新右派認為貧窮人口是因為懶惰造成，可是，事實證明，至少有半數的美國窮人有工作，是所謂「有工作的窮人」，主要是工資太低、生活費太高所致。
　　　2. 對於傳統家庭價值被破壞，到底是因為工業化而使家庭解組，才由福利國家替代家庭所不能盡到的照顧與支持責任呢？還是福利國家所造成的萎縮，答案恐是前者，現代福利國家是後於工業化的。
　　　3. 另布洛克（Block）認為新右派的批評有幾點謬誤。首先，勞工工作不只為了薪資，也為了地位取得。因假設有失業救濟或其他福利措施就會造成勞工懶惰的可能性很低。其次，新右派假設「過度擁擠的勞力市場」（overcrowed labor market）使雇主有更多選擇，才會使工資下降、生產成本下降、通貨膨脹下降。但是，問題在於工資便宜時，雇主為了短期利益，通常會以勞力替代成本，也就是大量聘用低價勞力，而不思提升生產技術、設備等。也就是充沛的低價勞工，無助於產業升級。第三，當廉價勞動力充斥市場時，必然會引導雇主選擇最低的勞工聘用，對於成熟、高技術、資深的勞力不利，人才浪費將腐蝕社會的人力開發。
　　　4. 而在「過度擁擠的勞力市場」裡，為了競爭工作，不惜延長工時、降低工資、容忍差的工作安全與衛生，使得勞工忙碌於加班，忍受不確定的工作契約，勞工生活品質低落，社會文明進步緩慢。

貳、後福利模型的福利國家發展趨勢

一、混合經濟的福利國家
（一）基本概念

1. 羅斯（Rose）所提出的「福利混合」（welfare mix），指出是三個不同的社會制度共同來供應福利，包括市場、家戶、國家（此即為福利多元的三分法）。羅斯進一步指出社會中福利的總值，應是家戶所提供、國家所提供與市場所提供的總合。

2. 「福利混合經濟」雖仍主張政府與民間部門應同時介入福利服務的供給，包括直接的財務提供與間接的轉移性支付，但更著重多元福利體系間的連結、互動與平衡關係。

3. 「福利混合經濟」不僅強調福利服務供給來源多元化，更關注在特定服務範疇（例如：老人福利服務）內供給部門的互動密度與強度，以促使新型態的組織、服務和網絡達到一種融合效應，而非毫無結構性的加總，認為多元化的供給部門若無計畫性的介入或管理，多元福利組合並不一定會發揮「乘數效果」。因此，政府應扮演「服務整合、規範與創新者的角色」，以提供更多樣化的服務選擇，而此種既創新又彈性的供給模式較能符合服務使用者的多樣性需求，同時也創造出市場機制的競爭效率，以達物符所值的最佳價值（the best value）選擇。

4. 「福利混合」使得「國家導向模型」逐漸移轉一部分服務提供到「市場導向模型」的福利服務提供。其實，混合經濟的福利國家一直都存在著，從瑞典的社會民主模型到貝佛里奇模型，更不用說是德國的市場經濟模型，而沒有一種福利國家不同時存在公、私部門的合夥關係，只是程度不同而已。混合福利經濟的福利國家更強調私部門的重要性。

二、福利多元主義
（一）基本概念

1. 「福利多元主義」是跟隨著混合經濟的概念而發展出來的，由姜生（Johnson）所提出。「福利多元主義」係立基於為解決福利國家的危機而產生的理論，企圖為福利國家的發展尋求另一新的契機，主張社會福利應由不同部門提供，包括政府、志願、商業和非正式部門，並藉由「分權」與「參與」策略來達成福利服務供給來源多元化的目標。

2. 然而，福利多元主義並非主張解除政府的福利責任，而是認為政府不應扮演支配性的直接供給角色，但政府仍將是福利財務的主要來源，

更重要的是扮演規範角色。依品克（Pinker）的看法，福利多元主義就是福利國家的混合經濟模型。

（二）部門分類（福利多元四分法）

依姜生（Johnson）的說法，福利多元主義是社會與保健服務，可從四個不同的部門得到：1.政府部門；2.志願部門；3.商業部門；4.非正式部門。更清楚的說，即是國家的福利角色較不具有主控性，不再是唯一集體提供福利服務的工具。

> **榜首提點**
> 福利多元的四分法為關鍵觀念。

部門別	說明
1.政府部門	政府部門通常基於「公正」的哲學基礎，而由稅收支應滿足多數人的普遍且一致性的福利服務，較難考量個人的特殊需求。然而，在某些議題上，仍會基於保護弱勢團體的立場而提供基於「積極差別待遇」的服務，例如：年金、津貼或特殊人口群的福利服務等；但是此種「差別待遇」亦需依法行政，僅是一致性下的「行政裁量權」行使，本質上仍是普遍且一致性的福利，難以針對個別需求而適時的作彈性的調整。
2.商業部門	基於滿足個別需求而提供「多樣化」選擇的營利服務，是「消費者為導向」的收費服務，強調個人選擇、收費與服務間的「對價關係」及「市場機制」。此種服務的取得與否完全依賴「使用者」的消費能力而定，滿足的是少數人的「非基本需求」。因此，它是屬於「純粹」的買賣行為，或是種福利服務的提供，仍有待釐清。
3.志願部門	所提供的服務是基於「第三者付費」式的「利他」服務，其目的是滿足無法在政府與商業部門中獲得適當服務的社會弱勢團體之需求，是以「積極的差別待遇」為導向的多樣性服務。可惜的是，因部門本身受「內部資源」不穩定性的限制，而無法持續且自主的提供個別化的服務。然而，為了克服此種不穩定性，志願部門致力於組織財務來源多元化，其中志願部門的「營利行為」是解決策略之一，但卻又引發「營利」與「非營利」哲學的爭辯，甚至是失去服務「公益」使命的挑戰。
4.非正式部門	由個人與其家庭來滿足或解決個人因生命風險所帶來的困難與問題，而社區中的鄰里、宗族或民間慈善單位（如教會與寺廟）則在必要時予以協助。相對地，政府僅處於第二線位置，只有當家庭與民間力量不足以解決問題時，政府才會介入提供「救助性」的福利。

（三）福利多元主義重要概念

概念	說明
1. 分散化（decentrali-zation）	不只是從中央到地方，而且也指涉地方政府需要分散到鄰里或小型的社會服務團隊。
2. 參與	是指消費者參與，以及受雇者參與決策過程，如此一來福利多元主義是有反科層及反專業的意涵。

三、福利國家私有化

（一）基本概念

福利國家私有化其實與混合經濟或福利多元主義密不可分。意指私人部門（通常指涉營利部門）發展成為平行或替代公部門的社會福利活動。福利國家私有化包含兩個面向，一是直接由非政府部門提供給受益人，如由非營利機構、營利機構，或家庭來提供社會服務。二是由政府「增強中介機構的權利」以提供服務，例如：全部或部分由政府出資，而授權中介機構生產與輸送服務。

（二）福利國家私有化被支持的理由

1. 競爭有助於提高效率。
2. 助長私人投資。公部門的支出轉移給私人自行儲蓄或投資，有助於資本形成。
3. 服務較具彈性，吻合各種不同團體的需求。
4. 增加消費者的選擇自由。
5. 民間組織的技術性往往先進於政府機構。
6. 民間提供的服務成本較低。
7. 可以激發社區居民的參與意識。

上榜關鍵 ★★
測驗題混淆題型。

榜首提點
福利多元主義的兩個重要概念：分散化、參與，除瞭解其相關意涵外，請思考在政策實務之分析案例。

（三）福利國家私有化的負效果（6C）

6C	說明
1. 競爭（competition）不足	由於社會福利不可能是完全競爭市場，而且，社會福利的消費者經常是弱勢者，其市場資訊不足，自由選擇的能力薄弱。因此，透過競爭來達到效率化的可能性有限。
2. 榨取（creaming）	民營化後，某些生產者會去提供一些錦上添花的服務，另方面則是剝削了無購買能力者的權益，例如：由於窮人的支付能力差，身障者接近服務的能力有限，低社經地位者表達意見的能力也較差，而成為私有化服務的犧牲者。
3. 貪汙（corruption）	民營化可能造成官商勾結，圖利少數人；也可能助長利用慈善包裝而行逃漏稅之實。
4. 成本（cost）問題	民營化可能降低服務成本，但是民營機構可能會在政府委託或補助款上動手腳，例如：在帳面上誇張支出，以提高獲利或保留餘款，作為不繼續簽約之後路之用。如此，民營化的成本不見得會降低。
5. 控制（control）的能力	民營化之後，只有政府與消費者能監控服務提供的過程與結果。民意代表的監督能力下降，而消費者由於資訊不足，以及資源薄弱（能力、權力、金錢）而不知或不敢去監督民營機構。政府又苦於無人、無經驗、無技術來監督民營機構。民營化後的社會福利，效果堪虞。
6. 社區（community）疏離	社會服務的提供轉向私人，人民與國家的關係淡化。市場本身的商品是相當無情的，如果社會服務也成為商品，人民的社會團結感會消失。何況，民營化之後的社會服務必然會出現「二個國家」的現象，有工作能力者獲得較高的給付，無工作能力者獲得較差的生活保障。

上榜關鍵 ★★

解析社會福利民營化，可加以運用福利私有化的意涵後，以福利私有化的負效果之 6C 作為申論分析架構；測驗題型亦為常見考點。

（四）分散化
　　1. 基本概念：
　　　（1）分散化之類型：政治的分散化，就是將政治決策權分散；其次，是指行政分散化，將行政裁量權分散；第三是經濟分散化，將經濟決策權分散到消費者手上。
　　　（2）分散化通常包含兩個層面，一是將責任從中央政府或聯邦政府下放到州政府或地方政府，這關係到「政府間的」權力分配。二是將責任由政府手上轉到非政府部門，通常是透過市場來分散政府的責任，這與私有化是一致的。
　　2. 分散化的優點：
　　　（1）允許地方有較大自主性。
　　　（2）切合地方需要。
　　　（3）降低科層弊病。
　　　（4）方案結合地方參與、降低成本。
　　　（5）易於創新。
　　　（6）可近性高。

參、福利國家因應挑戰的聚合與變異

一、新福利治理
　　（一）1990年代中期以來，受到新自由主義全球化的影響，新福利治理（new welfare governance）出現。美國、英國、澳洲等自由主義福利國家以「市場公民身分」（market citizenship）取代「社會公民身分」（social citizenship）。亦即每個人都被納入經濟市場秩序中，公民身分的取得不再是靠補償市場活動的失靈，而是被框入市場活動之中；個人必須進入勞動市場提供生產性的貢獻，或加強市場活動的參與才能獲得福利；市場參與是一種個別化能力動員以累積個人的能量（capability）與資產（assets）；社會政策不再以權利為基礎（right-based），而是新契約主義（new contracturalism）；在市場公民權之下，社會連結關係的建立是以能接近參與市場為原則。
　　（二）公民身分是建構在經濟立憲主義（economic constitutionalism）的法則下，不像社會立憲主義（social constitutionalism）在於保障人民的基本生存權，經濟立憲主義優先追求經濟市場秩序的運作自如，培養福利受益者成為一個市場公民身分的個體。公民身分是有條件的，強調個人權利與義務

的平衡，沒有積極付出，不能坐享其成。這樣的原則不只正式化為法律，而且滲入國家與市場關係中，成為政治秩序的規範。於是，社會政策成為服膺經濟市場秩序的一員。例如：以資產為基礎的政策在於加強公民的企業精神與能量，俾利參與經濟市場秩序運作。又例如：將照顧服務產業化，以利發展服務業市場商機。亦即，福利與經濟市場被高度關聯。

(三) 為了提升個人能量，福利國家走向第三條路所推廣的積極福利（positive welfare）或社會投資國家（social investment state），有別於保障個人經濟安全，以對抗社會風險的消極福利（negative welfare）。福利轉變不只是對抗風險，而且是增加因應風險的能量，將福利制度納入廣泛的經濟體系中。

(四) 而新契約主義典型的代表是英國新工黨的首相布萊爾（Blair）的「福利的新契約」（new contract for welfare），強調低所得家庭有責任進入私人勞動市場工作以獲取所得保障。同時，假設其個人是自主的個體，有能力解決其福利需求，選擇其偏愛的服務方式，有效的參與服務提供的過程；據此，個別化的服務提供降低官僚形式的服務生產成為一種風潮，個案管理（case management）應運而生。為配合這種趨勢，政府將服務提供責任委由民間辦理，或釋出市場提供。國家與人民的關係在隱約改變中，國家不再是公共服務的提供者，而是委託服務契約的管制者。政府的社會行政部門花費大部分的精力在管理委託契約，而不是在保證人民的生存權利。人民必須依其自身能力自市場中尋求滿足的公共服務。人民被假設成為積極的行動者（active agency），能決定其自身的未來福祉，其身分是消費者，而不是福利受益人。

(五) 事實不然，福利受益者並沒有十足的能量在自由市場中選擇其服務提供者，也缺乏能量履行其納入勞動市場的義務，因市場不一定有足夠與合適的服務提供，勞動市場也不盡然有合適的就業機會與支持力量。例如：工作福利方案要求單親母親、失業者選擇市場提供的就業服務，且在一定期限內加入勞動市場，否則刪減或終止其福利。社會福利已經不再是保障人民基本生存權利的機制，而是促使個人履行其作為負責任的社會行為的工具。

二、福利國家的聚合

(一) 英國中間偏左的新工黨執政，名之為採取「第三條路」的主張，其實是明顯的走向美式的工作優先政策。

(二) 在緊縮、全球化、國際市場競爭、向下追逐（race to the bottom）等理念

擴散下，框架了社會行動，產生政策典範的重新論述，而出現新的政治行動。即使過度簡化的概念，福利國家的變遷已經從簡單的調整，進入累積的效果，如德國 2001 年的年金改革；再進入水準的效果，如健康照顧私有化的加強；再進入所謂的「福利走廊效應」（welfare corridor effects），即使有一些指標，如財政、服務移轉提供及管制，顯示國家間有走向福利聚合（convergence）的現象。如健康照顧經費同時增加，而其中私部門提供的比重也在增加中。來自美國的管理照顧（managed care）的概念、診斷關係群（DRG）的工具被大量運用。年金體系的改革也有走向聚合的趨勢，如多柱體系（multi-pillar system）的建立，私人年金、職業年金的比重增加。當然，有些國家已進入系統變遷，如丹麥於 1971 年將社會保險改為國民健康照顧，義大利於 1978 年也是。

（三）然而，這些歐洲大陸福利國家的改革走的是既不放棄傳統的社會團結，也不必承擔所得不均擴大的風險，即使出現一些政策學習的聚合經驗，但是，對歐洲福利國家來說，高度的差異性仍然存在，例如：社會支出水準高低將近一倍；制度的差異仍然沒有結構性的調整，如健康保險制度與普及的國民健康服務；給付或服務的範圍仍然差異很大，如兒童教育與照顧政策；給付的水準也差異甚大，如兒童津貼、親職假。

三、綜合結論

福利國家的制度差異不只是存在著，其因應危機與挑戰的策略也是各有差異，即使某些福利國家有聚合現象。但是，也不宜認為制度是完全不能改變的。然而，福利國家制度的變遷，不是緊縮，或是支解，而是重新校準刻度。顯示，歷史制度扮演的重要性大於政黨的輪替。

練功坊

一、福利混合經濟（The mixed economy of welfare）包含那些部門，試說明各部門在社會福利的供給上所扮演不同的角色之內容。

解析

在福利混合經濟理念影響下的服務供給部門究竟該如何分工與組合？其分工與組合的基準又為何？而服務供給分工與組合後，是否即能避免政府、商業和志願部門失靈？為了釐清服務供給部門的本質、職能與其供給角色之定位各部門的服務供給屬性及意義分述如下：

(一) 政府部門：政府部門通常基於「公正」的哲學基礎，而由稅收支應滿足多數人的普遍且一致性的福利服務，較難考量個人的特殊需求。然而，在某些議題上，仍會基於保護弱勢團體的立場而提供基於「積極差別待遇」的服務，例如：年金、津貼或特殊人口群的福利服務等；但是此種「差別待遇」亦需依法行政，僅是一致性下的「行政裁量權」行使，本質上仍是普遍且一致性的福利，難以針對個別需求而適時的作彈性的調整。

(二) 商業部門：相對於政府部門，它是種基於滿足個別需求而提供「多樣化」選擇的營利服務，是「消費者為導向」的收費服務，強調個人選擇、收費與服務間的「對價關係」及「市場機制」。此種服務的取得與否完全依賴「使用者」的消費能力而定，滿足的是少數人的「非基本需求」。因此，它是屬於「純粹」的買賣行為，或是種福利服務的提供，仍有待釐清。

(三) 志願部門：志願部門所提供的服務是基於「第三者付費」式的「利他」服務，其目的是滿足無法在政府與商業部門中獲得適當服務的社會弱勢團體之需求，是以「積極的差別待遇」為導向的多樣性服務。可惜的是，因部門本身受「內部資源」不穩定性的限制，而無法持續且自主的提供個別化的服務。然而，為了克服此種不穩定性，志願部門致力於組織財務來源多元化，其中志願部門的「營利行為」是解決策略之一，但卻又引發「營利」與「非營利」哲學的爭辯，甚至是失去服務「公益」使命的挑戰。

(四) 非正式部門：由個人與其家庭來滿足或解決個人因生命風險所帶來的困難與問題，而社區中的鄰里、宗族或民間慈善單位（如教會與寺廟）則在必要時予以協助。相對地，政府僅處於第二線位置，只有當家庭與民間力量不足以解決問題時，政府才會介入提供「救助性」的福利。

練功坊

(　　) 1. 1980年代歐美國家所謂「福利國家危機」，不包括下列何者？
　　(A) 財政危機　　　　　　　　(B) 合法性危機
　　(C) 制度（或機構）危機　　　(D) 家庭解組危機

解析

(D)。對福利國家的攻擊論點，包括經濟問題、政府問題、財政問題、合法性危機、道德危機等。家庭解組危機並非所謂的福利國家危機。

重點 2　全球化與新社會風險 ★★★

閱讀完成：＿＿月＿＿日

壹、全球化之下的社會政策與福利國家

一、全球化之下社會政策重要性的理由（George and Wilding 提出）

理由	說明
1. 與日遽增的全球相互依賴	全球化壓縮時間與空間，造成強烈的世界一體感與相互依賴。人類在某些方面已經形成一個「我們」（we）的觀點去共同解決問題，而沒有「其他人」（others）存在的機會。
2. 全球社會問題	有愈來愈多議題造成全球性的衝擊，需要國際共同行動解決，例如：犯罪與藥物濫用也變成全球性問題。
3. 全球競爭效應的緩和	全球行動在社會政策中被要求避免以新自由主義的基底（bottom）去進行競爭，因新自由主義主張減少福利國家的公共支出、縮減社會福利的提供與減少干預勞動市場的規制，這些觀點被認為對如何增進經濟效益與全球競爭有助益。若競爭有新的意涵，應是指政府對新自由主義的強度加以控制，和如何促進其發揮最佳功能。Mishra 建議社會保障的標準不應成為競爭遊戲的一部分，而是競爭規則的一部分。他呼籲運用全球社會政策去補償福利國家的有限性，也就是透過跨國組織的合作關係去發展大量的全球社會政策。
4. 全球人權觀點的支持	全球社會政策是全球市民權和全球人權表現的一種方式，全球意識的發展是全球市民權和全球公民社會概念。他們以全球層次去促進健康、教育和收入的全球最低標準。

> **上榜關鍵 ★★★**
> 請先瞭解全球化的基本概念後，再就全球化社會政策重要性之理由，建立基本的分析概念。

理由	說明
5. 補充全球經濟政策	社會政策已經變成全球化過程中一個重要的因素，就如自由主義認為自由市場是基礎一樣。有管制的市場與資金流動，會使全球資本主義較能保有社會政策。效益與競爭固然重要，但是社會安全網絡與人類福利更是重要。經濟和社會政策的相互依賴將使世界銀行與國際貨幣基金會將注意力放在社會政策和經濟政策的社會面向，並向世界貿易組織施壓，要其針對不同國家的貿易，使用協約方式進行，例如：採納核心勞動標準和環境保護等。這並不是說社會民主的規則給予全球經濟政策一個大反擊，而是社會政策已由邊緣地位進入經濟政策者的參考架構之中。即使傳統經濟思考仍是主流，但社會政策與全球經濟是平行的需要已成共識。
6. 全球性社會政策的策略	Deacon斷言會有一個全球社會政策以創造重新分配、規範的機制、全球社會政策提供的要件及國際社會政策未來的全球論述。聯合國的社會政策是依不同專業性質分為世界衛生組織、聯合國兒童基金會、國際勞工組織與聯合國難民組織等，各依其專業推動不同活動。
7. 避免對全球化反擊	全球化對經濟發展是一大助力，但卻增加社會成本，增加了許多不平等、不正義、不安全的現象。解決之道，仍在建立一個區域與全球層次保障與保護的福利國家，以符合全球化趨勢。
8. 對全球化的期待	全球化使全球社會政策成為可能，應由發展全球層次的社會政策著手。這些也反應需要跨國組織和跨國合作去擴展他們的角色和責任，例如：ILO、WHO、IMF，並藉由大量盟約、協約與會議來達成共識。
9. 新自由主義意識未必需要	當經濟愈來愈國際化時，過程與結果也愈來愈難掌握，對新自由主義信賴在消減之中，促使重新考慮運用全球層次治理的可能性，最近由世界銀行發表的「世界發展報告」（World Development Reports）正在成形這樣的論點。
10. 國家需要全球性社會政策	原因在於社會政策能確保與維持國家的主權及合法性，社會政策是維持現代國家合法性的核心，也就是國家具有合法性去發展社會政策，以保障人民免於危難。但是全球化後，國家承擔保障人民的責任愈來愈難達成，因此發展全球層次的政策去保護人民，可以鞏固政府的合法性，成功地將經濟全球化並確保民眾的福祉。

二、全球化對福利國家發展的四項影響（葉立森，Ellison 的觀察結論）

影響	說明
1. 全球化弱化福利國家	■ 全球化侵蝕福利國家的核心——平等與重分配。主因來自於自由市場改革的壓力侵蝕社會民主福利政策推動的可能性，例如：財政赤字使完全就業變成不可能，國際資本與人民的流動使透過稅制來達成財富重分配的機制也嚴重受限，過度依賴全球資本市場的公共財政，使得勞工的議價權也跟著被弱化，民族國家政府管制利率與兌換率的財務槓桿被窄化。 ■ 全球化促成市場開放，增加資本與勞動力的流動，導致生產轉向低成本的地方與方式，福利國家的失業率必然提高，而政府卻受制於經濟治理的能力，以及財政赤字而束手無策。
2. 全球化對福利國家的影響有限	質疑全球化對福利國家影響的學者，基本上認定後工業化或服務業社會化的去工業化、人口老化、少子女化才是福利國家支出的原因，福利國家的轉型與否，問題在國內政治，而不是全球化的邏輯。
3. 中間路線	針對全球化懷疑論者的說法，Castell 指出，即使全球競爭沒有直接影響 OECD 國家的主要勞動力，但其間接影響勞動條件與勞動機制的轉型方式鑿痕斑斑的。而在這種轉型之下，主要的輸家是低技術、低薪工人，他們期待更多積極勞動市場方案支出，以及其他形式的就業保護與就業創造。
4. 國家制度結構與政策的差異回應	研究指出，影響全球的差異在於集中化的嵌入程度、組合主義制度的強弱。社會和諧與組合主義程度較低、政治威權較分權化，以及政府的社會民主政黨較弱的國家，會因公共部分的負債及國際資本的流動而向下擠壓社會福利的提供。反之，社會組合主義較強，左翼政黨強有力，政策決策集中化，財政壓力與國際資本流動效益消失，或者他們會正向的建議經濟與政治利益團體反對新自由主義的改革，如此，成功的捍衛了福利國家。

貳、對全球化的總體結論

一、全球化的確造成凱因斯福利國家的緊縮，只是其幅度不如想像中的大，其原因也非單一受全球化影響。後工業化、人口老化都對福利國家的發展造成一定的影響。

二、全球化對每個國家而言，都帶來正負向的效應。在正向效應方面，包括：改善了許多人的生活水準、增加世界貿易、刺激需求與開發新的市場，對開發國家的人民增加對世界各國產品消費的選擇，較少消費性的旅遊，卻有較多的地理移動，增加民主與人權觀念的傳播，鼓勵分享公共政策國家發展的理念。在負向效應方面，包括：在開發國家中限制了民族國家福利的角色、國家支出縮減、新自由主義意識型態鼓勵縮減政府支出和提供公共服務，福利支出也因競爭因素被嚴重限制，競爭國家侵蝕福利國家。

三、經濟全球化需要相符合的全球社會政策，以維持資本主義的運作，有三個基本內涵：（一）針對全球治理的新取向需要創造性的思考；（二）需要發展全球水準有彈性的政策；（三）需要新制度以發展政策，促成全球論壇的接受、保證執行上的敏感性與彈性，以評核他們的工作與結果。儘管這個制度剛成形、或值幼年或是麻煩的青少年階段。

四、就全球社會政策而言，全球化造成的貧富差距擴大是最大的課題。到目前為止，福利國家在降低不確定性與減少貧窮上，運作還是良好的。只是，不同於 50 年前，它必須面對家庭的解組、全球化勞動市場的演變。同時，它必須避免無效率、優先解決財富重分配與消滅貧窮，和避免承諾負擔不起的給付。

五、對於臺灣社會而言，產業外移，失業率攀升，其實也是「全球化」效應之一，在這樣的情形之下，如果政府仍無法因應「全球化」的趨勢，擬定具有前瞻性、可行性的經濟政策，在經濟與福利的抉擇上，即使所有社會福利都停擺，人民的生活依然無法改善。更何況經濟不振之下所製造出來的弱勢族群，更需要社會福利的保障。因此，「經濟優先，社福更不能緩」似乎是矛盾的議題，卻也是值得正視的課題。

> **上榜關鍵** ★★
> 在瞭解全球化對福利國家的四項影響後，必須對全球化有總體結論的論述能力；請思考 2008 年的金融風暴，是否與全球化有關，所持的理由為何。

參、風險社會

一、風險社會的基本概念

項目	說明
「風險社會」概念的起源	<ul><li>「風險」指涉環繞著未來複雜和多變的事件和行為，考量失業風險、健康風險、犯罪風險、環境汙染風險，甚至買樂透都是風險。</li><li>Beck（貝克）於1992年首次出版《風險社會》（*Risk Society*）後，「風險」概念已成為當前學術與政策研究的重要思考脈絡。在社會政策領域中，90年代後半期以來，政策學者亦開始基於此脈絡來討論公共政策與社會政策。Beck指出，現代社會已經從工業社會過渡到「風險社會」（risk society），而如何減少與降低風險社會中存在的生態、人為風險，決定了管理機構的權威和聲望，以及能否在民眾心中贏得信任與支持的關鍵因素。</li></ul>
「舊社會風險」與「新社會風險」	因為社會政策學者傳統上關心的是社會問題與政策行動，關懷重心與社會學家不同，而使用社會風險（social risks）取代風險社會，又為與福利國家時代的舊社會風險（old social risks）相區別，而以新社會風險（new social risks）來表達在風險社會中進行政策考量所面對的風險環境。社會政策領域中對於新社會風險的概念乃漸明確，也受普遍的運用。

榜首提點

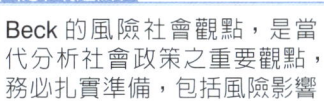

Beck的風險社會觀點，是當代分析社會政策之重要觀點，務必扎實準備，包括風險影響面向與管理工具。

二、風險管理的四種主要工具

保障（Protection）
- 包含社會救助（如食物提供）、社會服務（如針對家庭解組的兒少老殘）。

預防（Prevention）
- 包含社會保險（如年金、失業給付）與商業性的產險。

促進（Promotion）
- 教育、就業與創業的相關協助措施。

轉變（Transformation）
- 社會與社區培力（empowerment），重建家園的集體努力。

四種重要的風險管理工具

三、社會風險與福利國家

（一）「舊」的社會風險向度（Esping-Andersen 提出）

> **上榜關鍵** ★★
> 包括哪三種風險，必須清楚，為測驗題考點。

項目	說明
1. 階級風險（class risks）	社會風險不平等地分布於不同社會階級，高風險階級的風險難以透過市場體系獲得充足、可負擔的保障，再加上家庭成員風險往往相似，家庭亦無法有效提供保障，因而福利國家最大的成就在於將工人階級納入社會公民，透過普及式、目標式或組合主義式的策略，或多或少削減階級的鴻溝。
2. 生命週期風險（life course risks）	社會風險不平等地分布於不同生命階段，兒童家庭及老年階段風險最高，福利國家政策回應為家庭津貼與年金。此外，福利國家假定「一般生產工人」都會經歷著線性、標準化的生命週期——即16歲以前為求學階段、之後40～45年為穩定就業階段、65歲退休，失業是少數且短暫。
3. 代間風險（intergenerational risks）	不平等處境可能接續著影響下一代，雖是起源於家庭，但市場往往強化此不平等，因而代間風險需由福利國家積極介入以再分配生活機會，如義務教育的提供。此外，福利國家強調成長與繁榮，雖無法廢除工作階級，但可使其擁抱中產階級生活型態，使後代獲得白領工作機會。

（二）當代新社會風險的內涵
1. 當今的福利國家則要面對新的社會風險，Esping-Andersen 分析指出：50 年代福利國家的危機內涵是通貨膨脹與災害；60 年代則是所得不均與過度科層；而 70-80 年代中，停滯性通貨膨脹、失業、政府超荷（overload）與後物質主義則成為主要的危機；到了 90 年代以後，全球化、失業、不平等與社會排除（social exclusion）、家庭不穩定的變遷成為主要的危機與挑戰。

> 上榜關鍵 ★
> 測驗題細微考點。

2. 新舊風險的比較

> 上榜關鍵 ★★
> 申論題、測驗題考點。

（1）在所得與經濟安全方面：舊風險是在階級、年齡、性別等不同人口群間存在著不平等分配關係，如勞工階級、中高齡者、女性的風險機率較高；在新風險中，風險機率與階級間的關係較不顯著，如高階經理人同樣易於被裁員，青年、男性的失業率甚至更高。即風險社會中風險分配的跨階級、跨階層特性、甚至個人化的特性。

（2）在風險與政策間的關係方面：舊風險因擴散及作用的時間較長，其範圍有限且集中於特定人口對象，政府往往可有若干的政策因應與作為；在新風險中，因風險作用的擴散較快及人口對象分歧，政府往往無法及時採取政策因應。

（3）在風險來源方面：舊風險較集中於國內的經濟現象，係在政治治權範圍所及之內，政府得以藉由政策因應；在新風險中，因風險來源包括來自國境外的政治經濟作用，進而作用在人口、家庭及文化結構上，往往超過政府治權所及的範圍，政府無法採取合宜的政策因應。

（4）在政策目的方面：政府對舊風險的政策思維仍是社會改革的、效率的，即追求更多的平等與社會進步；而政府對新風險的政策思維則是避禍的，因著風險避免的集體性合作與干預。

練功坊

一、請說明全球化之下社會政策重要性的理由。

解析

　　（一）與日遽增的全球相互依賴
　　（二）全球社會問題
　　（三）全球競爭效應的緩和
　　（四）全球人權觀點的支持
　　（五）補充全球經濟政策
　　（六）全球性社會政策的策略
　　（七）避免對全球化反擊
　　（八）對全球化的期待
　　（九）新自由主義意識未必需要
　　（十）國家需要全球性社會政策

練功坊

（　　）1. 提出風險社會（risk society）概念的是那一位學者？
　　(A) 紀登斯　　　　　　　　(B) 艾思平—安德森
　　(C) 貝佛李奇　　　　　　　(D) 貝克

解析

（D）。Beck 於 1992 年首次出版《風險社會》（*Risk Society*）後，「風險」概念已成為當前學術與政策研究的重要思考脈絡。在社會政策領域中，90 年代後半期以來，政策學者亦開始基於此脈絡來討論公共政策與社會政策。Beck 指出，現代社會已經從工業社會過渡到「風險社會」。

重點便利貼

❶ 對福利國家的攻擊論點：經濟問題、政府的問題、財政問題、合法性危機、道德危機。

❷ 「福利多元主義」

（1）主張社會福利應由不同部門提供，包括政府、志願、商業和非正式部門，並藉由「分權」與「參與」策略來達成福利服務供給來源多元化的目標。

（2）福利多元主義並非主張解除政府的福利責任，而是認為政府不應扮演支配性的直接供給角色，但政府仍將是福利財務的主要來源，更重要的是扮演規範角色。

（3）福利多元主義重要概念：分散化（decentralization）、參與。

❸ 福利國家私有化的負效果（6C）：（1）競爭（competition）不足；（2）榨取（creaming）；（3）貪汙（corruption）；（4）成本（cost）問題；（5）控制（control）的能力；（6）社區（community）疏離。

擬真考場

申論題

一、在福利國家危機中，財政問題在經濟與社會福利發展中，一直是右派與左派爭辯的焦點，請說明兩者對福利國家危機中的財政問題之看法。

測驗題

(　) 1. 從「福利混合經濟」潮流來審視非營利組織的發展，下列何項敘述不正確？
　　(A) 非營利組織在公共福利服務上，與政府之間的緊密合作關係快速增加
　　(B) 在福利混合經濟潮流下，相當多的公共服務轉為購買服務契約方式
　　(C) 在福利混合經濟潮流下，非營利組織的財務來源以企業部門的資助成長最快
　　(D) 在福利混合經濟潮流下，政府對非營利組織的責信要求日益增加

(　) 2. 福利多元主義（welfare pluralism）的概念與主張並不包括下列何者？
　　(A) 福利多元主義主張政府不應再扮演社會福利提供的主要角色
　　(B) 福利多元主義概念主張肇始於 1930 年代左右的經濟大恐慌
　　(C) 福利多元主義主張強調福利提供的市場化、分散化與家庭化
　　(D) 福利多元主義概念首先由 Norman Johnson 所提出

解析

申論題

一、右派與左派對於福利國家危機中的財政問題之看法，說明如下：
　　（一）右派觀點
　　　　1. 新右派攻擊福利國家的財政負擔過重。由於公共支出成長，而歲收不足以支應，則會採取以下措施：政府刪減公共服務支出、借貸與赤字預算，以及同時進行預算刪減與赤字預算。而由於刪減預算的可能性與速度有限，因此，為了繼續支應公共支出，則開源必不可免。開源的方式不外乎增稅，增稅的結果將使家庭與企業負擔加重，影響家庭儲蓄與消費，也阻礙企業的競爭，特別是國際競爭力。在新右派的觀點裡，社會福利支出是最不能創造國民生產總值的項目。
　　　　2. 新右派認為福利國家是奢侈的。其產生了兩種最大的赤字：政府赤字與平衡貿易赤字。福利國家被認為是無效率的使用資源。福利國家的擴大也被指責為導致工資上漲、稅率提高、雇主保險費分攤增加，因而將成本轉嫁到產品的價格，導致物價上漲，降低國際競爭力，進而產生貿易赤字。同時，政府借貸增加，必然引發利率上漲的壓力，導致投資減少、貨幣升值，進而惡化國際貿易失衡。
　　（二）左派觀點（反駁）
　　　　1. 認為資本主義社會中，國家有兩組功能：資本累積與合法化，而兩組功能相互衝突。國家擴大社會服務以取得公共支持，並合法化自己在資本累積過程中的活動與資本主義體系的存在。
　　　　2. 國家支持資本累積的方法有二：透過經濟下層結構中的公共支出，如交通、汙水處理、水資源供輸等，以及經由教育、住宅、保健服務等提供來達到勞力的再生產。國家負責了這兩方面的成本，但是，創造出來的利益卻歸為私有。因而，財政的漏洞愈來愈大，政府的公共支出愈來愈多，財政的負荷愈來愈大。

測驗題

1. C　福利混合經濟的非營利組織財務來源，政府財源往往是最優先的地位，志願部門有許多經費是從政府補助而來。
2. B　福利多元主義概念主張肇始於1970年代左右的新右派意識型態所主導。

第六章　CHAPTER 6
臺灣社會政策與立法的發展脈絡

榜・首・導・讀

- 各國際公約的基本精神，請務必完整掌握。
- 「強化社會安全網計畫」是非常重要的計畫，請考生務必詳加研讀；各面向的現況、各策略目標、各精進作為，必須紮實準備。

關・鍵・焦・點

- 社會福利基本法，必須瞭解其立法要點。
- 民國100年頒布「建國一百年社會福利政策綱領：邁向公平、包容與正義的新社會」，請仔細研讀。

命・題・趨・勢

公務人員	年度	110年				111年				112年			
	考試	高考	普考	地三	地四	高考	普考	地三	地四	高考	普考	地三	地四
		申	申測	申	申測	申	申測	申	申測	申	申測	申	申測
	題數		1		1			1					3

專技社工師	年度	110年		111年		112年		113年	
	考試	2申	2測	1申	1測	2申	2測	2申	2測	1申	1測
	題數		1			1	1				

本・章・架・構

臺灣社會政策與立法的發展脈絡及組織改造趨勢
├─ **重點 1** ★★★
│ 社會福利政策綱領、國際公約
│ ├─ 100 年社會福利政策綱領
│ ├─ 社會福利基本法
│ └─ 國際公約
│
└─ **重點 2** ★★★★★
   社會安全網
   ├─ 「強化社會安全網計畫」之架構（107 年至 109 年）
   ├─ 計畫緣起
   ├─ 政策檢討新思維、整合策略與計畫目標
   ├─ 強化社會安全網架構
   ├─ 實施策略
   ├─ 相關配套
   └─ 「強化社會安全網計畫」（第二期）（110 年至 114 年）

重點 1 社會福利政策綱領、國際公約

閱讀完成：____月____日

壹、100年社會福利政策綱領

一、基本概念

秉持憲法與國際人權公約之基本精神，定期檢視時空環境變遷，適時調整現行社會福利政策，遂以「邁向公平、包容與正義之新社會」作為建國一百年社會福利政策綱領之願景。

二、政策內容

參酌國際慣例大抵以社會保險、社會救助、福利服務、醫療保健、就業服務、社會住宅，以及教育為社會福利政策之主要內容；復考量我國社會福利政策的歷史傳承與實施現況，援引多層次保障概念以經濟安全為核心漸次擴大，區分社會救助與津貼、社會保險、福利服務、健康與醫療照護、就業安全、居住正義與社區營造等六大項目為本綱領之內涵。

> **榜首提點**
> 100年社會福利政策綱領全文，務必扎實準備，此為金榜考點，請參本重點章末相關法規的下載說明。

三、100年社會福利政策綱領（修正版）與93年社會福利政策綱領比較
　　(一)背景論述比較與評析
　　　　1. 黃金十年：

黃金十年	100年社會福利政策綱領（修正版）	93年社會福利政策綱領
第一個黃金十年	民國40年代確立勞保、公保與軍保三大社會保險體系，實現政府遷臺前未竟的理想，也奠下臺灣現代福利體系的根基。	民國80年代，我國的社會福利發展在政治民主化、民間社會的倡導、新知識的引進，以及國民社會權利意識覺醒等因素的影響下，迎頭趕上，包括新的社會立法的修正與通過、社會福利預算的成長，以及社會福利方案的推陳出新，而有社會福利「黃金十年」之稱。
第二個黃金十年	民國60年代「民生主義現階段社會政策」的制定代表政府有了具體的福利施政方針，這段期間產生諸多後續影響深遠的福利發展：第一個具中央政策意涵的社會福利政策綱領、奠立專業化的社會工作員制度、初具現代化意義的社會救助措施、社區發展成為促進福利的方法之一，以及針對兒童、老人與身心障礙者的福利立法，這些都意味著中華民國的社會福利已經逐漸成為重要的施政項目。	
第三個黃金十年	民國80年代完成諸多具現代化與社會正義意義的福利法案，包括83年《全民健康保險法》、84年《兒童及少年性交易防制條例》、84年《老年農民福利津貼暫行條例》、86年《身心障礙者保護法》、86年《性侵害犯罪防治法》、86年《社會工作師法》及87年《家庭暴力防治法》等，在這段期間也開始召開全國社會福利會議，將民間與學者的意見納入到政府的福利決策之中，讓社會福利政策更貼近民眾的需求，充分展現民主化對社會福利的重大影響。	

上榜關鍵 ★★★
必須加強研討對三個黃金十年的內容瞭解。

黃金十年	100年社會福利政策綱領（修正版）	93年社會福利政策綱領
評論	■ 100年版進一步拉長和放大歷史的時空場景，從而歸納出包括民國40年代、60年代，以及80年代在內的三個「黃金十年」。 ■ 93年版只單獨標舉一個「黃金十年」。 ■ 對於「黃金十年」作為某種通過性儀式的重要轉折里程碑，具有它嚴肅以對的歷史性、脈絡性、貫通性、結構性與邏輯性。	

2. 綱領原則的確立：

項目	100年社會福利政策綱領（修正版）	93年社會福利政策綱領
綱領原則標示	1.「公平」的新社會。 2.「包容」的新社會。 3.「正義」的新社會。	1. 人民福祉優先 2. 包容弱勢國民 3. 支持多元家庭 4. 建構健全制度 5. 投資積極福利 6. 中央地方分工 7. 公私夥伴關係 8. 落實在地服務 9. 整合服務資源

（二）內涵項目

100年社會福利政策綱領（修正版）	93年社會福利政策綱領
1. 社會救助與津貼 2. 社會保險 3. 福利服務 4. 健康與醫療照護 5. 就業安全 6. 居住正義與社區營造	1. 社會保險與津貼 2. 社會救助 3. 福利服務 4. 就業安全 5. 社會住宅與社區營造 6. 健康與醫療照護

(三) 100年社會福利政策綱領之政策願景：「邁向公平、包容與正義的新社會」。

> **上榜關鍵**
> 申論題考點。

1. 公平的新社會：公平的新社會首在保障弱勢國民，減少社會不公情形。政府除應支持家庭發揮生教養衛功能外，並應積極協助弱勢家庭，維護其家庭生活品質，落實在地服務，讓兒童、少年、身心障礙者、老人均以在家庭與社區中受到照顧與保護為優先原則，並在考量上述人口群的最佳利益之下提供補充性措施，以切合被服務者之個別需求與人性化的要求。為此，中央與地方政府應本於一體關係推動社會福利，全國一致的方案應由中央規劃推動，因地制宜之方案由地方政府負責規劃執行，而中央政府應積極協助縮小城鄉差距。政府應聚焦於國民基本生活、健康、尊嚴之保障，而民間能夠提供之服務，政府應發揚公私夥伴關係，鼓勵民間協力合作，並致力於創造非營利組織與社會企業發展的環境，以提供國民完善的服務。

2. 包容的新社會：包容的新社會在於消除一切制度性的障礙，保障所有國民參與社會的權利。政府應積極介入，預防與消除國民因年齡、性別、種族、宗教、性傾向、身心狀況、婚姻、社經地位、地理環境等差異而可能遭遇的歧視、剝削、遺棄、虐待、傷害與不義，以避免社會排除。尊重多元文化差異，為不同性傾向、族群、婚姻關係、家庭規模、家庭結構所構成的家庭型態營造友善包容的社會環境。為達上述目標，政府應結合社會福利、衛生醫療、民政、戶政、勞動、教育、農業、司法、營建、原住民等部門，加強跨部會整合與績效管理，俾利提供全人、全程、全方位的服務，以增進資源使用的效率。

3. 正義的新社會：正義的新社會在於提供所有國民平等的發展機會，以國民福祉為優先，針對政治、經濟、社會快速變遷下的國民需求，主動提出因應對策。尤其著重積極福利，藉由社會投資累積人力資本來促進經濟與所得的穩定成長，進而提升國民生活品質，維繫社會團結與凝聚。為此，各種社會福利措施應該善盡其各自的功能，因應生活風險建構健全的預防制度，以社會救助與津貼維護國民生活尊嚴，以社會保險維持國民基本經濟安全，以福利服務提升家庭生活品質，以健康照護維持國民健康與人力品質，以就業穩定國民之所得安全與社會參與，以居住協助與社區營造協助國民在地安居樂業。更須致力於社會福利財務負擔的平衡、即時資訊系統的整合、社工與衛生人力的充實、

教育訓練的精進、研究發展的創新,以及科學指標的建構等,以期社會福利的永續發展。

貳、社會福利基本法

> **上榜關鍵** ★★★
> 申論題考點,請詳加準備。

一、社會福利基本法之研擬背景
(一)我國社會福利制度隨社會經濟及環境變遷,相關社會福利法規已陸續制(訂)定、檢討及修正,以符合國民之需求,另為使我國與國際人權思潮接軌,謀求建立符合時代趨勢之社會福利體系,配合「兒童權利公約施行法」、「身心障礙者權利公約施行法」、「消除對婦女一切形式歧視公約施行法」及「公民與政治權利國際公約及經濟社會文化權利國際公約施行法」檢討及訂修相關法令,使我國社會福利制度更臻完善。
(二)多年來我國各級政府致力推展社會福利,分別制(訂)定各項法律與自治法規及行政規則據以實施,結合民間資源提供多元化服務,並有相當績效,惟國家社會面臨全球化及產業轉型帶來就業型態與機會的轉變、人口高齡化與少子女化所帶來之世代正義議題,以及家庭型態趨於多元、貧富差距擴大等,構成當前我國社會發展之新挑戰,為確立社會福利基本方針,健全社會福利體制及保障國民社會福利之基本權利,並作為未來進一步推展之參據,俾利相關社會福利法規得適時制(訂)定、修正或廢止,研議及落實各福利項目之具體措施,建構健全之社會福利體制,故研擬「社會福利基本法」。

二、社會福利基本法之重點內容
(一)明定社會福利基本方針,健全社會福利體制。社會福利應尊重個人尊嚴,發展個人潛能,促進社會參與,並本於社會包容、城鄉均衡及永續發展原則,兼顧家庭及社會責任,以預防、減緩社會問題,促進國民福祉。
(二)明定社會福利定義及範圍,包含社會保險、社會救助、社會津貼、福利服務、醫療保健、國民就業及社會住宅之福利事項。
(三)國家應肯認多元文化,尊重差異,國民接受社會福利機會一律平等;政府對於原住民族、離島、偏遠地區或經濟、身心、族群等需要協助者,應考慮其自主性與特殊性,依法予以保障,並扶助其發展。
(四)中央政府應訂定社會福利政策綱領並定期檢討,以及明定中央與地方政府相關社會福利權責事項。
(五)明定各級政府福利服務提供方式與委託辦理福利服務實施原則及民間參與社會福利政策機制。各級政府委託辦理福利服務前,應依實際需要之受託者資

格條件、服務內容、人力、必要費用與服務品質等，邀請社會福利事業及服務使用者代表溝通協商。

(六) 各級政府應寬列社會福利經費，資源不足地區優先規劃布建，均衡區域發展；依地區需求人口屬性、社經條件、資源配置等，充實社會福利專業人力，並建立專業人員相關管理制度。

(七) 各級政府對於社會福利事業，應依法予以獎勵、補助、租稅優惠等必要協助；各級國土計畫、都市計畫擬訂及通盤檢討時，社會福利土地及空間使用需求納入規劃，社會住宅應保留一定空間供社會福利使用。

(八) 為提升服務品質，維護服務對象權益及促進永續發展，依法辦理評鑑，評鑑項目、方式及結果應予公開；社會福利事業提供社會福利事項應確保品質，公開透明，遵行相關法令規定，建立友善安全工作環境。

(九) 社會福利提供者應依服務對象個別差異，主動告知社會福利相關資訊，提供適切協助；各級政府應致力於社會福利申請可及性，並提供無障礙環境之服務流程；人民社會福利權利受侵害時，得依法尋求救濟等，以維護國民社會福利之基本權利。

參、國際公約

公約	公約精神	我國制定之施行法
《公民與政治權利國際公約》	■《公民與政治權利國際公約》（又稱公政公約，ICCPR）及《經濟社會文化權利國際公約》（又稱經社文公約，ICESCR）（合稱「兩公約」）。 ■ 兩公約為聯合國於1966年通過。兩公約規定所有締約國應採取各種適當措施，以尊重、保護及實現「世界人權宣言」及兩公約揭示之各項自由權利為重要之國際人權法典，也是國際人權保障體系相當重要之一環。	2009年通過《公民與政治權利國際公約及經濟社會文化權利國際公約施行法》 **上榜關鍵 ★★★** 各國際公約的精神請考生有基礎的觀念；另各公約之內容，請建立公約基本架構觀念，其中，《消除對婦女一切形式歧視公約》、《兒童權利公約》、《身心障礙者權利公約》，曾有部分須加以運用其內容論述的命題紀錄。

公約	公約精神	我國制定之施行法
《公民與政治權利國際公約》	■ 兩公約廣泛涵蓋各項重要人權議題，包含公政公約中之生命權、人身自由、遷徙及選擇住所之自由、接受公平審判之權利、言論自由、集會結社自由、參政權等；及經社文公約中之工作權、社會保障、家庭保障、適足生活水準、健康權、教育權、文化權等，為國際人權保障體系最根本的法源，與「世界人權宣言」合稱為「國際人權憲章」（International Bill of Human Rights），聯合國亦以此為基礎，陸續制定如《消除對婦女一切形式歧視公約》（CEDAW）、《兒童權利公約》（CRC）、《身心障礙者權利公約》（CRPD）等核心人權條約與各種國際性及區域性人權條約、宣言及原則，共同形成人權保障的普世標準。	
《消除對婦女一切形式歧視公約》	聯合國於1979年通過之《消除對婦女一切形式歧視公約》（CEDAW）。其內容闡明男女平等，享有一切經濟、社會、文化、公民和政治權利，締約國應採取立法及一切適當措施，消除對婦女之歧視，確保男女在教育、就業、保健、家庭、政治、法律、社會、經濟等各方面享有平等權利。	2011年通過《消除對婦女一切形式歧視公約施行法》
《兒童權利公約》	聯合國於1989年聯合國通過之《兒童權利公約》（CRC）。為國際社會保障兒童少年人權的基本承諾。《兒童權利公約》的條款解釋適用，都要符合禁止歧視；兒童最佳利益；生命權、生存及發展權；及尊重兒童表意權等四大一般性原則。	2014年，通過《兒童權利公約施行法》

公約	公約精神	我國制定之施行法
《身心障礙者權利公約》	聯合國於2006年提出之《身心障礙者權利公約》（CRPD）。為促進、保障及確保身心障礙者完全及平等地享有所有人權及基本自由，促進固有尊嚴受到尊重，降低身心障礙者在社會上之不利狀態，以使其得以享有公平機會參與社會之公民、政治、經濟、社會及文化領域。	2014年通過之《身心障礙者權利公約施行法》
《聯合國反貪腐公約》	聯合國於2003年提出之《聯合國反貪腐公約》。期待健全預防及打擊貪腐體系，加強反貪腐之國際合作、技術援助、資訊交流，確保不法資產之追回及促進政府機關透明與課責制度等。	2015年通過《聯合國反貪腐公約施行法》

相關法規說明

項次	法規名稱	說明
1	中華民國建國一百年社會福利政策綱領	請至衛生福利部網站下載（https://www.mohw.gov.tw）
2	《公民與政治權利國際公約及經濟社會文化權利公約施行法》	請至「全國法規資料庫」下載（https://law.moj.gov.tw/）
3	《消除對婦女一切形式歧視公約施行法》	
4	《兒童權利公約施行法》	
5	《身心障礙者權利公約施行法》	
6	《聯合國反貪腐公約施行法》	
7	《社會福利基本法》	

練功坊

一、請說明兒童權利公約、身心障礙者權利公約的精神。

解析

(一) 兒童權利公約之精神

聯合國於 1989 年通過之「兒童權利公約」（CRC），為國際社會保障兒童少年人權的基本承諾。「兒童權利公約」的條款解釋適用，都要符合禁止歧視；兒童最佳利益；生命權、生存及發展權；及尊重兒童表意權等四大一般性原則。

(二) 身心障礙者權利公約之精神

聯合國於 2006 年提出之「身心障礙者權利公約」（CRPD），為促進、保障及確保身心障礙者完全及平等地享有所有人權及基本自由，促進固有尊嚴受到尊重，降低身心障礙者在社會上之不利狀態，以使其得以享有公平機會參與社會之公民、政治、經濟、社會及文化領域。

練功坊

( ) 1. 下列何者不是中華民國憲法增修條文第 10 條有關社會福利工作內容？
  (A) 社會救助　　　　　　　(B) 醫療保健
  (C) 社會教育　　　　　　　(D) 國民就業

解析

(C)。憲法增修條文第 10 條規定，國家應重視社會救助、福利服務、國民就業、社會保險及醫療保健等社會福利工作，對於社會救助和國民就業等救濟性支出應優先編列。

( ) 2. 下列何者不是民國 100 年社會福利政策綱領之願景內涵？
  (A) 公平　　　　　　　　　(B) 和諧
  (C) 包容　　　　　　　　　(D) 正義

解析

(B)。中華民國建國一百年社會福利政策綱領願景為：邁向公平、包容與正義的新社會。

重點 2　社會安全網

閱讀完成：＿＿＿月＿＿＿日

壹、「強化社會安全網計畫」（第一期）之架構（107 年－109 年）

107.2.26 行政院核定公布

「強化社會安全網計畫之架構」
- 一、計畫緣起
- 二、政策檢討
  - (一) 各福利體系綜合檢討
    1. 社會福利服務中心體系
    2. 社會救助體系
    3. 保護服務體系
    4. 兒少高風險家庭服務體系
    5. 社會工作制度
    6. 心理衛生體系
    7. 自殺防治體系
    8. 學校輔導體系
    9. 就業服務體系
    10. 治安維護體系
  - (二) 各服務體系共同或個別存在的問題
- 三、新思維、整合策略與計畫目標
  - (一) 新思維
  - (二) 整合策略
  - (三) 計畫目標
    1. 可近性不高
    2. 積極性不夠
    3. 防護性不全
    4. 整合性不佳
    5. 預防性不彰
    6. 服務人力不足
- 四、強化社會安全網架構
- 五、實施策略
  - (一) 策略一：布建社會福利服務中心整合社會救助與福利服務
  - (二) 策略二：整合保護性服務與高風險家庭服務
  - (三) 策略三：整合加害人合併精神疾病與自殺防治服務
  - (四) 策略四：整合跨部會服務體系
- 六、相關配套

一、計畫緣起

　　蔡總統在 2016 年競選政見五大社會安定計畫之「治安維護計畫」及就職演說，宣示將從治安、教育、心理健康、社會工作等各個面向強化社會安全網。

二、政策檢討

　　（一）各福利體系綜合檢討

福利體系面向	檢討項目
（一）社會福利服務中心體系	■ 社區福利服務資源分布不均，家庭為中心觀點未落實 ■ 社會福利服務中心未普及設置，服務近便性不足 ■ 社會福利服務中心定位狹隘，專業定位受挑戰
（二）社會救助體系	■ 社會救助措施流於資格審查與補助發放，欠缺對貧窮家庭的積極協助 ■ 新興脫離貧窮措施尚待發展，現行支持貧窮家庭的服務體系仍需強化 ■ 急難救助未建立多重問題家庭的社工專業評估及個案服務機制，欠缺積極性與系統性機制
（三）保護服務體系	■ 偏重三級服務，預防（警）機制及其他服務資源相較不足 ■ 保護性事件相關通報缺乏整合，通報處理時效受影響 ■ 公私協力服務分工不清，偏重社工服務、網絡資源待整合
（四）兒少高風險家庭服務體系	■ 兒少高風險家庭服務及 113 保護專線之推動，皆須再精進 ■ 風險預判與篩選機制待改善，社區後續支持系統未完備

榜首提點

行政院核定之「強化社會安全網計畫」（第一期），全文高達 7 萬字以上，共 145 頁，考生要在短時間內將全文閱讀完，且能詳記各要點，需要花相當多的時間。請考生先研讀編者將本計畫重新整理的架構，以表格化及重點的方式整理出的扼要架構，以此建立全貌，才能有完整的計畫圖像。在本章節中，編者並另已精簡全文，請考生詳讀，即可快速掌握本計畫書的精華。至於有進一步研讀本計畫需求的考生，請至衛生福利部網站下載計畫全文。

福利體系面向	檢討項目
（五）社會工作制度	■ 社會工作人員工作負荷沉重，人力亟待充實 ■ 社會工作人員勞動條件不佳，流動率高，服務品質受影響 ■ 專業訓練缺乏綜整，社會工作人員重複受訓負擔重 ■ 現行社工專業正規教育、證照考試及法規仍待強化，影響專業制度發展
（六）心理衛生體系	■ 預算投入不足且偏重治療，前端預防涵蓋率有限 ■ 社區服務範疇限縮，關懷訪視人力與服務量能均待提升 ■ 社會汙名精神病人問題嚴重，合併多重問題個案難以發覺處理 ■ 家庭暴力加害人處遇未以家庭為中心，性侵害加害人處遇經監控，再犯預防成效有限
（七）自殺防治體系	■ 第一線服務人員對於自殺敏感度不足，難以即時發現目標個案 ■ 缺乏自殺通報之法源依據，預警機制無法強化 ■ 自殺關懷訪視量能不足，關懷訪視效能亟待精進
（八）學校輔導體系	■ 輔導教師及專業輔導人員缺乏合理配置 ■ 教育體系與其他社政與衛政系統間，欠缺橫向聯繫機制 ■ 各級學校輔導系統間未建置統一一致性的銜接服務機制
（九）就業服務體系	■ 弱勢失業者較少主動運用就業服務資源，就業意願有待加強 ■ 就業服務人員缺乏對弱勢族群辨識及敏感度 ■ 勞政與社政就業服務單向轉銜，缺乏網絡合作機制
（十）治安維護體系	■ 衛政、社政、教育及警政待建立有效通報聯繫機制，以強化各項預防、處理及復原作為 ■ 缺乏以犯罪被害人為中心之刑案處置及後續關懷協助機制 ■ 少年輔導資源不足，難以落實法定對虞犯少年輔導工作

（二）各服務體系共同或個別存在的問題
1. 可近性不高：區域福利服務網絡普及度與服務量能均待提升。
2. 積極性不夠：積極性救助與服務不足，無法發揮及時紓困與脫貧自立的效果。
3. 防護性不全：預防（警）機制及中長期服務資源不全，難以遏止暴力。
4. 整合性不佳：跨網絡服務缺乏整合且不連貫，導致服務出現漏洞。

5. 預防性不彰：資源偏重治療，通報預警與社區服務量能不足，前端預防涵蓋率有限。
6. 服務人力不足：人力待充實，勞動條件與制度待提升。

三、新思維、整合策略與計畫目標

項目	要點
（一）新思維	■ 以整合為策略，完善多元化家庭支持服務 ■ 以預防為優先，及早辨識脆弱兒童與家庭 ■ 以風險類型或等級為分流，建構公私協力處理模式
（二）整合策略	■ 策略一：布建社會福利服務中心整合社會救助與福利服務 ■ 策略二：整合保護性服務與高風險家庭服務 ■ 策略三：整合加害人合併精神疾病與自殺防治服務 ■ 策略四：整合跨部會服務體系
（三）計畫目標	■ 家庭社區為基石，前端預防更落實 ■ 簡化受理窗口，提升流程效率 ■ 整合服務體系，綿密安全網絡

四、強化社會安全網架構

以「家庭社區為基石」、「簡化受理窗口」及「整合服務體系」為強化社會安全網之架構主軸。

五、實施策略

策略一：布建社會福利服務中心整合社會救助與福利服務	
現況分析	■ 社會福利服務中心據點未普及，服務難扎根社區 ■ 社會福利服務中心定位不清，社工人力不足專業效能難發揮 ■ 社會救助側重基本生活保障，協助脫離貧窮積極性及成效不足 ■ 社區脆弱兒童與家庭篩檢工作（6歲以下弱勢兒童主動關懷方案）未完備，預防（警）機制效能待精進
策略目標	■ 為家庭築起安全防護網 ■ 從扶貧到脫貧自立 ■ 讓社區成為支持家庭的推手

	策略一：布建社會福利服務中心整合社會救助與福利服務
具體精進作為	■ 為家庭築起安全防護網：普設社會福利服務中心 ■ 為家庭築起安全防護網：強化社會福利服務中心提供脆弱家庭服務量能 ■ 為家庭築起安全防護網：精進社區脆弱家庭預警機制 ■ 從扶貧到脫貧自立：積極發展脫離貧窮措施 ■ 讓社區成為支持家庭的推手：建立因地制宜的社會福利服務中心整合服務模式

	策略二：整合保護性服務與高風險家庭服務
現況分析	■ 預防兒虐發生之各項前端工作，更為重要而待強化 ■ 合併多重問題保護性個案，各服務體系分立，缺乏整合機制 ■ 兒少高風險家庭與兒少保護服務採雙軌模式，處理時效受影響 ■ 兒少高風險家庭服務體系多元發展，後續社區系統未完備 ■ 兒少保護體系公私合作待強化 ■ 成人保護服務公私協力模式多元，保護扶助措施待深化 ■ 保護性案件通報量有上升趨勢，缺乏合理保護性社會工作人員額配置
策略目標	■ 危機救援不漏接 ■ 完整評估不受限 ■ 驗傷診療更完善 ■ 介入服務更深入 ■ 公私協力更順暢 ■ 整合服務更有效
具體精進作為	■ 危機救援不漏接：建立保護服務及兒少高風險家庭集中受理通報與派案中心 ■ 完整評估不受限：跨域即時串接家庭風險資訊 ■ 驗傷診療更完善：推動建立兒少保護區域醫療整合中心 ■ 介入服務更深入：結合民間資源強化兒少保護和家庭支持服務 ■ 公私協力更順暢：保護服務公私協力再建構 ■ 整合服務更有效：擴大「家庭暴力安全防護網」功能

	策略三：整合加害人合併精神疾病與自殺防治服務
現況分析	■ 加害人合併精神疾病、自殺企圖者，除暴力行為問題，精神疾病及家庭問題複雜，個案處理之複雜度及困難度均高 ■ 精神照護及自殺通報個案之關懷訪視員，縣市多採人力委外聘用、個案分訪方式運作，關訪員訪視案量負擔重 ■ 現行關懷訪視員以處理疾病問題為主，缺乏對於個案家庭、經濟、社會福利需求與自殺風險之完整評估、回應及資源連結能力，暴力再犯預防及自殺防治成效有限 ■ 家暴及性侵害加害人處遇之行政業務（每年家暴及性侵害加害人處遇量合計超過1萬人次）及列管案量高，人力待充實 ■ 加害人多非自願性求助者，缺乏治療動機，需連結防治網絡，嚴密監控，方能預防再犯 ■ 自殺成因複雜且多元，無法由單一體系介入處理，亟需各服務體系共同努力，早期發現高風險個案，早期介入
策略目標	■ 降低再犯風險 ■ 暴力預防無死角 ■ 提升自殺防治效能
具體精進作為	■ 降低再犯風險：增聘社工人力，降低加害人（合併精神疾病）個案負荷比，深化個案服務 ■ 暴力預防無死角：落實加害人處遇執行，強化社區監控網絡及處遇品質 ■ 提升自殺防治效能：精進高風險個案自殺防治策略

	策略四：整合跨部會服務體系
現況分析	不論是處理家庭暴力、兒少保護、家庭維繫、脫貧自立或隨機殺人等事件，皆需要衛政、社政、教育、勞政及警政等體系通力合作，始能達成。雖相關法規已訂有各自責任及處理流程，然實際執行，仍存在部分問題，使得跨體系合作出現縫隙，造成社會安全網的漏洞。
策略目標	■ 進行以介入為基礎的團隊評估（IBTA） ■ 提供完整性的全人關懷服務 ■ 導入全面性整合的服務資源 ■ 縫合網絡單位間的隔閡

	策略四：整合跨部會服務體系
具體精進作爲	■ 建立垂直／水平分層級協調機制 ■ 提升教育部學生輔導、勞動部就業服務、內政部治安維護及少年輔導等服務效能，強化跨體系合作機制

六、相關配套

配套措施	要項
建立完善社會工作制度，提升專業服務量能	■ 由教育、考試、訓練及任用精進社工專業制度的發展 ■ 整體估算社工人力需求並合理配置 ■ 研修《社會工作師法》
人力需求	■ 充實地方政府社工人力配置及進用計畫整合策略 ■ 總人力需求
配套措施	■ 規劃人力聘用與專業訓練 ■ 建置社會安全網個案管理系統 ■ 辦理輔導考核及研究發展 ■ 法規修訂

貳、新思維、整合策略與計畫目標

> **榜首提點**
> 建構「以家庭為中心、以社區為基礎」的服務模式，是核心觀念。

　　本計畫強調社會安全網服務介入的焦點，由「以個人為中心」轉變成「以家庭為中心」，建構「以家庭為中心、以社區為基礎」（community-based）的服務模式。改變過去聚焦在低收入戶、有兒童虐待之虞的高風險家庭、家庭暴力、學校適應不佳的學生、少年犯罪、精神疾病等個人的危機介入，轉變為除了即時介入處在危機中的家庭（families in crisis）外；並及早介入因生活轉銜（life transition）或生活事件（life events）導致個人或家庭風險升高的脆弱家庭；進而，協助一般家庭建構以社區為基礎的支持體系與提供預防性服務。建構鄰里支持家庭中心（Neighbourhood Center for Families）來支持家庭。培植一個具有支持性的居住社區（supportive residential community），型塑一種居民集體的責任來保護兒童、少年、身心障礙者、老人；同時加強社區服務的基層結構，讓個別的服務被連結，成為協力單位。

　　同時，構築一個跨體系的協力（inter-system collaboration）網絡，結合與協調不

同部門、組織的財力、人事、行政資源，以提供更綜合、同步與個別化的服務，減少服務使用者奔波於途，又徒勞無功。因此，建置單一窗口的一站式服務有其必要，俾利建構一套能回應脆弱兒童與家庭的服務輸送模式。然而，足夠、近便、合適的資源與服務是跨體系協力成功的要件。據此，須普及建置以社區為基礎的社福中心，以利整合通報、評估、服務資源。

但是，在提供以家庭為中心的服務時，並不是放棄以兒童為中心（child centered）的思考。以兒童為中心是指兒童不被視為無行為能力的個體，而是有權利參與其自身利益的決策。以家庭為中心的服務模式認定兒童是家中的一員，不宜將兒童特立出來單獨思考，更不宜問題化兒童，而是認為家庭有利於兒童的成長，父母、手足、家族成員是影響兒童發展最親密的人，兒童的利益大量依賴其家長的涉入。因此，協助家庭將有利於兒童的最佳利益。據此，可以推論到其他家庭成員，如老人、身心障礙者。

因此，將服務對象概略分為三類：「危機家庭」係指「發生家庭暴力、性侵害、兒少／老人／身障等保護問題的家庭」；「脆弱家庭」係指「家庭因貧窮、犯罪、失業、物質濫用、未成年親職、有嚴重身心障礙兒童需照顧、家庭照顧功能不足等易受傷害的風險或多重問題，造成物質、生理、心理、環境的脆弱性，而需多重支持與服務介入的家庭」；「一般家庭」係指「支持與照顧成員功能健全的家庭」。而脆弱家庭與危機家庭是優先要被關注的高風險家庭，服務期透過三項新思維與四項整合策略的執行，以達成本計畫的三項目標。這並非要標籤化家庭或汙名化某些家庭，而只是有助於家庭服務的分工與介入優先順序，俾利提升服務資源的配置與效率。

上榜關鍵 ★★★★
服務對象基本分類，必須有清楚觀念。

一、新思維
  （一）以整合為策略，完善多元化家庭支持服務。
  （二）以預防為優先，及早辨識脆弱兒童與家庭。
  （三）以風險類型或等級為分流，建構公私協力處理模式。

榜首提點
新思維的要點，務必熟記。

二、整合策略
  （一）策略一：布建社會福利服務中心整合社會救助與福利服務。
  （二）策略二：整合保護性服務與高風險家庭服務。
  （三）策略三：整合加害人合併精神疾病與自殺防治服務。
  （四）策略四：整合跨部會服務體系。

榜首提點
各項策略請先將標題詳記，才能對後續的策略展開有清楚的架構。

三、計畫目標
（一）家庭社區為基石，前端預防更落實。
（二）簡化受理窗口，提升流程效率。
（三）整合服務體系，綿密安全網絡。

> **榜首提點**
> 計畫目標請詳記。

參、強化社會安全網架構

呼應本計畫三項目標，以「家庭社區為基石」、「簡化受理窗口」及「整合服務體系」為強化社會安全網之架構主軸。

肆、實施策略

一、策略一：布建社會福利服務中心整合社會救助與福利服務
（一）策略目標
　　1. 為家庭築起安全防護網。
　　2. 從扶貧到脫貧自立。
　　3. 讓社區成為支持家庭的推手。
（二）具體精進作為
　　1. 為家庭築起安全防護網：普設社會福利服務中心
　　　為使每一個民眾及家庭，都能快速獲得政府服務，普及設置社福中心，成為首要工作。各地方政府設置社福中心的數量，可依據人口數（15萬人～20萬人設置1區）、行政區（鄉、鎮、市、區）或跨鄉鎮市區（警察分局區）等參考標準進行推估，本計畫參考前開標準及106年設置現況，爰以全國設置154處為目標值。
　　2. 為家庭築起安全防護網：強化社會福利服務中心
　　　提供脆弱家庭服務量能，透過社福中心布點與社工人力到位，不僅能針對風險或脆弱性、貧困與急難、特殊境遇等弱勢家庭，及一般福利需求家庭，由社會工作人員進行家庭功能與需求評估，同時提供現金（實物）給付與福利服務，並依需要結合衛政、教育、勞政、民政與社政等相關機關或在地民間資源，針對貧窮家庭進行輔導、資源轉介等預防措施，讓家庭服務趨向完整，達到充權家庭功能的目標。

> **榜首提點**
> 策略目標、具體精進作為，無一可疏漏。

3. 為家庭築起安全防護網：精進社區脆弱家庭預警機制
   (1) 法規面：尚有部分非法定業務致難以強制介入，未來可研擬修正《兒童及少年福利與權益保障法》第54條內容，明確規範各單位落實前端作為。
   (2) 制度面：善用各部會資料庫勾稽功能，不僅比對兒童資料，亦擴大比對父母資料，提升家庭資料之正確與完整性，並且增加跨部會資訊系統介接。
   (3) 執行面：針對行方不明家庭，建置完善的中央及地方政府專案列管機制，且積極協調跨單位資訊系統勾稽事宜及綜整各單位查察作為之軌跡，提升個案資料完整性，並加速辦理時效。
4. 從扶貧到脫貧自立：積極發展脫離貧窮措施：鼓勵各地方政府結合民間團體及在地資源，辦理教育投資、就業自立、資產累積、社區產業、社會參與以及其他創新、多元或實驗性的脫貧措施。採分級分類管理模式，積極輔導適合對象優先參與脫貧措施並適時提供救助（如：新貧戶、就業動機強且意願高者、家庭支持系統較佳者、符合兒少教育發展帳戶的參與者等對象）。且督促各地方政府指派專責社會工作人員，定期訪視關懷參與脫貧措施的個案家庭，適時提供協助及陪伴，積極鼓勵其脫離貧窮困境。
5. 讓社區成為支持家庭的推手：建立因地制宜的社會福利服務中心整合服務模式

   各社會福利服務中心得視空間規模、地區特性及資源分布等情形，建制下列三種服務整合模式：
   (1) 實體整合模式：提供辦公空間讓其他相關服務單位人力進駐社福中心，以合署辦公的方式就近提供區域內民眾所需的服務，如結合保護性服務、就業服務站、法律諮詢律師等（依區域需求及資源狀況而定）設置。此即整合不同單位於同一處所，共同組成綜合性服務中心的概念。在此模式下，社福中心透過與同一處所各相關單位間的協調，設計一站式（一條龍）（one-stopping shopping）或單一窗口（single door）服務，使不同機構間的不協調障礙被排除，經由連續服務流程設計，建立彼此的合作與服務機制；而社福中心後續亦需追蹤每個單位提供服務的情況，確定民眾需求皆能獲得適切的滿足。

上榜關鍵 ★★★

三種服務整合模式，請詳加研讀，有單獨命題比較的潛力。

(2) 準實體整合模式：受限於空間或其他條件不足，無法讓相關單位以合署辦公的方式在同一辦公地點（空間）提供服務，可釋出部分辦公空間給提供立即性服務的資源單位輪流使用的駐點方式。目的在於提高現有辦公空間的使用頻率；並透過訂定明確的服務流程及定期召開工作協力會議，達到資源的有效使用與服務的協力，滿足民眾的多元需求。

(3) 虛擬整合模式：受限於空間或其他條件不足，以透過虛擬的資訊平臺（如：透過網路系統交換等方式），將現有區域內需求服務體系整合入社福中心的資源網絡，區域福利服務中心作為資源管理與服務供給的核心，提供單一窗口的福利服務，將各種社會福利服務設施（如公、私部門的社會福利機構或單位）、服務方案，或資源整合，透過資源的盤點與拜訪聯繫，確立清楚的服務流程，建立完善的資訊系統，便利資源間的服務轉介與使用，確保民眾需求皆有相關資源的協助。

二、策略二：整合保護性服務與高風險家庭服務

> **榜首提點**
> 請將策略目標、精進作為的內容準備好，非常重要。

(一) 策略目標

為能強化政府服務之跨域聯防，許人民一個安全的生活，本策略目標包括下列六項，並據以擬定具體精進作為：
1. 危機救援不漏接。
2. 完整評估不受限。
3. 驗傷診療更完善。
4. 介入服務更深入。
5. 公私協力更順暢。
6. 整合服務更有效。

(二) 具體精進作為
1. 危機救援不漏接：建立保護服務及兒少高風險家庭集中受理通報與派案中心：各地方政府建立的集中受理與派案中心，應能依據個案及家庭實際需求及風險等級，將案件指派由家防中心、社福中心進行評估及服務，受指派的單位應儘速進行訪視評估，確認個案及家庭成員的立即安全、受暴風險及福利服務需求，避免有因分工或跨單位協調問題而影響服務的提供。
2. 完整評估不受限：跨域即時串接家庭風險資訊：建立線上評估資訊蒐

集平臺，依案情所需由各地方政府家庭暴力及性侵害防治中心，線上向教育、警政及衛政單位查調兒少或家庭成員的就學輔導、刑事犯罪、精神照護、自殺傾向、健保就醫及疫苗接種等紀錄，以比對社會工作人員實地訪視瞭解的家庭資訊，確認保護個案受照顧狀況及再次受虐風險程度，建立更為完整的調查報告，以利後續服務的推展與執行。

3. 驗傷診療更完善：推動建立兒少保護區域醫療整合中心：本計畫規劃參考中央健保署醫療6分區方式，推動各區至少1至2家區域級以上醫院建立兒少保護區域醫療整合中心。

4. 介入服務更深入：結合民間資源強化兒少保護和家庭支持服務：將原有兒少高風險家庭通報案件中，屬高度風險個案，納入兒少保護服務範疇，比照兒少保護等保護性個案服務模式執行相關保護性服務，以強化公權力執行及跨政府單位協調整合，確保對處於高度風險兒少的人身安全維護及權益。

5. 公私協力更順暢：保護服務公私協力再建構：藉由整合相關保護性案件通報表單，並由集中派案中心擔任各縣市受理窗口，透過明確化的篩派案指標，由集中派案中心派案相關部門處理：高風險案件、需要高度公權力緊急或危機介入的案件由公部門處理；中低風險有接受服務意願者，因應個案的多樣性與多元需求，則仰賴多元彈性的民間團體發展各式服務方案協助。

6. 整合服務更有效：擴大「家庭暴力安全防護網」功能：逐步擴充家庭暴力安全防護網之量能，除親密關係暴力事件外，並將涉及精神照護等多重問題、嚴重兒虐或其他成人保護個案（包括多次通報、受暴嚴重或情節重大由檢察官指揮偵辦等嚴重案件）納入，以強化社政、衛政、警政、司法、教育單位合作。

三、策略三：整合加害人合併精神疾病與自殺防治服務。

> **榜首提點**
> 本策略的策略目標，以及精進作為，請考生詳加準備。

（一）策略目標
  1. 降低再犯風險。
  2. 暴力預防無死角。
  3. 提升自殺防治效能。

（二）具體精進作為
  1. 降低再犯風險：增聘社工人力，降低加害人（合併精神疾病）個案負荷比，深化個案服務：增加社工人力，除追蹤個案定期就醫、規則服藥、病情變化監測及自殺風險評估等面向，並應對於加害人之家庭、

經濟、就業、居住及社福等面向之需求，提供整合性評估，以降低再犯風險。
2. 暴力預防無死角：落實加害人處遇執行，強化社區監控網絡及處遇品質：合理配置各地方政府衛生局社工人力，負責加害人處遇業務安排、處遇系統資料維護、未出席移送裁罰、社區監控、評估小組及網絡會議、驗傷採證及處遇人員訓練與管理；另補助社工督導負責研擬處遇及監控計畫、個案風險評估、社區監控跨網絡協調、驗傷採證及處遇人員督考。
3. 提升自殺防治效能：精進高風險個案自殺防治策略
    （1）教育面：為提升服務體系人員自殺防治知能，規劃辦理第一線服務人員。
    （2）系統面：從系統端介接串聯自殺防治通報系統、精神照護資訊管理系統、兒少高風險家庭系統及保護系統，透過資料比對，早期發現自殺之高風險個案，早期介入。
    （3）服務面：落實評估個案再自殺風險及心理需求，以及主要照護者之自殺風險，妥為擬定自殺關懷處置計畫。
    （4）法規面：為完備自殺通報、處置之法規，積極研修《精神衛生法》或推動自殺防治專法。

四、策略四：整合跨部會服務體系
（一）策略目標
    1. 進行以介入為基礎的團隊評估（IBTA）。
    2. 提供完整性的全人關懷服務。
    3. 導入全面性整合的服務資源。
    4. 縫合網絡單位間的隔閡。
（二）具體精進作為
    1. 建立垂直／水平分層級協調機制
    社會安全網範圍廣泛，涉及政府與民間、中央與地方，以及社會福利、心理衛生、教育輔導、就業服務及治安維護等部門，應建立中央決策面、地方行政面與基層實務面等不同層級之協調合作機制，透過垂直、平行整合，暢通跨體系服務的障礙，俾補綴社會安全網的缺漏。
    2. 提升教育部學生輔導、勞動部就業服務、內政部治安維護及少年輔導等服務效能，強化跨體系合作機制
        （1）健全學生輔導三級機制，提供整體性與持續性服務。

(2) 強化弱勢族群就業轉介及協助措施，發展一案到底個別化服務。
(3) 定期查訪治安顧慮人口，強化少年輔導工作。
(4) 建立犯罪被害保護官等相關制度，提供被害人所需協助。

伍、相關配套

一、建立完善社會工作制度，提升專業服務量能
　(一) 由教育、考試、訓練及任用精進社工專業制度的發展
　　1. 社會工作學校教育：協助開發相關教材與教學活動，以提升教學品質。另教育部辦理大學院校設置社會工作學系及系所評鑑等應以社會工作專業為核心。
　　2. 社會工作師考試：《專門職業及技術人員高等考試社會工作師考試規則》第5條應考資格已愈趨嚴格，為提高考試及格率，將檢討專技社會工作師考試評分標準及命題方式，並提高取得專業證照加給之誘因，以逐步推動全面證照化、完備社會工作專業體制。
　　3. 社會工作師（員）繼續教育制度：為打破地域限制，將規劃線上學習與建置網路資源平臺，並訂定「社會工作人員專業訓練計畫」以符應實務工作者需求，並落實專業訓練的目的。
　　4. 社會工作人員勞動條件：為強化社會工作發揮扶助弱勢之核心職責，提升社會工作人員勞動條件與專職久任，研議調高職務列等、專業加給、專業服務費、證照加給等實質留才激勵措施的可行性。
　(二) 整體估算社工人力需求並合理配置
　　因應人口結構變化、新增福利需求及解決目前員額運用限制之困境，將依未來可能需要接受服務人口推估資料、各類服務之需求／問題盛行率、服務使用率及社會工作人員服務比，重新盤點及推估所需人力，持續充實地方政府社工人力及合理配置。
　(三) 研修《社會工作師法》
　　邀集相關團體與權責機關研商有關《社會工作師法》執行業務範圍及與其他鄰近專業執業範圍的競合、社會工作師停（歇）業、執業登記等行政管理規定、執業處所界定、專科社工師甄審、繼續教育等管理事宜與相關子法檢討修正，以完備法律規定，並健全證照制度。

二、人力需求

充實地方政府社工人力配置及進用計畫整合策略

依照「充實地方政府社工人力配置及進用計畫」，各地方政府於 114 年社工人力應達 3,052 人，其中五分之三納編正式員額、五分之二以約聘方式進用。

陸、「強化社會安全網第二期計畫」（110 年至 114 年）

行政院於 110 年 9 月 27 日函頒「強化社會安全網第二期計畫」（110 至 114 年），說明如下：

一、計畫目標

強化社會安全網第二期計畫，係依第一期計畫執行檢討再強化社會安全網的架構，計畫目標如下：
（一）強化家庭社區為基石，前端預防更落實。
（二）擴大服務範圍，補強司法心理衛生服務。
（三）優化受理窗口，提升流程效率。
（四）完善服務體系，綿密安全網絡。

> **上榜關鍵** ★★★★
> 「強化社會安全網第二期計畫」（110至114年）係延續第一期計畫（107至109年）執行檢討再強化，全文約11萬字，計畫內容龐雜，請考生詳讀本段落的重點整理。詳細的計畫全文內容，請至衛生福利部網站下載。第二期計畫，行政院在 110 年 9 月 27 日函頒，已有申論題命題紀錄，請考生留意。

二、規劃重點
（一）補強精神衛生體系與社區支持服務：透過布建 71 處社區心理衛生中心、49 處精神障礙者協作模式服務據點等措施提升精神疾病之預防與治療，減少精神疾病患者或疑似精神疾病患者觸犯刑罰法律。
（二）加強司法心理衛生服務：設置 1 處司法精神醫院及 6 處司法精神病房俾執行分級、分流處遇及定期評估執行成效並建立社區銜接機制協助精神疾病患者逐步復歸社區。
（三）強化跨體系、跨專業與公私協力服務整合社衛政與教育、勞政、警政、法務等體系橫向合作並補助民間團體專業人力辦理各類專精服務方案，提升現行各服務體系效能，綿密跨網絡合作機制。
（四）持續拓展家庭服務資源與保護服務，強化公私協力合作充實及拓展社區親職育兒支持網絡、親職合作夥伴、社區式家事商談、社區療育服務資源及鄰里方案、社區兒少支持服務方案、推廣社區兒少活動、社區身心障礙者支持方案、社區老人支持方案等以滿足家庭多元需求。另透過補助 10 處兒少保護區域醫療整合中心及推動兒少家庭促進追蹤訪視關懷服務方案、兒少保護家庭處遇服務創新方案等項目，深化保護服務工作。
（五）提升專業傳承與加強執業安全：提供社會工作相關科系學生兼職工讀機

會,提高畢業生未來投入社工職場工作意願;另於各服務中心設置保全,加強安全防護機制。

三、四大策略
（一）策略一:擴增家庭服務資源,提供可近性服務。
（二）策略二:優化保護服務輸送,提升風險控管。
（三）策略三:強化精神疾病及自殺防治服務,精進前端預防及危機處理機制。
（四）策略四:強化部會網絡資源布建,拓展公私協力服務。

四、「策略一:擴增家庭服務資源,提供可近性服務」之分述
（一）策略目標
1. 提升社會福利服務中心服務量能,提供專業且可及性的服務。
2. 強化以家庭為中心的服務與網絡合作,滿足家庭多元需求。
3. 積極協助經濟弱勢家庭脫貧。
4. 提供急難紓困家庭即時性經濟支持及多元社會服務。
（二）策略作為
1. 因應脆弱家庭需求發展個別化及專精服務
（1）拓展家長育兒支持資源以提供家庭支持及知能成長服務。
（2）強化社區式家事商談服務以降低家庭關係衝突。
（3）因應發展遲緩兒童家庭需求布建社區療育服務資源。
（4）布建家庭服務資源以支持家庭多元需求,並引導發展社區少年服務方案。
2. 發展實證基礎的脆弱家庭服務:持續優化脆弱家庭個案管理平臺系統功能,運用資訊系統強化對服務品質管理。
3. 從網絡合作推進到扎根社區的關懷互助
（1）發展社福中心系統連結者角色以促進網絡之聯繫與合作。
（2）培力兒少及家庭社區支持,引導社區參與並發展因地制宜的關懷與支持服務。
（3）主動訪視並連結網絡資源以即時提供服務。
（4）強化獨居老人社會支持網絡。
4. 落實脫離貧窮措施,協助服務對象及其家庭積極自立。
5. 急難救助紓困方案資訊系統功能精進,落實轉介及關懷。

五、「策略二：優化保護服務輸送，提升風險控管」之分述
  (一) 策略目標
    1. 初級預防更普及：結合公衛醫療資源，發掘潛在兒虐個案。
    2. 完整評估更精準：提升通報準確度及精進風險預警評估機制。
    3. 服務內涵更深化：強化以家庭為中心之多元服務與方案。
    4. 公私協力更順暢：透過夥伴關係，提升公私協力服務量能。
    5. 安置資源更完整：精進及擴充兒少家外安置資源。
    6. 整合服務更有效：強化跨網絡一起工作機制。
  (二) 策略作為
    1. 結合公衛醫療資源，發掘潛在兒虐個案
      (1) 加強發展兒少保護區域醫療整合中心、兒保醫療小組及基層醫療院所等三層級兒保醫療服務體系。
      (2) 強化兒少保護區域醫療整合中心之角色功能，提升各級醫院對於兒少保護醫療及兒虐防治之知能。
      (3) 規劃建立醫事人員之兒保醫療諮詢平臺，發展醫事人員兒虐個案篩檢表，結合兒少保護醫療教育訓練，以提升基層醫療院所之兒保處遇知能。
      (4) 建立未滿 3 歲幼兒專責照護醫師制度。
      (5) 建立更有效益之兒童死因回溯分析模式，歸納出可降低兒童死亡之介入重點，並提供預防策略和行動方案之擬訂參考。
      (6) 於集中派案窗口之更前端階段，建立並落實專責醫師制度及關懷追蹤服務之轉介流程與機制。
    2. 提升通報準確度及精進風險預警評估機制
      (1) 提升兒少權法及家庭暴力防治法責任通報人員之通報準確度與有效性。
      (2) 規劃於老人保護風險系統導入量化數據、個案的質性與關聯特徵，及具有主動學習能力之人工智慧學習技術，進行風險燈號警示。
      (3) 規劃於兒少保護案件受理通報階段導入 AI 人工智慧學習技術，以利案件有效分流保護體系、脆弱家庭或其他服務方案。
      (4) 重新檢視親密關係暴力危險評估表內容及適用性。
      (5) 針對非親密關係類型之家庭暴力案件建立有效評估量表。
    3. 強化以家庭為中心之多元服務與發展
      (1) 發展以家庭為中心之介入方式，同時協助被害人及加害人。
      (2) 發展以家庭為中心之評估及介入模式，強化社工人員家庭動力分

析及家庭協談之專業知能。
（3）強化各防治網絡專業人員理解兒童早期負向經驗對個人及家庭的影響，增進專業人員評估與處置能力。
（4）因應不同復原階段被害人及其目睹暴力子女之多元服務需求，規劃透過公私協力機制，發展布建各種案件類型不同服務模式與方案。
（5）規劃結合社區組織或半專業人士辦理兒少家庭追蹤訪視及關懷服務，以社區在地力量就近提供家庭關懷及訪視服務。
（6）依兒少保護案件類型規劃發展多元化的差別服務及處遇方案。
4. 透過夥伴關係，提升公私協力服務量能：民間團體建立協同合作的夥伴關係，共同針對服務區域、個案量、方案服務內容、服務輸送規劃等建立共識，並且加強各項服務間的橫向連結。
5. 布建與發展性侵害創傷復原服務：規劃結合民間團體辦理性侵害創傷復原服務，透過建置性侵害被害人或其重要他人專屬資源網站、提供多元創傷復原服務。
6. 精進及擴充兒少家外安置資源
（1）規劃照顧分級補助機制及發展適切照顧資源。
（2）優化兒少家外安置專業服務。
（3）培育安置兒少自立能力，並擴充結束安置後之自立服務資源。
7. 強化跨網絡一起工作機制：規劃定期召開會議檢討執行情形外，並辦理社工人員及網絡人員教育訓練、縣市案例分享以及實地督導等，俾有效發揮兒少保護跨網絡合作效能。

六、「策略三：強化精神疾病及自殺防治服務，精進前端預防及危機處理機制」之分述
（一）策略目標
1. 建構心理衛生三級預防策略，加強前端預防。
2. 結合社區醫療資源，提升疑似精神病人轉介效能。
3. 補實關懷訪視人力，強化精神病人社區支持服務。
4. 強化家庭暴力及性侵害加害人個案管理，提升處遇計畫執行成效。
5. 布建家庭暴力及性侵害加害人服務資源，整合個案服務資訊。
6. 提升自殺通報個案服務量能，加強網絡人員自殺防治觀念。
（二）策略作為
1. 建構心理衛生三級預防策略，加強前端預防

（1）初級預防：布建多元社區服務資源，提升心理衛生服務可近性，促進社區民眾心理健康，減少影響社區心理健康的風險因子。

（2）次級預防：化被動為主動，擴大心衛社工服務範圍，及早介入關懷暴力高風險個案，預防保護性案件發生。

（3）三級預防：持續深化多重議題個案服務模式，強化與保護性社工合作，預防暴力事件惡化與再發生。

2. 結合社區醫療資源，提升疑似精神病人轉介效能

（1）訂定疑似精神病人初篩工具及轉介機制，提升轉介準確率。

（2）結合社區醫療資源，提供精神病人醫療外展服務。

（3）成立危機處理團隊。

（4）增修家庭暴力相對人疑似精神疾病服務分流指引，納入疑似精神病人轉介機制。

3. 補實關懷訪視人力，強化精神病人社區支持服務

（1）逐年充實精神病人社區關懷訪視人力。

（2）強化跨部門資源連結，提供完整及連續之社區支持服務。

4. 強化家庭暴力及性侵害加害人個案管理，提升處遇計畫執行成效

（1）補助個管社工人力，提升處遇計畫執行率。

（2）推動多重議題培訓課程，提升社區處遇及個案管理品質。

5. 布建家庭暴力及性侵害加害人服務資源，整合個案服務資訊

（1）輔導地方政府布建資源，落實個案轉介及後追工作。

（2）持續優化資訊系統，促進資訊整合及提升服務效能。

6. 提升自殺通報個案服務量能，加強網絡人員自殺防治觀念：將訂定合理之訪視案量比，另同步發展自殺介入技巧訓練課程，建立自殺關懷訪視員教育訓練及督導制度，期有效降低個案再自殺風險。

七、「策略四：強化部會網絡資源布建，拓展公私協力服務」之分述

（一）策略目標

1. 發展跨網絡多元服務資源及公私協力合作服務。
2. 強化社政、衛生、教育、勞政、警政、法務等各體系間的服務連結。
3. 結合司法心理衛生、司法保護，銜接社會安全網服務，防止再犯。

（二）策略作為

1. 落實垂直／水平分層級協調機制

（1）持續運作溝通會議並推動公私合作平臺，提升會議效能與落實分工。

（2）辦理跨網絡共識營與分享會，凝聚共識與合作。
2. 強化藥癮個案管理服務網絡合作與服務效能
　　（1）充實藥癮個案管理人力，建立專業久任制度。
　　（2）精進藥癮個案管理服務模式，促進個案復歸社會。
　　（3）完善藥癮個案管理資訊系統，強化網絡合作效能。
3. 強化教育體系與跨部會體系之服務連結
　　（1）建立三級輔導體制，整合學生輔導工作與輔導人力運用。
　　（2）中輟、中離及目睹家庭暴力兒少就學權益及輔導。
　　（3）銜接少事法修正，連結跨部門服務，預防與輔導學生偏差行為。
　　（4）國中畢業未升學、未就業青少年的關懷扶助。
　　（5）重視學生的生活適應、心理健康及情緒管理。
　　（6）強化校園與社區心理衛生體系連結。
　　（7）推動校園性別（侵害）事件防治教育，提升教職員工生專業知能。
　　（8）學生懷孕受教權維護及輔導協助。
　　（9）提升家庭教育專業服務人力及專業知能。
　　（10）增進民眾有關親職教育等各類家庭教育知能。
　　（11）加強家庭教育之跨網絡整合銜接。
4. 強化勞政網絡合作機制，提升弱勢族群及青少年就業服務效能
　　（1）促進弱勢族群重返職場。
　　（2）推動多元類別就業導向之失業者訓練。
　　（3）協助青年就業。
5. 強化少年輔導工作跨網絡連結
　　（1）增加專業輔導人力。
　　（2）曝險少年行政輔導先行制度，由少輔會負責整合相關網絡資源並提供輔導服務。
　　（3）研訂少年輔導委員會之設置及實施辦法草案（暫名）。訂定少年偏差行為預防及輔導辦法並分工執行。
6. 強化法務體系與其他服務體系之銜接
　　（1）推動以司法保護為手段的再犯預防處遇措施。
　　（2）兼顧加害人再犯預防與被害人復歸社會的服務連結。
　　（3）建構司法精神醫療體系。

相關法規說明

項次	法規名稱	說明
1	強化社會安全網計畫	請至衛生福利部網站下載
2	強化社會安全網計畫（第二期）	

練功坊

一、請說明「布建社會福利服務中心整合社會救助與福利服務」策略之策略目標及具體精進作為要項。

解析

(一) 策略目標
1. 為家庭築起安全防護網。
2. 從扶貧到脫貧自立。
3. 讓社區成為支持家庭的推手。

(二) 具體精進作為要項
1. 為家庭築起安全防護網：普設社會福利服務中心。
2. 為家庭築起安全防護網：強化社會福利服務中心提供脆弱家庭服務量能。
3. 為家庭築起安全防護網：精進社區脆弱家庭預警機制。
4. 從扶貧到脫貧自立：積極發展脫離貧窮措施。
5. 讓社區成為支持家庭的推手：建立因地制宜的社會福利服務中心整合服務模式。

重點便利貼

❶ 一百年社會福利政策綱領
   (1) 綱領原則：①「公平」新社會；②「包容」新社會；③「正義」新社會。
   (2) 政策內容：①社會救助與津貼；②社會保險；③福利服務；④健康與醫療照護；⑤就業安全；⑥居住正義與社區營造。

❷ 強化社會安全網計畫（第一期）
   (1) 新思維
       ①以整合為策略，完善多元化家庭支持服務。
       ②以預防為優先，及早辨識脆弱兒童與家庭。
       ③以風險類型或等級為分流，建構公私協力處理模式。
   (2) 整合策略
       ①策略一：布建社會福利服務中心整合社會救助與福利服務。
       ②策略二：整合保護性服務與高風險家庭服務。
       ③策略三：整合加害人合併精神疾病與自殺防治服務。
       ④策略四：整合跨部會服務體系。

（3）計畫目標

　①家庭社區為基石，前端預防更落實。

　②簡化受理窗口，提升流程效率。

　③整合服務體系，綿密安全網絡。

❸ 強化社會安全網計畫（第二期）

（1）計畫目標

　①強化家庭社區為基石，前端預防更落實。

　②擴大服務範圍，補強司法心理衛生服務。

　③優化受理窗口，提升流程效率。

　④完善服務體系，綿密安全網絡。

（2）四大策略

　①策略一：擴增家庭服務資源，提供可近性服務。

　②策略二：優化保護服務輸送，提升風險控管。

　③策略三：強化精神疾病及自殺防治服務，精進前端預防及危機處理機制。

　④策略四：強化部會網絡資源布建，拓展公私協力服務。

擬真考場

申論題

一、請說明何謂「脆弱家庭」？並申論我國應強化那些脆弱家庭的服務內容？

測驗題

(　　) 1. 民國100年社會福利政策綱領中關於建構社會安全體系的敘述，下列何者正確？
(A) 社會保險為主，社會津貼為輔，社會救助為最後一道防線
(B) 社會保險為主，社會救助為輔，社會津貼為最後一道防線
(C) 社會救助為主，社會保險為輔，社會津貼為最後一道防線
(D) 社會津貼為主，社會保險為輔，社會救助為最後一道防線

(　　) 2. 民國98年由立法院審議通過，並由總統簽署的兩項聯合國人權公約，分別是「公民與政治權利國際公約」和：
(A) 兒童權利公約
(B) 消除對婦女一切形式歧視公約
(C) 消除一切形式種族歧視公約
(D) 經濟社會文化權利國際公約

解析

申論題

一、(一)「脆弱家庭」之意涵

「脆弱家庭」係指「家庭因貧窮、犯罪、失業、物質濫用、未成年親職、有嚴重身心障礙兒童需照顧、家庭照顧功能不足等易受傷害的風險或多重問題，造成物質、生理、心理、環境的脆弱性，而需多重支持與服務介入的家庭。」

(二) 我國對脆弱家庭應強化的服務內容

依據我國「強化社會安全網計畫」，針對「脆弱家庭」應強化的服務內容，透過「以整合為策略，完善多元化家庭支持服務」、「以預防為優先，及早辨識脆弱兒童與家庭」、「以風險類型或等級為分流，建構公私協力處理模式」等三項新思維，與四項整合策略的執行，以達成「家庭社區為基石，前端預防更落實」、「簡化受理窗口，提升流程效率」、「整合服務體系，綿密安全網絡」等三項目標。茲將應強化脆弱家庭的服務的四項整合策略之執行內容，說明如下：

策略	應強化的服務內容／具體精進作為
策略一：布建社會福利服務中心整合社會救助與福利服務	1. 為家庭築起安全防護網：普設社會福利服務中心。 2. 為家庭築起安全防護網：強化社會福利服務中心提供脆弱家庭服務量能。 3. 為家庭築起安全防護網：精進社區脆弱家庭預警機制。 4. 從扶貧到脫貧自立：積極發展脫離貧窮措施。 5. 讓社區成為支持家庭的推手：建立因地制宜的社會福利服務中心整合服務模式。
策略二：整合保護性服務與高風險家庭服務	1. 危機救援不漏接：建立保護服務及兒少高風險家庭集中受理通報與派案中心。 2. 完整評估不受限：跨域即時串接家庭風險資訊。 3. 驗傷診療更完善：推動建立兒少保護區域醫療整合中心。 4. 介入服務更深入：結合民間資源強化兒少保護和家庭支持服務。 5. 公私協力更順暢：保護服務公私協力再建構。 6. 整合服務更有效：擴大「家庭暴力安全防護網」功能。

策略	應強化的服務內容／具體精進作為
策略三：整合加害人合併精神疾病與自殺防治服務	1. 降低再犯風險：增聘社工人力，降低加害人（合併精神疾病）個案負荷比，深化個案服務。 2. 暴力預防無死角：落實加害人處遇執行，強化社區監控網絡及處遇品質。 3. 提升自殺防治效能：精進高風險個案自殺防治策略。
策略四：整合跨部會服務體系	1. 建立垂直／水平分層級協調機制。 2. 提升教育部學生輔導、勞動部就業服務、內政部治安維護及少年輔導等服務效能，強化跨體系合作機制。

測驗題

1. A 政府應建構以社會保險為主，社會津貼為輔，社會救助為最後一道防線的社會安全體系，並應明定三者之功能區分與整合。

2. D 民國 98 年由立法院審議通過，並由總統簽署的兩項聯合國人權公約，分別是「公民與政治權利國際公約」和「經濟社會文化權利國際公約」。

Note.

CHAPTER 7 社會保險之政策與立法

第七章

榜·首·導·讀

- 世界銀行老人經濟的五根支柱要瞭解內涵,非常重要。
- 確定給付制與確定提撥制,請區辨清楚。

關·鍵·焦·點

- 社會保險財務制度學理,必須清楚理解。

命·題·趨·勢

公務人員	年度	110年				111年				112年			
	考試	高考	普考	地三	地四	高考	普考	地三	地四	高考	普考	地三	地四
		申	申	申測	申測	申	申	申測	申測	申	申	申測	申測
	題數		1	1	2	1		1			1 1	4	2

專技社工師	年度	110年		111年		112年		113年	
	考試	2申	2測	1申	1測	2申	2測	1申	1測
	題數		2		2	1	2		2

本·章·架·構

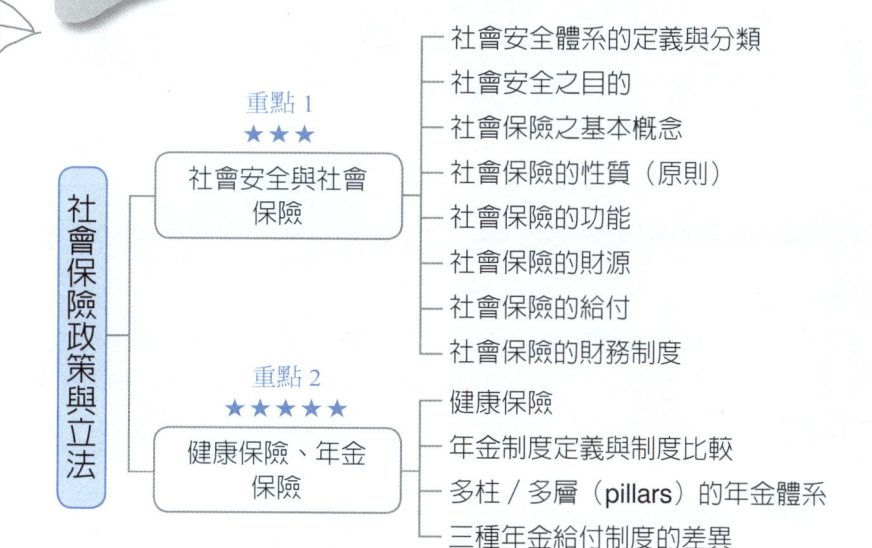

社會保險政策與立法
- 重點 1 ★★★ 社會安全與社會保險
  - 社會安全體系的定義與分類
  - 社會安全之目的
  - 社會保險之基本概念
  - 社會保險的性質（原則）
  - 社會保險的功能
  - 社會保險的財源
  - 社會保險的給付
  - 社會保險的財務制度
- 重點 2 ★★★★★ 健康保險、年金保險
  - 健康保險
  - 年金制度定義與制度比較
  - 多柱／多層（pillars）的年金體系
  - 三種年金給付制度的差異

重點 1 社會安全與社會保險

閱讀完成：＿＿＿月＿＿＿日

壹、社會安全體系的定義與分類

一、社會安全的定義

社會安全是社會以集體的行動來保障個人對抗所得的不足。國際勞工組織指出，社會安全係在回應人們廣泛的安全渴望，亦即保護人對抗工業社會及其發展所引發的不安全的社會風險。

二、社會安全體系的分類

分類	說明
1. 繳保費的給付（contributory benefits）	一般所稱的社會保險。由被保險人與雇主，或政府先繳保險費，一定期限後，俟保險事故發生，如老年、疾病、生育、死亡、傷殘、職災、失業、失能等，可領相關給付。
2. 資產調查的給付（means-testes benefits）	這是所謂的社會救助或公共救助。請領給付者必須先經過資產調查，或所得調查，其資產所得低於規定水準以下，不足部分才由社會救助給付補足。
3. 普及的非繳保費與非資產調查的事故或分類給付	這是指國民因為某種法定事故，如生育、身心障礙、失能、老年等，而由國家發給津貼，補償其損失。例如：因生育造成家庭教養兒童的負擔，而有兒童津貼或家庭照顧津貼。通常社會津貼是社會保險不涵蓋的項目，才以津貼形式發給。例如：有老年年金保險的國家，就不再有老年津貼之發放；有失業保險的國家，就不再有失業津貼，而只保留失業救助。

貳、社會安全之目的

目的	說明
1. 舒緩貧窮	這是社會救助的主要目的。貧窮線或門檻高低將影響個人的福利資格之享有，因而被稱為是種資產調查式或殘補式福利制度。
2. 所得維持與替代	人們會遭逢各種事故（如失業）而造成所得喪失，此時社會安全給付的目的在於維持人們過去的生活水準，而非僅達到一個最低標準。
3. 促進社會團結	社會安全制度可將各種不同的人口群連結在一起，不因個人的地位或所得而有所差異，以形成相互支持的網絡，其中又以普及式的福利制度較容易達成此種目的。
4. 對抗風險	工業化過程常造成人們的經濟風險，缺乏技能或貧窮者面臨的風險更高，社會安全制度的建立可以讓人們進行風險的共同分擔。
5. 所得重分配	透過財源與資源在人際或人生不同時間點的轉移，是社會安全達到社會正義的主要目的，其方式可區分為：

分配型態	說明
1. 垂直（vertical）重分配	指的是不同群體間的轉移。例如：如果所得由富有者轉移至窮人身上，稱之為「正向垂直重分配」。
2. 水平（horizontal）重分配	不以既有所得為考量，被認定需求較高者可享有較多資源。
3. 生命歷程（life-course）重分配	屬於個人而非人際關係的所得重分配，透過個人的儲蓄或保費繳納，讓人們在所得較為充裕的時期，可轉移到所得相對不足的時期，例如：退休。
4. 地域（territorial）重分配	此為水平重分配的一種特例，強調的是不同居住地理區域（主要是針對弱勢地區）的人們之所得轉移。

上榜關鍵 ★★★

所得重分配的方式可分為五種，請詳記其內容，為測驗題考點。

目的	說明	
	分配型態	說明
	5. 補充（compensation）重分配	此目的與水平重分配類似，主要針對人們遭遇特定事故後所需的額外成本，抑或是損失之補充，前者如提供失能者之交通津貼、照顧津貼，後者如依工作能力或所得喪失程度之職災給付。
6. 促進經濟效率	社會安全可以被運用於總體經濟的管理，抑或個體經濟層面，例如：當景氣低迷時，保障失業者之所得可刺激經濟需求。	
7. 行為改變	社會安全亦被政府運用於社會目的。例如：年金提撥可以讓人們進行儲蓄，提供家庭的福利給付，可以用來鼓勵人們生育。	

參、社會保險之基本概念

項目	說明
意義	社會保險是政府所主辦，藉由強制多數人口的投保行為，以分攤可能發生之生活風險，保障被保險人之經濟生活與身心健康，並具有所得重分配功能之非營利性的社會安全制度，意即政府要求符合其設定條件之國民，必須加入社會保險制度；被保險人須定期繳交保費，且當其遭遇風險事故時，社會保險制度即可提供所需之給付。社會保險是世界各國推行社福政策，保障國民經濟安全時，經常使用的方式。
保障的風險種類	老年、死亡、疾病、傷害、生育、失業、照護。

> **上榜關鍵** ★★★
> 社會保險的性質（原則）是基本的記憶考題，請建立基本概念。

肆、社會保險的性質（原則）

性質（原則）	說明
1. 強制納保原則	只要符合社會保障標的的人口群，均應強制納入。且依據大數法則，風險分攤愈少。在任何民主國家，一定是經過國會民主程序多數決通過，才可能實現強制納保的規定，例如：我國。

	說明
2. 假定需求原則	假定需求，或未來假定需求是確定人們會因為某種事故或風險發生而有被補償的需求。例如：工人發生職業傷害，將面臨所得中斷，甚至退出勞動市場，個人與家庭經濟安全將受到影響。社會保險即在於透過風險分攤，將個人的假定需求經由法律規範轉變為給付的法定權利。
3. 給付社會適足原則	社會保險的給付通常以滿足社會可以接受的保障與服務需求為原則。至於個人因社會保險而被滿足的需求，則須仰賴個人的家庭支持系統、儲蓄、其他收入來滿足。
4. 給付與所得不必然相關原則	社會保險具有所得重分配的效果，保險費率隨著所得高低而有差異。但是，保險給付卻不一定隨著保險費的多寡而呈現統計上的正相關。例如：健保繳交不同的保費，醫療給付卻完全相同。但是並非所有的社會保險都像健保一樣給付相同，薪資所得相關的年金保險，由高所得者繳交較高的保費，而領取較高的年金給付，反之亦然。
5. 給付權利原則	社會保險不須經過資產調查，只要事故發生即擁有給付權。這種給付權屬於「賺得的權利」（earned right）。因此，繳交保費在先，支領給付在後，給付是被保險人賺來的權利。加入社會保險是義務，領取給付是一種法定的權利，不受任何行政作為的改變，除非社會保險法律修正或取消此項權利。
6. 自給自足原則	德國早期創辦社會保險的經驗是受雇者與雇主各出保險費的一半（工業災害保險除外），社會保險的支出就靠此基金運作，即所謂的基金自給自足原則。但是，不同國家的保險基金財源不同，亦有勞方、資方、政府共同分擔保費者，例如：我國的社會保險。
7. 基金提存非完全準備原則	社會保險以不完全提存準備為原則。老年年金保險通常採取隨收隨付的原則，這一代的勞動人口支付上一代的勞動人口（將在這一代退休）的老年給付，形成世代移轉。

伍、社會保險的功能

> **上榜關鍵** ★★★
> 記憶題型的申論題,以及測驗的考點。

1. 國民遭受意外事故費用之分擔

・社會保險係採用危險分擔的方式,集合多數人及政府的經濟力量,以補償少數人因遭受各種特定危險事故,而引起的損失,使其在收入喪失或減少時,能獲得經濟上的補償,維持或恢復其正常生活。

2. 國民勞動能力的保持

・凡參加社會保險的國民,無論在遭遇傷害、疾病或失業時,均可獲得經濟上的補償或醫藥的治療,使其身體或生活恢復原狀,得以繼續從事工作,參加各項生產行列。

3. 國民身體損害的賠償

・被保險的國民,無論因傷害或疾病,致使身體殘廢或死亡,其本人或其遺屬均可獲得賠償,以渡餘生或維持遺屬生活。

4. 國民儲蓄觀念的培養

・社會保險兼具有保險與儲蓄功能,被保險人在保險期間繳納少許保險費,等到年老退休時,即可獲得老年給付,以安享晚年,不憂慮生活費用的缺乏。

5. 國民財富的再分配

・社會保險的保險費,係雇主及被保險人雙方負擔,政府亦有補助者,例如:職業災害保險,其保險費則僅由雇主繳納。被保險人不論繳納保險費多寡,只要發生保險事故後,均可獲得保險給付。故以保險方式,可使其經濟力量較佳者,分配一部分財富給經濟薄弱者,尤其是健康保險,更能使低收入者享受所得再分配的效果。

陸、社會保險的財源

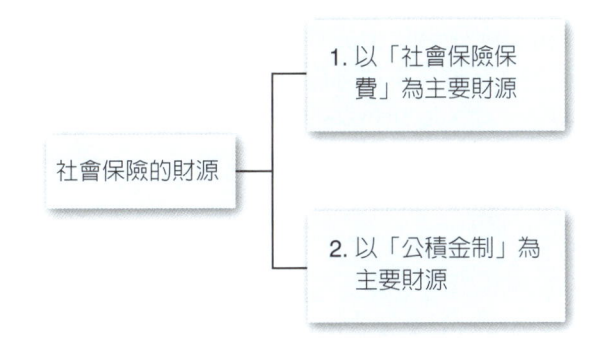

社會保險的財源
- 1. 以「社會保險保費」為主要財源
- 2. 以「公積金制」為主要財源

一、以「社會保險保費」作為主要財源

（一）財源

主要是以社會保險費收入作為財源。

（二）社會保險保費的性質

性質	說明
1. 保險費與保險給付不成比例	社會保險重視公平性，所以保費與實際享有保險給付並不一定成比例。例如：健保，高收入者繳交較多保費，但所接受的醫療服務卻是相同。
2. 風險分類較為粗略	社會保險在風險分類上僅是做粗略分類而已，例如：醫療、工作意外、失能以及老年等社會風險。至於在其他商業保險，具關鍵性的性別、年齡及不同職業風險等因素，社會保險皆未加以考慮。
3. 保費負擔較輕	社會保險被保險人的保費負擔較輕，由於社會保險乃是依據法律強制納保，被保險人的人數眾多且源源不絕，運作上也比較能達到分攤風險、降低保險費的功用。
4. 保險費與薪資（工作所得）相關	由於社會保險是以各類職業團體為基礎所建立的保障制度，而保險原本的主要目的就是維持事故發生後被保險人的工作所得，故而保險費額度也以薪資水準來區分。

二、以「公積金制」作為主要財源。

(一) 財源

所謂公積金制,通常係指依照政府規定由勞雇雙方依員工薪資所得按月提撥一定百分比充當公積金,採本金加利息儲存的一種強制儲蓄制度,而每一員工均設有其個人帳戶,在發生特定事故時,可從本身帳戶中請領其本息,以應需要。

> **上榜關鍵** ★★
> 公積金制度的定義請務必清楚;臺灣的勞工退休金新制,即屬於此類型。

(二) 優點 / 缺點

1. 優點

(1) 給付水準與負擔完全相關,對總體經濟與工作意願影響最小。

(2) 政府財政負擔較低。

2. 缺點

(1) 開辦初期費率較高。

(2) 提存準備易受通貨膨脹影響,且基金運用責任大。

(3) 缺乏所得重分配的功能。

柒、社會保險的給付

	項目	說明
給付內容	1. 實物給付	包括「勞務給付」與「物質給付」兩類。勞務給付,指以「人力」方式提供照護或幫助,例如:醫療照護或是居家照護;物質給付,指提供者以「原物」方式給付,例如:輔助器材的給予。
	2. 現金給付	在事故發生時,由社會保險之保險人直接給予被保險人或其家屬金錢,以彌補因此而發生的損失。

項目		說明
給付方式	1. 一次性給付	一次性給付乃在因應短期性的風險。此處所謂的「一次性」並不是指實際提供給付的次數,而是對「該次保險之風險事件」的給付。 ■ 優點: 　1. 行政上的優點,保險給付所需之行政費用也因一次給付後即消失。 　2. 現金數額利於投資理財。 　3. 給付的數額固定,可估算即將領得的退休金額度。 ■ 缺點: 　1. 不符合長期保障制度之要求。 　2. 因理財失敗,致晚年生活無以為繼。
	2. 持續性給付	社會福利制度中持續性的現金給付就是國人所謂之「年金」,通常指的是因應老年保障需求之定期性現金給付。持續性給付多屬現金給付,而常見於社會保險制度中的退休保險制度。 ■ 優點: 　(1) 可持續提供被保險人經濟生活上的長期保障。 　(2) 會因應發給當時的薪資,或是生活水準而作調整,也比較能符合被保險人的實際需求。 ■ 缺點: 　(1) 行政管理成本較一次性給付高。 　(2) 給付的額度較難以訂定,其有賴於大規模的精算。

捌、社會保險的財務制度

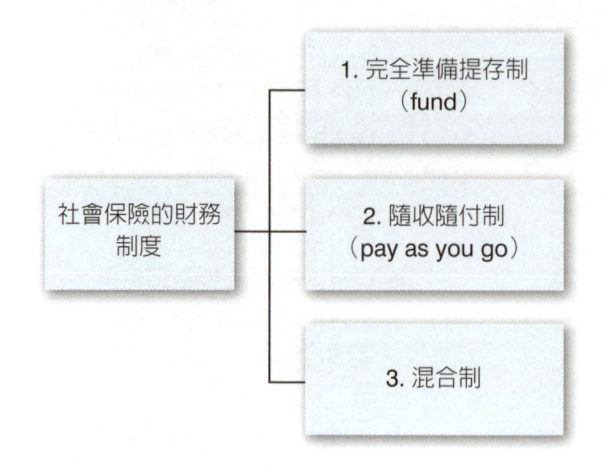

```
                          ┌─ 1. 完全準備提存制（fund）
                          │
社會保險的財務制度 ────────┼─ 2. 隨收隨付制（pay as you go）
                          │
                          └─ 3. 混合制
```

一、完全準備提存制（fund）

項目	說明
定義	又稱「儲金制」或「基金制」，乃是將被保險人長期所繳交之保險費提存準備，使得保險人有充足的準備金，用以因應保險事故發生時的給付需求。一般而言，長期社會保險，如年金保險，比較注重準備金的提存，意即通常會規定保險人必須繳交全部規定期間的保費，才可以領取給付。例如：公保老年給付，就必須繳足法定年數的保費後，才能獲得退休的保險給付。
優點	1. 被保險人在繳交完全保費後，一定會領到給付，滿足被保險人的安全感。 2. 保險費可以經常維持在穩定的水準，使保險財務結構健全。 3. 保費收入可以在銀行獲取利息或投資獲利，充實基金，減少被保險人的負擔。 4. 龐大的基金累積之後，可以從事社會福利事業，並且對於國家經濟有調節的功能，例如：「國家金融安定基金」的設置，就有部分來自於勞工保險基金。

項目	說明
缺點	1. 龐大的基金若保險人運用或投資不當，將產生極大的風險。 2. 基金的累積過程中，所產生的通膨及薪資水準的提高，無形中將使保險基金的價值減少，以致屆時仍無法達到完全給付的目的。亦可能造成被保險人雖然領到保險給付，但給付水準卻比現行生活水準低，實際保障其經濟安全的功能大打折扣。 3. 此一保險財務運作模式，在實施初期為累積高額基金，被保險人因此必須負擔較高的保費。而且如在未來給付增加時，仍必須調整保費以為因應。 4. 因為龐大準備金所帶來的假象，被保險人經常據以要求提高給付，導致寅吃卯糧的狀況。 5. 在「準備提存制」中，被保險人所得之給付，大多為之前所繳交保費總和，幾乎無所得重分配之效果，是較為保守的財務運作方式。

二、隨收隨付制（pay as you go）

項目	說明
定義	「隨收隨付制」又稱「賦課制」，意即當時之保費收入隨即用於當時的保險給付，而社會保險的財務僅需平衡「現在」的收支狀況即可。保險人無須提存責任準備金，而僅是維持一至數個月必要支出的意外準備金，常在短期性的健康保險制度上出現。隨收隨付的財務運作方式，透過強制保險的實施，可以保證被保險人不斷的加入，保險收入也會源源不絕。
優點	1. 賦課制度實施初期，尤其是年金保險的給付也較少時，被保險人的保費負擔較低。 2. 由於不必累積龐大的基金，財務受到通膨的因素影響較少，甚至也無基金管理及投資等問題。 3. 「隨收隨付制」的所得重分配效果，在強調「世代契約」的年金保險，以及健康保險的運作上特別明顯。甚至有論點認為，隨收隨付的重分配效果，才是適合社會保險的財務運作方式。

上榜關鍵 ★★

隨收隨付制，適用於短期社會保險，例如：我國的全民健保。

項目	說明
缺點	1. 隨收隨付的保險財務因必須顧及保險財務的自給自足原則，經常面臨調整保費的問題。 2. 保險費調整經常涉及政治問題，保費調漲在許多國家中，少被視為平衡保險財務的「中性」措施，反而具有類似「增稅」的意味。所以，執政黨通常不特別喜歡在執政期間調整保費，則可能造成財務收支不平衡。 3. 在長期性如年金保險的社會保險中，隨收隨付制必須搭配世代契約的觀念，以及一定比例之人口結構才能持續運作。此一觀念是假設由工作世代與未來世代所締結，但是兩代之間並無實際的締約行為，只是憑藉保險財務運作相關法律規範的約定，難以擔保未來世代必然會願意履行，特別在人口結構老化達到高峰，從而被保險人必須負擔高額保費之時。

三、混合制

（一）定義

上榜關鍵 ★★
混合制的財務意涵務必清楚；我國實施階梯費率的社會保險法案有《國民年金法》及《勞工保險條例》。

項目	說明
定義	社會保險選擇「混合制」財務，意即原則上保險有部分責任準備金，但卻又採用「隨收隨付制」，在基金不足以因應保險支出的時候，再以「階梯式的保險費率」逐年調整保費來補足。在保險實施的初期，保險費的費率會較低，而後再分期提高保費。如此一來，也可以將責任準備金的部分提存義務交由後代的被保險人來負擔，從而發揮「世代移轉」的作用。所以「混合制」其實也算是「部分提存制」（partially fund），混合制中有高額的準備金，有時學者就稱之為「完全準備提存」；但若準備金較少，就稱其為「隨收隨付制」。
優／缺點	綜合了「完全準備提存制」及「隨收隨付制」的優缺點。因為，事實上很少有社會保險的財務運作方式，完全屬於「完全準備提存制」及「隨收隨付制」，其原因為： 1.「完全準備提存制」對於保險開辦不久即需要獲得給付的被保險人，並無法達到保障的功能。 2.「隨收隨付制」其實也需要準備金，若其準備金已達一至二年，事實上已達提存準備的標準。

練功坊

一、社會保險的財務制度可分為完全準備提存制（fund）、隨收隨付制（pay as you go）、混合制等幾種財務處理方式，請說明我國的全民健保之財務制度為何？以及該種制度之優缺點。

解析

(一) 全民健保屬於短期性的社會保險，在財務制度上係採用隨收隨付制。「隨收隨付制」又稱「賦課制」，意即當時之保費收入隨即用於當時的保險給付，而社會保險的財務僅需平衡「現在」的收支狀況即可。保險人無須提存責任準備金，而僅是維持一至數個月必要支出的意外準備金，常見短期性的健康保險制度上出現。隨收隨付的財務運作方式，透過強制保險的實施，可以保證被保險人不斷的加入，保險收入也會源源不絕。

(二) 隨收隨付制之優點

1. 賦課制度實施初期，尤其是年金保險的給付也較少時，被保險人的保費負擔較低。
2. 由於不必累積龐大的基金，財務受到通膨的因素影響較少，甚至也無基金管理及投資等問題。
3. 「隨收隨付制」的所得重分配效果，在強調「世代契約」的年金保險，以及健康保險的運作上特別明顯。甚至有論點認為，隨收隨付的重分配效果，才是適合社會保險的財務運作方式。

(三) 隨收隨付制之缺點

1. 隨收隨付制的保險財務，因必須顧及保險財務的自給自足原則，經常面臨調整保費的問題。
2. 保險費調整經常涉及政治問題，保費調漲在許多國家中，少被視為平衡保險財務的「中性」措施，反而具有類似「增稅」的意味。所以，執政黨通常不特別喜歡在執政期間調整保費，則可能造成財務收支不平衡。
3. 在長期性如年金保險的社會保險中，隨收隨付制必須搭配世代契約的觀念，以及一定比例之人口結構才能持續運作。此一觀念是假設由工作世代與未來世代所締結，但是兩代之間並無實際的締約行為，只是憑藉保險財務運作相關法律規範的約定，難以擔保未來世代必然會願意履行，特別在人口結構老化達到高峰，從而被保險人必須負擔高額保費之時。

練功坊

( )1. 下列那一項保險不是強制性社會保險?
  (A) 農民健康保險   (B) 志工意外事故保險
  (C) 全民健康保險   (D) 國民年金保險

解析

(B)。強制納保原則主要應用於社會保險,亦即只要符合社會保障標的的人口群,均應強制納入。農民健康保險、全民健康保險、國民年金保險均屬於強制性社會保險。

重點 2 健康保險、年金保險

閱讀完成：____月____日

壹、健康保險

一、健康保險的基本概念

項目	說明
目的	健康保險其目的是透過保險的手段，使被保險人就醫無礙，避免因病而貧或因貧而不能就醫，進而增進健康與社會安全。全民健康保險則是全面實施社會性健康保險，以健康保險為手段，達到全民健康照護進而促成全民健康。
給付內容	健康保險給付內容通常為健康服務而非現金。
保險人角色定位	就保險人的角色行使而言，健康保險由被保險人自行認定發生危險（患病）而非保險人；理賠的內容則由特約醫療院所決定而非保險人。例如：就健康保險而言，發生危險就是患病，是否患病當然由被保險人自行認定。例如：胸口悶氣不一定是病，也可能是心肌梗塞的前奏。被保險人在任何情形下均可自行認定遭遇危險（感覺生病了），他人無從置喙。
理賠範圍	健康保險之目的不僅在保障經濟生活，而更是保障健康照護的獲得，故健康保險是為手段而非目的。故健保常被要求提供綜合性的健康照護，而不僅為保障「重大傷病」（重大危險）。
醫療網之配合	因健康保險理賠在於提供綜合性的健康照護，故必須以健全的醫療照護體系加以配合。如果健康保險無健全醫療體系配合，最後的結果可能是有保險無醫療。特別是辦理全民健康保險時，民眾同樣繳交保費，卻有些人因地理或其他因素造成障礙，而無法公平地享有醫療時，則有愧「全民」健康保險之名。

二、臺灣全民健康保險體系的挑戰

挑戰	說明
1. 財務收支失衡	全民健康保險財源以保費為主，財務制度是屬「隨收隨付」制，隨著人口逐漸老化、新醫療科技發展以及藥價差等問題，自民國 87 年開始，出現支出高於收入的情況。
2. 保險費負擔之不公平	全民健康保險依職業別將保險對象分成六大類，各類人口群之保費負擔比例不同，此係過去健保開辦之初與原有各種醫療保險妥協下之產物，這亦形成許多問題。即個人所得一樣，若屬不同職業類別，其所負擔之保費比例與費用便不相同，這造成了保費負擔之不公平現象，亦無法反映出家戶的經濟情況而量能付費。
3. 全民健保醫療品質	由於過去健保採的是論量計酬制度，或兼採論病例計酬（例如：剖腹產）與論日計酬（例如：精神病患慢性病住院）等，醫師為衝高服務量造成看病時間短，或刺激病人服務使用之誘因，導致醫療服務品質不佳。

> **上榜關鍵** ★★★
> 年金的基本定義必須非常清楚，在討論國民年金、勞保年金等議題時，才不致混淆。

貳、年金制度定義與制度比較

一、「年金」定義

年金（pension）的定義，通常包含四個內涵：（一）它代表著一種定期性繼續支付的給付金額；（二）支付方式通常按年、按季、按月、或其他一定期間給付之；（三）雇主負擔參加年金制度的全部費用，或是由勞雇雙方共同負擔；（四）保險事故通常包括老年、殘廢及死亡等三種在內。

二、不同年金制度模式比較

制度模式 比較項目	薪資所得相關年金模式	普及的國民年金模式
保障對象	受雇者	全體國民
主要目的	維持適當生活水準	保障國民基本生活水準
制度型態	多元化，依不同職業別建制	一元，全民適用單一制度

制度模式 比較項目	薪資所得相關年金模式	普及的國民年金模式
財務來源	保險費由雇主與受雇者分擔為主	收取部分保險費，另由政府補助；或全由稅收支應
行政與決策	受雇者與雇主	受雇者與政府
給付水準	採薪資所得相關給付	採定額給付
模式特性	工業成就式	制度式
代表國家	德國、美國、日本	瑞典、英國

參、多柱／多層（pillars）的年金體系

一、三柱年金體系

（一）起源

1994年世界銀行提出一個多柱的年金體系，以保障人口老化與社會結構改變引發的老人所得安全危機。世界銀行認為，為了避免通貨膨脹、景氣及投資報酬率影響，年金體系的設計應該發揮儲蓄、所得重分配及保險三大功能，但這並非單一體系所能達成，應包括強制性公共管理支柱、強制性民間管理支柱、自願性支柱等三柱。

（二）內容

支柱類型	說明
1. 強制性公共管理支柱	主要稅收支應，負擔重分配與共同保險功能，其可採取三種形式：資產調查、最低保證年金、普及性或就業相關的定額給付。
2. 強制性民間管理支柱	主要為法定完全提存準備制，負擔儲蓄與相互保險功能，其可以採取兩種形式：個人儲蓄帳戶或職業年金計畫。
3. 自願性支柱	屬志願性職業年金或個人年金，主要為完全提存準備制，負擔儲蓄與相互保險功能，乃個人為了老年享有更多所得與保障之措施。

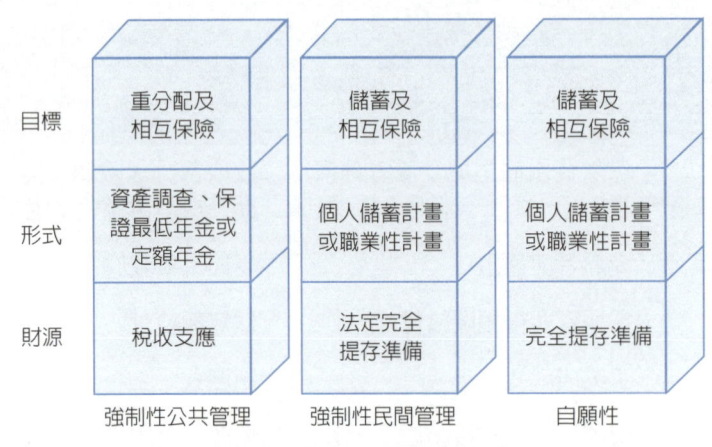

老年所得安全之三大支柱

目標	重分配及相互保險	儲蓄及相互保險	儲蓄及相互保險
形式	資產調查、保證最低年金或定額年金	個人儲蓄計畫或職業性計畫	個人儲蓄計畫或職業性計畫
財源	稅收支應	法定完全提存準備	完全提存準備
	強制性公共管理	強制性民間管理	自願性

（三）五柱年金體系

1. 起源：2005 年世界銀行隨著全球化的過程及社會結構的改變，將既有的三柱改為五柱，增加了第零柱及第四柱，原先第一柱中的社會救助分出來成為第零柱，並加入了非正式部門在家庭內或世代間的支持成為第四柱。這項新模式具兩大特色，即第一是將被保障的對象從正式部門的勞工，擴大至終身貧窮者，以及將非正式部門的勞工均納入保障範圍。第二特色是將現有三柱的設計，擴大至五柱的保障模式。

2. 內容

支柱類型	說明
1. 第零柱或抵柱（zero or basic pillar）保障	是一種「殘補式」的全民補助或「社會年金」，主要係在有效保障終身貧窮者，以及資源不足或不適用任何法定年金的非正式部門和正式部門的老年勞工；亦即，非繳納式的社會救助或社會福利制度，其目的在於提供貧窮老人的最低生活保障。
2. 第一柱（the first pillar）保障	是一種「強制性」的社會保險或公共年金制度，保險財源來自於社會保險費，是隨收隨付的確定給付型態，其主要特色係透過社會連帶責任的重分配功能，藉世代間所得轉移作用來提供老年退休者最低生活水準的終身保障。

榜首提點

五柱年金體系是非常重要的考點，各柱的內容務必清楚；並請思考現有的老年經濟安全政策，那一柱的保障較為不足及如何改進。

支柱類型	說明
3. 第二柱（the second pillar）保障	是一種「任意性」的員工退休制度，無論是職業年金或個人年金，其主要特色係採確定提撥制為主的完全提存處理方式運作，惟制度實施一段時間後，亦可能改為採終身年金的替代方式予以選擇。
4. 第三柱（the third pillar）保障	是一種「自願性」的個人商業保險儲蓄制度，無論是職業年金或個人年金，均採自願性的事前提存準備制度，給付的型態均透過私部門的保險機構來承保，用以提供長期的保障。
5. 第四柱（the fourth pillar）保障	是一種「倫理性」的家庭供養制度，它係對無工作的家庭成員提供其晚年生活照顧，這層保障主要係導入開發中國家固有傳統重視孝道的倫理道德思想，以及疾病相扶持的共濟觀念。

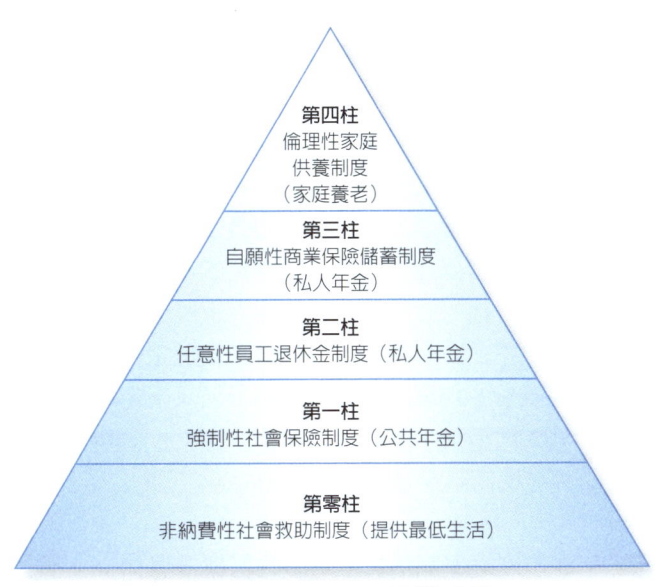

第四柱
倫理性家庭
供養制度
（家庭養老）

第三柱
自願性商業保險儲蓄制度
（私人年金）

第二柱
任意性員工退休金制度（私人年金）

第一柱
強制性社會保險制度（公共年金）

第零柱
非納費性社會救助制度（提供最低生活）

多柱式老人經濟保障模式圖

肆、三種年金給付制度的差異

榜首提點
觀念務必清晰，申論題金榜考點。

一、確定給付制（defined benefit, DB）

(一) 確定給付制：係指年金制度確定、保障老年給付之數額（或水準），或依其繳費年資決定給付水準（基數），及透過精算技術預估該所屬員工，或制度內全體員工退休時所需退休金給付成本後，再決定提撥期間所需提撥比率的一種制度，隨著物價等因素，會影響實際應繳費之金額。

(二) 優缺點
1. 優點：具有所得重分配的功能，可減少老年生活的貧富差距，並賦予勞動者撫養退休人口的責任，且給付額度按退休前之薪資而定，受通貨膨脹影響較小。
2. 缺點：在於目前人口老化問題嚴重，撫養比例逐漸提高，勞動者的負擔將會愈來愈沉重；另退休給付會受到工作年資、薪資成長、通貨膨脹、員工異動率等影響，故難以預知退休給付金額。另勞工如更換雇主，或是雇主不繼續僱用勞工，則其年資中斷，無法領到退休金，對員工而言相當不利。

二、確定提撥制（defined contribution, DC）

(一) 確定提撥制：係指參加退休金制度的勞工及其雇主，均依勞工薪資按月提撥一定比例（百分比）的費用到指定的帳戶（或基金）中。當勞工符合條件而退職（休）時，提領在其個人帳戶中所儲存的基金收益本息作為老年給付之用。對參加此制度的勞工及雇主（甚至政府）而言，因其提撥率或保險費，均屬事先予以確定。但「確定」並不意味其終身的提撥率均相同，而是指「提撥」即完成法定的責任。通常確定提撥制會結合完全提存準備制或個人儲金制而成為制度。

(二) 優缺點
1. 優點：此制度之優點為員工離職時可攜帶退休金，不必擔心因公司關廠或離職而領不到退休金，且員工可自行監督雇主有無按期提存退休準備金，另雇主定期按照個人提存比率提存，制度上較為公平。
2. 缺點：在於退休準備金是逐期提撥，易受通貨膨脹影響，員工所領之退休金無法因應老年退休生活所需。

> **確定給付制與確定提撥制的差異**
>
> 確定給付制（defined benefit, DB）與確定提撥制（defined contribution, DC）是老年經濟安全財務管理中的一組概念，但限縮於財務責任的部分。所謂的財務責任是指在保險制的制度中，雇主（與被保險人）的繳費責任或保險人的給付責任，而這組財務責任概念被運用於老年退休給付制度中。兩者的差異說明如下：
>
> 1. 兩種制度間的基本差異在於其確定參數（the defined parameter）的不同。確定提撥制指其提撥率確定，對未來老年退休給付金額均依其薪資高低及提撥率是否調整等函數關係予以計算，又因基金運用所產生投資報酬率有高低的差異，具有投資的風險均影響被保險人最後可以獲得的給付。確定給付制則是指其給付數額及給付水準確定，但會因未來退休給付金額受經濟變動因素影響較大，而具有其償付能力的風險。
> 2. 易言之，確定提撥制或確定給付制二者的主要差異乃在於從提撥決定給付或從給付回推提撥。就數理計算而言，二者間不會有不同的結果，但因為從提撥到給付或從給付到提撥間有一段長達 30 年以上的時間，長時間中的社會經濟變化乃成為一種不確定的風險。確定提撥制將這種長時間的變化風險歸責由被保險人承擔；而確定給付制則規範予保險人來承擔。

三、個人儲金制（personal saving schemes）

（一）意涵

1. 個人儲金意即為個人儲蓄制度，是一種強制性的儲蓄制度，乃透過個人（含雇主）提撥儲金作為日後（特別是年老退休）使用。
2. 在 1980 年代福利國家危機論述出現後，老年退休給付，特別是採取確定給付制的社會保險制是否出現財務危機的擔心不斷地被討論；相對地，確定提撥制的個人儲金制度，因可以減少國家的財務責任，被視為是避免國家財務危機的方法。

（二）運作原理

個人儲金制度的本質乃是一種強制性的儲蓄制度，其運作的原理相對單純，包括五個基本的環節：

1. 強制儲蓄：被保障的受雇者（及其雇主）每月就所得提撥一定比例的金錢，作為指定用途（如老年退休或醫療）使用的準備。
2. 個人帳戶：每一國民，自開始就業勞動之初，即開設一個帳戶，即使工作改變、中止就業，這個帳戶並不更動。
3. 儲金管理：所提撥的儲金如要作為未來老年退休時的使用，因儲金將被累積及儲存相當長的時間，如何在時間演進中，促使儲金安全地被

保留,甚至有較大的投資收益,創造老年給付時可以有較大的基金,是儲金制度最大的課題。投資及收益可能代表著儲金(基金)的成長,但也代表著風險。
4. 儲金使用:對於儲金的使用,概念上接近社會保險,必須在法定的風險事由下乃可運用,如老年年金。
5. 政府責任:政府在個人儲金制中的角色則相對單純,是純粹監督者。政府監督勞動者(及雇主)依法提撥儲金,及儲金的管理,使用合於法定規範即可。

(三) 特性
1. 不具風險分擔及再分配效果:個人儲金為國民個人自有帳戶,不與他人的帳戶共用的情況,並不存在風險分擔及再分配的效果。多數的情況,所謂的個人儲金乃指老年退休儲金。有些國家的制度將個人儲金方法運用到其他的風險事故,或生命歷程中的其他需求。
2. 年金年資可攜帶
   (1) 在老年退休所準備的儲金亦被稱為可攜式年金或稱攜帶式年金(portable pension or pension portability),強調為員工累積老年經濟保障資金的制度,受僱員工轉換雇主時,仍可繼續保有相同或較佳給付的年金權,而不會因轉換雇主而損失其原服務年資所取得的給付權益。
   (2) 個人儲金之所以稱為可攜式年金,乃相對於不可攜式年金而來。因為在一般企業中,多數退休金制度在員工離開原制度時,其給付權將予凍結,而不可攜帶到新制度。在特殊的情形下,如企業員工在關係企業間流動,新企業承認在前關係企業的服務年資及退休年資,則是一種實質的可攜式年金制度;而對不同企業群間則不接受勞動者過去在其他企業工作的年資,為不可攜式年金制度。可攜式年金的概念係針對這種企業間的制度隔閡,由政府規範實現可攜式年金的事實。

相關法規說明

項次	法規名稱	說明
1	《全民健康保險法》	請至「全國法規資料庫」下載
2	《國民年金法》	
3	《勞工保險條例》	
4	《農民健康保險條例》	
5	《農民退休儲金條例》	
6	《老年農民福利津貼暫行條例》	
7	《公教人員保險法》	
8	《公務人員退休資遣撫卹法》	
9	《公立學校教職員退休資遣撫卹條例》	
10	《政務人員退職撫卹條例》	

編按：為免各社會政策相關法規修法更迭頻繁，請考生於研讀本章時下載相關法規同步研讀，以免所研讀之法規過時，影響應試成績。

練功坊

一、在老年退休制度的財務籌措方式中，何謂「確定給付制（defined benefit, DB）」？何謂「確定提撥制（defined contribution, DC）」？並請比較這兩種制度的優缺點何在？

解析

確定給付制（defined benefit, DB）、確定提撥制（defined contribution, DC）是老年經濟安全財務管理中的一組概念，但限縮於財務責任的部分。所謂的財務責任是指在保險制的制度中，雇主（與被保險人）的繳費責任或保險人的給付責任，而這組財務責任概念被運用於老年退休給付制度中。茲說明如下：

（一）確定給付制（defined benefit, DB）

1. 確定給付制：係指年金制度確定、保障老年給付之數額（或水準），或依其繳費年資決定給付水準（基數），及透過精算技術預估該所屬員工，或制度內全體員工退休時所需退休金給付成本後，再決定提撥期間所需提撥比率的一種制度，隨著物價等因素，會影響實際應繳費的金額。

2. 優缺點
   （1）優點：具有所得重分配的功能，可減少老年生活的貧富差距，並賦予勞動者撫養退休人口的責任，且給付額度按退休前之薪資而定，受通貨膨脹影響較小。
   （2）缺點：在於目前人口老化問題嚴重，撫養比例逐漸提高，勞動者的負擔將會愈來愈沈重；另退休給付會受到工作年資、薪資成長、通貨膨脹、員工異動率等影響，故難以預知退休給付金額。另勞工如更換雇主，或是雇主不繼續雇用勞工，則其年資中斷，無法領到退休金，對員工而言，相當不利。

（二）確定提撥制（defined contribution, DC）

1. 確定提撥制：係指參加退休金制度的被保險人及其雇主，均依投保薪資按月提撥一定比例（百分比）的費用到指定的帳戶（或基金）中。當被保險人符合條件而退職（休）時，提領在其個人帳戶中所儲存的基金收益本息作為老年給付之用。對參加此制度的被保險人及雇主（甚至政府）而言，因其提撥率或保險費，均屬事先以確定。但「確定」並不意味其終身的提撥率均相同，而是指「提撥」即完成法定的責任。通常確定提撥制會結合完全提存準備制或個人儲金制而成為制度。

2. 優缺點
   （1）優點：此制度之優點為員工離職時可攜帶退休金，不必擔心因公司關廠或離職而領不到退休金，且員工可自行監督雇主有無按期提存退休準備金，另雇主定期按照個人提存比率提撥，制度上較為公平。
   （2）缺點：在於退休準備金是逐期提撥，易受通貨膨脹影響，員工所領之退休金無法因應老年退休生活所需。

練功坊

( ) 1. 有關全民健康保險財務精算的規定，下列敘述何者正確？
 (A) 保險人至少每 3 年精算一次，每次精算 20 年
 (B) 保險人至少每 3 年精算一次，每次精算 25 年
 (C) 保險人至少每 5 年精算一次，每次精算 20 年
 (D) 保險人至少每 5 年精算一次，每次精算 25 年

解析

(D)。《全民健康保險法》第 25 條規定，本保險財務，由保險人至少每五年精算一次，每次精算二十五年。

( ) 2. 我國《國民年金法》規定政府對國民年金被保險人的保險費補助是：
 (A) 所有被保險人一律 35%
 (B) 所有被保險人一律 40%
 (C) 所有被保險人一律 60%
 (D) 依被保險人家庭收入水準與身心障礙資格而不同

解析

(D)。《國民年金法》規定，被保險人為符合法定身心障礙資格領有證明者：（1）極重度及重度身心障礙者，由中央主管機關全額負擔；（2）中度身心障礙者負擔 30%，中央主管機關負擔 70%；（3）輕度身心障礙者負擔 45%，中央主管機關負擔 27.5%，直轄市主管機關或縣（市）主管機關負擔 27.5%。

( ) 3. 《勞工保險條例》規定，合於請領老年年金給付條件而延後請領者，應發給展延老年年金給付，最多增給之比率為何？
 (A) 4%　　　　　　　　　　(B) 10%
 (C) 15%　　　　　　　　　 (D) 20%

解析

(D)。《勞工保險條例》規定，符合請領老年年金給付條件而延後請領者，於請領時應發給展延老年年金給付。每延後一年，依前條規定計算之給付金額增給 4%，最多增給 20%。

重點便利貼

❶ 社會安全體系的分類
（1）繳保費的給付：社會保險。
（2）資產調查的給付：社會救助或公共救助。
（3）普及的非繳保費與非資產調查的事故或分類給付：是指國民因為某種法定事故，如生育、身心障礙、失能、老年等，而由國家發給津貼，補償其損失。

❷ 五柱年金體系
（1）第零柱或抵柱（zero or basic pillar）：保障一種「殘補式」的全民補助或「社會年金」，主要係在有效保障終身貧窮者，以及資源不足或不適用任何法定年金的非正式部門和正式部門的老年勞工；亦即，非繳納式的社會救助或社會福利制度，其目的在於提供貧窮老人的最低生活保障。
（2）第一柱（the first pillar）保障：一種「強制性」的社會保險或公共年金制度，保險財源來自於社會保險費，是隨收隨付的確定給付型態，其主要特色係透過社會連帶責任的重分配功能，藉世代間所得轉移作用來提供老年退休者最低生活水準的終身保障。

（3）第二柱（the second pillar）保障：是一種「任意性」的員工退休制度，無論是職業年金或個人年金，其主要特色係採確定提撥制為主的完全提存處理方式運作。

（4）第三柱（the third pillar）保障：是一種「自願性」的個人商業保險儲蓄制度，無論是職業年金或個人年金，均採自願性的事前提存準備制度，給付的型態均透過私部門的保險機構來承保，用以提供長期的保障。

（5）第四柱（the fourth pillar）保障：是一種「倫理性」的家庭供養制度，它係對無工作的家庭成員提供其晚年生活照顧，這層保障主要係導入開發中國家固有傳統重視孝道的倫理道德思想，以及疾病相扶持的共濟觀念。

擬真考場

申論題

一、請說明世界銀行所提出的多柱（pillars）年金保障概念。

測驗題

( ) 1. 依《國民年金法》之規定，被保險人給付資格同時符合身心障礙年金給付與老年年金給付，其請領方式是：
(A) 可同時請領
(B) 請領金額不超過基本工資即可
(C) 僅得擇一請領
(D) 由政府部門審核從優發給

( ) 2. 《全民健康保險法》規定，保險對象不經轉診，逕赴醫學中心門診者，應負擔門診或急診費用百分之幾？
(A) 20%
(B) 30%
(C) 40%
(D) 50%

( ) 3. 勞工保險被保險人參加保險，年資合計滿幾年者，被裁減資遣而自願繼續參加勞工保險者，可由原投保單位為其辦理參加普通事故保險，至符合請領老年給付之日止？
(A) 十年
(B) 十五年
(C) 二十年
(D) 二十五年

解析

申論題

一、2005年世界銀行隨著全球化的過程及社會結構的改變，將既有的三柱改為五柱，增加了第零柱及第四柱，原先第一柱中的社會救助分出來成為第零柱，並加入了非正式部門在家庭內或世代間的支持成為第四柱。這項新模式具兩大特色，即一是將被保障的對象從正式部門的勞工，擴大至終身貧窮者，以及將非正式部門的勞工均納入保障範圍。第二特色是將現有三柱的設計，擴大至五柱的保障模式。說明如下：

(一) 第零柱或抵柱（zero or basic pillar）

是一種「殘補式」的全民補助或「社會年金」，主要係在有效保障終身貧窮者，以及資源不足或不適用任何法定年金的非正式部門和正式部門的老年勞工；亦即，非繳納式的社會救助或社會福利制度，其目的在於提供貧窮老人的最低生活保障。

(二) 第一柱（the first pillar）保障

是一種「強制性」的社會保險或公共年金制度，保險財源來自於社會保險費，是隨收隨付的確定給付型態，其主要特色係透過社會連帶責任的重分配功能，藉世代間所得轉移作用來提供老年退休者最低生活水準的終身保障。

(三) 第二柱（the second pillar）保障

是一種「任意性」的員工退休制度，無論是職業年金或個人年金，其主要特色係採確定提撥制為主的完全提存處理方式運作，惟制度實施一段時間後，亦可能改為採終身年金的替代方式予以選擇。

(四) 第三柱（the third pillar）保障

是一種「自願性」的個人商業保險儲蓄制度，無論是職業年金或個人年金，均採自願性的事前提存準備制度，給付的型態均透過私部門的保險機構來承保，用以提供長期的保障。

(五) 第四柱（the fourth pillar）保障

是一種「倫理性」的家庭供養制度，它係對無工作的家庭成員提供其晚年生活照顧，這層保障的主要係導入開發中國家固有傳統重視孝道的倫理道德思想，以及疾病相扶持的共濟觀念。

測驗題

1. C 《國民年金法》第 21 條規定，被保險人符合身心障礙年金給付、身心障礙基本保證年金、老年年金給付、老年基本保證年金及遺屬年金給付條件時，僅得擇一請領。

2. D 《全民健康保險法》第 43 條規定，保險對象應自行負擔門診或急診費用之 20%，居家照護醫療費用之 5%。但不經轉診，於地區醫院、區域醫院、醫學中心門診就醫者，應分別負擔其 30%、40% 及 50%。

3. B 《勞工保險條例》第 9-1 條規定，被保險人參加保險，年資合計滿十五年，被裁減資遣而自願繼續參加勞工保險者，由原投保單位為其辦理參加普通事故保險，至符合請領老年給付之日止。

Note.

CHAPTER 8
社會救助之政策與立法

第八章

榜・首・導・讀

- 資產脫貧是當代的主流理論，請就提出學者、理論觀點、資產的定義與類型、執行的方案等，建立運用解析，此為金榜考點，務必紮實準備，萬不可疏漏。
- 基本無條件所得，學理務必理解。

關・鍵・焦・點

- 社會促進、社會救助、社會保險之比較最為關鍵，確實區分清楚及瞭解政策目的後，應用於國內政策法案之分析上。
- 食物銀行之概念，請詳加準備。

命・題・趨・勢

公務人員	年度	110年				111年				112年			
	考試	高考	普考	地三	地四	高考	普考	地三	地四	高考	普考	地三	地四
		申	申	申	申測	申	申測	申	申測	申	申	申	申測
	題數	1	3	1	5	1	2		2	1	2	1	2

專技社工師	年度	110年		111年			112年			113年	
	考試	2申	2測	1申	1測	2申	2測	1申	1測	2申	2測	1申	1測
	題數	1	3		2	1	2		2		3		2

本・章・架・構

社會救助之政策與立法
- 重點1 ★★★★★ 貧窮、社會救助
  - 貧窮的定義與種類
  - 貧窮理論（Rejda 提出）
  - 致貧之歸因（原因）
  - 貧窮深度（depths of poverty）
  - 測量貧窮與所得不均的方法
  - 新貧、女性貧窮
  - 社會救助的特質（原則）
  - 基本無條件所得／全民基本收入
  - 食物銀行
- 重點2 ★★★★★ 社會津貼、資產脫貧
  - 社會津貼的內涵
  - 社會津貼的特質
  - 社會津貼與其他經濟安全保障制度的比較
  - 社會促進
  - 資產脫貧

重點 1 貧窮、社會救助

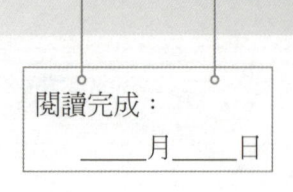

閱讀完成：____月____日

壹、貧窮的定義與種類

一、貧窮的定義

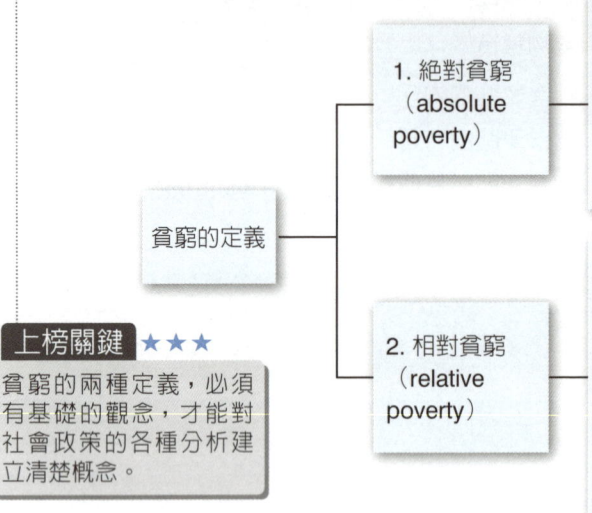

- 貧窮的定義
  - **1. 絕對貧窮（absolute poverty）**：指以固定的概念所定義的低實質所得（或支出）水準，如維持生計所需，來界定貧窮。低於維持生計所需的最低標準即是貧窮。因此，絕對貧窮也是在定義生計。
  - **2. 相對貧窮（relative poverty）**：是指在特定期間或國家比較上，實質所得會因所得（或支出）的切割點而變化。例如：歐盟以國民可支配所得中位數的60%，作為貧窮線。據此，貧窮人口的實質所得是隨著國民可支配所得中位數而變動。

上榜關鍵 ★★★
貧窮的兩種定義，必須有基礎的觀念，才能對社會政策的各種分析建立清楚概念。

二、貧窮的種類（Rowntree，龍垂提出）

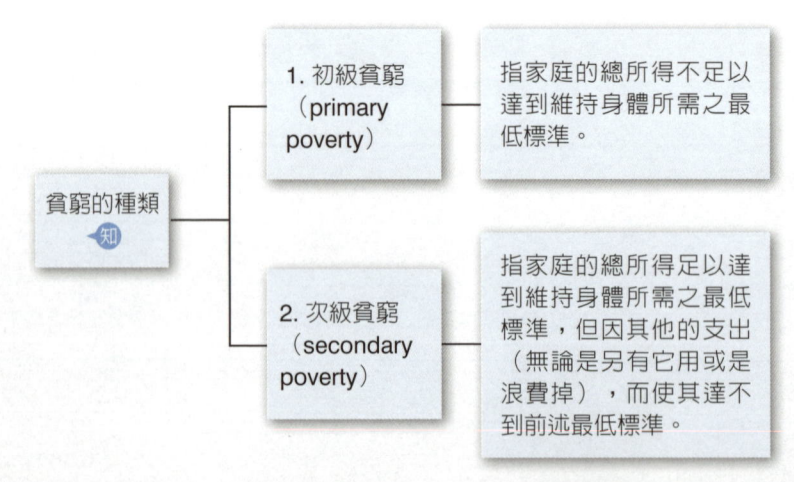

- 貧窮的種類（知）
  - **1. 初級貧窮（primary poverty）**：指家庭的總所得不足以達到維持身體所需之最低標準。
  - **2. 次級貧窮（secondary poverty）**：指家庭的總所得足以達到維持身體所需之最低標準，但因其他的支出（無論是另有它用或是浪費掉），而使其達不到前述最低標準。

> 知識補給站
>
> - 現代貧窮研究的先驅：
> 1. 現代貧窮研究的先驅，英國人布斯（C. Booth）於 1886 年進行倫敦的貧窮研究，1892 年出版《倫敦人民的生活與勞動》。
> 2. 布斯將貧窮分成三種等級：
>   （1）赤貧（very poor）：長期處於需要狀態，為生活必需所奮鬥。
>   （2）貧困（in distress）：營養不良，衣不蔽體之人。
>   （3）貧（poor）：既非營養不良，亦非衣不蔽體，但生活不適足、缺乏滿足感之人。
> 3. 亦即，布斯是以營養與衣被來界定最低需求。這也是後人稱此標準為貧窮線，據以區分貧窮與非貧窮的差別。

貳、貧窮理論（Rejda 提出）

上榜關鍵 ★★★　留意測驗題考點。

1. 隨機事件理論

- 稱之為隨機事件，是因為這些事件往往超過個人或家庭所能控制。例如：家庭薪資賺取者突然死亡或失能，家人得到重病，成為身心障礙者。

2. 社會障礙理論

- 此理論認為社會正式或非正式政策造成貧窮，並使窮人無法脫離貧窮的狀態。例如：種族歧視、社會的疏離或孤立。

3. 個人差異理論

- 此理論聲稱人們之所以變得貧窮，是因為他們的基本特性與大眾不同。例如：教育或工作技能不佳、低生產力、動機或工作習慣等。

參、致貧之歸因（原因）

歸因（原因）	說明
病理歸因	■ 病理歸因是將致貧原因歸咎給個人與家庭，是一種責難受害者的觀點，包括下列幾個次觀點： <table><tr><th>觀點</th><th>說明</th></tr><tr><td>1. 基因觀點</td><td>認為人的社會地位是繼承的，祖先的血統決定後代的性格與智慧，窮人的基因較差，所以無法翻身。</td></tr><tr><td>2. 心理學觀點</td><td>認為個人的成就與人格特質有關，懶惰、不負責任的人格，較不容易有成就，常見的說法是「窮人因懶惰而致貧，富人因努力而致富。」</td></tr><tr><td>3. 剝奪循環</td><td>家庭或社區的文化導致子女內化了父母的行為，如不當的親職教養、低抱負、低成就動機、不利的環境等。子女在這種環境下，很容易耳濡目染而學習到低能力、低技術、低期待的價值與行為。依此觀點，貧窮、失依、單親家庭較容易世代貧窮。Lewis 的貧窮文化是屬於這種觀點。</td></tr></table> ■ 評論：病理歸因忽略貧窮的動態關係，簡化致貧原因為單一因素；也無法說明為何有些相同環境長大下的孩子，卻有不一樣的成功經驗。

> **榜首提點**
> 對致貧歸因之瞭解，會涉及社會救助政策之制定；社工界認為結構歸因是貧窮最主要的因素。

歸因（原因）	說明
結構歸因	認為貧窮是環境與社會力交互影響的動態結果，包括以下幾個因素： 	因素	說明	 |---|---| 	1. 政策失敗	亦即所謂的貧窮政治（politics of poverty）：如社會安全制度不健全、缺乏積極的勞動政策、稅制不公等都不利於窮人。也就是國家不以縮短貧富差距為優先來思考政策發展，任由貧窮問題持續惡化。常見的是，政府奉行新自由主義經濟理論，相信雨露均霑的原則，認為只要經濟發展，富裕成果就會像雨露一樣飄灑給每個人。現實不是這樣的，失業型經濟復甦就是一例。此外，經濟發展之後，如果繼續減稅，窮人也得不到好處。	 	2. 經濟結構因素	失業、低薪、工作貧窮、經濟蕭條。例如：部分工時就業、勞動派遣等所謂不穩定就業，或非典型就業，是勞工陷入工作貧窮的原因。當然，經濟不景氣，勞工也會受害，如雇主實施無薪假。	 	3. 地理因素	包括氣候不利於農工業發展、土地貧瘠、人口過剩、城鄉發展不均等，造成某些地區經濟發展落後。	 	4. 制度環境	例如：不民主、教育不普及、資源分配掌握在少數利益團體或家族手中、政治貪汙腐敗、內戰頻繁、族群衝突、殖民剝削等都不利於經濟發展與資源公平分配。	

肆、貧窮深度（depths of poverty）

George & Howards 認為以貧窮深度的概念，貧窮可以分成四種狀況：

貧窮狀況	說明
1. 飢餓（starvation）	此為貧窮最嚴苛的定義，食物成為衡量個人是否處於飢餓的最重要指標。
2. 維生（subsistence）	本定義的範圍不僅於個人獲取足夠營養的食物，為了在社會中維生或生存，包括衣服、住宅等生活必需品。
3. 社會因應（social coping）	此定義較前兩者寬鬆，認為個人的所得或資源無法使其享有類似勞工階級生活型態的物品或服務時，個人即落入了貧窮。其除強調維生外，亦著重個人社會層面的需求。
4. 社會參與（social participation）	其著重的不僅是勞工階級的生活標準，而是希望達到社會適當的生活標準。強調的是工作、教育、健康、休閒生活等面向之參與，並從貧窮問題擴大至社會不平等之關注。

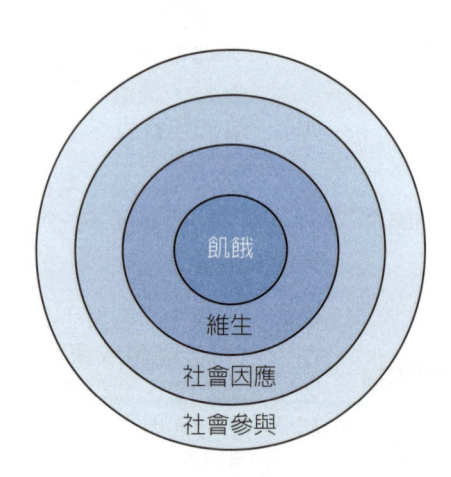

貧窮深度

伍、測量貧窮與所得不均的方法

一、測量貧窮的方法

測量方法	說明
預算標準法（budget standards）	依據生活必須清單來決定誰是窮人。這個標準就是貧窮線（poverty line），生活在低於貧窮線的人們即是貧窮。 ■ 預算標準法類型： {類型表如下}

預算標準法類型：

類型	說明
1. 菜籃子法	依家庭每週營養所需最低的一菜籃子食物作為貧窮線。由專家訂出每一個人最低需求攝取營養食物量。然而，專家難免主觀、獨斷，無法真正訂出吻合人民的最低需求清單。
2. 經費基礎預算表	依家庭每週經費支出模式來決定貧窮線。由專家仔細計算不同家庭每週實際開銷的模式，找到一個適足的、常態的、低成本但可接受的預算。
3. 所得委任法	涵蓋非必需支出在內的一般人民可接受的預算支出模式。所得委任法基本上是一種行為主義途徑，依據家戶消費行為累積的經驗來建構消費模型，非常類似剝奪指數計算法。但是，這種資料還是需要透過專家判斷。據此，另一種補救方法出現，即是共識定義。由社會調查分析來確定多少額度才能維持生計。荷蘭雷登（Leyden）大學最早提出這方面的研究，稱為雷登貧窮線（Leyden poverty line）。

剝奪指數	英國社會政策學者 Townsend 於 1960 年代研究英國的貧窮問題，稱貧窮不是需求（need）的問題，是剝奪的問題。於是，1970年發展出十一項（飲食、衣著、住宅、設備、環境、空間、工作環境、社區整合、家庭活動、教育、就業機會等），六十個剝奪指數（deprivation index）。

測量方法	說明
多面向途徑（multi-dimensional approaches）	晚近多面向途徑已獲得廣泛之支持，包括從社會學、制度經濟學、心理學、人類學觀點的貧窮界定。以英國為例，2003年關於兒童貧窮之界定，採納三個指標：

面向	說明
1. 絕對低所得	低於中位數家戶60%，是否比固定標竿改善。
2. 相對低所得	低於中位數家戶60%，比較貧窮家戶與一般家戶所得的上升。
3. 物質的剝奪與低所得	包括測量必需品的缺乏，比較廣泛的生活標準。

二、測量所得分配不均的方式

測量方式	說明
家戶所得五分位差	公式為最高20%的家戶可支配所得 ÷ 最低20%的家戶可支配所得。其倍數愈大，所得分配愈不均。
吉尼係數（Gini coefficient）	吉尼係數是測量羅倫茲曲線（Lorenz curve），即以家戶累積百分比為橫軸，所得累積百分比為縱軸的所得分配曲線，與其完全均等直線（對角線）間所包含的面積對完全均等直線以下整個三角形面積之比率，此項係數愈大，表示所得分配不均等的程度愈高。吉尼係數大於0.4就表示該所得分配不均非常嚴重，小於0.3就表示該社會所得分配較平均。

上榜關鍵 ★★★★

兩種測量所得不均的方式，基本定義要清楚，在分析時可以適時運用專有名詞。

陸、新貧、女性貧窮

一、新貧

新貧（new poverty）	舊貧（old poverty）
■ 指結構性變遷所導致的貧窮，而相對應的舊貧時間通常設在二次大戰後至 1970 年代中期為止。新貧係因經濟、政治與社會等三大體制的結構性變遷所致。新貧指「那些在快速邁向富裕社會中之落後者的貧窮」，這些低成就落後者，Harrington 稱之為「被社會拒絕者」（the rejects），對這些人而言，「進步乃是一種災難」（progress is misery）；技術的革命，不僅沒有帶來好處，反而將他們從新就業中排除。 ■ 結論：新貧係因「不安全的就業，家庭結構之變遷，和社會保障的限制，而導致新形式的貧窮。」	是指「社會大多數人正常生活條件處在一個經濟低度發展的社會中」。

> **榜首提點**
> 新貧是重要考點，成因務必清楚，並要能瞭解與舊貧之不同；新貧除了社會救助措施外，請連結第 9 章「就業安全暨勞動福利之政策與立法」併同準備。

> **榜首提點**
> 女性貧窮是重要的議題，請瞭解此現象產生之原因，請連結第 12 章「家庭及婦女與人口福利之政策與立法」併同準備。

二、女性貧窮

項目	說明
定義	大多指婦女的貧窮率高於男性的現象。
形成原因	■ 在勞力市場上，婦女的工作集中在少數的職業，這些職業包含祕書、文書助理等，有時被稱為婦女的工作（women's work）。此外，這些職業的地位低，報酬也不高，升遷的機會也不多。基本上，婦女所從事的職業與男性有很大的不同。因此，若依雙元勞力市場理論來看，婦女在勞力市場上的地位大多屬於次級勞力市場。婦女在勞動市場上居於較劣勢的就業地位，這也是造成婦女較易落入貧窮困境的主要原因。 ■ Beeghley 認為大部分的女人在經濟上及其他方面都依賴男人，已婚的女人有半數未就業；然而，已婚的就業女性，其收入也比丈夫少。因此，離婚後，許多婦女及其子女就落入貧窮的困境。 ■ 結論：主要的問題出在就業市場的性別區隔、婦女勞動參與率低、女性為戶長的單親家庭比率過高、公共社會照顧體系不足、二元體系的社會福利，以及社會文化加諸女性家庭照顧角色的性別刻板印象。

柒、社會救助的特質（原則）

> **上榜關鍵** ★★★
> 社會救助的功能與特質（原則），為基本記憶題型，請列入準備。

（引自林萬億《社會福利》）

特質（原則）	說明
1. 低收入水準	社會救助受益對象是所得或資產低於「最低維生水準所得」以下的人口群，也就是所得低於「貧窮線」或是貧窮門檻、貧窮水準，或貧窮指數以下的國民。
2. 資產調查 知	社會救助的申請者必須接受所得與財產調查，決定其所得或資產是否合於低收入標準。也就是說，個人或家庭的收入與資產高於低收入標準者，即表示個人或家庭有能力維生，不符合社會救助的資格要件。
3. 個別差異資格要件與給付水準	雖然訂有貧窮線，但是社會救助人員還是可以透過自由裁量權來決定申請者是否合於社會救助之資格，也就是，收入、資產、工作能力之計算，以及需求之評估，都留下救助人員的主觀判斷空間，即使是再精細的指導原則都很難涵蓋所有細節。倘若救助人員缺乏專業與倫理，將導致申請人權益受損，或是不公平。
4. 較少合格原則	也就是窮人所獲得的給付不能比最低工資的勞動者所得高，過高的社會救助將影響工作意願。因此，社會救助合格對象極小化。
5. 工作倫理	這是延伸自較少合格原則，低收入者只允許享有低薪勞工的工作所得以下的生活水準。立基於每個人都有責任透過工作以維持個人或家庭的生計，領取社會救助給付的窮人中有工作能力者就應該參與勞動以賺取工資，始能免於造成福利依賴（welfare dependency），或貧窮陷阱（poverty traps） 知 。
6. 烙印化（stigmatization）	不能經由工作以維持個人或家庭生計者，他們所獲得的給付是一種慈善或施捨。社會救助方案只有貧民才能申請，依Titmuss的看法，這種烙印化的方案最大的危險在於弱化社會團結。也就是資產調查式的社會救助方案，深化了社會的階層化。
7. 親屬責任	在伊莉莎白濟貧法中強調親屬（親戚、夫妻、父母、子女）負有基本照顧與支持自家窮人的責任。當家庭無力自我維持時，社會大眾才有必要提供協助，這項規定一直延續到近代的社會救助方案。

特質（原則）	說明
8. 政府稅收支應	當代社會救助的財源通常由中央與地方稅收支應，且非指定用途稅，也就是從政府稅入中編列預算來支應，社會救助是維持生計的最後手段。

> 資產調查：
> 1. 優點：
>   （1）效果較好：服務提供聚焦在有需求的人身上，較不會浪費資源。
>   （2）成本較低：能將每一分錢均花在刀口上。不需要服務的人均被排除在服務之外，在財政的限制下，較能符合節省成本的原則。
> 2. 缺點：
>   （1）不能回應人民的需求。
>   （2）烙印低收入人民或低下階級。
>   （3）無法回應環境變遷所創造出的立即需求。
>   （4）政治上難以永續。
>   （5）行政成本高。
>   （6）不具所得重分配效果。
>   （7）缺少鼓勵工作的誘因。

> 貧窮陷阱（poverty trap）：
> 「貧窮陷阱」指的是找到工作反而造成福利資格喪失，又要繳稅款、保險費等，因此失業者寧願繼續維持失業狀態；亦即，一位受雇者的收入雖然因為薪資而增加，但伴隨而來各種給付的喪失以及必須支付的稅捐，其混合的結果會抵銷薪資的增加。

捌、基本無條件所得

一、基本無條件所得（universal basic income, UBI）理念的基礎原則：基本無條件所得／無條件基本所得／普及式基本所得（universal basic income, UBI）亦稱為「無條件基本收入」（unconditional basic income），或全民基本收入（Citizen's Basic

> **榜首提點**
> 基本無條件所得，自從在105年第二次專技社工師首次命題以來，已陸續在多種考試的申論題中命題，請考生務必詳加準備。

Income），此理念之基礎原則如下：
（一）基本所得是一種所得
給付是以現金方式（in cash），而不是實物（in kind）：
1. 主張基本所得是以現金的形式提供給付，至少是沒有時效限制且可以自由流通的準現金（如退稅額）。主張現金式的給付乃在於強調獲得給付的人可以擁有使用的自由。這個自由包括要支付各種可能的需要、或保有這些現金，累積到一定數量時，發揮自由的效果。基本所得不支持實物或代券（voucher）式的給付，因為非現金形式的給付無法提供充分的自由，也無法發揮解放的效果。
2. 給付是定期的經常性給付：基本所得主張的給付是定期的經常性給付。所謂的定期、經常性，可以是按週、按月、按季或按年，但絕不是一次性的給付。但是基本所得並不反對另外提供一次性的給付，如成年時提供一筆現金。
（二）提供予全民
基本所得的設計乃在於提供給付予全體國民，甚至包括擁有長期居留權利的外國人。雖然，有些倡議者主張基本所得給付以部分年齡層的國民為對象，但多數倡議者的主張是指全體國民的。
（三）基本所得是以個人而非家戶（庭）為單元的給付
基本所得的構想是要給付給每一位政治群體中的個別成員，不是以家戶為單元，也不是給付予戶長的。雖然，在生活給付上，家戶支出常比個人集合更為經濟，既有的社會給付也常將家戶型態納入考慮。但是，基本所得給付提供給每一個人同等的給付額，不因人們的生活與居家型態而有不同。基本所得主張者反對在給付中造成對人們生活型態的干預，而提供人們對自己生活居家型態安排的自由，並且人們可以保有與他人共同生活的經濟利益。基本所得可以移去獨自生活的陷阱，而享受共同生活。
（四）一種由政治社群提供的給付
基本所得由政府或其他控制公共資源的組織所給付，即可以由國家、或較國家低之層級或更高層級的政治實體來提供。雖然，國家是最常被想到的政治社群或單元，但基本所得未必一定要由國家給付。也可以由較低層級的省、州來提供，或由更高層級的超國家單位來提供。
（五）沒有所得或就業條件
沒有所得或就業條件可謂是基本所得主張者唯一最高的共識、最核心的主張。相對於在給付水準、給付形式（現金或退稅給付）、給付對象，不同的基本所得主張者可能仍有微小的不同主張，但在所得或就業條件上，

基本所得主張者一致的共識為沒有所得或就業條件。說明如下：
1. 無需資產調查：相對於既有的一些最低所得方案，無論人們所得高低一律可以獲得相同的給付是最明顯的差異。給付不但不審查人們（及其家戶）的所得，也不審查其非正式收入、可獲得的給付、財產價值。資產調查式的最低所得保障給付是一種事後的給付，而基本所得給付是一種事前的給付。但是人們獲得基本所得給付後，如果達到必須繳稅的水準，或提升了繳稅的稅率水準，則需照著稅制繳稅。
2. 無需工作要求：現行的所得保障常會對申請人必須具有工作意願之要求，在這種情況下，而人們必須證明努力求職、或接受指派的工作準備（如職訓），或必須接受被指派的「合宜」工作，作為檢查。但無條件限制之基本所得並沒有這樣的要求，而視獲得給付是一種權利。這種主張，特別對家庭主婦、學生、老人而言，乃不會成為一種偽裝了的假權利。正如某些中肯的說法般，這可視為是一種提供給對社會參與貢獻的給付，鼓勵人們志願參與到社會中而發揮貢獻，且減少對人們之貢獻的差別待遇。

（六）財源不一定由再分配效果的稅收來支付

基本所得的財源可以、但不必然來自於以所得為基準的稅收財源。多數的構想主張乃建議基本所得的財源，可來自土地稅、資源稅、加值型營業稅或金融商品交易稅。即使來自於這些非所得為基礎的稅或累進稅，但這些稅仍會造成高所得者為最終支付者的效果，進而，基本所得可能會有再分配的效果。

（七）透過稅制校正貧富

稅制是基本所得制度中一項未明言的關鍵制度條件。當富者與貧者均獲得同等的給付時，唯有在有健全的稅制條件中，可以透過稅制來校正富者與貧者的實際所得，即在結合稅制的情況下，能保持在基本低稅率的人將變得很少，人們獲得基本所得給付後，如果到必須繳稅的水準，或提升了繳稅的稅率水準，則需照著稅制繳稅。富人將比貧者繳納更多的稅，富者要負擔自己（富者）和貧者的成本。但是，基本所得制度提供予貧者基本資金的效果將非常大。

二、提供基本所得之利

（一）簡單、道德、解放而使貧窮者獲得自由，以及正向激勵的效果是基本所得制度的優勢。

（二）在簡單的優勢上，基本所得制度不對國民進行身分區別或資產調查、就

業查核,在行政上及觀念上是相當簡單的。特別是在已將稅務資料資訊化的國家,基本所得給付不必如同社會救助或就業津貼給付般,經過申請及進行個案性審查。

(三) 在道德問題方面,給付所可能造成福利依賴及反就業誘因是現代福利國家相當常見的道德爭議。這種道德議題乃是給付必須經過資產調查及就業查核的重要原因之一。但是,資產調查及就業查核乃成為貧窮陷阱或失業陷阱、創造低度就業等失功能或反功能的效果。而無需資產調查及就業條件,卻可以激發人們努力及參與的主動性,是具有正面的道德性的。進而,無條件的基本所得可以使人們脫離低薪就業位置控制,而使貧窮者獲得自由。

(四) 在有資產調查的情況下,可能因為貧窮陷阱而使得對貧窮者的協助效果不佳,而不易達成脫貧的效果。而在基本所得制度中,將不存在貧窮陷阱,貧窮者可擁有其所得的努力所得(但如達繳稅水準時則乃必須要繳稅),而使得公共給付可以充分發揮效果。

三、提供基本所得之弊

(一) 對工作倫理之傷害:反對提供基本所得者認為,資產調查或就業條件查核具有維護及促進自立、勤勉之工作倫理的效果,沒有資產調查或就業條件查核是傷害工作倫理、戕害人們追求幸福主動性的制度。

(二) 不符合公平性及需求優先問題:反對基本所得者認為,無論所得高低均同等獲得給付,違背人們所習慣的「報酬」、「值得」認知。

(三) 財源及財務規模無法負擔:反對提供基本所得者認為,提供基本所得對於國家財務負擔規模將造成財務危機,且財源是最常被擔心的。特別是一些福利給付慷慨的國家,在高稅率、高福利支出規模下,幾乎不存在增稅的空間。

(四) 與現有制度的關聯之難以釐清:基本所得制度是否取代既有的福利給付,或與既有的福利給付制度間的關聯為何?難以釐清。

玖、食物銀行(Food Bank)

上榜關鍵 ★★ 近年來被熱烈討論的議題,請建立基本觀念。

一、食物銀行的起源

(一) 第一個以「食物銀行」命名的機構,起源於美國,由 John van Hengel 在 1967 年成立於美國亞利桑納州鳳凰城。在 St. Mary 教堂的協助下,John van Hengel 租了一間廢棄的麵包店作為貨倉,來運作這家全球第一家食物

銀行，他們蒐集一些鄰近農民多餘的蔬果或無法再販售之民生必需品，並請求當地的雜貨商優先將損壞但還可以吃的食物送給他，接著他通知鳳凰城的慈善機構，請他們到 St. Mary 教堂的食物銀行領取免費的食物。

(二) 但由於食物銀行的名稱，冠上「食物」兩字，可能讓人誤以為只能提供食物，且易陷入赤貧化貧窮思維的框架，許多食物銀行後來發現其案主往往有著多重需求，因此其運作模式就愈來愈多元，提供的服務也愈來愈廣泛。

二、食物銀行能迅速發展之原因

(一) 食物銀行理念廣獲迴響：食物銀行理念，簡單說有兩大目的：環保與助人。當社會上有人每餐大魚大肉，但有人三餐無以為繼時，若能將多餘物資轉給需要的人，既環保、不浪費，何樂不為？既然你用不到，丟掉可惜，為何不給需要的人？這樣的理念淺顯易懂，容易獲得迴響。

(二) 社會福利發展的瓶頸：先進國家福利在二戰後到大約 1970 年代的中期，社會福利制度持續擴張，給付額度愈來愈高，制度也愈來愈完善，故被學界稱為「福利國家黃金年代」；但最遲在進入 1980 年代後，先進國家福利發展均紛紛陷入困境，一方面經濟疲乏，失業率攀升，但人口又漸趨老化，社會福利需求增加；二方面國家財政赤字不斷提高，各國開始刪減福利支出，或更嚴格審核福利資格，學術上以「緊縮」（retrenchment）形容 1980 年代以來的福利發展的主要趨勢。當貧窮人口增加但政府沒錢時，只得仰賴民間輔助政府福利之缺口。

三、食物銀行的類型

類型	說明
1. 大型倉儲中心／物流中心型	中大型的物流倉儲中心大多並沒有直接將所蒐集到的物資提供給個人，而是轉送或轉賣下游小型的或地區型的食物銀行機構。此類食物銀行往往設立在交通樞紐，大多與大型的超市連鎖店、餐廳、飯店等合作，規模大多非常的龐大。

類型	說明
2. 以食物拯救為目的之機構（Food Rescue Organizations）	這類型的食物銀行相對較強調「食物不浪費」的理念，故主要在蒐集新鮮蔬果、麵包、奶製品或熟食等食物之後，就輸送給遊民、兒童／老人之家等社福機構，而主要的物資來源為市場、便利商店、或速食連鎖店等。
3. 定點餐食型	這可算是最早的食物銀行，中世紀的歐洲教會就經常在禮拜結束後，將（剩餘）「愛餐」提供給貧窮人口。當代這類食物銀行，則於固定的地點，將蒐集到的食物，以類似餐廳經營方式，免費或以經濟價格來提供餐飲服務。在美國稱為「緊急廚房」（Emergency Kitchens）或 Soup Kitchen。
4. 定點定時提供型	這應該是目前最廣泛的食物銀行類型，將蒐集到的食物與物資，於特定時間與地點，請福利需求者前來領取。以德國為例，絕大多數食物銀行皆以此種模式運作，每週於特定時間與地點（如教會、社區中心），發放以新鮮蔬果、麵包、奶製品為主之食物，部分也提供民生物資。但為保持食材新鮮度，通常會設法縮短收與發的時間間隔，例如：若當日收就當日發，要不也要盡可能在隔天發放。
5. 超市型（實體食物銀行）	由於前述定點定時提供之食物銀行，案主大多只能被動接受服務機構所能提供之物資，相對較無選擇性，且往往需要排隊領取物資，易造成案主被標籤化的問題。因此近年來有些食物銀行仿造超市之運作方式，讓案主到機構來自由選擇其所需要之物品，由於機構就像超市那樣看得到，故稱之為「實體食物銀行」。
6. 熟食型	由於食物銀行物資發放大多不是新鮮蔬果或即將到期之物資，故許多餐廳或婚喪喜宴留下之大量剩餘熟食，大多只能以廚餘方式處理，較少兼顧到食物銀行提倡食物不浪費的目的，若能將這些物資轉送給需要的人，可能更接近早期食物銀行之精神。
7. 物資食物銀行	食物銀行的發放並不限於食物，民生用品或任何有價值之物資，只要能將多餘轉給有需要的人，也都與食物銀行的精神吻合。而若蒐集到的主要是物資而非食物，更適合以「物資銀行」命名。

類型	說明
8. 購買新物資發放型	有些食物銀行的物資來源，並不是即期品或是即將被丟之資源，而是以現金購買新物資來發放，其財源可能來自社會大眾之捐款，或由政府編列預算購買之。
9. 食物銀行兼辦福利服務型	歐美許多食物銀行運作多年後發現，服務案主所面臨的問題往往是多重的，並不只是缺乏食物或物資。為滿足案主的多元需求，許多食物銀行也開始提供社會服務，例如：提供遊民之收容或保護性個案中途收容等，也有的食物銀行提供兒童的課後輔導或案主的心理諮商等。
10. 藝文銀行／文化銀行	既然食物銀行的理念是把多的，給需要的，那麼多餘而有價值的，也包括音樂會、展覽會、體育競賽等門票，或未必經常使用之表演空間。故近年來在德國與奧地利積極推動「藝文銀行」（Kulturtafel，或可譯為「文化銀行」），以協助弱勢團體也能有與一般社會大眾共享藝文表演活動之機會。
11. 便宜超市型、二手家具型	雖然食物銀行以蒐集可能被丟棄或浪費掉之物資，再轉送給需要的人為主，但對案主來說，在現代這麼強調消費的社會，無力自由選購日常生活之所需物資與實物，易有被社會排除之感受，甚至會產生與主流社會格格不入、自嘆自卑的脫離感。因此若能以低價讓弱勢者有能力選購，則透過消費、購買之行為，或許能使其有非受助者之感受而提高自尊心，且有更高的自主性選購符合需求之物品，又能讓物資提供者有相對的經濟報酬。

四、臺灣推行食物銀行的思考

（一）我國是否適合推行食物銀行？這個問題恐怕沒有簡單的答案。但若從地方政府在社會救助的角色切入，回答這個問題，則可以得到肯定的答案。我國有關低收入戶的審查資格，向來相對較為嚴苛，許多貧窮人口由於擁有不動產，或家庭人口中較多具工作能力但未必有工作或無實際互相經濟援助的一親等親屬，無法取得低收、中低收資格，獲得政府救助。換言之，不僅社會眾多貧窮邊緣戶未獲得政府之救助，連獲得的補助也往往與需要的程度不相當。而既然《社會救助法》為全國統一單行法規，縣市政府在有關家庭應計人口與家庭收入、動產／不動產之認定，自由裁量空間有限，在難以根本改變《社會救助法》結構前，地方政府推行

食物銀行就具有相當的正面意義。然而慈善式的食物銀行，因並非法定的救助，故較無保障案主請領之福利權，且有標籤化、汙名化受助戶之疑慮，因此食物銀行不應取代現有的福利措施，政府更不應以民間推行食物銀行為由，作為不積極辦好社會福利之藉口。

(二) 由於食物銀行之案主容易產生恥辱與被標籤化的感受，食物銀行發放時，應盡可能不讓領取者受到異樣眼光之對待，如能個別化、匿名化提供服務，較能舒緩這個問題。此外，機構應努力建構一套公平的發放機制，讓每一位案主獲得平等之對待，案主不應因為穿著打扮、年齡、性別、外觀、談吐等，而受到不同之待遇。而若食物銀行機構也能提供案主參與之機會，應更能提高案主的社會參與感，例如：或許讓受助戶也有參與協助收發食物的機會，甚至在重大決策過程中，應設有受助戶代表機制，提供其表達自身需求之機會。

(三) 由於食物銀行的定期發放特性，受助戶與服務人員間有較密集的接觸之機會，食物銀行創造一個聚會與社會接觸的平臺，食物銀行應該善用這樣的機會，開拓受助戶之社會關係網絡，提高案主的社會與心理需求滿足度。

(四) 最後，從西方食物銀行的發展可知，為了滿足案主的多重需求，目前食物銀行的服務已愈來愈多元化，未來我國應積極思考針對特定案主需求開創食物銀行，例如：兒童食物銀行、文化食物銀行等，或在現有的服務中，增加社會服務，例如：心理輔導、就業媒合、緊急收容、托育服務、課後輔導等。

練功坊

一、貧窮之歸因大致可以分成兩個取向，請詳述之。你個人比較傾向那一種歸因？原因如何？

解析

(一) 貧窮（致貧）之歸因（原因）：
1. 病理歸因：病理歸因是將致貧原因歸咎於個人和家庭，是一種責難受害者的觀點。包括下列幾個次觀點：
 (1) 基因觀點：認為人的社會地位是繼承的，祖先的血統決定後代的性格與智慧，窮人的基因較差，所以無法翻身。

(2) 心理學觀點：認為個人的成就與人格特質有關，懶惰、不負責任的人格，較不容易有成就，常見的說法是「窮人因懶惰而致貧，富人因努力而致富」。
(3) 剝奪循環：家庭或社區的文化導致子女內化了父母的行為，如不當的親職教養、低抱負、低成就動機、不利的環境等。子女在這種環境下，很容易耳濡目染而學習到低能力、低技術、低期待的價值與行為。依此觀點，貧窮、失依、單親家庭較容易世代貧窮。Lewis的貧窮文化是屬於這種觀點。

2. 結構歸因：主張貧窮是環境與社會力交互影響的動態結果，包括以下幾個因素：
(1) 政策失敗：亦即所謂的貧窮政治（politics of poverty），如社會安全制度不健全、缺乏積極的勞動政策、稅制不公等都不利於窮人。也就是國家不以縮短貧富差距為優先來思考政策發展，任由貧窮問題持續惡化。常見的是，政府奉行新自由主義經濟理論，相信雨露均霑的原則，認為只要經濟發展，富裕成果就會向雨露一樣飄灑給每個人。現實不是這樣的，失業型經濟復甦就是一例。此外，經濟發展之後，如果繼續減稅，窮人也得不到好處。
(2) 經濟結構因素：失業、低薪、工作貧窮、經濟蕭條。例如：部分工時就業、勞動派遣等所謂不穩定就業，或非典型就業，是勞工陷入工作貧窮的原因。當然，經濟不景氣，勞工也會受害，如雇主實施無薪假。
(3) 地理因素：包括氣候不利於農工業發展、土地貧瘠、人口過剩、城鄉發展不均等造成某些地區經濟發展落後。
(4) 制度環境：例如：不民主、教育不普及、資源分配掌握在少數利益團體或家族手中、政治貪汙腐敗、內戰頻繁、族群衝突、殖民剝削等都不利於經濟發展與資源公平分配。

(二) 就上述兩種歸因，論者比較傾向「結構歸因」，因為貧窮是環境與社會力交互影響的動態結果，而非如病理歸因忽略貧窮的動態關係，簡化致貧原因為單一因素。

練功坊

(　) 1. 下列敘述何者極不符合社會救助相關政策的特質？
　　　(A) 需要經過財力資產調查來決定是否符合資格
　　　(B) 執法的行政人員常需藉由行政裁量權的運用做決定
　　　(C) 所需要的經費來源由民間各類型福利組織提供
　　　(D) 社會救助申請者的資源必須依個別個案作考量

解析

(C)。財源應係來自於政府稅收預算。

(　) 2. 下列那一項不是社會救助的原則？
　　　(A) 勿須資產調查　　　　　　(B) 給付採補充性原則
　　　(C) 通常以家庭為救助單位　　(D) 財源來自國家稅收

解析

(A)。社會救助的必要條件：須資產調查。

重點 2　社會津貼、資產脫貧

榜首提點
社會津貼的內涵，務必完全清楚，切勿與社會救助混淆。

壹、社會津貼的內涵

項目	說明
定義	「社會津貼」是對社會特殊群體所提供的現金給付、費用補助與費用優免，其目的在於達成社會特殊群體的生活機會平等。
保障對象	領取社會津貼給付之資格以「身分認定」為標準，並非如社會救助的「所得高低」，所以不需經過社會救助的資產調查手段。社會津貼保障對象為社會特殊群體，在整體生活機會的維持上較屬弱勢團體。
財源	除福利資源之外，社會津貼財源大都來自政府稅收，意即來自國家預算；不過亦有相關規定，財源也可來自捐款，不過只占少部分。
給付方式	社會津貼所提供之現金給付通常為定期、定額，但給付長短與給付金額依據各種規定有所不同，但是給付水準原則上不會比社會保險高，僅具給付對象維持生活之「補充性」效果。

貳、社會津貼的特質

一、普及式的社會公民權，毋需資產調查，領取資格中通常有公民權或居留權之規定。
二、制度以承認社會權為基礎，強化社會整合，減少區隔化。
三、社會津貼與社會保險般，採需求假定原則。即依目標人口類屬而推定有特定的需求，進而提供給付。
四、津貼的金額以滿足基本生活保障為前提，而採用齊一給付。
五、財源來自一般稅收。
六、所須財務規模較大，但行政成本低。

參、社會津貼與其他經濟安全保障制度的比較

項目	社會保險	社會救助	社會津貼
保障對象	勞動人口及其家屬	貧窮者	特定人口群體，以老人、兒童、身心障礙者較常見
對象選擇方式	加入保險制度	資產調查	社會共識基礎的公民權或居留權
制度性質	自助、互助	社會扶助	社會補充
制度功能	防貧	濟貧	防貧
制度內容	全國一致或職業別	因地制宜	全國一致
保障普及	普及性或差異	選擇性	普及性
福利模式類別	偏向職業成就或功績模式	殘補福利模式	偏向制度再分配模式
經費來源	保險費	政府預算	政府財稅（或保險費）
給付水準	與所得相關、維持生活水準	基本需求、次生活標準	基本需求
風險分攤	強調	不強調	無
制度意涵	強化工作成就	恥辱、懲罰	社會權
所得再分配	部分	無	透過財稅制度發生
工作誘因	佳	不足	中性
權利義務	對等	不強調	不強調

（引自李易駿著《社會政策原理》）

> **榜首提點**
> 社會津貼與社會保險、社會救助之比較，觀念務必建立清楚。

肆、資產脫貧（Sherraden 提出）

一、以「資產累積」為基礎的福利理論觀點

（一）Sherraden 認為以「收入所得」為基礎的社會救助政策，是透過政府、家庭及就業三項經濟來源所衍生的收入，來維持低收入戶的最低生活所需，其所形成的福利效果僅能在短期內提升被投資的低收入戶之消費水準，但在長期的福利效果上卻無法積極協助他們脫離貧窮，走向長期性的經濟自立。

> **榜首提點**
> 資產脫貧是當代的主流理論，請就提出學者、理論觀點、資產的定義與類型、執行的方案等，建立運用解析，此為金榜考點，務必扎實準備，萬不可疏漏。而以「收入所得為基礎」之觀念，亦非常重要。

```
財務來源      財務支持模式      短期效果      長期效果

就業 ──────→ 收入 ──────→ 低消費 ──────→ 低消費
家庭 ─────↗
政府 ─────↗
```

以「收入」為基礎的福利模式

（二）Sherraden 認為家庭所累積的資產有些是來自世代親人的移轉、有些來自家人的投資、有些來自家人的工作所得，是需要一段時間的累積，而不論資產的多寡，都是家庭遭遇危機或困境時發揮緩衝及救急效應的主要支柱，有助於家庭長期的經濟穩定性。基於此思考，Sherraden 因而提出以「資產累積」為基礎的福利理論，強調透過政府、家庭及就業三項經濟來源所衍生的收入可以協助低收入戶累積資產，而所累積的資產不但可以維持其短期性的生活消費水準，還可以提高其長期性的消費水準，最終可以協助其獲得長期性的經濟自立。

（三）基於上述的論述邏輯，Sherraden 認為政府既然早已積極投入保障中高收入家戶的資產累積機制的努力，在擴增低收入家戶的資產持有與利用上，政府因此更應扮演重要的角色，透過制度性的機制設計、結合公私部門組織，協助與促進低收入家戶形成與累積資產，提升其長期消費水準，增強其抗貧性，走向經濟自立。

```
財務來源          財務支持模式        短期效果          長期效果

就業  ──────→   收入  ──────→  低消費  ──────→  略高消費
家庭  ─────↗
政府  ──────→   資產  ──────→  少量資產 ──────→  略多資產
```

以「資產累積」為基礎的福利模式

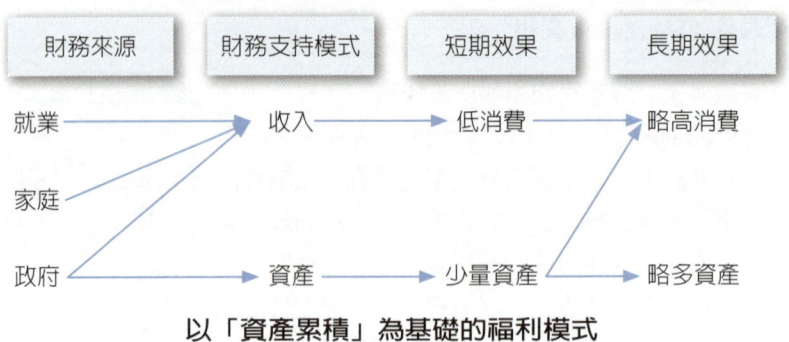

二、資產的定義與類型

在 Sherraden 的觀點中，所謂的「資產」是一種私有財產權的概念，一般可分為有形及無形的資產兩種。

資產類型	說明
1. 有形資產（tangible assets）	■ 指的是個人可以具體擁有或持有的財物，將來也可以直接在市場上交換而衍生可以消費的「收入」。 ■ 屬於有形資產的範例大致有兩類型，一是金融性資產，例如：儲蓄存款、公共債券、有價證券、保險金等流動性高的資產；二是實質性資產，例如：房地產、企業資本、汽機車、生產設備、專利權等私有財產權特色的資產。 ■ 這些「有形資產」本身就具有市場交易的價格，可以直接換取現金或消費，也可繼續持有而衍生更多的投資報酬。基於金融性資產在市場上具有直接交換的效果、管理的簡易性格，Sherraden 所提議的資產累積福利模式大致是以累積此類型的資產為主。
2. 無形資產（intangible assets）	■ 指的是個人不能具體持有的物品，而是個人所擁有而具有價值的特殊品質（qualities），例如：信用額度、人力資本、社會支持網絡、文化資本、政治資本等需要待價而沽的資產。 ■ 無形的資產在概念上較難以具體的市場價格描述清楚，但個人若擁有此類資產，不但可以在未來衍生更多的資產，還可以提供一個個人與家戶生活得有尊嚴。

資產類型	說明
	■ 這種資產本身不具有市場直接交易的價格，但在長期的累積與投資下仍可以產生具有市場交易形式的實質價值，例如：教育投資，較高的教育程度可以在勞動力市場交換到所得較佳的工作職位，因而衍生較高的工作報酬，但教育的投資是需要一段時間的累積才能形成，這和人力資本理論所談的教育程度並不盡然相似。

三、資產脫貧方案的種類

方案種類	說明
1. 教育投資類	■ 所謂教育投資主要著眼於以教育打破貧窮循環，人力資本理論（Human Capital Theory）是其主要論據。 ■ 在這派觀點中，受教育的過程就是個人資本、知識積累、提升自己的生產力與競爭力，並進而創造更高附加價值的過程。而人之所以落入貧窮就是缺乏人力資本所致，因此提高人力資本將有助脫離貧窮。
2. 就業自立類	■ 就業自立著眼積極勞動市場政策（active labor market policy）和社會排除（social exclusion）兩個論點。 ■ 前者強調避免福利依賴，因此積極鼓勵受助者參與各式與勞動能力提升有關的激活方案，在提升就業或社會技能之中，一方面強化工作動機、提高自我效能與自信，再方面則有助達到權利與義務的平衡。至於後者，則看重防止受助者因缺乏就業而受孤立。因此使其投入經濟活動參與勞動，則是此類型關注的重點。
3. 資產累積類	■ 資產累積類方案作法參酌 Sherraden「資產累積福利理論」。此理論大體主張過去消費導向下的所得維持策略，除了造成福利依賴之外，更無助受助者脫貧。 ■ 因此，政府須改弦更張，透過誘因機制的設立，改行帶有儲蓄、投資與動態意味的資產累積政策。如此可以在社會、經濟、心理層面上協助低收入戶回歸主流，並成為具有生產力的公民。

相關法規說明區

項次	法規名稱	說明
1	《社會救助法》	請至「全國法規資料庫」下載
2	《老年農民福利津貼暫行條例》	
3	《協助積極自立脫離貧窮實施辦法》	

編按：為免各社會政策相關法規修法更迭頻繁，請考生於研讀本章時下載相關法規同步研讀，以免所研讀之法規過時，影響應考成績。

練功坊

一、如何協助貧窮家庭脫貧一直是各國協助貧民工作的主要工作，我國《社會救助法》中亦有關於執行脫貧方案的規範。一般而言，教育投資、就業自主與財產累積是最常見的脫貧策略，請問這三種脫貧策略各有那些理論基礎？

解析

在經濟全球化以及強調國家競爭力的時代裡，以「資產形成」作為改革福利政策的新包裝，期望在根本上一改過往以所得（income）、以消費作為福利界定的政策思考，嘗試透過儲蓄、資產累積，進而產生自立的正向福利效果的作法，更是主流中的新流。關於資產脫貧方案的種類，可以分成教育投資、就業自立，以及資產累積三種，其理論基礎說明如下：

（一）教育投資類：所謂教育投資主要著眼以教育打破貧窮循環，人力資本理論（Human Capital Theory）是其主要依據。在這派觀點中，受教育的過程就是個人資本、知識積累、提升自己的生產力與競爭力，並進而創造更高附加價值的過程。而人之所以落入貧窮就是缺乏人力資本所致，因此提高人力資本將有助脫離貧窮。

（二）就業自立類：就業自立著眼於積極勞動市場政策（active labor market Policy）和社會排除（social exclusion）兩個論點。前者強調避免福利依賴，因此積極鼓勵受助者參與各式與勞動能力提升有關的激活方案，在提升就業或社會技能之中，一方面強化工作動機、提高自我效能與自信，再方面則有助達到權利與義務的平衡。至於後者，則看重防止受助者因缺乏就業而受孤立，因此使其投入經濟活動參與勞動，則是此類型關注的重點。

（三）資產累積類：作法參酌 Sherraden「資產累積福利理論」。此理論大體主張過去消費導向下的所得維持策略，除了造成福利依賴之外，更無助受助者脫貧。因此，政府須改弦更張，透過誘因機制的設立，改行帶有儲蓄、投資與動態意味的資產累積政策。

練功坊

(　) 1. 《社會救助法》第 4 條，低收入戶所稱最低生活費，由中央、直轄市主管機關參照中央主計機關所公布當地區最近一年每人可支配所得中位數百分之多少定之？
  (A) 50   (B) 60
  (C) 70   (D) 75

解析

(B)。
《社會救助法》第 4 條規定：
(1) 本法所稱低收入戶，指經申請戶籍所在地直轄市、縣（市）主管機關審核認定，符合家庭總收入平均分配全家人口，每人每月在最低生活費以下，且家庭財產未超過中央、直轄市主管機關公告之當年度一定金額者。
(2) 前項所稱最低生活費，由中央、直轄市主管機關參照中央主計機關所公布當地區最近一年每人可支配所得中位數 60% 定之，並於新年度計算出之數額較現行最低生活費變動達 5% 以上時調整之。

(　) 2. 臺北市為協助低收入戶脫貧所提出的「家庭發展帳戶」專案，主要是依據何觀點？
  (A) 社會資本   (B) 資產累積
  (C) 工作福利   (D) 人力資本

解析

(B)。Sherraden 提出以「資產累積」為基礎的福利理論，強調透過政府、家庭及就業三項經濟來源所衍生的收入可以協助低收入戶累積資產，而所累積的資產不但可以維持其短期性的生活消費水準，還可以提高其長期性的消費水準，最終可以協助其獲得長期性的經濟自立。

重點便利貼

❶ 貧窮的種類
(1) 初級貧窮：指家庭的總所得不足以達到維持身體所需之最低標準。
(2) 次級貧窮：指家庭的總所得足以達到維持身體所需之最低標準，但因其他的支出（無論是另有它用或是浪費掉），而使其達不到前述最低標準。

❷ 致貧之歸因（原因）
(1) 病理歸因是將致貧原因歸咎給個人與家庭，是一種責難受害者的觀點。
(2) 結構歸因：認為貧窮是環境與社會力交互影響的動態結果

❸ 新貧（new poor）：指結構性變遷所導致的貧窮。新貧係因「不安全的就業，家庭結構之變遷，和社會保障的限制，而導致新形式的貧窮。」

❹ 社會津貼：是對社會特殊群體所提供的現金給付、費用補助與費用優免，其目的在於達成社會特殊群體的生活機會平等。

❺ 資產脫貧

Sherraden 提出以「資產累積」為基礎的福利理論，強調透過政府、家庭及就業三項經濟來源所衍生的收入可以協助低收入戶累積資產，而所累積的資產不但可以維持其短期性的生活消費水準，還可以提高其長期性的消費水準，最終可以協助其獲得長期性的經濟自立。

擬真考場

申論題

一、社會救助經由資產調查（means-test）決定受助對象。試說明：（一）何謂資產調查？（二）資產調查的優、缺點為何？

測驗題

(　) 1. 關於申請低收入戶的居住設籍條件，下列敘述何者錯誤？
　　　(A) 申請戶之戶內人口均應實際居住於戶籍所在地
　　　(B) 最近一年居住國內超過 183 天
　　　(C) 低收入戶申請人應由同一戶籍具行為能力之人代表之
　　　(D) 申請時設籍之期間依直轄市及縣市政府規定

(　) 2. 關於社會救助的概念，下列敘述何者錯誤？
　　　(A) 須經過資產調查　　　　　　(B) 財源來自國家稅收
　　　(C) 不具財富重分配意涵　　　　(D) 保障國民生存權

(　) 3. 《社會救助法》中規定生活扶助，可視低收入戶成員若屬三種特定情形，主管機關得依其原領取現金給付之金額增加補助。這三種情形不包括下列那一項？
　　　(A) 年滿 65 歲
　　　(B) 懷胎滿 3 個月
　　　(C) 領有身心障礙手冊或身心障礙證明
　　　(D) 未滿 12 歲

解析

申論題

一、(一) 資產調查之意涵

社會救助的申請者必須接受所得與財產調查，決定其所得或資產是否合於低收入標準。也就是說，個人或家庭的收入與資產高於低收入標準者，即表示個人或家庭有能力維生，不符合社會救助的資格要件。亦即，以個人資產多寡作為提供服務的資格要件，社會福利給付只提供給經資產調查之後，被認為有需求的人們。

(二) 資產調查的優點
1. 效果較好：服務提供聚焦在有需求的人身上，較不會浪費資源。
2. 成本較低：能將每一分錢均花在刀口上。不需要服務的人均被排除在服務之外，在財政的限制下，較能符合節省成本的原則。

(三) 資產調查的缺點
1. 不能回應人民的需求。
2. 烙印低收入人民或低下階級。
3. 無法回應環境變遷所創造出的立即需求。
4. 政治上難以永續。
5. 行政成本高。
6. 不具所得重分配效果。
7. 缺少鼓勵工作的誘因。

測驗題

1. **D** 選項 (D) 之「申請時設籍之期間依直轄市及縣市政府規定」，依《社會救助法》第 4 條之規定，應為「其申請時設籍之期間，不予限制。」

2. **C** 社會救助之功能：
   (1) 保障國民之生存權。
   (2) 維持經濟市場運作。
   (3) 補充社會保險之不足。
   (4) 具財富重分配意涵。

3. **D**《社會救助法》第 12 條規定，低收入戶成員中有下列情形之一者，主管機關得依其原領取現金給付之金額增加補助，但最高不得逾 40%：

（1）年滿 65 歲。
（2）懷胎滿 3 個月。
（3）領有身心障礙手冊或身心障礙證明。

CHAPTER 9
就業安全暨勞動福利之政策與立法

第九章

榜·首·導·讀

- 請瞭解「積極勞動政策」的內涵。

關·鍵·焦·點

- 社會企業議題是近年新興議題,請加強準備。

命·題·趨·勢

公務人員	年度	110年				111年				112年			
	考試	高考	普考	地三	地四	高考	普考	地三	地四	高考	普考	地三	地四
		申	申測	申	申測	申	申測	申	申測	申	申測	申	申測
	題數		1		1		2	1	2		4		

專技社工師	年度	110年				111年				112年				113年	
	考試	2申		2測		1申		1測	2申		2申	1申		1測	2申	2測	1申	1測
	題數		2					2				1			

本·章·架·構

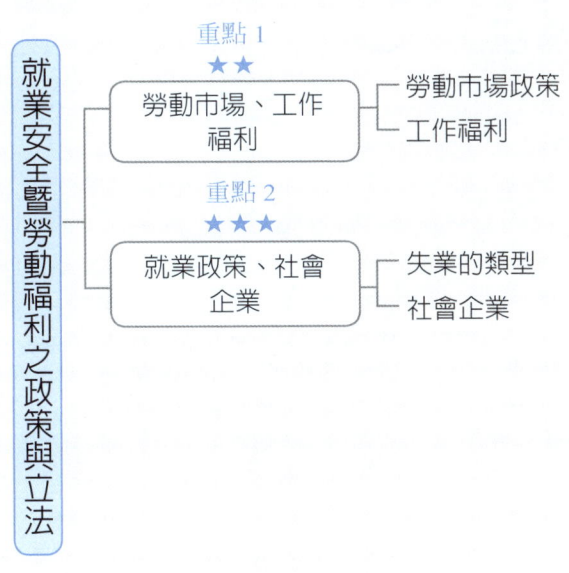

就業安全暨勞動福利之政策與立法
- 重點1 ★★ 勞動市場、工作福利
  - 勞動市場政策
  - 工作福利
- 重點2 ★★★ 就業政策、社會企業
  - 失業的類型
  - 社會企業

重點 1　勞動市場、工作福利

壹、勞動市場政策

一、勞動市場政策類型

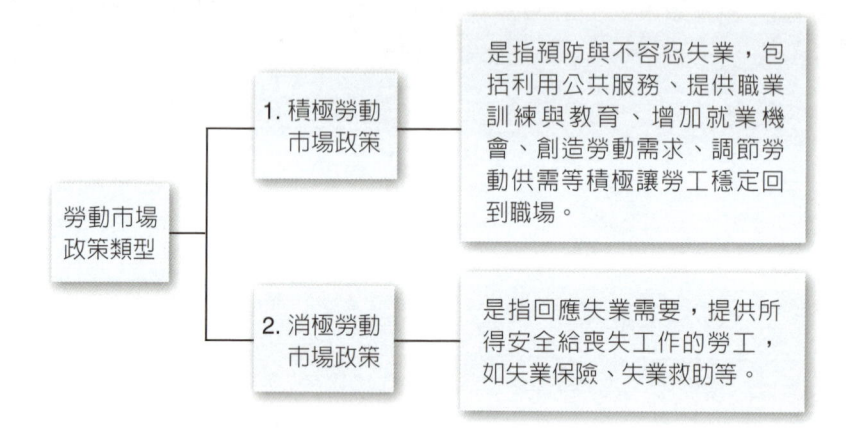

勞動市場政策類型：

1. **積極勞動市場政策**：是指預防與不容忍失業，包括利用公共服務、提供職業訓練與教育、增加就業機會、創造勞動需求、調節勞動供需等積極讓勞工穩定回到職場。

2. **消極勞動市場政策**：是指回應失業需要，提供所得安全給喪失工作的勞工，如失業保險、失業救助等。

二、積極性勞動市場政策（active labor market policies, ALMP）

> **上榜關鍵** ★
> 觀念要懂，並請應用在勞動、失業相關議題之申論題論述中。

(一) 積極性勞動市場政策，主要是藉由創造就業機會，提供職業訓練與就業服務，以促進失業者再就業。從概念內涵上來看，積極性勞動市場政策是相對於消極性（passive），即福利國家給付的失業給付、失業救助、提早退休津貼等來維持失業者所得的消極性（passive）措施而來的。積極性政策（activation policies）的目的在於希望透過這些政策，可以針對接受政府給付者，或可能被永遠擠出勞動市場者，設計出各種政策與措施。其目的是希望透過教育、職業訓練或再訓練、團體互助過程等，幫助目標人口群進入或再進入勞動市場。ALMP 不只是針對勞動市場的供給面，如提供失業者或其他相關的人更好或更多的訓練，也在某種程度上減輕了對需求面的衝擊，如提供津貼。

(二) 1990年代有兩股影響福利國家發展的主要力量。一是新自由主義的福利國家緊縮策略；另一為活化福利國家（activating welfare state）。新自由主義的福利國家緊縮策略是以美國、英國為主的作法，刪減福利預算、私有化福利提供。但是，它無法解決福利國家面對的困境。因為，福利國家之所以出現，主要就是在彌補市場失靈的後果。再市場化、再家庭化，顯然不是辦法，只會讓貧富差距擴大、社會排除增加。活化福利國家反而是看到北歐國家之所以成功地既有高社會保障水準，又維持低失業率與高勞動參與率的經驗，靠的就是積極勞動市場政策。鼓勵失業者回到就業與整合人民進入勞動市場。即使在1990年代，北歐面對高失業率、低經濟成長的危機。但是，整體經濟成長與人民生活品質，表現仍然十分亮麗。這其中最重要的創新就是勞動市場的彈性安全。

(三) 積極性勞動市場政策的功能
1. 藉由提供公共工作與薪資補貼，緩和經濟不景氣對就業市場的衝擊。
2. 藉由職業訓練、尋職津貼與搬遷津貼，解決產業或區域結構之勞動供需失衡問題。
3. 藉由一般性就業服務與提供新近就業市場者職業訓練，來改善勞動市場的功能。
4. 藉由各種職業訓練機制，加強勞工的工作技能與生產力。
5. 藉由就業諮商、職業訓練與薪資補貼，支持弱勢族群勞工的就業。

三、勞動市場彈性安全三個元素

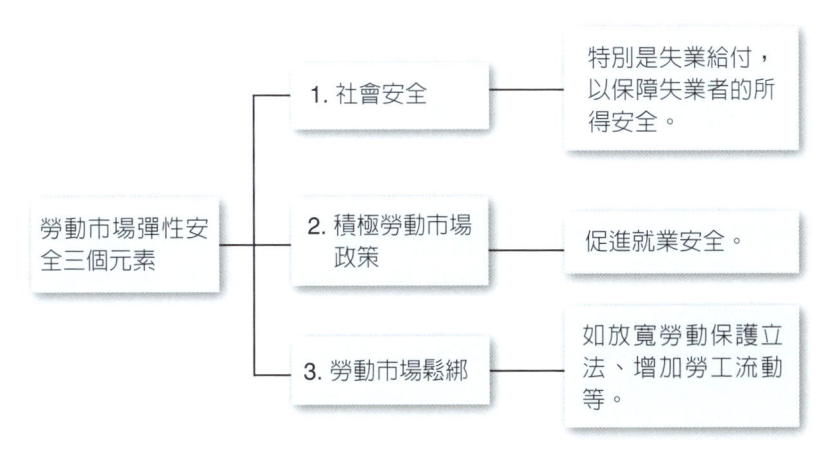

勞動市場彈性安全三個元素
- 1. 社會安全 — 特別是失業給付，以保障失業者的所得安全。
- 2. 積極勞動市場政策 — 促進就業安全。
- 3. 勞動市場鬆綁 — 如放寬勞動保護立法、增加勞工流動等。

貳、工作福利

> **榜首提點**
> 工作福利是非常重要的概念，請思考在社會政策立法之運用方式。

一、起源

工作福利源自於美國為解決有依賴兒童家庭補助的「福利依賴」問題，而進行的福利改革，試圖以就業作為福利給付的條件。

二、內涵

(一) 工作福利概念經由新自由主義全球化擴散，成為歐洲國家政治人物學習的一部分，從美國再到歐洲大陸。不論使用工作福利，或是以福利創造工作，或是活化，都顯示歐洲福利國家走向工作福利體制，或使能國家，或活化國家的走勢。

(二) 工作福利國家強調國家施壓給失業者，以取消福利為手段，迫使他們再進入勞動市場，即使低薪工作也在所不惜。使能國家或活化國家則是從普及的社會保障給付提供給勞工的社會公民權，轉型為市場取向的特定對象給付，以促進勞動市場參與個人責任。從此，活化成為一種新的勞動市場典範，歐洲也進入工作福利幻覺，將工作福利視為救失業的萬靈丹。

三、在勞動市場的應用

混合著積極勞動市場政策與就業優先的工作福利（workfare），被部分用來取代傳統的積極勞動市場政策。使福利社會保障轉型成為就業活化（activation）；也使積極的勞動市場政策轉型為活化的勞動市場政策（activating labour market policies）。

練功坊

一、隨著失業與貧窮問題的惡化,「積極勞動市場政策(Active Labour Market Policy)」是現今國際間相當重要的社會政策取向,請說明其意義。

解析

茲將積極勞動市場政策之意義,說明如下:

(一) 勞動市場通常分為二個部分:積極與消極二種。積極勞動市場政策,是指預防與不容忍失業,包括利用公共服務、提供職業訓練與教育、增加就業機會、創造勞動需求、調節勞動供需等積極政策,讓勞工穩定回到職場。消極勞動市場政策,是指回應失業需要,提供所得安全給喪失工作的勞工,如失業保險、失業救助等。積極性勞動市場政策,主要是藉由創造就業機會,提供職業訓練與就業服務,以促進失業者再就業。從概念內涵上來看,積極性勞動市場政策是相對於消極性,即福利國家給付的失業給付、失業救助、提早退休津貼等來維持失業者所得的消極性措施而來的。

(二) 積極性政策的目的在於希望透過這些政策,可以針對接受政府給付者,或可能被永遠擠出勞動市場者,設計出各種政策與措施。其目的是希望透過教育、職業訓練或再訓練、團體互助過程等,幫助目標人口群進入或再進入勞動市場。積極勞動市場政策不只是針對勞動市場的供給面,如提供失業者或其他相關的人更好或更多的訓練,也在某種程度上減輕了對需求面的衝擊,如提供津貼。Grubb 將積極性勞動政策分為三類:公共就業服務、職業訓練,以及創造就業機會。

重點 2 就業政策、社會企業

閱讀完成：＿＿＿月＿＿＿日

壹、失業原因與解決觀點

一、失業的類型

> **上榜關鍵** ★★
> 請考生對各種失業類型有清楚的理解，並思考相對應的政策，為申論題考點。例如：新冠肺炎的疫情屬於那一種失業類型？應該以哪一種政策為解決方法？

類型	說明
季節性失業（seasonal unemployment）	季節性失業係因某些行業的間歇性生產特性而造成的失業，季節性失業主要為勞動力供給呈現季節性，導致某些季節勞動力供過於求，於是出現失業人口。以國內來說，每年七、八月間因畢業生離校季節，勞動力供過於求，因此七、八月間的失業率偏高，這種現象即屬季節性失業。
摩擦性失業（frictional unemployment）	是由於勞動力缺乏流動性、資訊交流不完全所造成的，摩擦性失業大部分是自願的，因為它反映了個人的求職行為；因此，摩擦性失業有時候又稱之為求職性失業。摩擦性失業係因個人因就業資訊不足，在短期內未能找到工作。
結構性失業（structural unemployment）	是指市場競爭的結果或者是生產技術改變而造成的失業，結構性失業期間通常較摩擦性失業要久，因為失業勞工需要再訓練或是遷移後才能找到工作。結構性失業是因產業結構變化，如從勞力密集轉變到技術密集產業，未具有技術能力的勞工，就面臨失業的問題；結構性失業經常延續到個人擁有就業技術能力後才消除。
自願性失業（voluntary unemployment）	自願失業歸因於個人的決定或選擇，摩擦性失業大部分是自願的，因為它反映了個人的求職行為，包括為尋找更好工作而失業的勞工。
非自願性失業（involuntary unemployment）	自願失業則是個人所處的社會經濟環境（包括市場結構和總體需求狀況）的變動所造成的，包括因為經濟危機、產業衰退、公司破產或組織重組而被資遣解僱的勞工。

二、解決失業問題的「經濟學」與「社會政策」觀點

「經濟學」觀點	「社會政策」觀點
■ 為避免造成失業依賴，失業福利應有其限制。例如：領取失業給付的期間不應太長，或領取給付的條件過寬。因為失業福利太高，則個人的失業成本太低，會導致失業者喪失尋找工作的動機。 ■ 解決失業問題的治本對策，在於提升其就業能力（employability）。因此透過職業訓練，才能根本解決失業問題。但職業訓練時間較長，並非短期間可奏效。因此，職業訓練通常必須與學校教育密切結合。 ■ 在短期對策上，政府可透過就業服務機制，結合政府與民間就業服務網絡，提供及時的就業資訊，縮短求才與求職間的時間落差。這也是諾貝爾經濟學獎得主所揭櫫的「搜尋摩擦」的概念。	■ 政府採取公共就業方案，提供失業者就業機會。凱因斯學派的經濟學者也不反對政府擴大就業方案，尤其對有經濟需求的家庭，公共就業方案可提供短時期的經濟舒緩，具有社會的積極功能。 ■ 針對社會經濟的弱勢失業人口，政府有責任提供積極的就業促進措施，包括較長期間的失業給付或提供失業救助。基於社會差異性公平原則，對經濟弱勢人口的失業協助，是政府責無旁貸的責任。 ■ 建構失業救助到社會救助的社會安全制度。目前我國的失業人口面臨較長時期的結構性失業時，由於缺乏完整的社會安全體系，經常處於「近貧」的困境。因此有必要建構一個完整的社會安全制度，消除近貧問題的存在。 ■ 政府可將就業保險的對象，從有一定雇主的勞工被保險人，擴大到無一定雇主的職業工人，使無一定雇主的勞工也可以獲得就業保險的保障，可以減少失業問題的擴大。

貳、社會企業

> **上榜關鍵** ★★★
> 社會企業是近年新興的概念，請建立基本的觀念，以利加以運用。

一、社會企業（social enterprise）的起源

(一) 非營利組織為了實踐其公益目標，面臨資源缺乏之際，也開始向商業部門靠攏與學習，不斷的朝向市場化與產業化方面發展，並且以企業經營管理的方式，期盼組織能夠透過減少對公部門或私人捐款的依賴，以維持組織的獨立運作與永續經營的能力。在這樣的經營理念之下，非營利組織的發展產生了社會企業（social enterprise）的概念。

(二) 而面對福利國家的批評，政府部門開始以契約的方式，將某些政府應該

提供的服務外包給企業或非營利組織來執行，以解決過去大眾對於政府缺乏彈性與過於科層化的政府失靈問題，使非營利組織與公共政策間有所互動。透過非營利部門提供以往政府應提供的福利服務，在該部門不追求利潤極大化的特性之下，雖然接受政府的補助，但是卻能夠將產業化的盈餘回饋給相關利害關係人，使得社會目標得以實現，也形成另外一種公私部門協力的典範。而福利服務民營化，除了造成福利產業的興起之外，也使得社會企業成為市場、公共政策與公民社會的交叉點。

(三) 總而言之，社會企業指的是在傳統部門的概念無法因應社會日趨複雜的問題時，傳統部門的界定也會隨之式微，尤其是企業部門逐漸融合而產生的一種新型態的混合組織，是一種歐美國家第三部門變革的新趨勢。

二、社會企業的特色（特徵）

OECD 的觀點	英國 Social Enterprises London 的觀點	
■ 認為社會企業指的是可以產生公共利益的私人活動，以達成特定經濟或社會目標，同時有助於解決社會排斥和失業問題。雖然過程中有企業的營利行為，但事實上是為了獲取財務資源，而非以追求利潤最大化為原則，具有滿足社會及經濟兩種不同目的的效果。 ■ 特色： （1）採取不同類型的合法組織。 （2）富企業精神活動的組織。 （3）不以分配利益為原則，但可以重新投資以實踐其社會目標。 （4）重視民主參與及企業化組織，強調利害關係人而非股東。 （5）堅持經濟及社會目標。 （6）主張經濟及社會創新。 （7）市場觀察法則。 （8）經濟持續性。 （9）具高度自主財源。 （10）強調須滿足社會需求。 （11）勞力密集的活動。		說明
	1. 企業取向	直接參與市場中的產品生產與服務輸送，尋求實際的交易，並從交易中獲得利益。
	2. 社會目的	具有明確的社會目的，包括創造就業機會、訓練及提供社區服務。對於社會資本的累積具有使命感，並對社區及服務的群體有責任感，對社會、環境及經濟有影響力。
	3. 社會所有	機構的所有權及機構管理權歸屬於利益關係人，包含服務使用者、社區代表或理事。營利所得回饋所有利潤之關係人，並非給予特定的個人。

三、社會企業光譜

	純慈善性質 ←――→ 純商業性質		
	訴諸善心	兩者兼具	訴諸個人利益
	使命導向	使命與市場並重	市場導向
	社會價值	社會與經濟價值並重	經濟價值
受益人	免付費	補助價格，或服務對象有的付全額、有的免費	依市價收費
資金	捐款與補助金	資金成本低於市價，或捐贈與成本比照市價行情的資金兼具	市場價格的資金
員工	義工	付低於市場行情的工資，或同時有義工及支領全薪的員工	依市場行情給薪
供應商	捐贈物品	特殊折扣，或物品捐贈與全額捐贈皆有	依市價收費

四、對政府有關社會企業政策推動之建議

（一）政府應扮演資源整合平臺的角色，協助媒合各項資源

1. 研究顯示，政府對於臺灣社區型社會企業的興起與發展扮演相當重要的角色，尤其是在人事經費之挹注上，對其發展初期更有關鍵性的影響。政府雖有提供輔導訪視、相關經營與訓練經費補助或設立網站整合行銷等，但從整體調查結果也顯示，其所占的比例都遠不及經費上所占之比例。

273

2. 社會企業具有經濟與社會雙重目的，在經濟面向除了有助於組織財務自主外，社會面更能協助政府推動各項的福利措施或福利社區化的效果。未來社區型社會企業的經營模式，將成為公、私部門協力的重要合作方式。而政府對於此類型組織的協助，除了經費的補助外，應可扮演資源整合平臺的角色，以協助其發展。又如：社區型社會企業的經營過程面臨到「難以尋找兼具經營管理與公益使命之專業人才」的挑戰，或許政府可以補助相關民間團體或學校，扮演輔導及諮詢的角色，或鼓勵企業組織協助或非營利組織成立產銷經營的單位，協助組織更順利發展，這都是政府在政策上可以更積極扮演的角色。

(二) 創造更有利的法規環境與行政程序以利發展

在法規方面，研究顯示許多的社區型企業組織都認為法規環境不夠完善，且政府經費補助過程繁瑣，增加機構的行政負擔。因此，如何在依法行政的科層體制下，創造一個更有利於社區型社會企業發展的法律環境與行政空間，這也是值得政府正視的議題。

相關法規說明

項次	法規名稱	說明
1	《就業服務法》	請至「全國法規資料庫」下載
2	《就業法險法》	
3	《性別平等工作法》	
4	《勞工退休金條例》	
5	《中高齡者及高齡者就業促進法》	

編按：為免各社會政策相關法規修法更迭頻繁，請考生於研讀本章時下載相關法規同步研讀，以免所研讀之法規過時，影響應考成績。

練功坊

一、請解釋以下名詞：（一）結構性失業、（二）社會企業

解析

（一）結構性失業：指的是產業結構變化，如從勞力密集轉變到技術密集產業，未具有技術能力的勞工，就面臨失業的問題；結構性失業經常延續到個人擁有就業技術能力後才消除。

（二）社會企業：非營利組織除了實踐其公益目標，面臨資源缺乏之際，也開始向商業部門靠攏與學習，不斷的朝向市場化與產業化方面發展，並且以企業經營管理的方式，期盼組織能夠透過減少對公部門或私人捐款的依賴，以維持組織的獨立運作與永續經營的能力。在這樣的經營理念之下，非營利組織的發展產生了社會企業（social enterprise）的概念。社會企業指的是在傳統部門的概念無法因應社會日趨複雜的問題時，傳統部門的界定也會隨之式微，尤其是企業部門逐漸融合而產生的一種新型態的混合組織，是一種歐美國家第三部門變革的新趨勢。

練功坊

（　）1. 依《就業服務法》第33條規定，雇主資遣員工時，應於員工離職之十日前，將被資遣員工之姓名等基本資料，列冊通報當地主管機關或公立就業服務機構，請問如其資遣係因天災、事變或其他不可抗力之情事所致者，應於幾日內為之？
(A) 三日　　(B) 四日　　(C) 五日　　(D) 六日

解析

(A)。《就業服務法》第33條規定，雇主資遣員工時，應於員工離職之十日前，將被資遣員工之姓名、性別、年齡、住址、電話、擔任工作、資遣事由及需否就業輔導等事項，列冊通報當地主管機關及公立就業服務機構。但其資遣係因天災、事變或其他不可抗力之情事所致者，應自被資遣員工離職之日起三日內為之。

練功坊

( ) 2. 規範「失業給付」及「提早就業獎助津貼」的是那一項法規？
(A)《就業服務法》　　　　　　(B)《就業保險法》
(C)《勞工保險條例》　　　　　(D)《勞工安全衛生法》

解析

(B)。《就業保險法》第 10 條規定，本保險之給付，分下列五種：(1) 失業給付；(2) 提早就業獎助津貼；(3) 職業訓練生活津貼；(4) 育嬰留職停薪津貼；(5) 失業之被保險人及隨同被保險人辦理加保之眷屬全民健康保險保險費補助。

( ) 3.《性別平等工作法》規定：受雇者於其家庭成員預防接種、發生嚴重之疾病或其他重大事故須親自照顧時，得請家庭照顧假；其請假日數併入事假計算，全年以幾日為限？
(A) 3 日　　　(B) 5 日　　　(C) 7 日　　　(D) 10 日

解析

(C)。《性別平等工作法》第 20 條規定，受雇者於其家庭成員預防接種、發生嚴重之疾病或其他重大事故須親自照顧時，得請家庭照顧假；其請假日數併入事假計算，全年以七日為限。

( ) 4. 依據《勞工退休金條例》，雇主每月負擔之勞工退休金提繳率，不得低於勞工每月工資之多少？
(A) 6%　　　　　　　　　　　(B) 10%
(C) 3%　　　　　　　　　　　(D) 12%

解析

(A)。《勞工退休金條例》第 14 條規定，雇主每月負擔之勞工退休金提繳率，不得低於勞工每月工資 6%。

重點便利貼

1. 積極勞動市場政策：是指預防與不容忍失業，包括利用公共服務、提供職業訓練與教育、增加就業機會、創造勞動需求、調節勞動供需等，積極讓勞工穩定回到職場。

2. 工作福利：源自於美國為解決有依賴兒童家庭補助的「福利依賴」問題，而進行的福利改革，試圖以就業作為福利給付的條件。

3. 積極促進：針對領取政府給付者或是（可能）被勞動市場排除在外者，促使其進入或再進入勞動市場、或參與社會團體、社區或志願服務等的社會性活動。

4. 就業安全體系：包括失業保險、就業服務、職業訓練三個部分。

5. 社會企業：指的是在傳統部門的概念無法因應社會日趨複雜的問題時，傳統部門的界定也會隨之式微，尤其是企業部門逐漸融合而產生的一種新型態的混合組織，是一種歐美國家第三部門變革的新趨勢。

擬真考場

測驗題

( ) 1. 就我國社會安全制度實施的不同類型做比較,失業給付提供是屬於何種社會福利類型?
(A) 社會救助類型 　　　　　　(B) 社會津貼類型
(C) 社會保險類型 　　　　　　(D) 財力重分配類型

( ) 2 依《就業保險法》之規定,失業給付按申請人離職辦理本保險退保之當月起前6個月平均月投保薪資60%按月發給,老王離職退保時已50歲,在非經濟不景氣致大量失業或其他緊急情事時,請問最長可發給幾個月?
(A) 3 個月　　(B) 6 個月　　(C) 9 個月　　(D) 12 個月

( ) 3. 依《性別工作平等法》之規定,受雇者於其配偶分娩時,雇主應給予陪產假五日,請問陪產假期間,其工資之發給相關規定為何?
(A) 不發給工資　　　　　　　(B) 發給工資 1/4
(C) 發給工資 1/2　　　　　　(D) 工資照給

解析

測驗題

1. **C** 失業給付是屬於《就業保險法》的給付項目，提供勞工於遭遇非自願性失業事故時失業給付，並對於積極提早就業者給予再就業獎助。另對於接受職業訓練期間之失業勞工，並發給職業訓練生活津貼及失業被保險人健保費補助等保障，以安定其失業期間之基本生活，並協助其儘速再就業。

2. **C** 《就業保險法》第16條規定，失業給付按申請人離職辦理本保險退保之當月起前六個月平均月投保薪資60%按月發給，最長發給六個月。但申請人離職辦理本保險退保時已年滿四十五歲或領有社政主管機關核發之身心障礙證明者，最長發給九個月。

3. **D** 《性別工作平等法》第15條規定，受雇者於其配偶分娩時，雇主應給予陪產假五日。陪產假期間工資照給。

第十章 CHAPTER 10
兒童及少年福利之政策與立法

榜・首・導・讀

- 兒童福利服務類型包括支持性、補充性、替代性、保護性等類型，是經典必備考點，請扎實準備；亦請具備舉例能力，思考現有政策法案有那些福利服務可歸在各類型項下。
- 《兒童及少年性剝削防制條例》，請強化對申論題之應答及測驗題之選答實力。
- 「兒童與少年未來教育及發展帳戶」之理念及相關內容，務必精準研讀。

關・鍵・焦・點

- 聯合國《兒童權利公約》，必須對指導原則、特質、發展趨勢，必須有清楚的觀念。

命・題・趨・勢

公務人員	年度	110年					111年					112年				
	考試	高考		普考	地三	地四	高考		普考	地三	地四	高考		普考	地三	地四
		申	測	申	申	測	申	測	申	申	測	申	測	申	測
	題數		1	5		5		3	1		4		4	1	4

專技社工師	年度	110年					111年					112年				113年	
	考試	2申	2測	1申	1測		2申	2測	1申	1測		2申	2測		1申	1測
	題數	1	5	4			4		4			2			2	

本·章·架·構

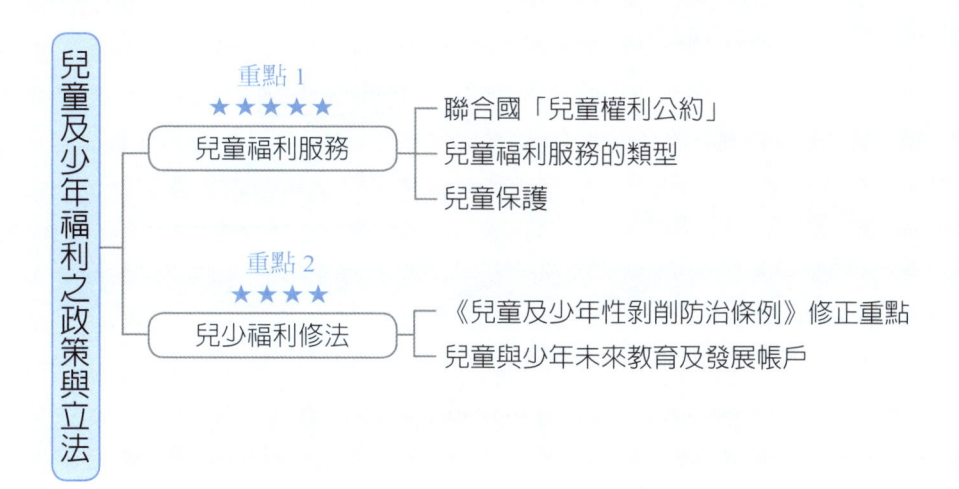

兒童及少年福利之政策與立法
├─ 重點 1 ★★★★★ 兒童福利服務
│   ├─ 聯合國「兒童權利公約」
│   ├─ 兒童福利服務的類型
│   └─ 兒童保護
└─ 重點 2 ★★★★ 兒少福利修法
    ├─ 《兒童及少年性剝削防治條例》修正重點
    └─ 兒童與少年未來教育及發展帳戶

重點 1 兒童福利服務

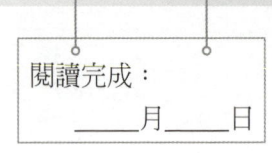

閱讀完成：_____月_____日

壹、聯合國「兒童權利公約」

上榜關鍵 ★★★
申論題考點；另兒童最佳利益、意思表達及參與權，請深入思考。

一、「兒童權利公約」的普遍性指導原則

指導原則	說明
1. 無差別歧視的權利	■ 不得因兒童本人或其父母或法定監護人之種族、膚色、性別、語言、宗教、政治或其他主張、國籍、出身、財富、殘障、出生或其他地位之不同而有所歧視。 ■ 應採取一切適當措施，確保兒童免於因父母、法定監護人或家族成員之地位、行為、主張或信念之關係而遭受各種差別待遇或處罰。 ■ 此原則的基本訊息是機會均等，任何兒童皆應享有適足的生活水平的同等機會，不得遭受任何有形或無形的歧視。
2. 兒童的最佳利益為依歸	■ 所有關係兒童之事務，無論是否由公私社會福利機構、法院、行政當局或立法機關所主持，均應以兒童之最佳利益為優先考慮。 ■ 應考慮兒童之父母、法定監護人及其他依法對兒童負有責任之個人所應有之權利與義務，確保兒童之福祉與必要之保護與照顧，並以適當之立法和行政措施達成此目的。 ■ 應對負責照顧與保護兒童之機構、服務部門與設施，特別在安全與保健方面，以及該等機關內之工作人數與資格是否合適，且是否合乎有權監督機構所訂之標準，作嚴格之要求。
3. 生命、生存和發展權	承認兒童與生俱有之生存權利，應盡最大可能確保兒童的生存與發展。其中，發展權指的不應僅是身體健康，尚包括心智、情緒、社會和文化的發展。

指導原則	說明
4. 意見表達及參與權	■ 國家應使有意思能力之兒童就與其自身有關事務有自由表意之權利,其所表示之意思應依其年齡大小與成熟程度予以權衡。 ■ 應特別給予兒童在對自己有影響之司法和行政訴訟中,能夠依照國家法律之程序規則,由其本人直接或透過代表或適當之團體,表達意見之機會。

二、兒童權利公約的特質 。

上榜關鍵 ★★★
申論題考點。

公約特質	說明
1. 平等性	兒童權利公約是屬於每一位兒童的,無論是任何地方、任何種族及貧富,均可享有兒童權利公約所有的權利。
2. 加強基本人權和人格的尊嚴	兒童權利公約的基本架構,就是著重在對兒童基本人權的尊重和人格發展的迫切性。
3. 強調和支持家庭或家人在兒童生活中的角色	兒童有權生活在一個充滿愛與關懷的家庭,政府必須尊重父母親對兒童們應有的責任,以及提供照顧和輔導孩童的責任;政府也應該提供家長們在物質上的援助和支持方案,並防止兒童和他們父母分離。
4. 兒童們尋求尊重,但在不影響他人的權利和義務	■ 兒童權利公約強調兒童有權發表他們的意見,而且對於他們的意見也予尊重;但公約同時也明白地指出,兒童有義務要尊重他人的權益,特別是父母親的。 ■ 公約強調要尊重兒童們的發展能力,但卻不能在兒童還太小時就給予為自己做所有的決定,而是應視兒童的成熟度給予適當的權利。
5. 擔保無差別歧視的原則	無差別歧視的原則是基本人權中之一條,同時也經由負責團體小心仔細地定義及監督執行。
6. 建立明確的義務	在各國認可公約之後,政府必須將公約納入國家法令當中,且要能夠緊密地與政府施政相連結,並由兒童權利委員會監督。

283

三、兒童權利公約所彰顯出的發展趨勢

> 上榜關鍵 ★★★★
> 申論題考點。

趨勢	說明
1. 從家務事到國家與國際社會共同的責任	兒少福利與權益的保障,並非只是兒少個人或父母的「家務事」,而是整個國家及國際社會所應共同關切的。
2. 從差別待遇到機會平等	兒童不再因為其種族、膚色、性別、國籍、宗教等的不同,而遭受不公平的對待,家庭、社會及政府給予每位兒童的機會應是均等的。
3. 從生存權到發展權	給予兒童營造的生活環境,除了物質層次的基本生存保障之外,亦應擴及至心理與發展的層次。
4. 從附屬地位到獨立個體	兒童不應該被視為是附屬或成人或家庭的個體,其所表達的意見,應視其成熟程度予以適切的尊重。
5. 從「保護客體」到「權利主體」	藉由兒童權利的相對義務履行者發展其尊重、保護及滿足兒童權利的能力,以及兒童主張權利的能力,始能促進所有兒童權利之實現。

貳、兒童福利服務的類型

> 榜首提點
> 兒童福利服務類型分類,是經典必備考點,請扎實準備;亦請具備舉例能力,思考現有政策法案有哪些福利服務可歸在各類型項下。

1. 支持性服務
- 指家庭結構仍然完整,只是因家庭關係失調、緊張,導致家庭產生壓力。
- 其服務包括:家庭諮商、親職教育、發展遲緩兒童早期療育、未婚媽媽及其子女服務、兒童休閒娛樂服務、社區心理衛生服務等。

2. 補充性服務
- 補充性服務的目的在彌補家庭對其子女照顧功能之不足或不適當的情況。尤其當兒童的家庭發生困難,或其雙親因能力的限制,以致無法充分提供兒童照顧時,則往往需要從家庭系統之外給予補充性的服務。
- 例如:家庭經濟補助、托育服務、在宅服務、學校社會工作等。

兒童福利服務的類型

3. 替代性服務
- 是指一旦家庭功能或親子關係發生嚴重缺失,導致兒童不適宜居住在原生家庭生活,必須尋求替代家庭之場所,作為暫時性,或永久性之安置。
- 例如:家庭寄養服務、收養服務、機構安置等。

4. 保護性服務
- 是指兒童被其家庭成員不當對待,例如:虐待、疏忽等,而導致身體、心理、社會、教育等權益受損,公權力必須給予保護。
- 例如:兒童身體虐待、性虐待、心理虐待、照顧疏忽等預防與保護。

> **知識補給站**
>
> 兒童福利服務內涵之分類：
> 關於兒童福利服務的內涵，Kadushin 所提出之服務內涵究竟為支持性、補充性、替代性三種服務內涵，抑或包括第四種服務——保護性服務，茲引用國內教科書之分類說法供考生參考：
> 1. 彭淑華等著，《兒童福利——理論與實務》，第 1 章「兒童福利的意涵與歷史發展」之說明為：「Kadushin & Martin 將兒童福利服務依其家庭系統互動之目的分為三類，分別為：支持性服務、補充性服務、替代性服務。」
> 2. 林勝義，《兒童福利》，第 1 章「兒童福利之意涵」之說明為：「Kadushin & Martin 依服務的功能，區分為支持性服務、補充性服務、替代性服務等三個層面。」「平心而論，依對象性質分類，恐無法竟盡……。況且隨著家庭結構及社會價值的快速變遷，兒童受虐已成為當前嚴重的兒童問題，所以保護性服務允宜另列一項，較有利於兒童福利實務之運作，所以參考功能分類方式，並增列保護性服務共四項。」
> 3. 林勝義，《社會工作概論》，第 12 章「社會工作對於特定人群的服務」之說明為：「Kadushin 曾以社會工作介入程度的深淺，將兒童福利服務區分為：支持性服務、補充性服務、替代性服務等三大類。後來，兒童虐待增多，有人建議增列保護性服務一類，成為四種主要服務。」
> 4. 李增祿主編，《社會工作概論》，第 11 章「兒童福利工作」之說明：「Kadushin 以服務方式分為替代性的服務、補助性的服務、支持性的服務。」

參、兒童保護

兒童保護是指保護兒童免於遭受不當對待，包括：兒童虐待、兒童疏忽。說明如下：

一、兒童虐待

兒童虐待是指父母或照顧者對兒童施以身體、性、語言的攻擊稱之。

二、虐待類型

> **榜首提點**
>
> 兒童虐待的定義，請建立基本觀念；請熟讀《兒童及少年福利與權益保障法》有關兒童保護的相關規定，俾利實務案例解析運用。

類型	說明
身體虐待	兒童的父母或照顧者對兒童所施加的行為,導致其身體上出現非意外的傷亡稱之。
性虐待	是指以強暴、脅迫、恐嚇、催眠術,或其他違反其意願的方法對他人進行的性侵害與性剝削等。
心理虐待	兒童心理不當對待,包括心理虐待與疏忽。

三、兒少保護三級預防概念

層面	說明
1. 第一級 初級預防	初級預防性服務的目的在於「防範於未然」,希望透過兒少保護觀念的宣導,來遏止兒少虐待新案的發生,尤其是針對兒少虐待發生高危險群的施虐者進行積極性的預防性教育工作。
2. 第二級 次級預防	目的是藉由幫助受虐兒少及施虐者,使傷害狀況不會繼續發生。其策略是透過通報系統及緊急安置服務,讓受虐兒少立即離開受虐環境,以免持續受害或受害程度加重。
3. 第三級 預防	目的是將受傷害程度減至最低,並減少擴大傷害的可能性。方法是透過治療、追蹤輔導,讓受虐兒少得以重建信任感、歸屬感,讓施虐者接受強制性親職教育、增加親職功能,並且透過處遇計畫或提升家庭功能,避免再次受虐。

相關法規說明

項次	法規名稱	說明
1	聯合國《兒童權利公約》	請至兒童少年權益網（https://www.cylaw.org.tw）/兒童權利公約專區，下載「兒童權利公約—聯合國中文版」研讀。
2	《兒童權利公約施行法》	請至「全國法規資料庫」下載
3	《兒童及少年福利與權益保障法》	
4	《兒童及少年保護通報與分級分類處理及調查辦法》	
5	《兒童及少年福利機構設置標準》	

編按：為免相關法規修法更迭頻繁，致所研讀之法規過時，影響應考成績，請考生於研讀本章時下載相關法規同步研讀。

練功坊

一、請解釋以下名詞之意涵：（一）支持性的服務、（二）補充性服務

解析

（一）支持性的服務：係指家庭結構仍然完整，只是因家庭關係失調、緊張，導致家庭產生壓力。因此，需求親職教育、家庭功能的改善。其服務包括：家庭諮商、親職教育、發展遲緩兒童早期療育、未婚媽媽及其子女服務、兒童休閒娛樂服務、社區心理衛生服務等。

（二）補充性服務：是指當家庭結構仍然完整，但父母親職角色不當履行或限制，造成兒童受到一定程度的傷害，而由外在系統注入資源，補充其不足。例如：家庭經濟補助、托育服務、在宅服務、學校社會工作等。

練功坊

( ) 1. 近年來許多縣市推動設立公立托嬰中心之福利服務，在 Kadushin 對於兒童福利服務的分類中，托嬰中心屬於下列那一種服務？
(A) 市場性服務 (B) 支持性服務
(C) 補充性服務 (D) 替代性服務

解析

(C)。
兒童福利服務的類型：
(1) 支持性服務：指家庭結構仍完整，只是因家庭關係失調、緊張，導致家庭產生壓力，因此尋求親職教育、家庭功能的改善。例如：家庭諮商、親職教育、發展遲緩兒童早期療育、未婚媽媽及其子女服務、兒童休閒娛樂服務、社區心理衛生服務等。
(2) 補充性服務：補充性服務的目的在彌補家庭對其子女照顧功能之不足或不適當的情況。尤其當兒童的家庭發生困難，或其雙親因能力的限制，以致無法充分提供兒童照顧時，則往往需要從家庭系統之外給予補充性的服務。例如：家庭經濟補助、托育服務、在宅服務、學校社會工作等。題意屬之。
(3) 替代性服務：是指一旦家庭功能或親子關係發生嚴重缺失，導致兒童不適宜居住在原生家庭生活，必須尋求替代家庭之場所，作為暫時性或永久性的安置。例如：家庭寄養服務、收養服務、機構安置等。
(4) 保護性服務：是指兒童被其家庭成員不當對待，例如：虐待、疏忽等，而導致身體、心理、社會、教育等權益受損，公權力必須給予保護。例如：兒童身體虐待、性虐待、心理虐待、照顧疏忽等預防與保護。

(　　) 2. 我國現行的《兒童及少年福利與權益保障法》修訂許多收出養的規定，下列敘述何者正確？
(A) 收出養媒合服務者得向收養人收取服務費用
(B) 兒童及少年欲出養時應委託收出養媒合服務者代尋適當之收出養者，即使親戚間的收養亦應委託媒合服務者進行收養程序
(C) 被收養兒童及少年之身分健康等資料檔案，主要的保管者為負責媒介之服務機構
(D) 收出養以國外收養者優先收養為原則

解析

(A)。
(1) 選項 (A) 為正確答案。《兒童及少年福利與權益保障法》第 15 條規定，從事收出養媒合服務，以經主管機關許可之財團法人、公私立兒童及少年安置、教養機構（統稱收出養媒合服務者）為限。收出養媒合服務者從事收出養媒合服務，得向收養人收取服務費用。
(2) 選項 (B) 所述有誤。《兒童及少年福利與權益保障法》第 16 條規定，父母或監護人因故無法對其兒童及少年盡扶養義務而擬予出養時，應委託收出養媒合服務者代覓適當之收養人。但下列情形之出養，不在此限：
旁系血親在六親等以內及旁系姻親在五親等以內，輩分相當。
夫妻之一方收養他方子女。
(3) 選項 (C) 所述有誤。《兒童及少年福利與權益保障法》第 21 條規定，中央主管機關應保存出養人、收養人及被收養兒童及少年之身分、健康等相關資訊之檔案。收出養媒合服務者及經法院交查之直轄市、縣（市）主管機關、兒童及少年福利機構、其他適當之團體或專業人員，應定期將前項收出養相關資訊提供中央主管機關保存。
(4) 選項 (D) 所述有誤。《兒童及少年福利與權益保障法》第 16 條規定，出養以國內收養人優先收養為原則。

兒少福利修法 重點2

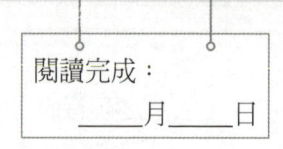

閱讀完成：_____月_____日

貳、《兒童及少年性剝削防制條例》修正重點

榜首提點
104年1月修法將原名稱《兒童及少年性交易防制條例》，更名為《兒童及少年性剝削防制條例》，請考生務必明瞭修法緣由，以利申論題之論述。

一、104年1月修正法案名稱緣由

（一）立法院於104年1月23日三讀通過《兒童及少年性交易防制條例》修正案，除了將沿用近20年的法案名稱修正為《兒童及少年性剝削防制條例》，使所有兒童及少年有對價的性交易行為視為性剝削行為外，條文也由現行39條增列至55條。衛生福利部表示，該修正法案的通過是我國將聯合國兒童權利公約國內法化後，第一個藉由法規檢視修正的法，代表我國兒童權利更向前邁進一大步。

（二）《兒童及少年性交易防制條例》自民國84年公布施行以來，期間雖進行過六次部分條文的修正，但仍不足以因應社會變遷以及實務需求。衛生福利部表示，為求更貼近兒童、少年的最佳利益，本次大幅修正整部法規，包括法規名稱將原有暗示雙方是在平等關係上自主從事交換的「性交易」一詞，修正為「性剝削」，除參考大法官解釋釋字第623號理由書「兒童及少年之心智發展未臻成熟，與其為性交易行為，係對兒童及少年之性剝削」的說法，更體現聯合國《兒童權利公約》第34條、《兒童權利公約關於買賣兒童、兒童賣淫和兒童色情製品問題的任擇議定書》的精神。

二、《兒童及少年性剝削防制條例》的特色

特色	說明
1. 獨立預算、專職人員及專線，確保防制業務的落實	該法明定主管機關應獨立編列預算，並置專職人員辦理兒少性剝削防制業務。該條例亦明定檢警之專責任務編組及專線設置，這些規定將可讓相關業務人員專注於防制工作。另外，該法亦規定相關目的主管機關涉及兒少性剝削防制業務時，應全力配合並辦理防制教育宣導。這些規範將有助於兒少性剝削防制業務的落實。

特色	說明
2. 預防與處置並重，可預防性剝削風險或二度傷害	該法從事前的預防、教育宣導（例如：高級中學以下每學期應辦理兒少性剝削防制教育課程或教育宣導），從事件發生時的報告、救援、安置保護、訴訟等，亦訂有加強親職教育輔導，並實施家庭處遇計畫的規範。這些措施將有助於預防兒少處於性剝削的風險，或對受害者造成二度傷害。
3. 強調社工人員的角色與職責，確保受害者的權益	該法明定兒少在接受調查、偵查或審判時，詢（訊）問被害人，主管機關應指派社工人員陪同在場，並得陳述意見。該條例也明定中途學校應聘請社會工作、心理、輔導及教育等專業人員。這些規範除了明確範定社工在兒少性剝削業務上的角色與職責外，亦肯定社工專業對維護遭遇性剝削之兒少權益的重要性。
4. 公私協力辦理防制業務，落實連續性與全面性服務	該法明定相關目的事業主管機關涉及兒少性剝削防制業務時，應全力配合並辦理防制教育宣導，亦規範政府須結合民間資源，提供選替教育及輔導。這些規範不僅可避免防制措施的斷層，亦有助於連續性與全面性服務的落實。

三、「兒少性交易」為何應正名為「兒少性剝削」之論述。

> **榜首提點**
> 「兒少性交易」為何應正名為「兒少性剝削」之論述，務必建立論述能力，以備申論題之使用。

(一) 兒少性交易防制歷程

1. 階段一：採「懲罰」概念的《少年事件處理法》為問題解決之方法：警政署為因應民國76年第一次發起的「反雛妓」社會運動，不久即提出以檢肅販賣人口、根除雛妓、取締非法色情行業，「端正社會風氣」為訴求的「正風專案」，取締未成年而有從事性交易之實或之虞者，並按《少年事件處理法》第3條第2項「經常出入不當場所」之規定，依雛妓本身及其家庭情形，施以訓誡、假日生活輔導、保護管束或感化教育等。

2. 階段二：「保護」觀點出現——《少年福利法》與《少年事件處理法》並行。民國78年通過《少年福利法》，第22條規範相關的保護安置原則，「被賣」少女根據《少年福利法》，由社政機關進行安置與輔導；「自願」從娼者，則依《少年事件處理法》，移送少年法庭。民國82年《兒童福利法》修正通過後，未滿12歲的少女接受安置處遇，但12歲以上未滿18歲者，還是適用「自願被迫」的二分法原則。

3. 階段三：《兒童及少年性交易防制條例》通過後，自願與被迫均採「保護」觀點。民國84年通過《兒童及少年性交易防制條例》，將所有兒童及少年視為受害者，不分自願或被迫，所有的少女皆受統一的保護處遇體系，從救援、安置至追蹤輔導。在《兒童及少年性交易防制條例》施行後，兒童及少年不論其意願均應被視為被害人，而國家基於保護兒少應提供相關的保護處遇措施，該法施行至今，因時代變遷，又眾多研究發現自願從娼者比例皆居高不下，由於行為有違社會道德，難以引起大眾的保護之心，加上少女本身也不認同政府現階段的安置保護體系，讓保護觀點的落實過程充滿阻礙。兒童及少年不是性交易的被害人而是一種偏差行為，這樣的觀點不僅存在中央主管機關，同樣也存在司法單位，因此安置不是基於保護而是要進行矯治。

(二)「性交易」產生汙名與輕判

1. 去汙名化一直是民間團體努力的方向，兒少性交易是兒少人權問題，不論是否受迫都應給予保護，因此民間團體倡導制定特別法，希冀透過法律的制定達成目標。但經過多方的折衷、妥協，於民國84年通過的《兒童及少年性交易防制條例》，將對兒少的性剝削行為訂定為性交易行為，民間團體並無法接受。該條例第2條定義性交易指有對價之性交或猥褻行為，因為有「對價」存在，事前談價、事後付款，故往往被理解為「你情我願」的行為，再次汙名兒少，而且也造成加害人輕判的事實。

2. 汙名化、偏見不僅存在司法體系，兒少條例中的「救援」、「查獲」等字詞相互矛盾，使得兒少在司法系統內同時擁有「偏差者」與「受保護者」的身分。此外，社會工作者也會不自覺將從娼少女視為犯罪者，而在服務過程中產生價值與倫理上的衝突。更遑論從大眾媒體觀點來看這些兒少的社會大眾，「自甘墮落」、「愛慕虛榮」、「不學好」的標籤緊跟著兒少，無怪乎實務工作者曾感嘆說，同樣適用《刑法》第227條，沒拿錢的兒少父母感到悲痛不捨，但有拿錢的兒少父母則是生氣責怪。

(三) 同種行為、不同身分

1. 《兒童及少年性交易防制條例》民國84年通過施行，是國內首部包含教育宣導、救援行動、安置機制及處罰加害人之法律。該法雖然強調救援、安置保護，但是該法使用「查獲」、「訊問」等詞，以及規範兒少安置的要件為「有無從事性交易或有從事之虞」，雖不至於視兒少為犯罪者，但卻視兒少為性交易的行為人，而出現價值混亂之情形。

2. 性交易兒少在法律上會被切割成以下三種身分：

（1）兒少是性侵害被害人：根據《刑法》第 227 條，16 歲以下兒少是性侵害被害人。

（2）兒少是人口販運被害人：根據《人口販運防制法》之定義，有人使兒少從事性交易，兒少即為人口販運被害人。

（3）兒少是性交易行為人：16 歲以上未滿 18 歲之兒少若無第三人使其從事性交易，兒少即為性交易的行為人。

3. 無論兒少是性侵害被害人或是人口販運被害人或是性交易行為人，安置保護均依照《兒童及少年性交易防制條例》之規定。如前所述，因為汙名、偏見及法理衝突，在兒少性交易、性防制工作網絡中的成員，有人視兒少是犯罪者、行為偏差者或是被害者，犯罪者應接受處罰，行為偏差者應接受感化教育，被害者則應予以保護、提供必要的協助服務。舉凡《性侵害犯罪防制法》、《人口販運防制法》，均明文規定政府須提供被害人相關服務，安置只是眾多服務中的一項，而且是因被害人有此需求，不是強制規定。但是，兒少條例採取的作法是以「有無從事性交易或有從事之虞」為安置的要件，不是根據兒少的需求，且從短期、長期至中途學校，一路到底至少 2 年的時間，且採取封閉型的管理，無怪乎少女本身不認同政府現階段的安置保護體系，外界也多所批評。

4. 性交易兒少究竟是何種身分關係著服務提供的方式與加害人處罰的輕重，任由不同單位、不同人自行建構兒少的身分，會對兒少權益造成損害，不符合兒少最佳利益，而是應將兒童及少年當作權利主體加以保護。

（四）回歸聯合國《兒童權利公約》——「性剝削」

1. 聯合國《兒童權利公約》自 1989 年通過至今，為最多國家簽署的聯合國公約，也是各個簽署國政府須遵循的標準。我國的《兒童及少年福利與權益保障法》也融入公約的兒少社會參與權利，在在顯示我國對兒少的保護並不自絕於國際之外。聯合國《兒童權利公約》第 34 條揭示應該保護兒童（指未滿 18 歲之人）避免受到任何形態的性剝削和性迫害（all forms of sexual exploitation and sexual abuse），包括：兒少遭受性侵害、利用兒童賣淫、利用兒少做色情表演及兒少色情均是對兒少的性剝削，大法官解釋釋字第 623 號之理由書亦引用兒權公約第 34 條明確指出：「兒童及少年之心智發展未臻成熟，與其為性交易行為，係對兒童及少年之性剝削。性剝削之經驗，往往對兒童及少年產生永久且難以平復之心理上或生理上傷害，對社會亦有深遠之負面影響。」

2. 修法前的《兒童及少年性交易防制條例》將利用兒少賣淫定義為兒少性

交易，不僅不符合公約精神，且因為有事前談價、事後付款，你情我願之涵義，完全忽略兒少與成年人在年齡、身分、經濟條件及社會地位等各方面之權力不平等關係，以致兒少被汙名化及被害人輕判化結果。此外，該條例僅規範到利用兒少賣淫、兒少色情等兩種兒少性剝削類型，兒少遭受性侵害之保護與被害人處罰則分別規範在《性侵害犯罪防治法》及《刑法》，利用兒少做色情表演不僅兒少性交易條例未有規範，此外，除了兒權公約明定的四類性剝削外，因網際網路所衍生的線上誘拐未成年人的行為（online grooming），英國 2002 年通過的性犯罪防治法，也將其納為兒少性剝削的一種，而線上誘拐在我國無論是實務面或法制面，都還是一個新興的議題。對於兒少保護，我們確實還有一大段路要追趕，因此，一部價值正確且包含各種兒少性剝削的完整法律之制定，有其必要性。

貳、兒童與少年未來教育及發展帳戶

一、政策推動背景與福利理念

（一）我國為解決貧窮問題的社會救助政策，歷年均採給付行政之現金補助為主；惟為使低收入戶家庭能夠積極脫離貧窮自立，於 2005 年《社會救助法》增訂第 15 條之 1 授權各地方政府訂定脫貧措施，2015 年各地方政府結合社會資源暨因應低收入戶需求，辦理教育投資、就業自立及資產累積等脫貧方案計五十二項計畫。衛生福利部 2016 年 6 月 6 日訂頒《協助積極自立脫離貧窮實施辦法》，各地方政府可運用五種策略協助低收入戶及中低收入戶脫離貧窮，包含教育投資、就業自立、資產累積、社區產業、社會參與。

（二）1990 年代中期，英國學者季登斯提出第三條路，並導入社會投資的理念。艾斯平（Espin-Andersen）指出，福利國家面臨內部危機（人口老化、少子化、女性就業增加）和外部環境危機（全球化、金融危機），傳統的福利國家必須轉型為社會投資，將社會資源引導到生產性的政策，如人力資本形成的政策、積極勞動市場政策、家庭政策。

> **榜首提點**
>
> 106 年衛生福利部推動的「兒童與少年未來教育及發展帳戶」，是相當重要的政策。在準備上，首重政策推動背景與福利理念，這是在準備社會政策各項方案時必須要謹記在心的；其次，推動的理由準備必須有條理，才能理解政策目標的意涵；而為提升「兒童與少年未來教育及發展帳戶」之位階，已於 107 年 6 月 6 日公布《兒童及少年未來教育與發展帳戶條例》，提升到法律位階。考生在準備本議題時，務必要觀念建立完整，有結構、有條理的準備，才能在申論題中脫穎而出。

(三) 英、美兩國已正式提出制度性法案,包括 2004 年英國的《兒童信託基金法》及美國《個人投資、退休教育儲蓄法》。其中,英國已於 2005 年完成立法,並溯自 2002 年 9 月 1 日以後出生的兒童,每人都擁有一個兒童信託基金帳戶,後來轉由「青少年個人儲蓄帳戶」取代。

(四) 另據研究顯示,關於兒童貧窮率的家戶型態間的分配,祖孫二代的家庭在稅前／移轉前的兒童貧窮率最高,其中祖孫二代和女性單親的兒童貧窮率比起其他家庭型態有增加的趨勢。另更有多項研究指出,貧窮世代循環的問題,形成貧窮次文化,不利低收入戶等經濟弱勢兒少未來之發展。為消弭類此世代貧窮的社會現象,鼓勵低收入戶以儲蓄來累積資產,始能脫離不斷循環之資源耗盡處境。根據美國學者許拉登(Sherraden)提出資產累積福利理論,主張透過制度性的機制設計,結合公私部門,協助與促進低收入家戶形成與累積資產,增強其抗貧性,走向自立。許拉登(Sherraden)及其研究團隊提出:儲蓄和資產累積對於兒童的學習成就和發展機會有正向影響,包括提升學業成就、升大學及降低中輟等。對兒童、少年及家長的教育期待也有正向影響,為能透過積極性措施解決貧窮問題,爰規劃推動本方案。

二、政策推動理由

「兒童與少年未來教育及發展帳戶」就是結合教育投資及資產累積兩種策略來設計,解決兒童貧窮的問題,英國、美國也是以兒童發展帳戶解決世代貧窮循環的問題。兒童貧窮是社會正義的議題,設立本帳戶也是國家經濟發展潛力的投資,「兒童與少年未來教育及發展帳戶」以鼓勵家長及早為兒童儲存未來的教育基金,除投資貧窮家庭兒童、少年的教育資本,降低他們的貧窮背景對兒童及少年的影響,增加未來的發展機會。理由有四:

(一) 投資取向的脫貧策略:傳統的濟貧策略或政策大多是提供現金補助,可以維持貧窮家戶一定的消費水準,是一種消費取向的協助,為積極促進經濟自立,105 年訂定《協助積極自立脫離貧窮實施辦法》,本教育及發展帳戶運用資產累積及教育投資兩種策略,長期來看可提高其消費水準,進而經濟獨立。

(二) 世代正義的議題:目前政府的社會福利總支出約占政府總支出的 20%,但其中用於兒童、少年及家庭方面的支出遠遠低於對老人的支出投資,任由個別家庭負起兒少照顧的責任,以致兒童及少年的身心發展和教育投資個別差異極大,反映了家庭社經地位間不均的事實。聯合國公約也確認人人有權享受社會保障,世界銀行並認為投資兒童及少年的人力資

本是解決跨世代問題的希望。
(三) 資產貧窮是家戶所得分配不均的核心：從家戶儲蓄的五等分資料可以看出，家庭收入前面 20% 家戶的平均儲蓄金額水準逐年拉高，但家庭收入最後的 20% 家戶之平均儲蓄金額不但低，且甚至有多年的平均金額呈負數。因此，經濟弱勢家庭子女無法累積資產，預爲生涯規劃作準備，是需要社會資源的投入，培養其儲蓄的習慣，以累積資產。
(四) 機會成本的議題：爲了協助大專學生就學的學費貸款，政府目前每年必須提供助學貸款的利息補貼高達 31 億餘元，2014 年貸款人數已達 57 萬 5,353 人次。該項學費貸款政策解決學生學費繳交問題，本教育及發展帳戶是未雨綢繆，兒童及少年先由政府與家庭合作一起儲蓄未來的學費，也就是投資兒童自身的未來，如此有足夠教育經費再升學，降低政府每年學貸補貼利息的負擔。

三、政策目標

透過儲蓄帳戶，提升弱勢兒童及少年未來接受高等教育或職業訓練、自行創業等人力資本的機會，以減少貧窮代間循環問題。

四、《兒童及少年未來教育與發展帳戶條例》（107 年 6 月 6 日公布）
(一) 立法目的：爲提升兒童及少年平等接受良好教育與生涯發展之機會，建立兒童及少年未來教育與發展帳戶制度，協助資產累積、教育投資及就業創業，以促進其自立發展，特制定本條例。
(二) 兒童及少年未來教育與發展帳戶（簡稱兒少教育發展帳戶）定義：指依本條例規定，以兒童或少年之名義開立，供其滿 18 歲前自行存款及由政府撥付開戶金、相對提撥款並計給利息之個人帳戶。
(三) 條例重點
1. 適用對象：（1）具低收入戶或中低收入戶資格且於 105 年 1 月 1 日以後出生之兒童、少年；（2）依據《兒童及少年福利與權益保障法》相關規定安置 2 年以上，由直轄市、縣（市）主管機關、兒童及少年福利機構負責人爲監護人者之兒童、少年；（3）及其他經中央主管機關公告指定者。
2. 鼓勵措施：爲鼓勵開戶人長期儲蓄，中央主管機關按開戶人每月所存入的金額撥入同額款項；對長期儲蓄者，提供獎勵金及獎勵措施。

3. 隨物價指數調整存金上限：考量長期儲蓄，期間經濟環境及物價恐有變動，明定開戶金及自存款年度存款上限金額得每 4 年由政府參照中央主計機關發布之最近一年消費者物價指數較前次成長率達 5% 以上，予以調整。
4. 不影響福利資格：兒少教育發展帳戶內儲金不計入其他法規所定家庭總收入或家庭財產計算，且不得作為抵銷、扣押、供擔保或強制執行之標的。
5. 配套措施：明定直轄市、縣（市）主管機關對於連續 3 至 6 個月未存款之開戶人及其家庭成員，進行輔導及協助；提供開戶家庭財務管理、生涯規劃及親職教育等教育訓練。

相關法規說明

項次	法規名稱	說明
1	《兒童及少年福利與權益保障法》	請至「全國法規資料庫」下載
2	《兒童及少年性剝削防制條例》	
3	《少年事件處理法》	

編按：為免各社會政策相關法規修法更迭頻繁，請考生於研讀本章時下載相關法規同步研讀，以免所研讀之法規過時，影響應考成績。

練功坊

一、請說明政府推動「兒童與少年未來教育及發展帳戶」之政策理由。

解析

(一) 投資取向的脫貧策略：傳統的濟貧策略或政策大多是提供現金補助，可以維持貧窮家戶一定的消費水準，是一種消費取向的協助，為積極促進經濟自立，105 年訂定《協助積極自立脫離貧窮實施辦法》，本教育及發展帳戶運用資產累積及教育投資兩種策略，長期來看可提高其消費水準，進而經濟獨立。

(二) 世代正義的議題：目前政府的社會福利總支出約占政府總支出的 20%，但其中用於兒童、少年及家庭方面的支出遠遠低於對老人的支出投資，任由個別家庭負起兒少照顧的責任，以致兒童及少年的身心發展和教育投資個別差異極大，反映了家庭社經地位間不均的事實。聯合國公約也確認人人有權享受社會保障，世界銀行並認為投資兒童及少年的人力資本是解決跨世代問題的希望。

(三) 資產貧窮是家戶所得分配不均的核心：從家戶儲蓄的五等分資料可以看出，家庭收入前面 20% 家戶的平均儲蓄金額水準逐年拉高，但家庭收入最後的 20% 家戶之平均儲蓄金額不但低，且甚至有多年的平均金額呈負數。因此，經濟弱勢家庭子女無法累積資產，預為生涯規劃作準備，是需要社會資源的投入，培養其儲蓄的習慣，以累積資產。

(四) 機會成本的議題：為了協助大專學生就學的學費貸款，政府目前每年必須提供助學貸款的利息補貼高達 31 億餘元，2014 年貸款人數已達 57 萬 5,353 人次。該項學費貸款政策解決學生學費繳交問題，本教育及發展帳戶是未雨綢繆，兒童及少年先由政府與家庭合作一起儲蓄未來的學費，也就是投資兒童自身的未來，如此有足夠教育經費再升學，降低政府每年學貸補貼利息的負擔。

練功坊

( ) 1. 依《兒童及少年福利與權益保障法》第 64 條所示,關於目睹家庭暴力之兒童及少年,經直轄市、縣(市)主管機關列為保護個案者,該主管機關應於多久時間內提出兒童及少年家庭處遇計畫?
(A)1 個月　　(B)2 個月　　(C)3 個月　　(D)6 個月

解析

(C)。《兒童及少年福利與權益保障法》第 64 條規定,兒童及少年有第 49 條或第 56 條第 1 項各款情事,或屬目睹家庭暴力之兒童及少年,經直轄市、縣(市)主管機關列為保護個案者,該主管機關應於 3 個月內提出兒童及少年家庭處遇計畫;必要時,得委託兒童及少年福利機構或團體辦理。

( ) 2. 少年被告應羈押於少年觀護所,於年滿幾歲時,應移押於看守所?
(A) 18 歲　　　　　　　　(B) 20 歲
(C) 21 歲　　　　　　　　(D) 22 歲

解析

(B)。《少年事件處理法》第 71 條規定,少年被告應羈押於少年觀護所。於年滿 20 歲時,應移押於看守所。

( ) 3. 依據《兒童及少年性剝削防制條例》,知有本條例應保護之兒童或少年,或知有性剝削之犯罪嫌疑人,應即向當地直轄市、縣(市)主管機關或所定機關或人員報告。下列何者不在規範之內?
(A) 醫師、藥師、護理人員　　(B) 電信系統業者
(C) 村里長與民意代表　　　　(D) 觀光業從業人員

解析

(C)。《兒童及少年性剝削防制條例》第 7 條規定,醫事人員、社會工作人員、教育人員、保育人員、移民管理人員、移民業務機構從業人員、戶政人員、村里幹事、警察、司法人員、觀光業從業人員、就業服務人員及其他執行兒童福利或少年福利業務人員,知有本條例應保護之兒童或少年,或知有第四章之犯罪嫌疑人,應即向當地直轄市、縣(市)主管機關或第 5 條所定機關或人員報告。

重點便利貼

❶ 兒童福利服務的類型
  (1) 支持性服務：指家庭結構仍然完整，只是因家庭關係失調、緊張，導致家庭產生壓力。
  (2) 補充性服務：補充性服務的目的在彌補家庭對其子女照顧功能之不足或不適當的情況。尤其當兒童的家庭發生困難，或其雙親因能力的限制，以致無法充分提供兒童照顧時，則往往需要從家庭系統之外給予補充性的服務。
  (3) 替代性服務：是指一旦家庭功能或親子關係發生嚴重缺失，導致兒童不適宜居住在原生家庭生活，必須尋求替代家庭之場所，作為暫時性，或永久性之安置。
  (4) 保護性服務：是指兒童被其家庭成員不當對待，例如：虐待、疏忽等，而導致身體、心理、社會、教育等權益受損，公權力必須給予保護。

❷ 兒少保護措施與服務輸送的實務問題：
  (1) 兒少保護社工人力的充足性。
  (2) 兒少保護社工的工作環境。
  (3) 兒少保護工作之角色定位及相關網絡功能。

❸ 兒少保護措施與服務輸送的改善建議
（1）將兒少保護工作劃分為「司法調查」、「暴力防治」及「福利支持」等三大區塊，並建立緊密合作關係。
（2）營造「兒少保護、人人有責」的網絡合作關係。
（3）持續強化兒少保護網絡三級預防人力，並擴充二級及初級預防人力。
（4）建置友善與支持的社工工作環境。

❹ 《兒童及少年性剝削防制條例》的特色：(1) 獨立預算、專職人員及專線，確保防制業務的落實；(2) 預防與處置並重，可預防性剝削風險或二度傷害；(3) 強調社工人員的角色與職責，確保受害者的權益；(4) 公私協力辦理防制業務，落實連續性與全面性業務。推動「兒童與少年未來教育及發展帳戶」之政策理由：(1) 投資取向的脫貧策略；(2) 世代正義的議題；(3) 資產貧窮是家戶所得分配不均的核心；(4) 機會成本的議題。

擬真考場

申論題

一、請解釋以下之名詞：
　（一）替代性服務。
　（二）保護性服務。

測驗題

(　) 1. 在兒童福利領域各種服務方案中，若方案設計之目的在於增強親子之間的關係，以及強化父母照顧子女之必要能力，此類服務屬於：
　(A) 支持性服務　　　　　　　(B) 補助性服務
　(C) 替代性服務　　　　　　　(D) 補充性服務

(　) 2. 政府及公私立機構、團體在處理兒童及少年相關事務時，應秉持下列何種原則？
　(A) 最佳比例原則　　　　　　(B) 最佳利益原則
　(C) 最佳組合原則　　　　　　(D) 最佳服務原則

(　) 3. 依照《兒童及少年性剝削防制條例》規定，警察及司法人員於調查、偵查或審判時，詢（訊）問被害人，應通知直轄市、縣（市）主管機關指派何人陪同在場？
　(A) 女性警員　　　　　　　　(B) 心理師
　(C) 社會工作師　　　　　　　(D) 精神科醫師

解析

申論題

一、(一)替代性服務是指一旦家庭功能或親子關係發生嚴重缺失，導致兒童不適宜居住在原生家庭生活，必須尋求替代家庭之場所，作為暫時性，或永久性之安置。例如：家庭寄養服務、收養服務、機構安置等。

(二)保護性服務是指兒童被其家庭成員不當對待，例如：虐待、疏忽等，而導致身體、心理、社會、教育等權益受損，公權力必須給予保護。例如：兒童身體虐待、性虐待、心理虐待、照顧疏忽等預防與保護。

測驗題

1. **A** 支持性的服務：指家庭結構仍然完整，只是因家庭關係失調、緊張，導致家庭產生壓力。因此，需求親職教養、家庭功能的改善，其服務包括家庭諮商、親職教育、發展遲緩兒童早期療育、未婚媽媽及其子女服務、兒童休閒娛樂服務、社區心理衛生服務等。

2. **B** 《兒童及少年福利與權益保障法》第5條規定，政府及公私立機構、團體處理兒童及少年相關事務時，應以兒童及少年之最佳利益為優先考量，並依其心智成熟程度權衡其意見；有關其保護及救助，並應優先處理。

3. **C** 《兒童及少年性剝削防制條例》第9條規定，警察及司法人員於調查、偵查或審判時，詢（訊）問被害人，應通知直轄市、縣（市）主管機關指派社會工作人員陪同在場，並得陳述意見。

CHAPTER 11
第十一章 身心障礙者福利之政策與立法

榜‧首‧導‧讀

- 看待障礙者的觀點，會影響身心障礙政策之擬定，個人模式、社會模式請詳加準備，尤其社工界通常以社會模式為主流觀點。

關‧鍵‧焦‧點

- 自立生活、個人協助，相關學理觀念請加強。

命‧題‧趨‧勢

公務人員	年度	110年				111年				112年			
	考試	高考	普考	地三	地四	高考	普考	地三	地四	高考	普考	地三	地四
		申	申	申測	申測	申	申	申測	申測	申	申	申測	申測
	題數			2	1			1	1	2	1	1	2	1

專技社工師	年度	110年			111年			112年			113年	
	考試	2申	2測	1申	1測	2申	2測	1申	1測	2申	2測	1申	1測
	題數		3		3		3		3		3		3

本·章·架·構

身心障礙者福利之政策與立法
├─ 重點1 ★★★ 看待障礙者的觀點
│   ├─ 界定身心障礙
│   ├─ 看待障礙者之重要觀點：醫療模式／個人模式
│   └─ 看待障礙者之重要觀點：社會模式
└─ 重點2 ★★★★★ ICF、身障者就業
    ├─ 國際健康功能與身心障礙分類系統（ICF）
    ├─ 身心障礙者之問題與需求
    ├─ 身心障礙者職業重建與安置
    └─ 自立生活、個人協助／個人助理服務

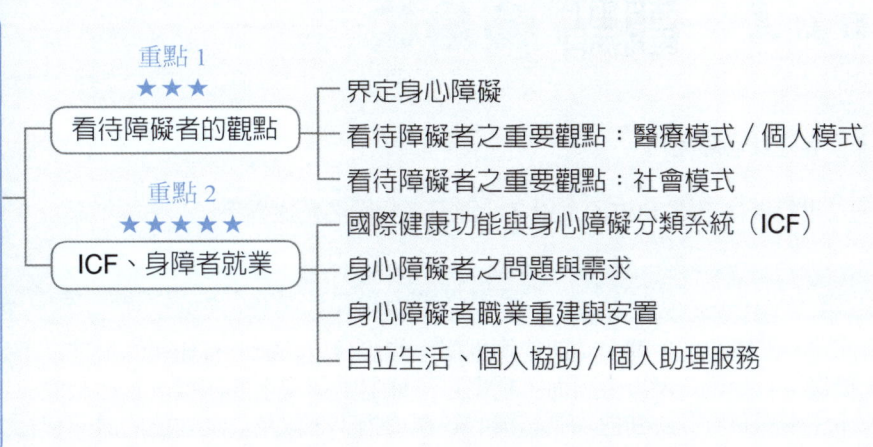

重點 1　看待障礙者的觀點

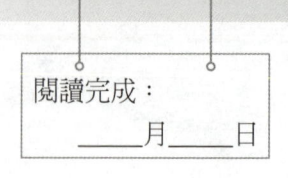

閱讀完成：＿＿＿月＿＿＿日

壹、界定身心障礙

一、世界衛生組織（WHO）對身心障礙者相關名詞之界定

項目	說明
損傷 （impairment）	生理、心理或解剖學上的組織或功能，有任何的損壞或不正常現象。因而，損傷是一種器官層次上的困擾，包括肢體、器官或其他身體結構的缺損或損失，以及心理功能的缺陷或損失。例如：失明、耳聾、心智不足。
障礙 （disability）	因損傷導致完成某項活動所需能力的限制或欠缺。因而，障礙是損傷而導致功能上或活動上的限制，它是人的層次之功能困擾的描述。例如：語言機能困難、行走障礙。
殘障 （handicaps）	個人因損傷或障礙而成為弱勢者，這種狀況將限制或讓個人無法表現出正常的角色，這種正常的角色端視年齡、性別和社會文化的因素而定。這個用詞也是一種「殘障者可能認識自己本身環境」的一種分類。因而，殘障係指損傷或障礙者的社會和經濟角色，相對於他人，這種角色讓他處於一種較為弱勢的位置。這種弱勢出現於當個人與特定的環境和文化互動時，可說是一種基於他人同等參與社區生活機會的損失或限制。

二、WHO 與醫療協會的障礙模式比較

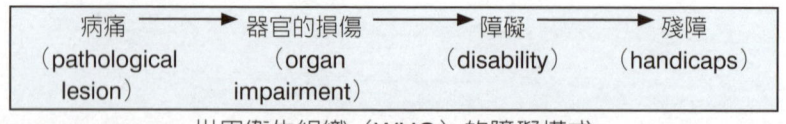

病痛（pathological lesion）→ 器官的損傷（organ impairment）→ 障礙（disability）→ 殘障（handicaps）

世界衛生組織（WHO）的障礙模式

病痛（pathological lesion）→ 器官的損傷（organ impairment）→ 功能限制（functional limitation）→ 障礙（disability）

醫療協會的障礙模式

貳、看待障礙者之重要觀點：醫療模式／個人模式

項目	說明
主要觀點	■ 個人模式是以醫療知識為基礎；個人模式將障礙者所遭遇的問題視為是個人因失能所產生的直接後果。 ■ 個人模式認定障礙是個人身體的變態、失序與缺損，導致功能限制與障礙。而判斷的基礎是醫學診斷，故以醫療化的要素為主。 ■ 專業服務的主要功能是將個人調整到最佳狀態，即與障礙共存。調整又包括兩個層面：一是透過復健計畫讓個人的身體恢復到最佳狀態；二是心理上的調整，使其能接受身體上的限制。 ■ 採用醫療模式來進行評估，主要關鍵要素是：（1）從常態生理功能來定義疾病；（2）基於病因論教條；（3）使用一般化的疾病分類；（4）醫學的科學中立。 ■ 到了 20 世紀中葉，各國社會立法仍然以這個觀點提供障礙者福利。例如：英國 1948 年的國民救助法、1960 年代的英國國民保險給付。
被批評之處	採醫療模式進行評估，但何謂常態標準，不符合常態就是病態嗎？

> **榜首提點**
> 個人模式認定障礙是個人身體的變態、失序與缺損，導致功能限制與障礙。而判斷的基礎是醫學診斷，故以醫療化的要素為主，此為基礎觀念必須清楚；相對應的模式為社會模式。

參、看待障礙者之重要觀點：社會模式

一、觀點說明

項目	說明
主要觀點	■ 社會模式認為障礙不只是身體損傷所造成，而是社會障礙造成的，應將造成損傷者（心理、生理、智能）的經濟、環境、文化障礙納入考量。社會模式無意否定某些疾病或失序造成之損傷而引發的障礙，但是更強調社會環境障礙造成的個人障礙。 ■ 社會模式受到反壓迫觀點的啟發，認為社會大眾、專家、官僚都可能是造成障礙的來源。例如：歧視、資格限制、不作為等。因為從個人策略理論只能將障礙問題個人化，無法處理政治、經濟、社會、文化、環境的結構問題。所以，必須從壓迫理論出發才能克服障礙。 ■ 社會模式將障礙者的障礙聚焦於社會與環境阻礙，而非功能限制，亦即強調社會脈絡的重要性。進一步，社會模型結合政治行動，促進公民權利、機會均等與社會包容，突顯障礙者集體的社會正義，而非個人的生存策略。社會模型進一步解釋障礙者面對的現實與經驗中的障礙與限制，理解障礙的本質、造成障礙的原因，以及障礙者經驗到的現實是什麼？ ■ 社會模式是近年來研究與探討身心障礙的一個主要典範，對於因環境所引起的障礙重新加以定義和解說，並重新建構他們的公民權利和建立責任，並且去克服自己的障礙。例如：美國 1990 年障礙者法案。
被批評之處	被質疑無法操作，也無法實證。

> **榜首提點**
>
> 社會模式認為障礙不只是身體損傷所造成，而是社會障礙造成的；社會模式將障礙者的障礙聚焦於社會與環境阻礙，而非功能限制，亦即強調社會脈絡的重要性。社會模式的觀點與個人模式不同，請務必區辨清楚；社會模式必須詳加準備，俾利申論題使用；另社工界通常以社會模式為主流觀點。

二、身心障礙「醫療模式/個人模式」與「社會模式」的觀點比較

醫療模式／個人模式	社會模式
個人悲劇論	社會壓迫理論
個人問題	社會問題
個人處置	社會行動
醫療化	自助
專業範疇	個人與集體責任
專家鑑定	經驗
適應	肯定
個人身分	偏見
態度	照顧
控制	政策
個人調適	集體身分
歧視	行為
權利	選擇
政治	社會變遷

> 練功坊

一、請說明社會模式之主要內涵。

解析

（一）社會模式認為障礙不只是身體損傷所造成，而是社會障礙造成的，應將造成損傷者（心理、生理、智能）的經濟、環境、文化障礙納入考量。社會模式無意否定某些疾病或失序造成之損傷而引發的障礙，但是更強調社會環境障礙造成的個人障礙。

（二）社會模式受到反壓迫觀點的啟發，認為社會大眾、專家、官僚都可能是造成障礙的來源。例如：歧視、資格限制、不作為等。因為從個人策略理論只能將障礙問題個人化，無法處理政治、經濟、社會、文化、環境的結構問題。所以，必須從壓迫理論出發才能克服障礙。

（三）社會模式將障礙者的障礙聚焦於社會與環境阻礙，而非功能限制，亦即強調社會脈絡的重要性。進一步，社會模型結合政治行動，促進公民權利、機會均等與社會包容，突顯障礙者集體的社會正義，而非個人的生存策略。社會模型進一步解釋障礙者面對的現實與經驗中的障礙及限制，理解障礙的本質、造成障礙的原因，以及障礙者經驗到的現實是什麼？社會模式是近年來研究與探討身心障礙的一個主要典範，對於因環境所引起的障礙重新加以定義和解說，並重新建構他們的公民權利和建立責任，並且去克服自己的障礙。

> 練功坊

（　　）1. 根據世界衛生組織的說法，「生理、心理或解剖學上的組織結構或功能有任何的損害或不正常現象」，稱之為：
  (A)妨害 (B)病害 (C)損傷 (D)殘障

解析

(C)。損傷（impairment）係指生理、心理或解剖學上的組織或功能有任何的損壞或不正常現象。因此，損傷是一種器官層次上的困擾，包括肢體、器官或其他身體結構的缺損或損失，以及心理功能的缺陷或損失。例如：失明、耳聾、心智不足。

重點 2　ICF、身障者就業

閱讀完成：_____月_____日

壹、國際健康功能與身心障礙分類系統（ICF）

一、ICF 基本架構圖

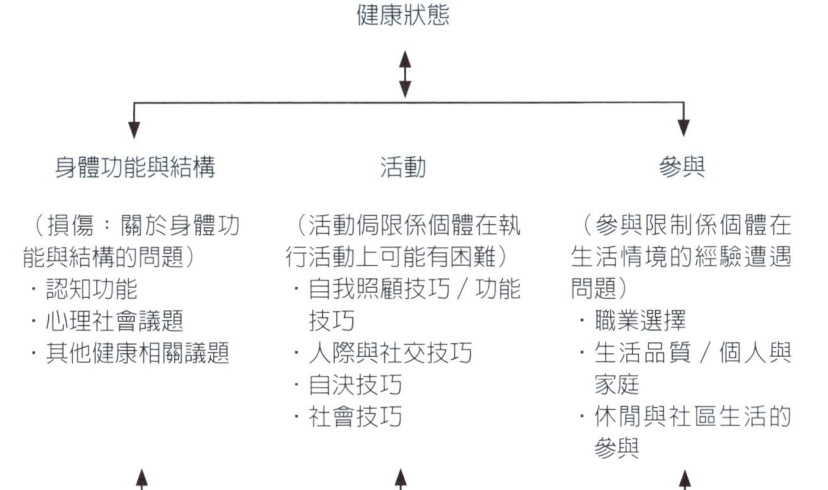

```
                        健康狀態
                           ↕
        ┌──────────────────┼──────────────────┐
        ↓                  ↓                  ↓
   身體功能與結構          活動               參與

  （損傷：關於身體功    （活動侷限係個體在執    （參與限制係個體在
   能與結構的問題）      行活動上可能有困難）    生活情境的經驗遭遇
  ・認知功能           ・自我照顧技巧／功能      問題）
  ・心理社會議題          技巧                ・職業選擇
  ・其他健康相關議題    ・人際與社交技巧        ・生活品質／個人與
                      ・自決技巧                家庭
                      ・社會技巧              ・休閒與社區生活的
                                                參與
        ↕                  ↕                  ↕
    個人因素                              環境因素

  （包含個人生活背景與生存            （包含物理、社會和態度
   的因素）                           環境：可能對個人功能造
  ・年齡與性別                        成障礙，或激發個人功能
  ・社會經濟地位                      的因素）
  ・文化背景與多樣性                  ・立法／政策
  ・地理位置（都會／鄉村）            ・含轉銜計畫之教育服務
                                    ・家庭
                                    ・社區／社會態度
```

（引自林萬億。《社會福利》，五南）

榜首提點

ICF 的基本架構與內涵，務必清楚；我國的《身心障礙者權益保障法》自 101 年 7 月起實施 ICF 新制進行鑑定。

311

二、ICF 基本內涵說明

（一）ICF 為國際健康功能與身心障礙分類系統（International Classification of Functioning, Disability and Health）的簡稱，是由聯合國世界衛生組織（WHO）於 2001 年正式發表，其前身即為 1980 年發展的國際損傷、障礙及殘障分類（ICIDH）。ICF 重新看待「身心障礙」的定義，不再僅將身心障礙侷限於個人的疾病及損傷，同時須納入環境因素與障礙後的影響，使服務提供者更可貼近身心障礙者的需求。

（二）ICF 的組成架構

項目	說明
第一部分	處理功能和障礙的問題，可以藉由四個相互獨立而又相互關聯的結構加以說明，即身體功能、身體結構、活動、參與。其中身體功能和結構可以透過在生理系統或解剖結構上的變化來說明，而活動和參與則使用能力和活動表現來說明。
第二部分	包括環境和個人的背景因素，且其中環境因素與所有的功能和障礙成分交互作用，個人因素也包羅甚廣，因為與過多的社會和文化差異相關。

貳、身心障礙者之問題與需求

問題與需求	說明
1. 經濟問題與需求	身心障礙者往往也是經濟上的弱勢者或依賴者，全國性的調查顯示，身心障礙者的經濟收入有相當大的一部分是仰賴家中的其他人，間接顯示身心障礙人口經濟安全的迫切性。
2. 教育問題與需求	身心障礙者往往為身、心的缺陷或限制，再加上社會可能加諸的歧視，而影響或阻礙其正常求學的機會，進而影響到日後的生涯發展。
3. 就業問題與需求	就業對增加身心障礙者的經濟收入、降低掉入貧窮的機會、減少社會孤立、提升心理上與生活上的滿意度、增進政治參與技巧及社區活動融入等皆有顯著影響。亦即，就業的確可以促進身心障礙者的社會融入。顯然，就業是一種促進身心障礙者福祉的積極性措施。

問題與需求	說明
4. 醫療與復健問題及需求	身心障礙者的醫療和復健問題及需求是多元的，為協助身心障礙者解決其所面臨的醫療和復健方面的問題，除需有健全的醫療體系外，也需有復健相關措施的支持，藉以確保身心障礙者的生存權，並提升身心障礙者對環境的適應能力。
5. 照顧問題與需求	為提供適合於身心障礙者及其照顧者的需求和偏好，社會必須能建構一套兼顧家庭、社區和機構照顧之連續性照顧體系，以因應生活自主性不足的身心障礙者之生活照顧所需，並藉以減輕家庭照顧者的負擔。
6. 休閒與社會參與問題及需求	身心障礙者往往因其生、心理的相對不足，或是社會環境的因素限制，而較少有機會或較不便從事戶外的休閒活動。應思考如何排除身心障礙者社會參與的障礙。
7. 無障礙環境問題與需求	「跨越障礙、全面參與」是當前身心障礙福利的目標，給予身心障礙者一個無障礙的社會環境，將是維護身心障礙者權益的積極作為。

參、身心障礙者職業重建與安置

一、透過有系統的專業輔導與相關資源支持，協助障礙者進入職場或重返職場，並期藉由就業活動與社會的互動，使其能獨立生活，公平參與社會生活的機會，稱為職業重建。

二、障礙者的職業重建與安置服務類型

類型	說明
自立商店	協助有自立工作能力之障礙者或團體組成工作團隊，經營商店，如餐飲、鐘錶修理、刻印等。這類就業服務通常需要結合創業協助。
創業協助	結合職業訓練、職業能力評估與創業輔導；同時，提供創業貸款、貸款保證及利息補貼等，鼓勵具創業能力之障礙者創業。

上榜關鍵 ★★★
職業重建基本概念必須清楚，為測驗題考點。

上榜關鍵 ★★★
各項專有名詞請有基本概念，為常見測驗題型；競爭性、庇護性、支持性、就業轉銜等，則可於申論題型運用。

類型	說明
居家就業	針對無法久坐或外出,而不易進入一般性職場,或無法自行創業,但可在他人協助下於家中工作之障礙者,提供在家就業機會。如網路行銷、文書處理、網頁管理、圖文設計、零件代工、組裝、個人工作室等,這類就業通常也需要專業團隊的協助。
競爭性就業	指協助有工作意願的障礙者進入一般具競爭性職場就業者。此種就業安置通常仍須就業服務個案管理協助。例如:提供就業媒合、工作適應協助等,俾利其穩定就業。
支持型就業	指有工作意願,但尚不足以進入競爭性就業環境之障礙者,必須給予一段時間的專業支持,提供個別化的就業安置、訓練及其他工作協助等支持性就業服務,使其能在競爭性職場中獨立工作。支持性就業的工作環境強調在融合的工作環境與一般非障礙者一起工作,並且由就業服務員給予專業上的支持。
過渡型就業	於就業方案過渡期、空窗期或尚未獲得適合職缺時,提供障礙者暫時的工作。
庇護性就業	針對有就業意願,但工作能力不足,無法進入競爭性就業市場之障礙者,經過職業輔導評量,提供庇護商店、庇護農場、庇護工廠等就業安置,並輔以長期就業支持,強化其就業能力,期以進入支持性及競爭性就業。
就業轉銜	針對學校應屆畢業生屬身心障礙者,由教育單位提供就業需求名冊,送勞工主管機關提供就業轉銜服務,並追蹤輔導一段時間。成年身障者及安置養護機構有就業或參加職訓意願之障礙者,社政單位亦可造冊送勞政單位提供輔導所需服務,並追蹤 6 個月。

肆、自立生活、個人協助/個人助理服務

> 上榜關鍵 ★★★
> 申論題基本觀念題,請詳讀。

一、自立生活（independent living）

　　歐洲自立生活網絡（European Network on Independent Living, ENIL）於 2012 年公告「自立生活」的定義為:「自立生活是人權為基礎的障礙政策在日常生活的實踐。透過多元的環境使障礙者掌控自己的生活,包含住哪裡、與誰同住、如何生活的選擇與決定機會、服務具有可獲取性與可及性,且基於平等、自由及知後同意,並使障礙者日常生活具有彈性。自立生活需要物理環境、交通、資訊可及,輔助科技與個人協助及提供社區為基礎的服務。障礙者不論其性別、年齡與支持需求程度,

皆應有自立生活的權利。」

二、個人協助／個人助理（personal assistants）服務

　　個人協助（personal assistance）在我國稱為「個人助理服務」。歐洲自立生活網絡聯盟（European Network on Independent Living, ENIL）針對個人助理服務的定義為：「個人助理服務是指自立生活的工具，意指提供障礙者現金以購買個人協助服務，目的是提供必要性協助。」個人助理服務是依據個人生活情境的個別情況、個人需求評量而建立。個人助理服務必須是針對障礙者目前，也就是她／他居住的國家、區域，以一般薪水的水準，障礙者有權利去招募、去訓練及管理她／他聘請的個人助理），提供障礙者所需的支持。個人助理服務必須是針對障礙者的需求，是障礙者可選擇的服務模式。個人助理服務亦由領有薪水的個人助理提供服務，政府提供現金給使用者購買其個人助理服務，除支付個人助理薪水外，也應包括雇主（使用者）、行政支出、同儕支持等費用支出。

相關法規說明

項次	法規名稱	說明
1	《身心障礙者權益保障法》	請至「全國法規資料庫」下載
2	《身心障礙者參加社會保險保險費補助辦法》	

編按：為免各社會政策相關法規修法更迭頻繁，請考生於研讀本章時下載相關法規同步研讀，以免所研讀之法規過時，影響應考成績。

練功坊

一、我國採用國際健康功能與身心障礙分類系統（ICF）進行鑑定，請說明 ICF 之制度內涵。

解析

（一）ICF 為國際健康功能與身心障礙分類系統（International Classification of Functioning, Disability and Health）的簡稱，是由聯合國世界衛生組織（WHO）於 2001 年正式發表，其前身即為 1980 年發展的國際損傷、障礙及殘障分類（ICIDH）。ICF 重新看待「身心障礙」的定義，不再僅將身心障礙侷限於個人的疾病及損傷，同時須納入環境因素與障礙後的影響，使服務提供者更可貼近身心障礙者的需求。

（二）ICF 的組成架構

1. 第一部分：處理功能和障礙的問題，可以藉由四個相互獨立而又相互關聯的結構加以說明，即身體功能、身體結構、活動、參與。其中身體功能和結構可以透過在生理系統或解剖結構上的變化來說明，而活動和參與則使用能力和活動表現來說明。

2. 第二部分：包括環境和個人的背景因素，且其中環境因素與所有的功能和障礙成分交互作用，個人因素也包羅甚廣，因為與過多的社會和文化差異相關。

基本架構圖如下：

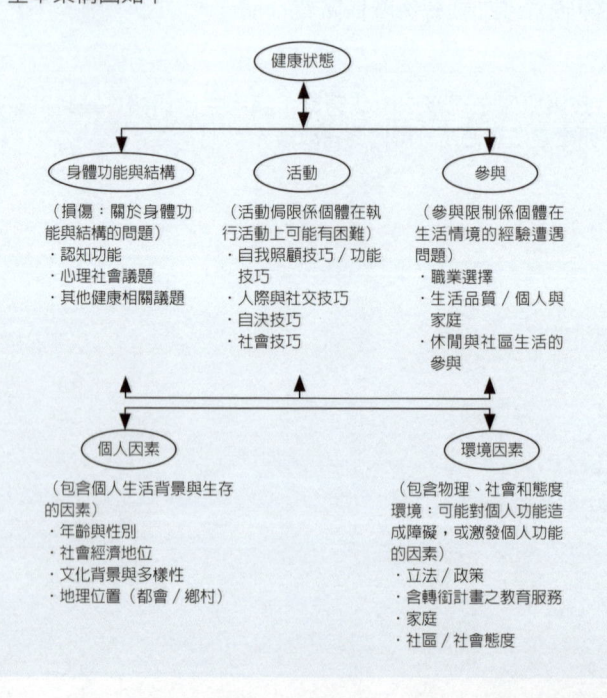

```
                    健康狀態
                       ↕
        ┌──────────────┼──────────────┐
        ↓              ↓              ↓
   身體功能與結構      活動            參與
   (損傷：關於身體功  (活動侷限係個體在  (參與限制係個體在
   能與結構的問題)    執行活動上可能有   生活情境的經驗遭遇
   ・認知功能         困難)             問題)
   ・心理社會議題     ・自我照顧技巧／   ・職業選擇
   ・其他健康相關議題  功能技巧         ・生活品質／個人與
                     ・人際與社交技巧     家庭
                     ・自決技巧         ・休閒與社區生活的
                     ・社會技巧           參與
        ↑                              ↑
        │                              │
     個人因素                        環境因素
   (包含個人生活背景與生存           (包含物理、社會和態度
   的因素)                          環境：可能對個人功能造
   ・年齡與性別                      成障礙，或激發個人功能
   ・社會經濟地位                    的因素)
   ・文化背景與多樣性                ・立法／政策
   ・地理位置（都會／鄉村）          ・含轉銜計畫之教育服務
                                   ・家庭
                                   ・社區／社會態度
```

練功坊

( ) 1. 對於《身心障礙者權益保障法》中第 40 條的條文描述，下列何者錯誤？
 (A) 進用身心障礙者之機關（構）對其進用者應本同工同酬之原則
 (B) 身心障礙者之機關（構）所核發之正常工作時間薪資，不得低於基本工資
 (C) 庇護性就業之身心障礙者得依其產能核薪
 (D) 庇護性就業之身心障礙者薪資，由進用單位與庇護性就業者議定即可

解析

(D)。《身心障礙者權益保障法》第 40 條規定，進用身心障礙者之機關（構），對其所進用之身心障礙者，應本同工同酬之原則，不得為任何歧視待遇，其所核發之正常工作時間薪資，不得低於基本工資。庇護性就業之身心障礙者，得依其產能核薪；其薪資，由進用單位與庇護性就業者議定，並報直轄市、縣（市）勞工主管機關核備。

( ) 2. 依據《身心障礙者權益保障法》100 年 6 月 29 日公布的增訂條文第 58 條之 1 之規定，直轄市、縣（市）主管機關辦理復康巴士服務，自中華民國 101 年 1 月 1 日起不得有下列何項條件之限制？
 (A) 設籍　　(B) 類別　　(C) 年齡　　(D) 所得

解析

(A)。《身心障礙者權益保障法》第 58-1 條規定，直轄市、縣（市）主管機關辦理復康巴士服務，自中華民國一百零一年一月一日起不得有設籍之限制。

重點便利貼

❶ 看待障礙者之觀點
  (1) 個人模式：個人模式是以醫療知識為基礎；個人模式將障礙者所遭遇的問題視為是個人因失能所產生的直接後果。
  (2) 社會模式：認為障礙不只是身體損傷所造成，而是社會障礙造成的，應將造成損傷者（心理、生理、智能）的經濟、環境、文化障礙納入考量。社會模式無意否定某些疾病或失序造成之損傷而引發的障礙，但是更強調社會環境障礙造成的個人障礙。

❷ 國際健康功能與身心障礙分類系統（ICF）
  (1) ICF 重新看待「身心障礙」的定義，不再僅將身心障礙侷限於個人的疾病及損傷，同時須納入環境因素與障礙後的影響，使服務提供者更可貼近身心障礙者的需求。
  (2) ICF 的組成架構
    ①第一部分：處理功能和障礙的問題，可以藉由四個相互獨立而又相互關聯的結構加以說明，即身體功能、身體結構、活動、參與。其中身體功能和結構可以透過在生理系統或解剖結構上的變化來說明，而活動和參與則使用能力和活動表現來說明。

②第二部分：包括環境和個人的背景因素，且其中環境因素與所有的功能和障礙成分交互作用，個人因素也包羅甚廣，因為與過多的社會和文化差異相關。

❸ 我國身心障礙鑑定，參照 ICF 身心障礙分類系統，分為神經及精神心智、眼耳感官、聲音與言語、循環與呼吸、消化與內分泌、泌尿與生殖、神經及肌肉骨骼移動、皮膚等八大身心功能障礙類別。

擬真考場

申論題

一、請解釋以下名詞：
　　（一）定額僱用
　　（二）支持型就業

測驗題

(　　) 1. 公共停車場應保留多少比例作為身心障礙者專用停車位？
　　　　(A) 1%　　　　　　　　　　(B) 2%
　　　　(C) 3%　　　　　　　　　　(D) 4%

(　　) 2. 下列何種身心障礙者之社會保險費由政府全額負擔？
　　　　(A) 輕度及中度
　　　　(B) 中度及重度
　　　　(C) 極重度及重度
　　　　(D) 不管任何等級，皆由政府全額負擔

(　　) 3. 下列各項陳述，何者不符合《身心障礙者權益保障法》有關進用身心障礙者之相關規定？
　　　　(A) 政府機關人數在 34 人以上者，進用身心障礙者人數不得低於員工總人數 3%
　　　　(B) 民營事業機構人數在 67 人以上者，進用身心障礙者人數不得低於員工總人數 1%
　　　　(C) 進用重度以上身心障礙者，每進用 1 人以 2 人核計
　　　　(D) 進用身心障礙者人數未達標準者，應定期向中央社政主管機關之身心障礙者救助基金繳納差額補助

解析

申論題

一、(一) 定額僱用

是指法律明定僱用員工若干人數以上之公、私部門須僱用一定比率之障礙者。我國迄今仍實施障礙者就業定額僱用制。依《身心障礙者權益保障法》規定，各級政府機關、公立學校及公營事業機構員工總數在 34 人以上者，進用具有就業能力之身心障礙者人數，不得低於員工總人數 3%。私立學校、團體及民營事業機構員工總數在 67 人以上者，進用具有就業能力之身心障礙者人數，不得低於員工總人數 1%，且不得少於 1 人。

(二) 支持型就業

指有工作意願，但尚不足以進入競爭性就業環境之障礙者，必須給予一段時間的專業支持，提供個別化的就業安置、訓練及其他工作協助等支持性就業服務，使其能在競爭性職場中獨立工作。支持性就業的工作環境強調在融合的工作環境與一般非障礙者一起工作，並且由就業服務員給予專業上的支持。

測驗題

1. **B** 《身心障礙者權益保障法》第 56 條規定，公共停車場應保留 2% 停車位，作為行動不便之身心障礙者專用停車位，車位未滿五十個之公共停車場，至少應保留一個身心障礙者專用停車位。

2. **C** 《身心障礙者參加社會保險保險費補助辦法》第 5 條規定，身心障礙者自付部分保險費補助之標準如下：
   一、極重度及重度身心障礙者全額補助。
   二、中度身心障礙者補助二分之一。
   三、輕度身心障礙者補助四分之一。

3. **D** 《身心障礙者權益保障法》第 43 條規定：
   一、為促進身心障礙者就業，直轄市、縣（市）勞工主管機關應設身心障礙者就業基金；其收支、保管及運用辦法，由直轄市、縣（市）勞工主管機關定之。
   二、進用身心障礙者人數未達標準之機關（構），應定期向所在地直轄市、縣（市）勞工主管機關之身心障礙者就業基金繳納差額補助費；其金額，依差額人數乘以每月基本工資計算。

第十二章 家庭及婦女與人口福利之政策與立法

CHAPTER 12

榜・首・導・讀

- 請加強家庭政策準備力道。
- 我國少子女化對策計畫，請加強準備。

關・鍵・焦・點

- 性別主流化議題，須具有基礎觀念。

命・題・趨・勢

公務人員	年度	110年				111年				112年			
	考試	高考	普考	地三	地四	高考	普考	地三	地四	高考	普考	地三	地四
		申	申	申 測	申 測	申	申	申 測	申 測	申	申	申 測	申 測
	題數	1	3		1 2		3		1 3	1	4		5

專技社工師	年度	110年		111年				112年				113年	
	考試	2申	2測	1申	1測	2申	2測	1申	1測	2申	2測	1申	1測
	題數		2	1	6	4	1	7		6			5

本・章・架・構

家庭及婦女與人口福利之政策與立法
- 重點1 ★★★★★ 家庭政策、家庭暴力
  - 家庭政策的基本概念
  - 婦女之問題與需求
  - 家庭服務的模式
  - 家庭服務的內涵
  - 臺灣的家庭政策內容
  - 家庭暴力之定義
  - 家庭暴力防治中心
  - 特殊境遇家庭
- 重點2 ★★★★★ 性別主流化、高風險家庭、少子化
  - 性騷擾
  - 性別主流化觀點與政策意涵
  - 實現性別主流化的面向
  - 我國少子女化對策計畫（107年至113年）

重點 1 家庭政策、家庭暴力

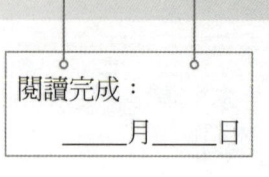

閱讀完成：＿＿＿月＿＿＿日

壹、家庭政策的基本概念

一、家庭政策的定義

(一) 美國社會工作學者卡莫蔓與康恩（Kamerman & Kahn）：「家庭政策是政府對家庭所做的一切事情」，包含三個條件：
1. 政府從事特定方案與政策來達成明顯的、同意的家庭目標；
2. 即使沒有同意的總體目標，政府仍然為家庭進行某些方案與政策；
3. 政府的行動與方案並非特定針對家庭，但是對家庭產生附帶效果。」

(二) 家庭政策的分類

分類	說明
顯性的家庭政策	指政府的行動直接或有意圖地指向家庭，如日間托育、兒童福利、家庭諮商、所得維持、家庭計畫、稅的優惠、住宅政策等。
隱性的家庭政策	指政府的行動針對不同的目標，但是也會影響家庭，如工業區的設置、交通道路建設、貿易關稅的管制、移民政策等。

二、家庭政策的目標

(一) Kamerman & Kahn 指出就是「家庭福祉」，齊莫蔓（Zimmerman）指出：「家庭政策是以追求家庭福祉為目的抉擇，它同時是一種觀點以檢視家庭相關的政策，也是一種由不同的家庭相關方案組成的領域。」

(二) 家庭政策是一種觀點，所有與家庭相關的政策將以其影響家庭與家庭福祉而被檢驗，同時也是一種政策抉擇的判準。家庭政策的顯著點在於「以家庭作為福利與行為的單位」。

(三) 家庭政策的關係應包括四個前提
1. 家庭與政策的關係是雙向的。
2. 家庭應被整個公共政策納入考量。
3. 家庭的多樣性應被承認與尊重。
4. 所有形式的家庭應被考量。

三、家庭政策的範圍

（一）家庭與工作的平衡：包括工時、女性勞動參與、兒童照顧、親職假等。
（二）長期照顧。
（三）家庭貧窮。
（四）婚姻：包括結婚、離婚、收養、寄養、生育、同志婚姻等。
（五）健康照顧。
（六）家庭多樣性：包括單身、單親、移民家庭、少數族群家庭等。

貳、婦女之問題與需求

問題別	說明
1. 照顧者角色問題	「家庭照顧女性化」是女性作為家庭照顧之無償的特性，乃因其從屬地位而未能以公民身分獲得社會政策的保障，也間接惡化婦女經濟弱勢的狀況。
2. 貧窮女性化的問題	「家庭照顧女性化」的現象，即使女性有機會進入職場從事有酬工作，但女性就業多半為職位及技術性較低的性質，且很可能就業型態也有相當比例為較不穩定的部分工時、按件或按時計酬、派遣員工，使低薪成為女性就業的特徵之一。這些易於讓婦女陷入「貧窮女性化」的經濟弱勢。
3. 人身安全問題	如以被害者之對象而言，即社政福利範圍所稱的：「受暴婦女」、「受虐婦女」及「受騷擾婦女」。這些所涉人身安全的維護，顯示出婦女在保護服務的迫切性與需要性。
4. 就業不平等問題	在刻板的勞務分工性別觀下，即使是再優秀的女性也往往易於被標籤為適合私領域而非公領域，一種所謂「先勞動市場歧視」（pre-labor market discrimination）的性別分工刻板觀念，先入為主的影響女性進入公領域或在公領域中獲得與男性相同的職場對待，包括同工同酬、同值同酬、公平晉用，以及公平的教育訓練、升遷、考核等，也即是勞動市場歧視（labor market discrimination）。

問題別	說明
5. 社會（政治）參與問題	婦女在社區參與、政治參與及服公職上仍有許多的障礙，這使得居高階、決策階層及領導人職位的女性仍屬稀少。近年來，儘管婦女參政率有所提升，但是婦女參與重要決策的機會並未相對提高。此外，在社區婦女領袖上，儘管有逐年增加之趨勢，但相較於男性的社區領導者人數，女性比例仍然偏低，如何促進女性成為領導者，還有繼續發展的空間。
6. 性別平權問題	性別平等所要爭取的是性別的權力平等、機會平等，其中權力平等包括自由生存、教育、被尊重、被保護等方面的平等，如何藉由性別主流化的策略，以達到兩性真正的平權與平等，這是婦女問題及需求能獲得解決的基礎。
7. 外籍配偶問題	新移民移入後須擔負起生育與照顧親屬等重任，並且面臨社會適應、文化調適、家庭婚姻及親子教育等問題，已使得外籍配偶逐漸被視為新興的社會問題。因此，如何協助外籍配偶及其家庭排除種種障礙，是婦女權益保障所應思索的問題。

參、家庭服務的模式

模式	說明
以「家庭為中心」的家庭服務	以家庭為中心的家庭服務，強調家庭與服務提供者的夥伴關係，且被納入成為最佳實務的模式。例如：家有智障兒童，通常混雜著貧窮、健康不良、社會疏離、溝通障礙、失業、低品質的住宅、高壓力、不當對待、壓抑、低自尊等複雜的需求與問題。所以，對於這類家庭的社會服務就必須以「家庭為中心」來思考其總體需求，提供一個以家庭為中心支持方案。介入也必須以家庭為中心，增強家庭的優勢，培養家庭的能力，而不是單獨提供對智障兒童的協助。以家庭為中心的思考明顯有異於以「專業為中心」的思考。但是，以家庭為中心並不是放棄以兒童為中心的思考。

上榜關鍵 ★★

建立以家庭為中心的家庭服務基本概念，有助提升考生的政策思考能力。

模式	說明	
以「家庭為中心」與以「專業為中心」服務模式之比較	以家庭為中心	以專業為中心
	家庭與服務提供者一起決策	專家決策
	家庭有需求與期待	家庭被認為是缺損的或病態的，專家執行家庭介入
	介入在於促進家庭決策	專家評估重點聚焦於家庭功能
	以優勢為基礎、個別化、彈性與有負責任的介入	專家安排與協調服務提供家庭沒有能力解決自己的問題
	介入的目標是增進家庭優勢以滿足其需求	專家扮演家庭的改變媒介
	家庭被尊重與有尊嚴	
	家庭與專家資訊分享 家長與專家是協力的與夥伴關係 提供資源與支持給家庭以促進兒童福祉 家長主動尋求資源與支持	
	家庭有權選擇介入的方式	
以「社區為基礎」的家庭服務	以社區為基礎的方案重點在於滋養一個具有支持性的居住社區，型塑一個居民集體的責任以保護兒童、少年、身心障礙者、老人；同時加強社區服務的基層結構，讓個別的服務被連結，而成為協力單位。	

榜首提點
家庭維繫服務的目標務必清楚，並請一併準備家庭支持服務，亦需思考現有的婦女及兒童政策在相關方面的作為。

肆、家庭服務的內涵

項目	說明
家庭維繫服務（family preservation services）	目標是：1.保護家庭中的兒童；2.維持與增強家庭連帶；3.穩定危機情境；4.增加家庭技巧與能力；5.激發家庭使用各種正式與非正式資源。這種介入模式被大量運用在兒童與家庭服務上。家庭維繫服務是以家庭為基礎的服務，因短期與密集介入，又稱是密集的家庭維繫服務。

327

	說明
家庭支持服務（family support services）	■ 家庭支持服務是提供預防兒童虐待與疏忽，增強家庭功能。其內容包括：兒童健康諮詢、兒童教養、家庭關係、社會支持、資源相關資訊提供等。典型的家庭支持服務方案包括：生活技巧訓練、親職教育、兒童適當的成長經驗、親職關係、家庭危機介入、資訊提供、轉介服務等。 ■ 基本上，家庭支持服務是一種預防取向的家庭服務，有別於家庭維繫服務的短期密集治療取向。因此，各地可以因地制宜，開發滿足不同家庭需求的服務，特別是針對有健康照顧需求家庭、未成年懷孕家庭、經濟弱勢家庭、有家庭虐待之虞的家庭、新移民家庭等。

伍、臺灣的家庭政策內容

（104.5.26 行政院社會福利推動委員會修正通過之「家庭政策」節錄）

> **上榜關鍵 ★★★**
> 請先將五大政策內容的標題詳記，再研讀各項說明；曾為申論題及測驗題的考點。

一、發展全人照顧與支持體系，促進家庭功能發揮
　　（一）健全生育保健體系，增進對懷孕及生產過程之周全照顧，協助家庭生養子女。
　　（二）推動不孕症防治的教育宣導與治療，鼓勵適齡婚育；並健全收出養制度與觀念倡導，減少血緣與傳宗接代壓力。
　　（三）落實青少年性與生育之健康教育，強化未成年人生育支援體系及生育親善門診，維護青少年生育健康。
　　（四）完備各生命週期之照顧服務與家庭支持系統，建立優質、平價、可近的生育、養育及照顧環境，發展兒童、少年、老人及身心障礙者的多元照顧模式，建構全人的家庭照顧機制。
　　（五）建構家庭照顧者服務體系，排除照顧者使用公共照顧服務資源障礙，提供照顧者相關教育、培力、諮商、輔導及喘息服務等支持性措施，以減輕家庭照顧者的身心壓力。
　　（六）發展以家庭為核心、社區為基礎之整合性家庭支持服務體系，透過公私部門、跨網絡合作，設置社區化支援機制，提供積極性、近便性服務，預防與協助處理雙老、隔代教養、單親等各種類型家庭之危機，維繫家庭固有養育照護功能，協助家庭自立。

二、建構經濟保障與友善職場，促進家庭工作平衡
　　（一）建構整合性家庭經濟支持政策，並針對不同型態的家庭組成，由稅制、托育服務與就業服務等政策引導，協助家庭來確保家庭成員的經濟安全與公平正義。
　　（二）建立社會福利與就業服務體系之銜接，提供低所得家庭緊急照顧與福利服務，協助其自立脫貧，改善家庭生活與經濟處境。
　　（三）建構完善老年經濟安全體系，保障老年所得支持與促進人力資源再運用，保障家庭長者的經濟安全。
　　（四）減輕兒童照顧支出壓力，擴大育兒家庭之經濟支持，分擔家庭養育子女的經濟與機會成本，對於願意承擔生（養）育子女責任者給予公共支持。
　　（五）運用社會資源，協助家庭有工作意願者，接受回流教育與技職訓練機會，累積人力資本，協助其進入勞動市場並穩定就業。
　　（六）營造友善家庭之職場環境，鼓勵公民營單位辦理托兒、家庭照顧支持措施及員工協助方案，落實產假、陪產假、育嬰留職停薪、產檢假、提高工時自主性等措施，以兼顧家庭與工作之平衡。

三、落實暴力防治與居住正義，促進家庭和諧安居
　　（一）普及「暴力零容忍」觀念，結合公私部門力量，積極深化社區防暴意識，全面提升民眾防暴素養及敏感度，增進家庭和諧。
　　（二）結合非營利組織與社區等各界的關懷，加強高風險家庭的支援與扶助體系。
　　（三）強化兒童、少年保護體系，保障兒童、少年人權並獲得家庭妥善照顧與對待。
　　（四）落實家庭暴力被害者及目睹者之救援及保護扶助措施，並強化加害者處遇服務，以終止家庭暴力。
　　（五）政府為保障家庭有適居之住宅，對於有居住需求之家庭，應提供適宜之協助，其方式包含提供補貼住宅之貸款利息、租金或修繕費用。
　　（六）鼓勵政府或民間興辦社會住宅時，應考量其家庭組成及其他必要條件，提供適宜之設施或設備。
　　（七）協助家庭落實居家安全檢查，針對家中幼兒、老人、身心障礙者等對象，提供居家不安全的環境之改善建議，加強居住空間的無障礙及安全，維護生活空間與環境的安全。

四、強化家庭教育與性別平權,促進家庭正向關係
　　(一)落實《家庭教育法》,提供家庭教育課程,並結合各體系及民間資源普及教育,宣導協助家庭成員增強溝通技巧、家庭經營能力,促進家庭成員的互動與凝聚。
　　(二)以初級預防家庭教育工作為主軸,強化跨領域資源協同整合,加強優先對象家庭教育工作,發展補救性及預防性之功能,提升家庭教育服務質量,協助增進家庭功能之發揮,預防家庭問題及危機之產生。
　　(三)強化學校體系家庭教育課程及輔導功能,落實弱勢關懷,並鼓勵家庭訪視,營造友善家庭的親師關係。
　　(四)增進年輕世代進入婚姻家庭之機會及知能,透過家庭教育數位媒材之研發及網路學習平臺之建立,達成家庭教育之普及和易學化。
　　(五)落實婚姻教育及商談服務,協助婚姻關係經營與理性溝通,共同合作教養子女,進而保障未成年子女最佳利益。
　　(六)提供家庭成員具性別平權觀念之家庭教育,鼓勵父母共同參加親職教育課程,提升父母雙方之親職照顧及性別平等知能,型塑性別平等之家庭觀及生長環境。
　　(七)宣導共同分擔家事與照顧責任,鼓勵男性參與家務及家庭照顧,減少我國傳統社會之照顧責任女性化現象。

五、宣導家庭價值與多元包容,促進家庭凝聚融合
　　(一)營造友善家庭的社會環境與氛圍,鼓勵公民營單位對育有子女之家庭提供政策、制度及環境設施等配套與優惠措施。
　　(二)鼓勵媒體、企業及社會團體倡導家庭價值、家庭優先與友善家庭的文化,宣導正向家庭價值與家庭互動的多元方案、活動等。
　　(三)促進家庭成員的社會參與,鼓勵高齡者與跨世代成員投入志願服務與終身學習,強化世代交流,鼓勵建立代間照顧與社會互助機制。
　　(四)發展友善家庭的居住與照顧政策,提供適當補貼與扶助措施,以鼓勵代間融合及照顧。
　　(五)宣導多元文化價值,消弭因年齡、性別、性別認同、種族、婚姻狀況、身心條件、家庭組成、經濟條件及血緣關係等差異所產生的歧視對待。
　　(六)針對各原住民族之族群特性,推動部落照顧等家庭支持服務工作,維繫部落互助傳統機制。
　　(七)積極強化跨國婚姻家庭互動關係與社會支持網絡,提供新移民家庭就業輔導、家庭照顧支持、家庭教育及婚姻諮商等服務。

陸、家庭暴力之定義

一、我國《家庭暴力防治法》第 2 條規定，家庭暴力係指家庭成員間實施身體、精神或經濟上不法侵害之行為。第 3 條所定家庭成員，包括下列各成員及其未成年子女：

（一）配偶或前配偶。
（二）現有或曾有同居關係、家長家屬或家屬間關係者。
（三）現為或曾為直系血親。
（四）現為或曾為四親等以內之旁系血親。
（五）現為或曾為四親等以內血親之配偶。
（六）現為或曾為配偶之四親等以內血親。
（七）現為或曾為配偶之四親等以內血親之配偶。

上榜關鍵 ★★★
對家暴的定義，是解析家庭政策必備的基本觀念，可從《家庭暴力防治法》的規定準備，屬於記憶型申論題考點。

二、結論

家庭暴力包括配偶、親子、手足、親戚、同住關係等的相互施暴。因此，較完整的家庭暴力界定範圍包括婚姻暴力、兒童不當對待、手足虐待、老人虐待、親戚虐待等五類。其中，婚姻暴力與兒童不當對待是家庭暴力防治的兩大範疇。

柒、家庭暴力防治中心

一、家庭暴力防治中心的任務與組成

榜首提點
請準備家庭暴力防治中心及性侵害犯罪防治中心之組成的相關規定。

《家庭暴力防治法》第 8 條規定，家庭暴力防治中心的任務（服務項目）與組成：直轄市、縣（市）主管機關應整合所屬警政、教育、衛生、社政、民政、戶政、勞工、新聞等機關、單位業務及人力，設立家庭暴力防治中心，並協調司法、移民相關機關，辦理下列事項：

（一）提供 24 小時電話專線服務。
（二）提供被害人 24 小時緊急救援、協助診療、驗傷、採證及緊急安置。
（三）提供或轉介被害人經濟扶助、法律服務、就學服務、住宅輔導，並以階段性、支持性及多元性提供職業訓練與就業服務。
（四）提供被害人及其未成年子女短、中、長期庇護安置。
（五）提供或轉介被害人、經評估有需要之目睹家庭暴力兒童及少年或家庭成員身心治療、諮商、社會與心理評估及處置。
（六）轉介加害人處遇及追蹤輔導。

（七）追蹤及管理轉介服務案件。
（八）推廣家庭暴力防治教育、訓練及宣導。
（九）辦理危險評估，並召開跨機構網絡會議。
（十）其他家庭暴力防治有關之事項。

二、家庭暴力防治中心得與性侵害防治中心合併設立
（一）《家庭暴力防治法》第 8 條規定，家庭暴力防治中心得與性侵害防治中心合併設立，並應配置社工、警察、衛生及其他相關專業人員；其組織，由直轄市、縣（市）主管機關定之。
（二）《性侵害犯罪防治法》第 6 條規定，直轄市、縣（市）主管機關應設性侵害防治中心，辦理下列事項：
1. 提供 24 小時電話專線服務。
2. 提供被害人 24 小時緊急救援。
3. 協助被害人就醫診療、驗傷及取得證據。
4. 協助被害人心理治療、輔導、緊急安置及提供法律服務。
5. 協調醫院成立專門處理性侵害事件之醫療小組。
6. 加害人之追蹤輔導及身心治療。
7. 推廣性侵害防治教育、訓練及宣導。
8. 其他有關性侵害防治及保護事項。
前項中心應配置社工、警察、醫療及其他相關專業人員；其組織由直轄市、縣（市）主管機關定之。

捌、特殊境遇家庭扶助條例

一、立法目的
為扶助特殊境遇家庭解決生活困難，給予緊急照顧，協助其自立自強及改善生活環境，特制定本條例。
二、生活扶助措施
本條例所定特殊境遇家庭扶助，包括緊急生活扶助、子女生活津貼、子女教育補助、傷病醫療補助、兒童托育津貼、法律訴訟補助及創業貸款補助。
三、特殊境遇家庭之定義
本條例所稱特殊境遇家庭，指申請人其家庭總收入按全家人口平均分配，每人每月未超過政府當年公布最低生活費 2.5 倍及臺灣地區平均每人每月消費支出 1.5 倍，且家庭財產未超過中央主管機關公告之一定金額，並具有下列情形之一者：

（一）65歲以下，其配偶死亡，或失蹤經向警察機關報案協尋未獲達6個月以上。
（二）因配偶惡意遺棄或受配偶不堪同居之虐待，經判決離婚確定或已完成協議離婚登記。
（三）家庭暴力受害。
（四）未婚懷孕婦女，懷胎3個月以上至分娩2個月內。
（五）因離婚、喪偶、未婚生子獨自扶養18歲以下子女或祖父母扶養18歲以下父母無力扶養之孫子女，其無工作能力，或雖有工作能力，因遭遇重大傷病或照顧6歲以下子女或孫子女致不能工作。
（六）配偶處1年以上之徒刑或受拘束人身自由之保安處分1年以上，且在執行中。
（七）其他經直轄市、縣市政府評估因3個月內生活發生重大變故導致生活、經濟困難者，且其重大變故非因個人責任、債務、非因自願性失業等事由。

玖、性騷擾防治法

性騷擾防治法的制訂是對婦女人身安全及婦女尊嚴自主的保障措施，本法的主要特色如下：

一、保護性騷擾之被害人的權益

本法立法目的主要在於保護人身安全，對於性騷擾問題建立整體防治網絡，使被害人之權益得到確實的保護。

二、擴大性騷擾法規的保護範圍

本法的保護範圍擴大及於工作、教育、訓練、專業服務、大眾服務及其他場所，並將交換利益性騷擾及敵意環境性騷擾納入規範範圍，將使更多性騷擾之被害人可以適用此法，尋求保護與救濟。

三、設置專責單位推動性騷擾防治事宜

本法規定直轄市、縣（市）政府應設性騷擾防治委員會，置主任委員一人，由直轄市市長、縣（市）長或副首長兼任，並由機關高級職員、社會公正人士、民間團體代表、學者、專家為委員組成，其中社會公正人士、民間團體代表、學者、專家人數不得少於二分之一；其中女性代表不得少於二分之一，有助於性騷擾之防治推動。

四、明定公、私部門組織應有的職責

本法規定所屬人員達10人以上之機關、部隊、學校、機構或僱用人應設立適當申訴管道並採取適當的懲戒措施，所屬人員達30人以上者，應訂定性騷擾防治措施，並公開揭示之。除訂有申訴及調查程序外，並媒體報導應保密被害人的身分，

及各級學效應有性騷擾防治課程等,這些規範皆有助於性騷擾防治的推動與落實。

相關法規說明

項次	法規名稱	說明
1	《家庭暴力防治法》	請至「全國法規資料庫」下載
2	《性侵害犯罪防治法》	
3	《性騷擾防治法》	
4	《性別平等教育法》	
5	《跟蹤騷擾防制法》	
6	《特殊境遇家庭扶助條例》	
7	《人口販運防制法》	
8	婦女政策綱領	請至婦女權益促進發展基金會網站下載（http://www.iwomenweb.org.tw）
9	家庭政策	請至衛生福利部社會及家庭署網站下載（https://www.sfaa.gov.tw）

編者：為免各社會政策相關法規修法更迭頻繁,請考生於研讀本章時下載相關法規同步研讀,以免所研讀之法規過時,影響應考成績。

練功坊

一、請說明我國家庭暴力防治法的保障對象及保障方式。

解析

(一) 保障對象：家庭暴力防治法第3條規定，本法所定家庭成員，包括下列各員及其未成年子女：
1. 配偶或前配偶。
2. 現有或曾有同居關係、家長家屬或家屬間關係者。
3. 現為或曾為直系血親或直系姻親。
4. 現為或曾為四親等以內之旁系血親或旁系姻親。

(二) 保障方式：
1. 各縣市設立的家庭暴力防治中心，提供二十四小時電話專線服務，先行提供被害人二十四小時緊急救援、協助診療、驗傷、採證及緊急安置，再視後續需求，提供各項其他相關服務。
2. 透過保護令制度的保障，使保護令成為家庭暴力案件被害人的護身符，藉以保護其人身的安全。家庭暴力防治法中，將請民事保護令（簡稱保護令），分為通常保護令、暫時保護令及緊急保護，以保障受害人之人身安全。
3. 被害人得向法院聲請通常保護令、暫時保護令；被害人為未成年人、身心障礙者或因故難以委任代理人者，其法定代理人、三親等以內之血親或姻親，得為其向法院聲請之。
4. 被害人有受家庭暴力之急迫危險者，檢察官、警察機關或直轄市、縣（市）主管機關，得聲請緊急保護令。法院核發暫時保護令或緊急保護令，得不經審理程序。
5. 警察人員處理家庭暴力案件，必要時應採取下列方法保護被害人及防止家庭暴力之發生：
   (1) 於法院核發緊急保護令前，在被害人住居所守護或採取其他保護被害人或其家庭成員之必要安全措施。
   (2) 保護被害人及其子女至庇護所或醫療機構。
   (3) 告知被害人其得行使之權利、救濟途徑及服務措施。
   (4) 查訪並告誡相對人。
   (5) 訪查被害人及其家庭成員，並提供必要之安全措施。
6. 保護令核發後，當事人及相關機關應確實遵守，並依下列規定辦理：
   (1) 不動產之禁止使用、收益或處分行為及金錢給付之保護令，得為強制執行名義，由被害人依強制執行法聲請法院強制執行，並暫免徵收執行費。

(2) 於直轄市、縣（市）主管機關所設處所為未成年子女會面交往，及由直轄市、縣（市）主管機關或其所屬人員監督未成年子女會面交往之保護令，由相對人向直轄市、縣（市）主管機關申請執行。

(3) 完成加害人處遇計畫之保護令，由直轄市、縣（市）主管機關執行之。

(4) 禁止查閱相關資訊之保護令，由被害人向相關機關申請執行。

(5) 其他保護令之執行，由警察機關為之。

練功坊

(　) 1. 下列何項敘述不符合我國《家庭暴力防治法》條文規定？（95 專技社工師）
  (A) 本法所稱家庭暴力者不包括離婚的前妻或前夫
  (B) 保護令事件之審理不公開
  (C) 通常保護令之有效期間為一年以下
  (D) 保護令事件不得進行協調或和解

解析

(A)。《家庭暴力防治法》第 3 條規定，本法所定家庭成員，包括下列各員及其未成年子女：(1) 配偶或前配偶；(2) 現有或曾有同居關係、家長家屬或家屬間關係者；(3) 現為或曾為直系血親或直系姻親；(4) 現為或曾為四親等以內之旁系血親或旁系姻親。

(　) 2. 根據《性騷擾防治法》之規定，受僱人數達多少人以上之機關，應訂定性騷擾防治措施，並公開揭示之？
  (A) 30 人　　(B) 40 人　　(C) 50 人　　(D) 60 人

解析

(A)。《性騷擾防治法》第 7 條規定，機關、部隊、學校、機構或僱用人，應防治性騷擾行為之發生。於知悉有性騷擾之情形時，應採取立即有效之糾正及補救措施。組織成員、受僱人或受服務人員人數達 10 人以上者，應設立申訴管道協調處理；其人數達 30 人以上者，應訂定性騷擾防治措施，並公開揭示之。

練功坊

(　　) 3. 特殊境遇家庭扶助，不包括下列那一項目？
  (A) 緊急生活扶助
  (B) 子女生活津貼
  (C) 求職交通補助津貼
  (D) 子女教育補助

解析

(C)。《特殊境遇家庭扶助條例》第 2 條規定，本條例所定特殊境遇家庭扶助，包括緊急生活扶助、子女生活津貼、子女教育補助、傷病醫療補助、兒童托育津貼、法律訴訟補助及創業貸款補助。

重點 2 性別主流化、少子化

閱讀完成：____月____日

壹、性別主流化觀點與政策意涵

一、性別主流化（gender main streaming）之起源

性別主流化的概念最早是在 1985 年聯合國第三屆世界婦女大會中提出，而歐洲聯盟（European Union, EU）也採用此概念，以促進男性與女性在生活各層面及各類政策上的平等關係。

> **榜首提點**
> 性別主流化的觀點，是常見的熱門考點，故對其政策意涵必須非常清楚，才能有完整的論述能力。

二、性別主流化之觀點

1. 平等觀點（equal treatment perspctive）
- 講求在公領域中男女權利的平等與機會的平等，重視立法上的改革。

2. 女性觀點（women's perspective）
- 認為女性在社會中處於弱勢，因此需要為女性提供特殊的社會制度，以改變制度性歧視的現象，換句話說，其重視結果的平等。

3. 性別觀點（gender perspective）
- 主張男性與女性有多元不同的需求，再者，不同階級、族群、國籍、宗教、年齡、生命週期、身心障礙狀況的女性也有多元不同敏感度的政策制定方式；同時其也強調男性與女性在公領域及私領域所負擔責任，能有更公平的分工，故不止是女性，男性也需要共同參與這樣社會制度的改變。此種觀點一方面重視多元性與異質性，另一方面也以性別（gender）取代女性（women），將男性的生活也納入討論。

三、性別主流化政策意涵

(一)「性別主流化」，本身並不是一項目的，而是要達成性別平等的一種策略、一種觀點、一種手段，其最終目標是男女平等；主流化意味著確保性別觀點及對性別平等目標的關注是政策發展、研究、倡導／對話、立法、資源配置，以及計畫和方案規劃、執行和監測的重心。因而，「性別主流化」所強調的是對結構層次的關注，將女性發展中面臨到的不平等、無利益的處境，放到一個更寬廣「性別關係」的議題架構下來審視與行動。換言之，「性別主流化」是要將性別觀點帶入到各種公共事務中，成為從規劃到執行均須具備的主要元素。

(二)性別主流的推動乃是一項跨部門的集體任務，從個人、社區、民間的組織，乃至於政府部門都必須有相對應的行動，方能全面性且有效的推動性別主流化。

(三)性別主流化成功的重要要素
1. 對於主流的性別觀點必須有一個明確的目標，且要能夠關注到性別平等。
2. 對於主流化需有一致性的觀點，性別平等在整個過程和介入期間，必須有系統的成為主流。
3. 對於性別平等面向的關注應該明確，主流化的策略亦應呈現出性別平等的面向。

> **榜首提點**
> 請特別加強婦女充權的研讀，並和家庭與婦女政策連結思考。

貳、實現性別主流化的面向

面向	說明
1. 性別分析	「性別分析」必須著重於分析某一特定脈絡之男女的情境和地位，對男女的情境和地位與規劃之介入以及措施之間可能的衝擊，其目的乃在於揭示性別關係與待解決問題之間的關聯性，它包括以性別為基礎的分類統計資料的建立，以及對政策、方案、資源分配等性別意涵的質性分析，透過性別分析的進行，那些深藏的性別不平等現象得以浮現且受到關注，對握有決策權力者，便能夠在政策方案中回應性別差異的需求。
2. 婦女充權	■「婦女／女性充權」（women's empowerment）乃是要賦予女性更大的權力與能力，期使在政治、社會，以及決策的過程中能有更大的參與，並對社會轉型有更積極的行動。

339

面向	說明
	■ 婦女充權係指要讓婦女自己的生活有更多的掌控權，它包括提升自我意識、自信心、選擇權、資源使用和掌控，以及改變深化性別歧視和不平等的結構和制度。
3. 組織的文化和價值	推動性別觀點的主流化之時，不可忽略的是推動的組織本身對性別意識的導入，故組織自身也必須進行相關的能力建構，包含建立一個性別平衡的管理階層，以及在組織的實際運作面納入性別意識，俾使組織的所有政策、方案、行政與財務行動，以及組織的相關程序中，都能具備有性別的觀點與意識。
4. 制度的發展	執行主流化策略的整個責任有賴政府高層及其他組織的支持（包括聯合國體系），管理階層必須要能夠發展出管理主流化進展之適當的責信機制。例如：要有明確督促發展的相關指標，提供性別角色專家扮演催促、諮詢和支持的角色，並提供支持性別主流化所需要之所有人士的才能發展。

參、我國少子女化對策計畫（107-113 年）

榜首提點
請考生詳加準備本對策計畫，在準備時，必須下載計畫全文研讀，務必邏輯層次分明，才能在申論題論述時展現出實力。

一、我國少子女化趨勢
　（一）從高生育率到超低生育率出生嬰兒數逐漸減少
　　　　從 73 年起，總生育率已低於人口替代水準的 2.1。近十餘年來都徘徊在 1.10-1.20 間。
　（二）育齡婦女人數由成長轉為遞減
　　　　育齡婦女 15-49 歲婦女人數於 89 年達到高峰 636.7 萬人後，轉趨減少，90-104 年平均每年約減少 2 萬人，育齡婦女人數減少，生育胎數未增，導致後續嬰兒出生數持續下滑。

二、我國少子女化現象的影響
　（一）出生數持續減少，加速人口結構失衡
　　　　因總生育率長期持續下降，連帶影響嬰兒出生數減少。另因育齡婦女人數持續減少，即使總生育率回升，出生數仍呈現縮減現象。
　（二）在學人數下降，衝擊教育體系
　　　　各級學校學生人數不足、併校或退場等問題，是教育體系亟待面對的課題之一。
　（三）勞動人口減少，影響經濟發展

在面對超低生育率的同時，我國人口老化速度也正加快中，中高齡勞動力 50 歲或 55 歲以上勞工人口的增加是首先出現的警訊，勞動力的銀灰化（graying of the workforce）愈來愈明顯。我國中高齡勞動力目前逐年增加，109 年 45-64 歲中高齡人口占工作人口的 42.1%，到 159 年預估會占 48.1% 左右，產業結構將受到嚴厲考驗。

(四) 總扶養比增加，青壯年人口的撫養負擔加重

因少子女化現象導致扶幼比下降，但隨著高齡化速度加快，扶老比將持續上升，總扶養比也連動持續上升，推估至 159 年，扶養比將由 109 年 40.1 增加至 150 年 102.0（為 109 年的 2.5 倍），國人的扶養負擔將更加沉重。

三、影響生育率的相關因素

(一) 晚婚及不婚影響生育人數

從結婚年齡來看，65 年時，婦女平均初婚年齡為 23.3 歲，至 108 年為 30.4 歲，已延後 7.1 歲。20-49 歲婦女，有偶率由 65 年 76.2% 下降至 108 年 46.3%。

(二) 育齡婦女生育年齡延後，影響生育胎次

65 年婦女生育第 1 胎平均年齡為 23 歲，至 108 年時，已提高為 31 歲，長期來看，育齡婦女生育第 1 胎年齡逐年延後，生育胎次也會有減少趨勢。

(三) 育兒成本高，家庭經濟負擔沉重

如以托育費用觀之，占家庭可支配所得 19-20%，超過衛生福利部委託研究合理托育費用應占家庭可支配所得 10-15%；送托公立幼托機構費用占比為 10%，則在上述合理範圍內。

(四) 婦女難兼顧家庭與就業，影響生育意願及勞動參與率

曾因生育離職的原因，以照顧子女所占比率最高，達 68.41%。

綜上，家庭育兒負擔沉重、平價優質的托育服務不足，以及生養環境的不夠友善等議題，均影響生育意願，待透過相關政策及措施來改善。

四、我國少子女化新對策之政策目標

家庭政策從早期的母性政策、人口政策到晚近納入性別平權政策的意涵，而其中都脫離不了促進就業的必要性。於是，家庭與就業成為晚近家庭政策不可分割的兩個要素，而有工作與家庭政策（work-family policy）的說法。精確的說法是工作與家庭平衡政策（work-family balance policy）；或工作與家庭共好政策（work-family reconciliation policy)。其中最重要的三個內涵是：1. 確保嬰幼兒的照顧品質與健全成長；2. 性別公平；3. 提升生育率。依此，本計畫設定政策目標如下，並據以提出與國際接軌的因應少子女化對策：

(一) 提升生育率

以 0-2 歲（未滿）、2-6 歲（未滿）幼兒為對象，推動公共化（如社區公共托育家園、公立幼兒園及非營利幼兒園）、準公共（政府與私立幼兒園合作）政策，以及擴大發放育兒津貼等措施，運用多元方式，減輕家長育兒負擔，以達提升生育率之目標。至於，提升生育率的目標與期程，期望到 119 年，我國總生育率可以回升到 1.4。

(二) 實現性別平等（平衡就業與家庭）

為支持不同性別者兼顧工作與生活，建構性別平權的社會，使國人樂婚、願生、能養，實現性別平等。依《性別平等政策綱領》，透過完善家庭支持及友善就業環境，促進工作與家庭平衡。在減輕照顧負擔上，制定普及化、可負擔的照顧服務政策，提供平價、優質、可近性的托育照顧服務，協助任何照顧者均能持續就業。在職場推動公私部門支持友善家庭政策，積極支持員工就業，避免因家庭照顧而中斷就業或退出勞動市場。

(三) 減輕家庭育兒負擔

以「0-6 歲國家一起養」的精神，秉持尊重家長選擇權、保障每個孩子都獲得尊重與照顧及無縫銜接等原則，以「擴展平價教保服務」及「減輕家長負擔」為政策重點，研訂下列三大策略：

1. 加速擴大公共化教保服務量。
2. 以準公共機制補充平價教保。
3. 輔以育兒津貼達到全面照顧：照顧對象由原來的 0-2 歲（未滿），延伸為 0-5 歲（未滿）。

透過擴大托育公共化及建置準公共機制，與符合條件的私立托育服務提供者簽約，補充平價托育服務的不足、減少家長每月托育費用；同時，擴大發放育兒津貼，惠及在家照顧的嬰幼兒，具體減輕家庭育兒的經濟負擔。

(四) 提升嬰幼兒照顧品質

1. 提升整體托嬰中心服務品質：督導地方政府落實托嬰中心輔導及管理機制，維持服務品質的穩定。
2. 完善居家托育照顧服務體系：深化居家托育服務中心輔導功能，提升訪視輔導人員職能及強化托育服務專業性。
3. 建立提升品質及管理機制：除定期評鑑及地方政府稽核等日常管理外，

應依法揭露相關資訊,並增加獎勵機制,協助準公共幼兒園提供一定品質之教保服務,達到永續經營的目標。
4. 營造友善幼托職場環境:對於加入準公共機制的托嬰中心、幼兒園,逐步提升托育人員、教保服務人員每月固定薪資至少 3 萬元,達一定服務年資者再予調整薪資並優化照顧人力比減輕人員工作壓力,穩定教保服務品質;另拉齊因應軍教配套措施之中央政府補助費用。

相關法規說明

項次	法規名稱	說明
1	《消除對婦女一切形式歧視公約施行法》	請至「全國法規資料庫」下載
2	性別平等政策綱領	請至行政院性別平等會網站下載(https://www.gec.ey.gov.tw)
3	人口政策綱領	請至國家發展委員會網站下載(https://www.ndc.gov.tw)
4	人口政策白皮書——少子女化、高齡化及移民	
5	我國少子女化對策計畫(107 年至 113 年)	請至衛生福利部網站下載

編按:為免各社會政策相關法規修法更迭頻繁,請考生於研讀本章時下載相關法規同步研讀,以免所研讀之法規過時,影響應考成績。

練功坊

一、「性別主流化」（gender mainstreaming）是當今追求婦女權益的行動策略，請說明其意義及主要觀點。

解析

(一) 性別主流化的意義
1. 性別主流化的概念最早是在一九八五年聯合國第三屆世界婦女大會中提出，而歐洲聯盟（European Union, EU）也採用此概念，以促進男性與女性在生活各層面及各類政策上的平等關係。
2. 「性別主流化」，本身並不是一項目的，而是要達成性別平等的一種策略、一種觀點、一種手段，其最終目標是男女平等；主流化意味著確保性別觀點及對性別平等目標的關注是政策發展、研究、倡導／對話、立法、資源配置，以及計畫和方案規劃、執行和監測的重心。因而，「性別主流化」所強調的是對結構層次的關注，將女性發展中面臨到的不平等、無利益的處境，放到一個更寬廣「性別關係的議題架構下來審視與行動」。換言之，「性別主流化」是要將性別觀點帶入到各種公共事務中，成為從規劃到執行均須具備的主要元素。

(二) 性別主流化之主要觀點：性別回歸主流的內涵有許多不同的層面，英國研究者 Booth 與 Bennett 整理出三種互補的觀點：平等觀點（equal treatment perspective）、女性觀點（women's perspective），以及性別觀點（gender perspective），說明如下：
1. 「平等觀點」：講求在公領域中男女權利的平等與機會的平等，重視立法上的改革。
2. 「女性觀點」：認為女性在社會中處於弱勢，因此需要為女性提供特殊的社會制度，以改變制度性歧視的現象，換句話說，其重視結果的平等。
3. 「性別觀點」：則主張男性與女性有多元不同的需求，再者，不同階級、族群、國籍、宗教、年齡、生命週期、身心障礙狀況的女性也有多元不同的需求（同樣也可應用於男性）。因此主張發展出一種具有性別敏感度的政策制定方式；同時其也強調男性與女性在公領域及私領域所負擔責任能有更公平的分工，是故不只是女性，男性也需要共同參與這樣社會制度的改變。此種觀點一方面重視多元性與異質性，另一方面也以性別（gender）取代女性（women），將男性的生活也納入討論。

練功坊

( ) 1. 下列何者不是聯合國推動性別主流化的政策理念？
   (A) 抗衡父權主義結構　　　　(B) 廢除兩性差別待遇
   (C) 將性別觀點帶到公領域中　(D) 將性別觀點帶到私領域中

解析

(D)。性別主流化主要係將性別觀點帶到公領域中。

( ) 2. 依《消除對婦女一切形式歧視公約施行法》，政府應依公約規定，建立消除對婦女一切形式歧視報告制度，每幾年提出國家報告？
   (A) 3 年　　(B) 4 年　　(C) 5 年　　(D) 6 年

解析

(B)。《消除對婦女一切形式歧視公約施行法》第 6 條規定，政府應依公約規定，建立消除對婦女一切形式歧視報告制度，每 4 年提出國家報告，並邀請相關專家學者及民間團體代表審閱，政府應依審閱意見檢討、研擬後續施政。

重點便利貼

❶ 以家庭為中心的家庭服務：強調家庭與服務提供者的夥伴關係，且被納入成為最佳實務的模式。以「家庭為中心」思考總體需求，提供一個以家庭為中心支持方案。介入也必須以家庭為中心，增強家庭的優勢，培養家庭的能力，而不是單獨提供對智障兒童的協助。以家庭為中心的思考明顯有異於以「專業為中心」的思考。但是，以家庭為中心並不是放棄以兒童為中心的思考。

❷ 臺灣家庭暴力（暨性侵害）防治的政策建議：
　(1) 政策目的：「事前防治」或「事後處理」。
　(2) 中央與地方之權責分配問題。
　(3) 組織、單位、團體間的水平協調整合問題。
　(4) 績效評估與資源分配。
　(5)「防治」政策的配套措施。

❸ 性別主流化之觀點：(1) 平等觀點；(2) 女性觀點；(3) 性別觀點。

❹ 實現性別主流化的面向：性別分析、婦女充權、組織的文化和價值、制度的發展。

❺ 高風險家庭：係指該家庭因為主要照顧者遭逢變故或家庭功能不全而有可能會導致家庭內之兒童、少年未獲適當照顧者。

❻ 臺灣的家庭政策的內容：(1) 發展全人照顧與支持體系，促進家庭功能發揮；(2) 建構經濟保障與友善職場，促進家庭工作平衡；(3) 落實暴力防治與居住正義，促進家庭和諧安居；(4) 強化家庭教育與性別平權，促進家庭正向關係；(5) 宣導家庭價值與多元包容，促進家庭凝聚融合。

擬真考場

申論題

一、《特殊境遇家庭扶助條例》係以保障特殊境遇家庭經濟生活與保護家庭暴力受害人權益，促進其身心健康發展，生活能夠獨立自主為目標，請說明其協助對象主要有那些？

測驗題

(　　) 1. 社會、經濟、文化快速變遷對家庭產生巨大之影響，請問以下敘述何者不屬於我國家庭政策制定的核心思想及原則？
　　(A) 平衡家庭照顧與就業
　　(B) 充權家內與家庭間的弱勢者
　　(C) 公平照顧家庭成員的福祉，並兼顧差別正義的原則
　　(D) 主張傳統農業社會男主外、女主內之家庭規模以支持家庭照顧能力

(　　) 2. 根據《家庭暴力防治法》，法院核發下列何種保護令時，得不經審理程序？
　　(A) 暫時保護令或緊急保護令
　　(B) 短期保護令或特別保護令
　　(C) 通常保護令或長期保護令
　　(D) 通常保護令或特別保護令

(　　) 3. 對於特殊境遇家庭申請緊急生活扶助的規定，每人每次以補助幾個月為限？
　　(A) 3 個月　　　　　　　　　　(B) 6 個月
　　(C) 9 個月　　　　　　　　　　(D) 12 個月

解析

申論題

一、《特殊境遇家庭扶助條例》所稱特殊境遇家庭,指申請人其家庭總收入按全家人口平均分配,每人每月未超過政府當年公布最低生活費 2.5 倍及臺灣地區平均每人每月消費支出 1.5 倍,且家庭財產未超過中央主管機關公告之一定金額,並具有下列情形之一者:

(一)65 歲以下,其配偶死亡,或失蹤經向警察機關報案協尋未獲達 6 個月以上。

(二)因配偶惡意遺棄或受配偶不堪同居之虐待,經判決離婚確定或已完成協議離婚登記。

(三)家庭暴力受害。

(四)未婚懷孕婦女,懷胎 3 個月以上至分娩 2 個月內。

(五)因離婚、喪偶、未婚生子獨自扶養 18 歲以下子女或祖父母扶養 18 歲以下父母無力扶養之孫子女,其無工作能力,或雖有工作能力,因遭遇重大傷病或照顧 6 歲以下子女或孫子女致不能工作。

(六)配偶處 1 年以上之徒刑或受拘束人身自由之保安處分 1 年以上,且在執行中。

(七)其他經直轄市、縣市政府評估因 3 個月內生活發生重大變故導致生活、經濟困難者,且其重大變故非因個人責任、債務、非自願性失業等事由。

測驗題

1. **D** 我國家庭政策目標:(1)保障家庭經濟安全;(2)增進性別平等;(3)支持家庭照顧能力,分擔家庭照顧責任;(4)預防並協助家庭解決家庭成員的問題;(5)促進社會包容。
我國家庭政策制定原則:(1)肯定家庭的重要性;(2)尊重多元家庭價值;(3)充權家內與家庭間的弱勢者;(4)公平照顧家庭成員的福祉,並兼顧差別正義的原則;(5)平衡家庭照顧與就業;(6)促進家庭的整合。

2. **A** 《家庭暴力防治法》第 16 條規定,法院核發暫時保護令或緊急保護令,得不經審理程序。

3. A 《特殊境遇家庭扶助條例》第6條規定，符合第4條第1項規定申請緊急生活扶助者，按當年度低收入戶每人每月最低生活費用標準1倍核發，每人每次以補助3個月為原則，同一個案同一事由以補助一次為限。

Note.

CHAPTER 13
第十三章 老人福利之政策與立法

榜・首・導・讀

- 老化的幾個重要概念、意涵及實踐方式務必清楚,包括「在地老化」、「成功老化」、「生產老化」及「活躍老化」,這些概念都是經常被提出討論的重要議題。
- 「友善關懷老人服務方案」的三大核心理念,請瞭解其政策意涵。

關・鍵・焦・點

- 在地老化是一個重要的議題,其定義與困境務必明瞭,並思考政策可以配合之處。
- 活躍老化是一個非常重要的考點,內涵、面向、建議等均須完整地加以準備。

命・題・趨・勢

公務人員	年度	110年			111年			112年		
	考試	高考	普考	地三	地四	高考	普考	地三	地四	高考	普考	地三	地四
		申	申	測	申	測	申	測	申	測	申	申	測	申	測
	題數		1		2		2		2		1	1		2

專技社工師	年度	110年		111年		112年		113年	
	考試	2申	2測	1申	1測	2申	1申	1測	2申	2測	1申	1測
	題數	3		3		2	1	2		2

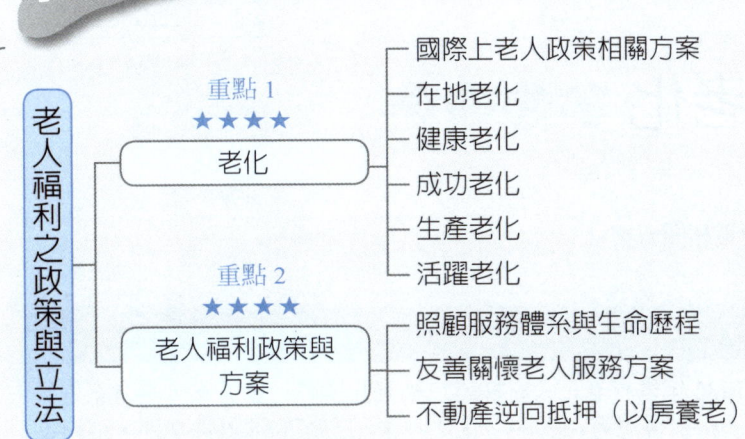

本·章·架·構

老人福利之政策與立法
- 重點 1 ★★★★ 老化
  - 國際上老人政策相關方案
  - 在地老化
  - 健康老化
  - 成功老化
  - 生產老化
  - 活躍老化
- 重點 2 ★★★★ 老人福利政策與方案
  - 照顧服務體系與生命歷程
  - 友善關懷老人服務方案
  - 不動產逆向抵押（以房養老）

重點 1　老化

壹、國際上老人政策相關方案

方案別	說明
維也納老化國際方案（1982年）	1982年世界老化大會採維也納老化國際行動方案，該方案是第一份引導思考和形成老化之政策和方案的國際性文件，這份文件也為1982年的聯合國會員大會所接受，這份方案稱為「維也納方案」。本方案的目標乃在於強化政府和公民社會的能力，以便能夠有效地因應人口老化及解決老人的需求。
聯合國老人綱領（1991年）	■ 聯合國會員大會於1991年通過「聯合國老人綱領」，該綱領提出五項主題、十八項主張知，這些主張可說是當代發展老人福利的重要指標，也是國際老人福利所應追求的共同目標。 ■ 五項主題：獨立、參與、照顧、自我實現、尊嚴。
老化宣言（1992年）與國際老人年（1999年）	■ 1992年聯合國大會通過「老化宣言」，宣言目的在敦促國際社會要加速透過各界與國家的合作，擴及於發展社區、媒體、民營企業部門與年輕世代，大家共同努力以確保老人獲得適當的需求滿足，並創造一個「不分年齡、人人共享的社會」。該宣言指出，必須要認知到老化是一個終身的過程，為老年作準備必須自童年開始，並持續於整個生命的週期；且隨著年齡的增長，某些人是需要全面性的社區和家庭照顧。 ■ 「老化宣言」亦指定1999年為國際老人年，10月1日為國際老人日。國際老人日之訂定，主要是希望透過各界與國家之合作，共同創造一個「不分年齡、人人共享的社會」；換言之，必須由家庭、社區、媒體、民間企業及整個社會，共同關心老人的議題。
馬德里老化國際行動方案（2002年）	■ 2002年馬德里老化國際行動方案，強調關於老化問題的政策，應從更寬廣的生命過程之發展觀點，以及整個社會的角度做檢視。本方案呼籲各部門各層級的態度、政策和作法皆要能夠改變，以便在21世紀裡讓老人的巨大潛力能夠發揮，進而讓更多的老人能夠獲得安全與尊嚴，並增強他們參與社區生活的能力。

方案別	說明
	■ 方案目標乃在於確保全世界所有人皆能夠在保障和有尊嚴的情況下步入其晚年,並能夠以具有充分權利的公民,持續社會的參與。

> **知識補給站**
>
> 聯合國老人綱領五項主題十八項主張包括:
> 1. 獨立:
>   (1) 老人應獲得食物、水、住屋、衣服、健康照顧、家庭及社區支持和自助的途徑。
>   (2) 老人應有工作或獲得其他生財機會。
>   (3) 老人在工作能力減退時,能夠參與決定退休的時間與步驟。
>   (4) 老人應獲得居住在安全且適合於個人偏好和體能的環境。
>   (5) 老人應盡可能地居住在自己家裡。
> 2. 參與:
>   (1) 老人應能持續融合在社會中,參與影響其福祉之相關政策的制定和執行,並且能夠和年輕世代分享知識與技能。
>   (2) 老人應有尋找和開創服務社區與擔任適合自己興趣及能力之志願服務的機會。
>   (3) 老人應能組織老人的團體或行動。
> 3. 照顧:
>   (1) 老人應能獲得符合其社會體系和文化價值之家庭及社區的照顧與保護。
>   (2) 老人應能獲得健康照顧,以維持其身體、心理及情緒的適宜水準,並預防疾病的發生。
>   (3) 老人應能獲得社會與法律的服務,以促進其自主、保護與照顧。
>   (4) 老人應能夠在人性及尊嚴的環境中,適當利用機構所提供的各項服務,包括保護、復健,以及社會和心理的激勵。
>   (5) 老人在任何居住、照顧與治療的處所,應能享有人權和基本自由,包括了對老人尊嚴、信仰、需求、隱私及決定其照顧與生活品質之權利的重視。
> 4. 自我實現:
>   (1) 老人應能有追求充分發展其潛能的機會。
>   (2) 老人應能獲得社會之教育、文化、宗教、娛樂之資源。
> 5. 尊嚴:
>   (1) 老人應能過著有尊嚴和安全的生活,並能夠免於剝削和身體或精神的虐待。
>   (2) 不分年齡、性別、種族、失能與否或其他狀況,老人皆要能夠受到公平的對待,且其對經濟的貢獻應能被重視。

貳、在地老化（aging in place）

一、在地老化的定義

在地老化是讓老人在家庭中或社區中老化，不必在成為老人後，為接受照顧必須離開老人原本熟悉的家庭或原本能夠順應的社區，而遷移到另外一個社區或是機構接受照顧，這種面對年老的衝擊還要重新適應新的生活、新的環境、新的朋友，以及與過去熟悉的親友們隔離，應是一件十分痛苦之事，在地老化的老人福利政策，更為人性化。

二、在地老化的實施面臨之困境

（一）在地老化的老人福利政策，也需要老人機構式安養、療養和醫療體系，花費大量的照顧成本，不僅需要有昂貴的硬體設施的投資，更需要有大量專業人力資源的軟體設施，而中上或中等社經地位的老人是否能負擔此種龐大的經費應是十分困難的，而中下社經地位老人更有其困難，如必須有巨額社會福利經費的支援，必然成為政府社會福利的負擔，也必然會帶來對其他社會福利經費的排擠，更成為政府財政的重大負擔。在地老化的老人福利政策的新導向，有其實質需求的必要性。

（二）在地老化的老人福利政策之新導向必須有完善家庭政策、社區政策、社會保險政策以及醫療體系的配合，才能使在地老化真正能落實執行，而不是一項口號，或是政府將老人福利推給家庭負責，推給社區負責的一種消極的政策。

參、健康老化（healthy aging）

世界衛生組織定義「健康老化」是一種不只疾病與虛弱不纏身，而且是一種生理、精神與社會福祉的完全狀態。如果老年生理學所述的，生理功能衰退幾不可免，要讓人相信人可以健康老化並不容易。導致加諸在老人身上的負面概念，如功能限制、活動限制、損傷等，某種程度建構了老人自我形象的負面化。

肆、成功老化（successful aging）

一、成功老化的學者看法

提出者	說明
麥克阿瑟	麥克阿瑟於研究中提出成功老化。狹義的成功老化是指不需要協助，而能無困難的執行十三種活動或移動的測量，再加上稍微或沒有另五種活動或移動的困難。這是生理健康為中心的概念。
Rowe 和 Kahn	將成功老化定義為「結合較低的疾病發生可能與較高的功能與生命從事活力」。這個概念與健康老化較接近，指三個成功老化的指標：遠離殘疾、高認知與生理功能，以及生活充滿活力（包括生產性能力與人際關係）。老化區分為「一般老化」和「成功老化」兩類，前者係指非病態但具有高患病風險，後者則為老年人保有獨立日常生活的能力。
Baltes 與 Carstensen	採取選擇樂觀與補償理論，認為成功老化應該包含為了達成渴望的目標，極小化功能的喪失。據此，老人會選擇減少預期會喪失更多的任務或活動範疇，而選擇偏愛其他的，以補償回來。

二、成功老化的解釋模型
   （一）Baltes 的「選擇、最適化與補償模型」（SOC 模型）
      1. 提出者：Baltes。
      2. 內涵：「選擇、最適化與補償模型」（SOC 模型）認為成功老化主要是透過三個階段來達成：
         （1）選擇（selection）：適度的選擇符合本身能力的活動，可以保持老年人的自我控制能力。
         （2）最適化（optimization）：利用過去的經驗，實現所選擇之活動的程度。
         （3）補償（compensation）：當老年人執行特殊活動的能力下降，可以運用不同的技巧讓老年人心理上覺得自身能力沒有降低。

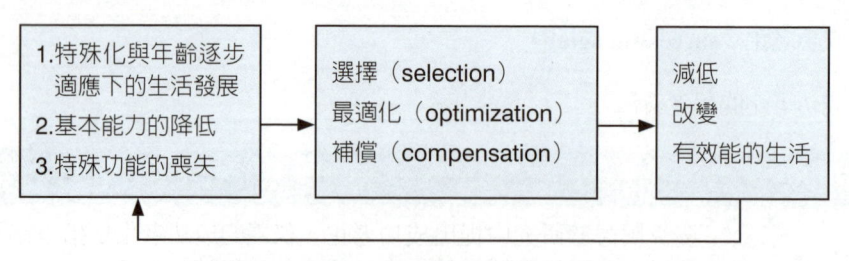

```
┌─────────────────┐      ┌─────────────────┐      ┌──────────┐
│1.特殊化與年齡逐步 │      │選擇（selection）  │      │減低       │
│  適應下的生活發展 │  →   │最適化（optimization）│  →  │改變       │
│2.基本能力的降低   │      │補償（compensation） │     │有效能的生活│
│3.特殊功能的喪失   │      │                 │      │          │
└─────────────────┘      └─────────────────┘      └──────────┘
         ↑_____|
```

選擇、最適化與補償模型（SOC 模型）

（二）Rowe 與 Kahn 的成功老化模型

1. Rowe 與 Kahn 認為要達到成功老化必須包含三個條件：降低疾病和失能風險、維持心智身體功能、積極參與晚年生活。降低疾病和失能風險是指無罹患疾病及疾病預防和對危險因子的控制。維持高度的心智與身體功能則是指在身體上能具有基本的行動能力，同時無記憶障礙和具溝通表達能力。積極參與晚年生活是人際關係的參與，同時具備生產力。
2. 成功老化模型簡圖：見下圖。

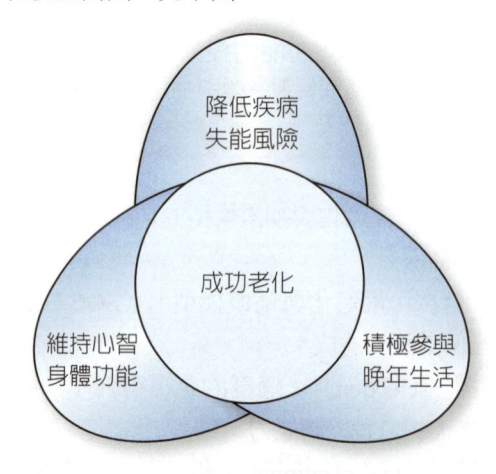

成功老化模型（降低疾病失能風險、維持心智身體功能、積極參與晚年生活三圓交集為成功老化）

成功老化模型

伍、生產老化（productive aging）

一、生產老化對老年人口的不同看法

（一）提出者：生產老化最早由 Helen Kerschner 於 1980 年提出。

（二）對老年人口有五個不同於以往的看法：

1. 機會大於危機。

2. 問題的解決大於問題的製造。
3. 資產大於負擔。
4. 資源的累積大於資源的消耗。
5. 對社會、經濟和文化的貢獻多於消費。

二、生產老化的意涵

（一）生產老化是指個人身體和心理的成功老化，再加上積極的參與經濟與社會的生活，讓這些長者在社會上可以扮演貢獻者的角色。生產老化乃是因應人口老化的結果，透過不同類型的社會參與，提高老人的生活品質與自立能力，產生有形與無形的報酬，並同時對於社會與經濟產生貢獻與效益，促成個人與社會整體之雙贏局面，奠定社會永續與銀髮經濟的發展條件與基礎。

（二）生產老化可藉由從事有酬的工作、志願服務、教育、運動、休閒旅遊、政治參與或倡導活動來達成。從社會發展的角度而言，生產老化的觀點認為人口老化伴隨著延後退休並促成自主的現象，對社會所帶來的是機會、轉機與人力資源，生產老化可以透過就業、志工、照顧參與、健康促進、教育訓練投入、社會與宗教活動的參與，提高老化的個人價值並創造正面的貢獻。相對於「生產老化」的則是「消費老化」觀點，認為人口老化對社會帶來的是挑戰、危機與負擔。

陸、活躍老化（active aging）

一、活躍老化的意涵

「活躍老化」又稱為「活力老化」，是聯合國 2002 年提出的概念，是指為了促進老人的生活品質，而有一個樂觀的健康、參與和安全機會的過程。

> **榜首提點**
> 活躍老化是一個非常重要的考點，其內涵、面向、建議等均須完整地加以準備。

二、活躍老化的三大政策面向（支柱）

面向（支柱）	說明
1. 健康	健康是影響高齡者生活滿意度之重要因素，WHO 指出影響健康的危險因子包括環境因素和個人行為因素。保護因子意指能保護個體免於危險傷害，有助於發展克服困境能力的緩衝機制及調節危險事件的影響。保護因子及其歷程經常與個人、家庭與社會環境的互動有關，其是否能發揮作用，需視是否能減低危險衝擊、降低暴露險境的機會或負向生活事件經歷的連鎖反應、促進個體自我效能與自我尊重，找到新方向所需的資源並善用之。例如：協助降低重大疾病危險因子及增加保護健康的因子。
2. 社會參與	許多研究顯示高齡者持續投入有意義的學習、社會等活動，與他人持續建立親密的關係，保持心智與生理上的活躍，並發揮認知功能，將有助於高齡者尋求個人的生命意義及自我認同，進而邁向成功老化。例如：參加志願性服務活動，有利於提升自我價值感。
3. 安全	由 WHO 觀點切入，主要強調老人在社會、財務以及身體等方面的安全與需要，以保障老人的權利與需要，並維護其尊嚴。例如：規劃「以房養老」，老人得將所持有之房屋抵押給銀行，銀行一次或分多次給付費用，以維持其晚年生活。

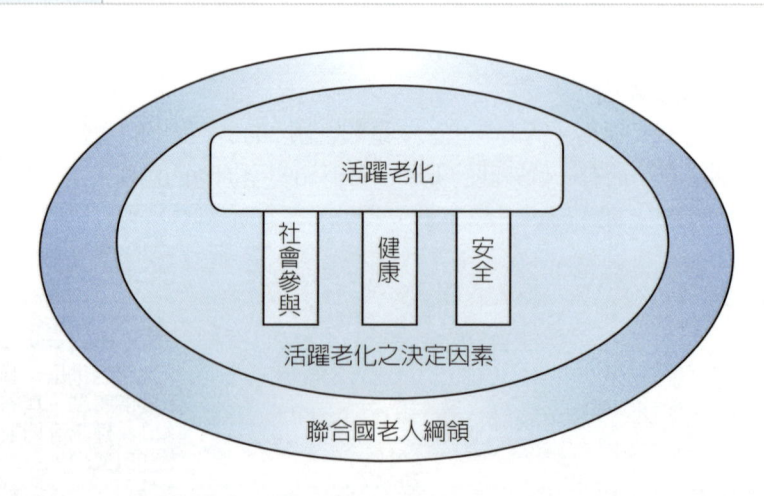

活躍老化

社會參與　健康　安全

活躍老化之決定因素

聯合國老人綱領

練功坊

一、面對高齡化的社會,學者倡議政府應推動「活躍老化」(active aging)、「生產老化」(productive aging),請說明這些概念的內涵。

解析

(一)活躍老化
1. 又稱「活力老化」,是聯合國 2002 年提出的概念,是指為了促進老人的生活品質,而有一個樂觀的健康、參與和安全機會的過程。
2. 活躍老化的三大政策面向(支柱):
 (1)健康:健康是影響高齡者生活滿意度之重要因素,WHO 指出影響健康的危險因子包括環境因素和個人行為因素。保護因子意指能保護個體免於危險傷害,有助於發展克服困境能力的緩衝機制及調節危險事件的影響。保護因子及其歷程經常與個人、家庭與社會環境的互動有關,其是否能發揮作用,需視是否能減低危險衝擊、降低暴露險境的機會或負向生活事件經歷的連鎖反應、促進個體自我效能與自我尊重,找到新方向所需的資源並善用之。例如:協助降低重大疾病危險因子及增加保護健康的因子。
 (2)社會參與:許多研究顯示高齡者持續投入有意義的學習、社會等活動,與他人持續建立親密的關係,保持心智與生理上的活躍,並發揮認知功能,將有助於高齡者尋求個人的生命意義及自我認同,進而邁向成功老化。例如:參加志願性服務活動,有利於提升自我價值感。
 (3)安全:由 WHO 觀點切入,主要強調老人在社會、財務以及身體等方面的安全與需要,以保障老人保安的權利與需要,並維護其尊嚴。例如:規劃「以房養老」,老人得將所持有之房屋抵押給銀行,銀行一次或分多次給付費用,以維持其晚年生活。

(二)生產老化
1. 最早由 Helen Kerschner 於 1980 年提出,其對於老年人口有五個不同於以往的看法:(1)機會大於危機;(2)問題的解決大於問題的製造;(3)資產大於負擔;(4)資源的累積大於資源的消耗;(5)對社會、經濟和文化的貢獻多於消費。

2. 學者認為，生產老化是指個人身體和心理的成功老化，再加上積極的參與經濟及社會的生活，讓這些長者在社會上可以扮演貢獻者的角色。生產老化乃是因應人口老化的結果，透過不同類型的社會參與，提高老人的生活品質與自立能力，產生有形與無形的報酬，並同時對於社會與經濟產生貢獻與效益，促成個人與社會整體之雙贏局面，奠定社會永續與銀髮經濟的發展條件與基礎。生產老化可藉由從事有酬的工作、志願服務、教育、運動、休閒旅遊、政治參與或倡導活動來達成。

練功坊

( ) 1. 聯合國會員大會於 1991 年通過之「聯合國老人綱領」（United Nations Principles for Older People），其所歸類五項主題不包括：
(A) 獨立　　　(B) 參與　　　(C) 平等　　　(D) 自我實現

解析

(C)。聯合國會員大會於 1991 年通過「聯合國老人綱領」，該綱領五項主題：獨立、參與、照顧、自我實現、尊嚴。

重點 2　老人福利政策與方案

閱讀完成：____月____日

壹、照顧服務體系與生命歷程

一、生命歷程

　　生命歷程中，高齡者除了同樣需面對疾病或意外事故造成的身心機能受損外，既有健康狀況也會隨著歲月增長而產生變化，個人基因、生活習慣與環境同時影響人們晚年的健康，並決定個人產生失能的時程。

二、健康照顧體系與分工

（一）以目前政府就長期照護保險體系的初步規劃為例，依服務對象需求之差異，將健康照顧體系區分為生活照顧、長期照顧與醫療服務三大類。見下頁圖。

（二）不同健康照顧服務體系有其明確的分工，依人們的需求提供不同的服務，只是與醫療服務體系相較，國內在生活照顧與長期照顧服務體系之發展相對不足，容易讓民眾輕忽個人的健康管理，過度運用醫療資源，或是在出院後缺乏支持性協助。除了資源相對不足外，無論是長期照顧十年計畫或是既有的長期照顧保險之初步規劃報告，著重的是如何擴展現有的服務型態，相對缺乏從個人生命歷程的角度來思索服務體系的建置。

（三）個人生命歷程中之不同影響因素，將造成人們在老年期出現功能性能力的差距，對於相對健康與落入失能門檻的老人而言，其設定的生活目標亦不同。長期照顧服務是為了協助遭逢失能的人們發揮功能，並盡可能維持其生活型態的各種服務與支持，居家照顧與老人照顧機構是我國當前較為完整與普及的服務項目，目的在於提供家庭支持性與替代性的照顧，並維持老人的生活品質。只是，兩者各有其服務設計之不足，居家照顧難以顧及服務使用者之社會互動需求，機構式照顧的情境則較偏離一般的生活型態，且兩者的使用對象主要仍是失能程度相對嚴重，或是已經步入生命歷程相對末期者。

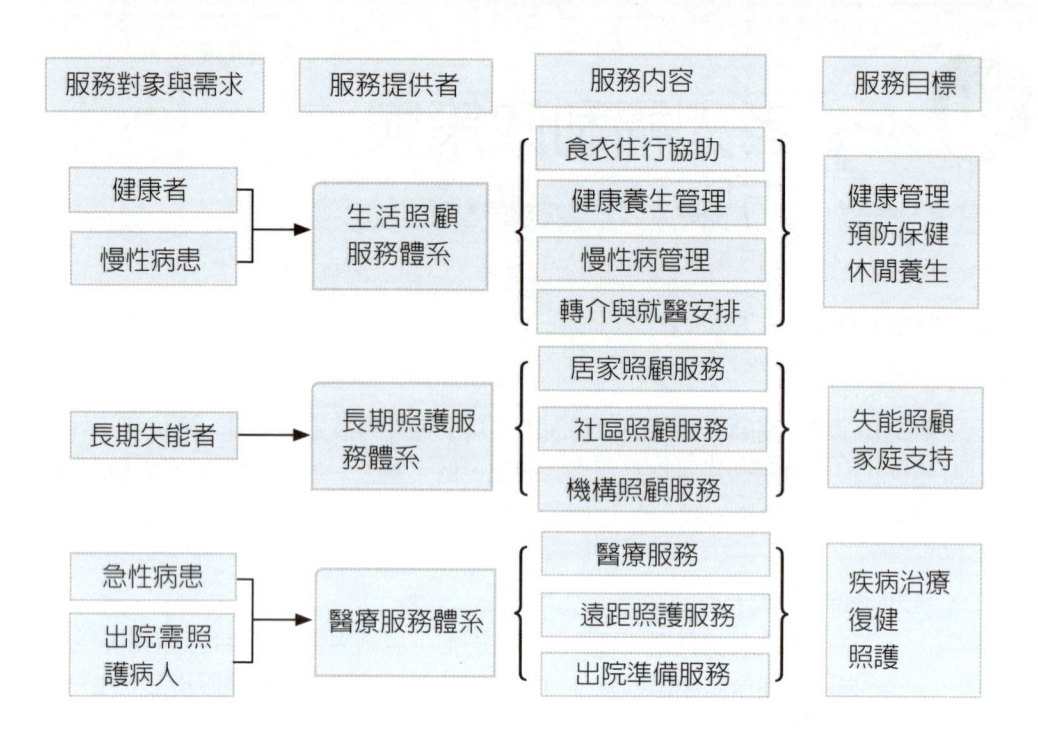

服務對象與需求	服務提供者	服務內容	服務目標
健康者 慢性病患	生活照顧服務體系	食衣住行協助 健康養生管理 慢性病管理 轉介與就醫安排	健康管理 預防保健 休閒養生
長期失能者	長期照護服務體系	居家照顧服務 社區照顧服務 機構照顧服務	失能照顧 家庭支持
急性病患 出院需照護病人	醫療服務體系	醫療服務 遠距照護服務 出院準備服務	疾病治療 復健 照護

（四）由於服務內容之差異，完善的照顧服務體系不能只依靠居家照顧及老人長期照顧兩大體系，或是過度偏重失能階段之末端，應該回歸到個人功能性能力之改變過程，將服務盡可能配置在各個生命歷程之中，亦突顯出當前照顧政策需要改變之處。

貳、友善關懷老人服務方案（第二期計畫）（102年12月9日核定）

一、背景說明

隨著醫療衛生進步，平均餘命延長及出生率下降，我國老人的人數和比率呈現顯著成長。82年我國老年人口占總人口比率達7%，正式邁入聯合國所定義高齡化社會（Aging Society），截至102年10月底達11.43%，人數達267萬1,274人。根據行政院經建會推估107年將超過14%，進入「高齡社會」（Aged Society），114年將超過20%，成為「超高齡社會」（Super Aged Society）。人口老化是世界各國共同面臨的變遷經驗，各國的老化速度與經驗不盡相同，相較於歐美國家有50至100年的時間因應準備，我國由高齡化社會邁入高齡社會僅約24年左右；再者，由高齡社會轉變為超高齡社

> **上榜關鍵** ★★★
> 請將友善關懷老人服務方案之核心理念，融會貫通。

會更縮短為 7 年，顯示我國人口老化的歷程將愈來愈快，預作準備的時間十分有限。此外，在家戶組成規模方面，據行政院主計總處 99 年人口及住宅普查資料，平均每戶人口數已由 10 年前的 3.3 人降為 3.0 人，家戶內平均人口數正逐年縮小。

整體而言，我國人口結構面臨兩大挑戰：一是未來老化速度遠高於歐美國家，二是家庭照顧老人的功能與比重愈趨式微；基此，政府透過開辦國民年金制度，加強保障老年經濟安全；針對缺乏自我照顧能力之失能老人，現階段主要則由我國長期照顧 10 年計畫提供所需照顧，因應高齡化照顧服務需求。

檢視老人福利政策之國際發展，健康與福祉已被聯合國認定為有關老人之兩大主流議題，世界衛生組織更於 2002 年提出「活力老化」核心價值，認為欲使老化成為正面經驗，必須讓健康、參與及安全達到最適化狀態，提升老年人生活品質，這也是目前國際組織擬定老人健康政策的主要參考架構。

因此，為提升老人之健康促進與社會參與，行政院於 98 年 9 月 7 日核定本方案，以「活力老化」、「友善老人」、「世代融合」三大核心理念，整合各單位資源，積極推動各項可行策略，並進一步建構友善老人生活環境，營造無歧視且悅齡親老的社會，讓老人享有活力、健康、尊嚴的老年生活。

二、第二期計畫願景及目標

第一期計畫工作項目多已達成目標，迄今賡續推動，第二期計畫則從更宏觀、前瞻角度，檢視我國未來老年人口特色及需求，企圖解決高齡化社會帶來的問題，包括人口老化可能造成勞動力縮減、增加醫療成本及社會福利支出，影響國家社會經濟發展；在社會面，老年人口驟增將影響家庭組成、生活機會及住屋需求等問題及面臨高齡友善環境未能普及，年齡歧視造成高齡者的社會負擔刻板印象等挑戰。

再者，檢視老人福利政策的國際發展趨勢，均致力於倡導老人維護身心健康的重要性，而近年我國老人狀況調查報告亦顯示，老人最關心的問題為身體健康。世界衛生組織（WHO）於 2012 年世界衛生日更以「高齡化與健康」（Aging and Health）為主題，認為保持健康才會長壽（Good health adds life to years）；強調在人口迅速老化的過程中，各國政府更應採取積極有效的策略與行動，包含促進國人良好的健康行為，預防或延遲慢性病的發展，創造並強化老人健康生活及無障礙的友善環境，鼓勵老人多方參與社會，使人們得以最佳的健康狀況進入老年，延長健康壽命、積極老化。

是以，第二期計畫經多次邀集專家學者、相關部會暨縣市政府會商討論凝聚共識，同步順應國際發展趨勢，以「健康老化」、「在地老化」、「智慧老化」、

「活力老化」、「樂學老化」五大目標，規劃執行策略與工作項目，盼藉由政府與民間合作，共同提升老人友善服務，落實在地老化之政策目標。重要內涵分述如下：

(一) 提倡預防保健，促進健康老化

世界衛生組織表示：「從生命一開始時就以健康方式生活，是實現積極、健康老年生活的關鍵。」由此可見，一個優質的老人健康與社會照顧政策，除了提供醫療服務與長期照顧服務外，更應積極提升民眾健康知能，加強健康促進與預防保健，提倡健康生活形態與行為，增進自我照顧與管理能力，以減緩身體機能衰退及老年疾病的發生。

針對健康與社會資源較為匱乏地區，亦需強化資源之推展、建置與輸送，降低區域落差，以建構健康均等之照顧體系，延長國人健康壽命，增進老年生活品質。

(二) 建置友善環境，促進在地老化

生活環境對老人福祉的提升影響甚鉅，友善的生活環境至少應包含老人的居住環境及社會參與環境。多數老人仍喜歡居住於熟悉的社區，對面臨社會快速變遷的老人而言，對熟悉環境的依附是維持獨立與安全生活的強大助力，政府應積極建構安全的硬體建設與軟體環境，在居家環境方面，加強消防、防災避難宣導，讓老人得以安居。

在經濟安全方面，除勞保、國保、軍公教等社會保險之老年年金給付、老年農民福利津貼、榮民就養給付及發放中低收入老人生活津貼等屬法定應辦理事項外，政府另透過推動不動產逆向抵押貸款制度試辦方案、協助中低收入老人住宅修繕或租屋補助，推展宣導商業年金保險、長期照護保險、財產信託及財產管理等商品，加強老人理財相關知能，便於規劃退休生活，保障老年基本經濟安全。

在生活方面，透過警政、金融體系宣導老人如何預防詐騙，同時加強老人保護工作，減少老人受虐情事，建置老人保護跨專業工作團隊模式；另外針對特別需要支援的老人，透過社區鄰里組織、志工等協助，就近連結資源，讓老人獲得即時的安全保護與生活支持。

(三) 引進民間投入，促進智慧老化

隨著資通訊科技不斷進步，智慧化科技與智慧建築之相關產業也隨之蓬勃發展，政府推動智慧化居住空間政策，結合產品、設備與服務共同落實於國民生活空間，以滿足安全健康、便利舒適之生活需求，進而開創相關產業發展的新利基。

鑑於老人福利服務推動有賴政府與民間合作以發揮最大效益，本項目標

重點在於建立政府與民間對話平臺，推展社會企業概念，引進民間參與服務，滿足老人生活照顧、居住、娛樂、運動休閒等多元需求，營造便利、智慧化之生活環境。此外，透過遠距照護，保障偏遠、離島地區老人就醫權益。

(四) 推動社會參與，促進活力老化

隨著國人提早退休及平均餘命延長之趨勢，高齡人力資源運用議題日益受到重視。針對仍有工作能力及工作意願之老人，政府積極促進參與勞動市場，成立銀髮人才就業資源中心，促進高齡者人力再運用，並滾動式檢討修正高齡者就業服務措施。再者，長者豐富的人生閱歷及智慧，更是社會重要的資產，政府及民間應加強其與志願服務之媒合，鼓勵老人貢獻所長服務社會，增進老人的健康與生活滿意度，提升自尊與心理福祉。此外，為降低長者出外的交通障礙，各項場站、道路、公共運輸及交通工程的規劃設計，應加入通用設計原則，並透過多元管道提供老人清楚易懂之大眾運輸交通旅運資訊，積極營造舒適安全之交通運輸體系。另為鼓勵老人走出戶外，建築物無障礙設施改善尤為重要，政府大力推廣無障礙通用設計理念，擴大建築物無障礙設施範圍，讓醫院、餐廳、旅館及觀光景點等整體環境更為友善，提升老人參與社會活動之意願。

(五) 鼓勵終身學習，促進樂學老化

高齡者面對生理、心理及社會的改變，有著許多必須適應的問題，終身學習不只是因適應生活而為的活動，應是一種生活態度；從生命發展任務的概念來看，高齡者有六項適應任務發展：適應生理的老化、適應失去工作角色、適應配偶的死去、適應收入的減少、繼續參與社會及維持良好的人際關係。為因應生命階段任務發展能力及知識的具備，需與時俱進，方能順利適應生活的改變，可見終身學習的必要。老人學習豐富了生命內涵，是成功老化重要的方法，有了正確的觀念及知識背景才能有良好生活品質。

高齡者接受教育或訓練的主要目的在於鍛鍊身心健康，延緩老化，節省國家醫療資源，愉悅地過晚年生活，有能力的老人擔當志工繼續貢獻社會或從事有酬工作，而經濟能力佳的高齡者可以休閒娛樂為生涯規劃主軸，而退休金不夠維持生活者，亦可另謀部分工作時間滿足需求。此外，提供創造老人終身學習教材與環境，讓老人從學習中自我實現，透過分享智慧回饋社會，讓老人成為社會寶貴資產並得以世代傳承。

三、執行策略與工作項目

第二期計畫規劃五大目標如下：

（一）提倡預防保健，促進健康老化。

（二）建置友善環境，促進在地老化。

（三）引進民間投入，促進智慧老化。

（四）推動社會參與，促進活力老化。

（五）鼓勵終身學習，促進樂學老化。

四、方案目標

（一）加強弱勢老人服務，提供關懷照顧保護。

（二）推展老人健康促進，強化預防保健服務。

（三）鼓勵老人社會參與，維護老年生活安適。

（四）健全友善老人環境，倡導世代融合社會。

參、不動產逆向抵押（以房養老）

> **上榜關鍵** ★★
> 以房養老為新觀念，請對其內涵及遭遇的困難有基本的理解，亦需搭配第7章「社會保險之政策與立法」有關世界銀行的五柱式年金體系併同準備。

一、「逆向抵押」（reverse mortgages）其實是來自於一般抵押的反向作為。通常人們購屋時為取得足夠的資金，將房子抵押給銀行或金融機構並取得資金，即一般所謂的「抵押貸款」，並在一定年限內按月繳交本金與利息給銀行。借貸人取得資金並得以使用房子，銀行擁有擔保品並賺取利息。雖然借貸人有還款的壓力，一旦清償債務，也可以隨時將房子抵押給銀行或金融機構從事借款，但最終仍需將房子贖回，否則將被拍賣。

二、不動產「逆向抵押」是把老人所擁有固定資產，變成可以流動的現金或可清償的資產。主要目的是為了維持老人利用自己的房屋淨值來維持或補充未來的養老生活。因為多數的長者需要的不是一筆資金，而應是穩定的收入來支付養老所需（例如：按月或按年領取的年金），而且能夠住在自己熟悉的家。「逆向抵押」可以說是長者將自己的房舍（或其他不動產）之產權抵押給金融機構，金融機構評估房屋的現值、未來的增值與折舊，然後根據長者所選擇的抵押期（例如：終身或一定期限）進行精算，按月或按年支付給長者，直到長者往生或期滿為止，在這段期間長者仍可居住在已設定抵押的房舍中，而長者並不以將來贖回房舍為目的。

相關法規說明

項次	法規名稱	說明
1	高齡社會白皮書	請至社會及家庭署網站下載
2	《老人福利法》	請至「全國法規資料庫」下載
3	《老人福利機構設立標準》	
4	因應超高齡社會對策方案	請至社會及家庭署網站下載

編按：為免各社會政策相關法規修法更迭頻繁，請考生於研讀本章時下載相關法規同步研讀，以免所研讀之法規過時，影響應考成績。

練功坊

( ) 1. 根據《老人福利法》，允許小型社會福利機構之設立可以不必成立財團法人，但須符合下列那三不政策之要求？
(A) 不對外收費、不享受租稅減免、不對外募捐
(B) 不對外收費、不享受租稅減免、不接受補助
(C) 不對外收費、不接受補助、不聘請顧問
(D) 不對外募捐、不接受補助、不享受租稅減免

解析

(D)。《老人福利法》第 36 條規定，小型設立且不對外募捐、不接受補助及不享受租稅減免者，得免辦財團法人登記。

( ) 2. 《老人福利法》規定，主管機關應定期辦理老人生活狀況調查，出版統計報告，請問主管機關至少間隔期間多久應舉辦一次？
(A) 每 10 年　　　　　　　　(B) 每 5 年
(C) 每 3 年　　　　　　　　(D) 每 1 年

解析

(B)。《老人福利法》第 10 條規定，主管機關應至少每 5 年舉辦老人生活狀況調查，出版統計報告。

重點便利貼

1. 在地老化：在地老化是讓老人在家庭中或社區中老化，不必在成為老人後，為接受照顧必須離開老人原本熟悉的家庭或原本能夠順應的社區，而遷移到另外一個社區或是機構接受照顧。

2. 健康老化：世界衛生組織定義「健康老化」是一種不只疾病與虛弱不纏身，而且是一種生理、精神與社會福祉的完全狀態。

3. 成功老化：Rowe 和 Kahn 將成功老化定義為「結合較低的疾病發生可能與較高的功能與生命從事活力。」

4. 生產老化：是指個人身體和心理的成功老化，再加上積極的參與經濟與社會的生活，讓這些長者在社會上可以扮演貢獻者的角色。

5. 活躍老化：又稱為「活力老化」，是聯合國2002年提出的概念，是指為了促進老人的生活品質，而有一個樂觀的健康、參與和安全機會的過程。

6. 不動產「逆向抵押」：是把老人所擁有固定資產變成可以流動的現金或可清償的資產。主要目的是為了維持老人利用自己的房屋淨值來維持或補充未來的養老生活。

擬真考場

申論題

一、金融部門在社會工作的服務上逐漸扮演新興的角色,在對老人的服務上,有「以房養老」產品的推出,請說明其內容和理念思維。

測驗題

(　) 1. 《老人福利法》所定老人經濟安全保障,逐步規劃實施的方式,不包括:
  (A) 生活津貼　　　　　　　　(B) 退休儲金
  (C) 特別照顧津貼　　　　　　(D) 年金保險

(　) 2. 依《老人福利法》之規定,醫事人員、社會工作人員、村(里)長與村(里)幹事、警察人員、司法人員及其他執行老人福利業務之相關人員,於執行職務時知悉老人有疑似疏忽、虐待、遺棄或無人扶養等情事,致有生命、身體、健康或自由之危難應負起什麼責任?
  (A) 通報責任　　　　　　　　(B) 教育責任
  (C) 養育責任　　　　　　　　(D) 管理責任

(　) 3. 學者或專家等、團體代表及各目的事業主管機關代表,參與整合、諮詢、協調與推動老人權益及福利相關事宜;其中老人代表、老人福利相關學者或專家及民間相關機構、團體代表,不得少於多少比例?
  (A) 二分之一　　　　　　　　(B) 三分之一
  (C) 四分之一　　　　　　　　(D) 五分之一

解析

申論題

一、茲將「以房養老」的內容和理念思維，說明如下：
（一）以房養老，就是逆向抵押（reverse mortgages），其實是來自於一般抵押的反向作為。通常人們購屋時，為取得足夠的資金，將房子抵押給銀行或金融機構並取得資金，即一般所謂的「抵押貸款」，並在一定年限內，按月繳交本金與利息給銀行。借貸人取得資金並得以使用房子，銀行擁有擔保品並賺取利息。雖然借貸人有還款的壓力，一旦清償債務，也可以隨時將房子抵押給銀行或金融機構從事借款，但最終仍需將房子贖回，否則將被拍賣。
（二）不動產「逆向抵押」是把老人所擁有固定資產變成可以流動的現金或可清償的資產。主要的目的是為了維持老人利用自己的房屋淨值來維持或補充未來的養老生活。因為多數的長者需要的不是一筆資金，而應是穩定的收入來支付養老所需（例如，按月或按年領取的年金），而且能夠住在自己熟悉的家。「逆向抵押」可以說是長者將自己的房舍（或其他不動產）之產權抵押給金融機構，金融機構評估房屋的現值、未來的增值與折舊，然後根據長者所選擇的抵押期（例如，終身或一定期限）進行精算，按月或按年支付給長者，直到長者往生或期滿為止，在這段期間，長者仍可居住在已設定抵押的房舍中，而長者並不以將來贖回房舍為目的。

測驗題

1. **B** 《老人福利法》第11條規定，老人經濟安全保障，採生活津貼、特別照顧津貼、年金保險制度方式，逐步規劃實施。

2. **A** 《老人福利法》第43條規定，醫事人員、社會工作人員、村（里）長與村（里）幹事、警察人員、司法人員及其他執行老人福利業務之相關人員，於執行職務時知悉老人有疑似疏忽、虐待、遺棄、因無人扶養，致有生命、身體之危難或生活陷於困境之情況者，應通報當地直轄市、縣（市）主管機關。

3. **A** 《老人福利法》第9條規定，老人代表、老人福利相關學者或專家及民間相關機構、團體代表，不得少於二分之一，且老人代表不得少於五分之一，並應有原住民老人代表或熟諳原住民文化之專家學者至少一人。

Note.

CHAPTER 14
第十四章 原住民及婚姻移民福利之政策與立法

榜・首・導・讀

- 新移民為應持續關注的議題，所產生的社會問題及對策建議，須建立清楚的邏輯論述能力。
- 本章請與「社會工作（含概要）」考科之「多元文化社會工作」相連結，並請參考編者另著：陳思緯，《社會工作（含概要）》，考用出版社。

關・鍵・焦・點

- 請對原住民政策立法之問題建立基本觀念。

命・題・趨・勢

公務人員	年度	110年				111年				112年			
	考試	高考	普考	地三	地四	高考	普考	地三	地四	高考	普考	地三	地四
		申	申測	申	申測	申	申測	申	申測	申	申測	申	申測
	題數						1						

專技社工師	年度	110年		111年		112年		113年	
	考試	2申	2測	1申	1測	2申	2測	1申	1測
	題數				4				

本·章·架·構

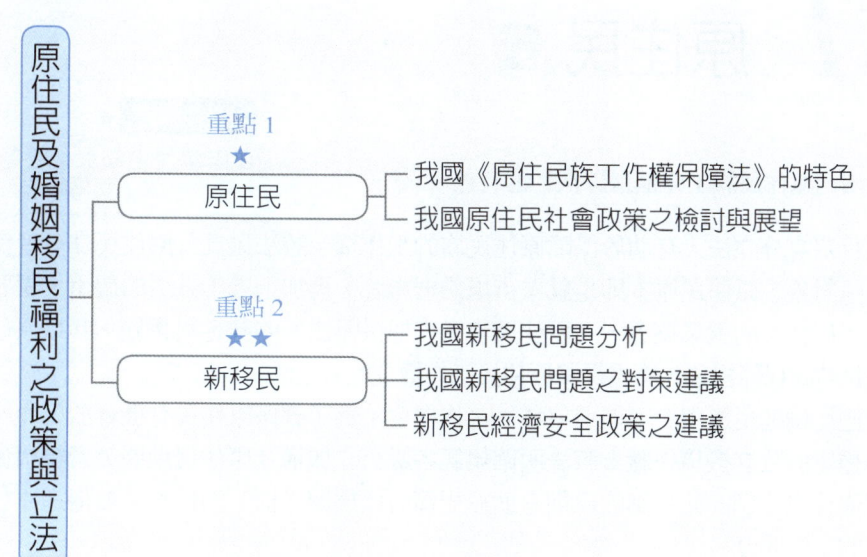

原住民及婚姻移民福利之政策與立法
- 重點 1 ★ 原住民
  - 我國《原住民族工作權保障法》的特色
  - 我國原住民社會政策之檢討與展望
- 重點 2 ★★ 新移民
  - 我國新移民問題分析
  - 我國新移民問題之對策建議
  - 新移民經濟安全政策之建議

重點 1　原住民

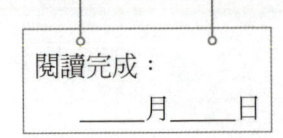

> **上榜關鍵**
> 在申論題考點上，較屬於冷門考點，有備無患。

壹、我國《原住民族工作權保障法》的特色

一、**以特定身分立法，有助於保障原住民族的工作權**：該法以具有原住民身分者為保障對象，原住民原本即是就業市場的弱勢者，再加上近年外勞的僱用，更惡化了原住民的就業機會。《原住民族工作權保障法》的制定與實施，其以原住民為特定保障對象，實為保障原住民工作權及經濟生活的具體表現。

二、**實施比例進用原則，可促進原住民工作機會**：為了確保原住民有機會於工作較為穩定的公立機構任職，該法明確規範各級公立機構及原住民地區公營機構僱用原住民比例，此強制的原則有助於規範各級機關（構）的作為，並促進原住民的工作機會。

三、**鼓勵原住民合作社的設立，開啟原住民自立自主的機會**：該法透過輔導、免稅、經費補助與獎勵等作法，鼓勵原住民合作社的設立與經營，有助於開啟原住民的工作機會，特別是讓原住民有進一步邁向自立自主的管道和機會。

四、**保障原住民參與公共事務的機會，有助於扶植原住民團體**：該法透過保障原住民個人或團體的承包機會，或規範公共工程得標者需進用一定比例的原住民身分者，這將增進原住民的就業機會，特別是這項規定有助於扶助原住民團體，並透過合作契約建構政府與原住民間的夥伴關係。

五、**建置就業調查與資料庫機制，有助於就業的媒合**：該法透過原住民就業促進委員會之設置，就業狀況調查、人力資料庫及失業通報系統、職業訓練、技藝訓練和促進就業之宣導，一方面可掌握失業人口，另一方面可觸發業者僱用原住民，這將有助於就業機會的媒合。

六、**引進職場社會工作人員，有助於穩定原住民的就業狀況**：該法對於僱用原住民較多的民間機構，由政府補助社會工作人員，這種將社會工作專業引進原住民勞工的職場，一方面將有助於員工的輔導，另一方面也有助於降低原住民員工的離職率。

貳、我國原住民社會政策之檢討與展望

檢討與展望	說明
1. 重視原住民的文化與社會之獨特性	原住民福利政策要能以維繫或發展其民族文化傳統為前提，亦即，原住民社會福利工作之基本要務，是要在日常生活中，去揭露壓抑實踐原住民族文化生活模式的社會情境，政府應建構文化福利體系單元，在社會生活各層面，營造原住民實踐其自族文化生活模式之有效環境條件。
2. 貫徹積極性的原住民社會福利政策	國際的社會福利思潮已經朝向積極性的政策發展，其實踐的主軸係以建立在一套以「工作福利」替代「社會救助」的積極作為。為邁向這種積極性的社會福利思維，政策的實踐除必須貫徹《原住民族工作權保障法》之外，也應強調原住民族的「能力建構」，始能讓原住民在保障的同時，也能培植本身的競爭力。
3. 強化政府與原住民團體之間的夥伴關係	原鄉幅員遼闊，若僅靠政府部門或民間部門的資源，恐難足以因應，特別是政府部門能夠投入原鄉部落福利服務之專業人力甚為有限，以契約委託之方式來建構政府與原住民團體的夥伴關係或為解決的方式之一。此項公、私部門各盡所長的互動方式，不但使得政府與部落的良性結合，也強化了部落由下而上的組織和社區發展，更是一種培植民間團體之能力建構的實踐。
4. 建構以「部落群」為基礎的福利服務體系	■ 國外之原住民服務已走向以「部落」或「社區」為基礎的服務，這乃展現政府欲將福利服務的輸送，朝向較為底層的部落或社區為主要發展模式。而最主要的優點，是能夠充分因應地區福利需求與資源之特性，並可發揮服務可近性之優勢。 ■ 然而，考量臺灣地區部落人口規模與數量，恐怕單一部落之資源無法獨立支撐一套福利網絡，勉強建構也必因效率不彰而減損寶貴之服務能量。故此，宜再考量族群特性與資源互補之前提下，聯合鄰近數個部落，成為一個「部落群」，以作為原鄉福利服務網絡建構之基本單位。

上榜關鍵 ★

原住民政策的檢討與展望，為基本題型。

檢討與展望	說明
5. 加強福利資源的整合與網絡建構	研究發現，政府在原鄉之服務，包括原住民行政、社政，乃至民政、衛生系統缺乏協調整合，造成第一線服務之行政重複、浪費資源，甚至引發民怨；再加上民間機構或團體信念不同，各個機構或團體堅持其立場，溝通協調不易，為讓有限的資源發揮最佳效用，體系的建構宜強化資源的整合與網絡建構，進而能為「單一窗口」的服務奠定基礎。
6. 加強原鄉社工體系的建立與專業人才之培育	社會福利輸送需要有社工專業人員為主力，然而，原鄉因為人口不足，所分配之公部門專業社工人力非常有限，再加上地處偏遠地區，難以吸引具專業背景的人才投入工作，且因工作負擔沉重，也導致專業社工人員流動率偏高。為此，政府宜持續透過政策鼓勵現職原鄉社工員，甚至民間部門之社工員留在此一體系，並持續予以在職訓練，協助考照納編。另一方面，應積極獎勵原住民優秀學生進入正式社工專業教育體系，培植原住民社工人力資源。

相關法規說明

項次	法規名稱	說明
1	《原住民族基本法》	請至「全國法規資料庫」下載
2	《原住民族工作權保障法》	

編按：為免各社會政策相關法規修法更迭頻繁，請考生於研讀本章時下載相關法規同步研讀，以免所研讀之法規過時，影響應考成績。

練功坊

(　　) 1. 依《原住民族工作權保障法》之規定,民間機構僱用原住民幾人以上者,得置社會工作人員,提供職場諮商及生活輔導;其費用由政府補助之?
(A)30 人　　(B)50 人
(C)67 人　　(D)100 人

解析

(B)。《原住民族工作權保障法》第 17 條規定,民間機構僱用原住民五十人以上者,得置社會工作人員,提供職場諮商及生活輔導;其費用,由政府補助之。

重點 2 新移民

壹、我國新移民問題分析

問題別	說明
1. 生活適應問題	■ 外籍配偶嫁來臺灣後，由於她們有著與臺灣配偶不同的語言、生活習慣、風俗文化及環境適應問題，除了要面對新建立的家庭，還有不同於原鄉的文化習慣，使得文化差異和生活適應等問題隨之產生，其中以人際關係困擾為最主要困擾。長期下來即產生情緒困擾，如想家、想哭、睡不著、寂寞、生氣、焦慮、後悔等，對其子女行為表現會有較負面影響。 ■ 對於臺灣文化的不熟悉，婆媳相處之道等家庭觀念不同而產生各種適應不良，加上語言的溝通障礙，這些新移民女性不易與臺灣本地人建立良好的人際關係，亦無法獲得及運用臺灣本地的社會資源，致使她們在面對婚姻及異國生活適應的問題時，求助無門。
2. 經濟、教育、文化的弱勢族群	多數迎娶外籍配偶的男性，在社經地位上多處於弱勢，教育程度和經濟收入多半較低，以至於無法提供子女良好的學習環境與充分的學習資源，他們面對家庭衝突少有尋求社會支援的能力，而無法有效解決家庭問題，進而影響孩子的人格發展與情緒適應不良。
3. 婚姻暴力問題	多數新移民女性是透過仲介介紹，類似買賣婚姻使得無感情基礎的婚姻關係薄弱，婚前缺乏感情基礎造成的夫妻不信任，成為婚姻中現實的一景。新移民女性在生活上不斷的存在著溝通問題，一旦與先生溝通不良時，暴力便可能隨之發生。新移民女性遭受家庭暴力通常係因婚姻感情薄弱、家務無法達到要求或丈夫情緒不穩定等。

上榜關鍵 ★★
對新移民問題的分析，必須要明瞭其所面臨之困境，才能提出相對應的政策分析，故基本概念務必準備扎實。

問題別	說明
4. 子女教養問題	■ 我國「外籍與大陸配偶生活狀況調查」結果指出，在衛生醫療需求上，外籍配偶需要育嬰、育兒知識及幼兒健康檢查資訊等，由此可知他們缺乏養育嬰幼兒的基本知能。有些年輕外籍配偶不會養育照顧的問題，對子女教育問題呈現兩種極端態度、學習輔導、家庭教育及文化認同的問題。 ■ 新移民的子女由於受到父母社經地位較低、管教態度較放任疏忽、家庭成員溝通困難、家庭衝突頻繁及母親語言能力不好、忙於家務生計等不利因素影響，致使外籍新娘子女在行為表現上似乎有負面表現，學業成就較低落，語言程度較差的現象。新移民女性對於子女的學業與品德教育也較不重視，導致這些新臺灣之子在校往往容易出現偏差行為。
5. 新臺灣之子學習問題	新移民女性是影響其子女語言發展的關鍵人物，其子女口語表達能力不足導致學校生活困難重重，這些孩子在國語科目上的弱勢導致學習成就偏低，而家庭社經地位低落是影響新臺灣之子學校生活的重要因素。由於家庭社經地位與父母的管教態度，致使新移民之子女在學業成就較低落、語文發展能力較為遲緩、語言程度較差等現象。
6. 新移民就業權益問題	多數新移民女性通常學歷低、不識字、無一技之長，無法接受職業訓練媒合工作，外籍或大陸籍配偶所從事工作類別多屬於邊際性勞動。新移民女性受到國籍歧視、家庭照顧責任、就業歧視等因素交互影響，造成她們在臺灣勞動市場的就業困境。
7. 社會歧視問題	媒體報導中，新移民多半被型塑為弱勢者或社會問題製造者，如「來臺淘金者」、「家暴受害者」等。跨國婚姻的商業化、教育程度低、生活水準低，加上東南亞國家經濟發展落後於我國，使得許多國人對於這些來自落後國家的新移民帶有歧視的眼光，甚至視之為傳宗接代的工具。迎娶新移民的男性也往往會感受到外界異樣眼光的壓力。社會上諸多對於新移民家庭的歧視，使他們在異國適應困難之餘，心靈上又受到另一層面的傷害。

貳、我國新移民問題之對策建議

> **榜首提點**
> 新移民議題是非常重要的考點，尤其是政策的建議，可從社會政策與立法的鉅視面著手；如題意提及微視面，則加入社會工作的相關論點分析。

隨著新移民潮流帶來的社會問題，分別就新移民女性、政府相關單位及學校教育機關，提出以下建議：

一、新移民女性本身

項目	說明
1. 積極參與華語課程	開啟語言的溝通是新移民女性更快融入臺灣文化、習俗的不二法門。新移民對於社區、學校開辦的補校及華語識字班教育，如能以更積極、開放的心境嘗試學習，必能減少文化差異所產生的生活困境與不適。
2. 拓展社會網絡交流	對於社區舉辦的活動，新移民家庭應以比較開放之態度，鼓勵外籍配偶參與社交活動且給予適當的協助，增加與同儕間接觸以建立良好人際關係，進而增加他們與社區網絡之間的交流。社區的相關諮詢、輔導等服務，提供了外籍配偶身心適應困難時可抒發的管道。

二、政府相關單位

項目	說明
1. 設置國中、小補校和華語識字班，並提供托育照顧	目前一些國小及補校，都開辦免費的華語課程，不但提供新移民學習的管道，亦可與其他新移民進行交流與溝通，但有些新移民女性往往需要照顧孩子而無法上華語班。如果政府相關單位能夠籌措經費，充分提供托育服務，便可提升新移民學習華語的比率及意願。
2. 舉辦技職訓練以保障就業權益	政府可因應新移民不同的學習需求，設置不同程度的教材課程，結合志工人力，充分運用校園或社區資源，藉由學習資源的整合，協助新移民職業技能訓練，建議政府應仿效原住民業務，將新移民相關業務由專責機構或專人負責，設置專責人員作職業個案輔導與管理。目前政府需繼續推動就業諮詢服務、推介媒合取得工作權者的就業、職業訓練服務（可包含通譯人才培訓）等項目。

項目	說明
3. 加強社會福利及救助工作	政府需繼續推動對這類家庭的早期療育服務，補助其家庭教育經費，強迫其參與親職教育課程及活動，並優先保障子女語言及社會文化學習權利，且設置專門輔導機構，強化輔導支援系統。

三、學校教育

項目	說明
1. 學校行政方面	學校行政方面：許多研究發現，外籍配偶子女在學業上的表現的確處於落後狀態，考量外籍配偶家庭經濟因素，學校可開辦「課後輔導班」，鼓勵外籍配偶子女參與，發揮補救教學之功能。針對教師進修學習，學校可辦理多元文化的研習與親職教育相關課程，協助教師及家長瞭解異國婚姻下的孩子會面臨的困境，增進教師的國際觀，協助家長處理親子衝突問題，如此得以引領這些新移民子女能順利、快樂成長。
2. 教師方面	教師方面：在教師方面，應提供新移民的相關補充教材，融入多元文化教學，採取多元的教學方式，建立適當的師生互動模式，營造出和諧的師生關係，以提升學習成效。教師於課堂上可實施多元化之課程，加強教師對於族群議題的認知及關注，融入異國文化，讓外籍配偶子女認同母親的原鄉，增加自我認同感，使學童不會因膚色和母親國籍的不同而產生自卑與孤立感，進而讓其他學童學習尊重不同文化之差異。
3. 親師溝通方面	外籍配偶鮮少注重孩子的課業，且多半不主動與教師溝通，造成家庭與學校的連結不良。因此，教師若能加強與家長聯繫，學校行政團隊給予適時的支援，並鼓勵家長主動溝通的態度，孩子的問題必能及時獲得改善。

參、新移民經濟安全政策之建議

建議	說明
1. 強化外配家庭經濟維持能力	對於新移民家庭應強化其經濟維持能力，例如：提供家庭財務管理課程，協助新移民家庭維持家庭財務穩定，以減少因經濟困境而須依賴救助之情形。
2. 提供新移民家庭子女教育補助及生活津貼	新移民家庭對於子女教育補助及子女生活津貼的需求程度高，尤其東南亞配偶所反映出的需求程度較大陸配偶來得高。再者，外籍配偶生育子女的比例高，教養子女所費不貲，因此，應提供新移民家庭子女有關教育補助及生活津貼，以減輕其家庭教養上的經濟負擔。
3. 加強語言及識讀能力，為融入職場作準備	促進新移民的語言學習及識讀能力的訓練，仍然相當必要而且重要，這不但是促進其生活適應的過程，也是有助於未來融入職場的準備工作。
4. 辦理職業訓練提升工作技能	政府可因應新移民不同的學習需求，設置不同程度的教材課程，結合志工人力，充分運用校園或社區資源，藉由學習資源的整合，協助新移民職業技能訓練。政府應仿效原住民業務，將新移民相關業務由專責機構或專人負責，設置專責人員作職業個案輔導與管理。目前政府需繼續推動就業諮詢服務、推介媒合取得工作權者的就業、職業訓練服務（可包含通譯人才培訓）等項目。

練功坊

( ) 1. 語言是服務新移民時非常重要的議題，下列有關語言的敘述，何者錯誤？
　　(A) 社會工作人員應善用通譯服務
　　(B) 所有對新移民的宣導文件應該要採用多國語言的翻譯
　　(C) 新移民的子女應該會有語言學習的障礙
　　(D) 可以鼓勵新移民子女學習新移民的母語

解析
(C)。新移民子女「可能會」有語言學習的障礙，但並非絕對，意即非「應該會」。

重點便利貼

❶ 我國原住民之社會問題

（1）醫療保健問題。

（2）婚姻及家庭問題。

（3）青少年問題。

（4）老人及身心障礙者照顧問題。

（5）婦女問題。

（6）經濟與失業問題。

（7）都市原住民的生活調適問題。

❷ 我國原住民社會政策之檢討與展望（鉅視面）

（1）重視原住民的文化與社會之獨特性。

（2）貫徹積極性的原住民社會福利政策。

（3）強化政府與原住民團體之間的夥伴關係。

（4）建構以「部落群」為基礎的福利服務體系。

（5）加強福利資源的整合與網絡建構。

（6）加強原鄉社工體系的建立與專業人才之培育。

❸ 婚姻移民之問題現況：（1）外籍配偶是現代版的黑奴；（2）病態發展的全球化婚姻供應鏈。

❹ 我國新移民問題分析

(1) 生活適應問題。

(2) 經濟、教育、文化的弱勢族群。

(3) 婚姻暴力問題。

(4) 子女教養問題。

(5) 新臺灣之子學習問題。

(6) 新移民就業權益問題。

(7) 社會歧視問題。

❺ 我國新移民問題之對策建議

(1) 新移民女性本身：①積極參與華語課程；②拓展社會網絡交流。

(2) 政府相關單位：①設置國中、小補校和華語識字班，並提供托育照顧；②舉辦技職訓練以保障就業權益；③加強社會福利及救助工作。

(3) 學校教育：①學校行政方面；②教師方面；③親師溝通方面。

❻ 新移民經濟安全政策之建議

(1) 強化外配家庭經濟維持能力。

(2) 提供新移民家庭子女教育補助及生活津貼。

(3) 加強語言及識讀能力，為融入職場作準備。

(4) 辦理職業訓練提升工作技能。

申論題

一、隨著國際移民的發展趨勢，新移民家庭的經濟問題向來是重要的關注議題，請提出對新移民家庭的經濟安全之政策建議。

測驗題

(　　) 1. 我國對於原住民福利服務的相關立法並不多，請問「政府應積極辦理原住民族社會福利事項，規劃建立原住民族社會安全體系，並特別保障原住民兒童、老人、婦女及身心障礙者之相關權益。」之規定，係出自那個法案？
(A) 社會福利基本法　　　　　　(B) 原住民福利基本法
(C) 原住民族基本法　　　　　　(D) 原住民族基本權益保障法

解析

申論題

一、對於新移民經濟安全政策之建議，說明如下：
（一）強化外配家庭經濟維持能力
　　　對於新移民家庭應強化其經濟維持能力，例如：提供家庭財務管理課程，協助新移民家庭維持家庭財務穩定，以減少因經濟困境而須依賴救助之情形。
（二）提供新移民家庭子女教育補助及生活津貼
　　　新移民家庭對於子女教育補助及子女生活津貼的需求程度高，尤其東南亞配偶所反映出的需求程度較大陸配偶來得高。再者，外籍配偶生育子女的比例高，教養子女所費不貲，因此，應提供新移民家庭子女有關教育補助及生活津貼，以減輕其家庭教養上的經濟負擔。
（三）加強語言及識讀能力，為融入職場作準備
　　　促進新移民的語言學習及識讀能力的訓練，仍然相當必要而且重要，這不但是促進其生活適應的過程，也是有助於未來融入職場的準備工作。
（四）辦理職業訓練提升工作技能
　　　政府可因應新移民不同的學習需求，設置不同程度的教材課程，結合志工人力，充分運用校園或社區資源，藉由學習資源的整合，協助新移民職業技能訓練。政府應仿效原住民業務，將新移民相關業務由專責機構或專人負責，設置專責人員作職業個案輔導與管理。目前政府需繼續推動就業諮詢服務、推介媒合取得工作權者的就業、職業訓練服務（可包含通譯人才培訓）等項目。

測驗題

1. **C**　《原住民族基本法》第26條規定，政府應積極辦理原住民族社會福利事項，規劃建立原住民族社會安全體系，並特別保障原住民兒童、老人、婦女及身心障礙者之相關權益。政府對原住民參加社會保險或使用醫療及福利資源無力負擔者，得予補助。

Note.

CHAPTER 15
第十五章 社會住宅與社區營造福利之政策與立法

榜·首·導·讀

- 社區發展工作綱要內容及其相關建議,務必熟讀。

關·鍵·焦·點

- 社區關懷據點計畫必須有清楚的觀念。

命·題·趨·勢

	年度	110年				111年				112年			
公務人員	考試	高考	普考	地三	地四	高考	普考	地三	地四	高考	普考	地三	地四
		申	申	申測	申測	申	申測	申	申測	申	申	申測	申測
	題數						1						1

	年度	110年		111年				112年		113年	
專技社工師	考試	2申	2測	1申	1測	2申	2測	1申	1測	2申	2測	1申	1測
	題數		1		2		3		2				

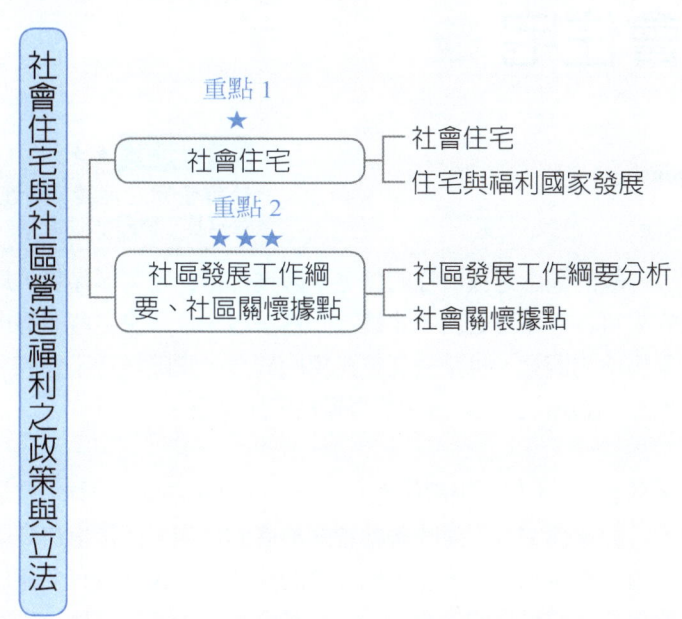

本‧章‧架‧構

社會住宅與社區營造福利之政策與立法
- 重點1 ★ 社會住宅
  - 社會住宅
  - 住宅與福利國家發展
- 重點2 ★★★ 社區發展工作綱要、社區關懷據點
  - 社區發展工作綱要分析
  - 社會關懷據點

重點 1　社會住宅

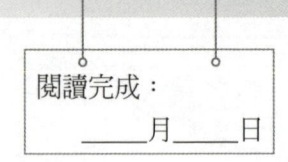

壹、社會住宅（social housing）

> **上榜關鍵** ★★
> 社會住宅之定義，請建立其基本概念。

社會住宅之定義

一、所謂「社會住宅」，一般的觀念是救濟性的住宅。因為都市住宅太過昂貴，為使無力按市價購屋的人可以有棲身之所，才建造一些房屋，以解決這些弱勢市民的居住問題。這是施捨的觀念，也是公立貧民窟的觀念，實際是行不通的。即使把銀髮住宅加進去，在現代民主社會中都很難為市民接受。

二、「社會住宅」是歐洲的產物，不用「平價住宅」（low cost housing）一詞，就是要避免意指其救濟性。社會住宅並不意味著社會弱勢者的住宅，而是指在高價與豪華的住宅之外，由政府規劃的，一般平民社會的住宅。平民社會有各種住宅的需求，其中當然包含了照顧性的安養中心，但其意義是正常的市民一生的居住的需求。因此社會住宅有濃厚的社會主義思想在內，為歐洲奉行民主社會主義國家所遵循。

貳、住宅與福利國家發展

一、房屋自有率與福利國家

（一）社會住宅毫無疑問是福利國家的一環。但是，一般住宅是否為福利項目則有待爭議。住宅被認為是福利國家搖晃的支柱，顯示其脆弱、不穩定性。但是，也有學者指出，住宅是新福利國家的基石。這兩種說法站的角度不同，看的面向就不同。前者從福利國家的內部來觀察，比較福利國家的公共服務，發現社會（公共）住宅在新自由主義福利國家私有化之後，有愈來愈萎縮的趨勢。而後者從福利國家的外部觀察，發現新福利國家裡自有住宅愈來愈重要。

（二）住宅與福利國家的關係被認為是高度相關。從國際比較中可以發現，愈是發展成熟的福利國家，如瑞典，其房屋自有率偏低，而社會住宅自有率較高；反之，福利國家發展落後的國家，如美國、澳洲，有較高的房屋自有率。

（三）但是，房屋自有率與福利國家的負相關說法，的確缺乏文化的思考。房屋自有率的概念在某些國家是根深蒂固的觀念。有土斯有財、住在自己的房子裡，是東方人的傳統想法。臺灣有超過 80% 的房屋自有率，不過是指 80% 的房子是家戶所有，不是 80% 的家戶擁有房子。無殼蝸牛是指沒有自用住宅的人，而非無家可歸者。在英語系國家這種觀念沒有東方國家那般強烈，但也比非英語系的國家強烈。因此，英語系國家有比較高的房屋自有率。

二、自有住宅與新興福利
（一）1980 年代以來的新自由主義思想，造成福利私有化、市場化、管制鬆綁與福利緊縮，的確造成房屋市場更加自由化、社會住宅萎縮、自有住宅比率升高。某種程度印證了社會住宅是福利國家「搖晃的支柱」。亦即，住宅自有率不是福利國家發展的原因，但是，福利國家轉型到新自由主義之路，的確對社會住宅造成很大的傷害。
（二）不過，住宅自有率愈高顯示住宅之於新自由主義福利國家變得更重要，可以說住宅是新福利國家的基石。首先，選擇與責任是新自由主義福利國家的特質，住宅補貼提供人民自由選擇居住的地方，而不是等待承租社會住宅，且住宅成為人民的財產，增加人民財富的積累，吻合資產為基礎的福利；其次，住宅預算轉移從社會住宅興建到住宅補貼，社會住宅出售，或是移轉到民間手上，導致原屬支出的社會福利項目變成出售社會住宅的收入，對福利國家來說是一大收入；第三，社會住宅萎縮之後，住宅占社會福利支出的比率下降。但是，自有住宅消費在房屋的費用升高，或者說房屋的價值占個人財富的比率升高。住宅代表資產之有無，而居住於社會住宅表示無恆產。當無恆產者所占比率愈低，代表國家已將追求住宅擁有的責任移轉給個人，協助這些個人擁有住宅成為政策的目標。社會住宅重要性更降低，個人擁有住宅就愈重要。
（三）據此，新自由主義福利國家的住宅政策就不會往興建社會住宅的方向前進，而是採取補助低所得者購買住宅、貸款利息補貼、房屋稅減免，或是貸款保證下手。但是，關鍵是低所得家戶如果付不出頭期款就無法簽約談貸款，得不到貸款就買不起房屋，而金融機構必然要求以土地或房屋作為風險承擔。所以，政府做保證人協助低所得家戶貸款是必要的風險承擔。

相關法規說明

項次	法規名稱	說明
1	《住宅法》（含細則）	請至「全國法規資料庫」下載

編按：為免各社會政策相關法規修法更迭頻繁，請考生於研讀本章時下載相關法規同步研讀，以免所研讀之法規過時，影響應試成績。

練功坊

一、住宅與福利國家的發展，有論者住宅是福利國家搖晃的支柱，亦有稱之為新福利國家基石的不同觀點，請問何種觀點正確？另外，房屋自有率與福利國家負相關的說法，請提出您的見解。

解析

(一) 社會住宅毫無疑問是福利國家的一環。但是，一般住宅是否為福利項目則有待爭議。住宅被認為是福利國家搖晃的支柱，顯示其脆弱、不穩定性。但是，也有學者指出，住宅是新福利國家的基石。這兩種說法站的角度不同，看的面向就不同。前者從福利國家的內部來觀察，比較福利國家的公共服務，發現社會（公共）住宅在新自由主義福利國家私有化之後，有愈來愈萎縮的趨勢。而後者從福利國家的外部觀察，發現新福利國家裡自有住宅愈來愈重要。

(二) 住宅與福利國家的關係被認為是高度相關。從國際比較中可以發現，愈是發展成熟的福利國家，如瑞典，其房屋自有率偏低，而社會住宅自有率較高；反之，福利國家發展落後的國家，如美國、澳洲，有較高的房屋自有率。

(三) 但是，房屋自有率與福利國家的負相關說法，的確缺乏文化的思考。房屋自有率的概念在某些國家是根深蒂固的觀念。有土斯有財、住在自己的房子裡，是東方人的傳統想法。臺灣有超過80%的房屋自有率，不過是指80%的房子是家戶所有，不是80%的家戶擁有房子。無殼蝸牛是指沒有自用住宅的人，而非無家可歸者。在英語系國家這種觀念沒有東方國家那般強烈，但也比非英語系的國家強烈。因此，英語系國家有比較高的房屋自有率。

重點 2　社區發展工作綱要、社區關懷據點

閱讀完成：___月___日

壹、社區發展工作綱要分析

一、服務對象

本綱要所稱社區，係指經鄉（鎮、市、區）社區發展主管機關劃定，供為依法設立社區發展協會，推動社區發展工作之組織與活動區域。

二、服務的項目
（一）公共設施建設。
（二）生產福利建設。
（三）精神倫理建設。

上榜關鍵 ★★★
社區發展工作綱要是基礎觀念必須建立完整。

三、政府對社區的輔導措施

（一）劃定社區區域
　　鄉（鎮、市、區）主管機關為推展社區發展業務，得視實際需要，於該鄉（鎮、市、區）內劃定數個社區區域。社區之劃定，以歷史關係、文化背景、地緣形勢、人口分布、生態特性、資源狀況、住宅型態、農、漁、工、礦、商業之發展及居民之意向、興趣及共同需求等因素為依據。

（二）設置社區發展促進委員會
　　各級主管機關為協調、研究、審議、諮詢及推動社區發展業務，得邀請學者、專家、有關單位及民間團體代表、社區居民組設社區發展促進委員會。

（三）輔導成立社區發展協會
　　鄉（鎮、市、區）主管機關應輔導社區居民依法設立社區發展協會，依章程推動社區發展工作。

（四）派員指導社區工作之推動
　　社區發展工作之推動，應循調查、研究、諮詢、協調、計畫、推行及評估等方式辦理。主管機關對於前項工作應遴派專業人員指導之。

395

(五) 提供行政支援與技術指導

社區發展係社區居民基於共同需要，循自動與互助精神，配合政府行政支援、技術指導，有效運用各種資源，從事綜合建設，以改進社區居民生活品質。

(六) 加強與相關單位協調聯繫

主管機關辦理社區發展業務單位，應加強與警政、民政、工務、國宅、教育、農業、衛生及環境保護等相關單位協調聯繫、分工合作及相互配合支援，以使社區發展業務順利有效執行。

(七) 補助社區發展協會推展業務

各級政府應按年編列社區發展預算，補助社區發展協會推展業務，並得動用社會福利基金。

(八) 辦理評鑑及激勵措施

各級主管機關對社區發展工作，應會同相關單位辦理評鑑、考核、觀摩，對社區發展工作有關人員應舉辦訓練或講習。推動社區發展業務績效良好之社區，各級主管機關應予表揚或指定示範觀摩、頒發獎狀或獎品、發給社區發展獎助金等方式獎勵。

貳、社會關懷據點

> **上榜關鍵 ★★★**
> 建立社區關懷據點計畫，對計畫、政策建議等務必詳細準備，申論題考點。

一、社區關懷據點概況

(一) 行政院民國 94 年核定通過「建立社區照顧關懷據點實施計畫」，希望結合有意願的社會團體參與設置社區關懷據點，由當地的民眾擔任志工，提供關懷訪視、電話問安諮詢及轉介服務、餐飲服務、辦理健康促進活動，以延緩長者老化速度，發揮自助互助的功能，建立在地化的照顧支持體系。成立社區關懷據點的目的，除提供老人初級預防照顧，也希望透過團體方式達到老人健康促進之目標，建構老人連續性的照顧服務原則。

(二) 從社區關懷據點的成長情形，可發現已符合我國文化和地方老人的需求，在居住地區、熟悉的人文環境，進行團體的健康促進與互助關懷，就是傳統文化的互助體系，是民眾熟悉的互動方式，也是居民的信任情感之所在，若設計更多誘因，據點的發展將朝向專業化，據點的社區經營經驗傳承也將生生不息。

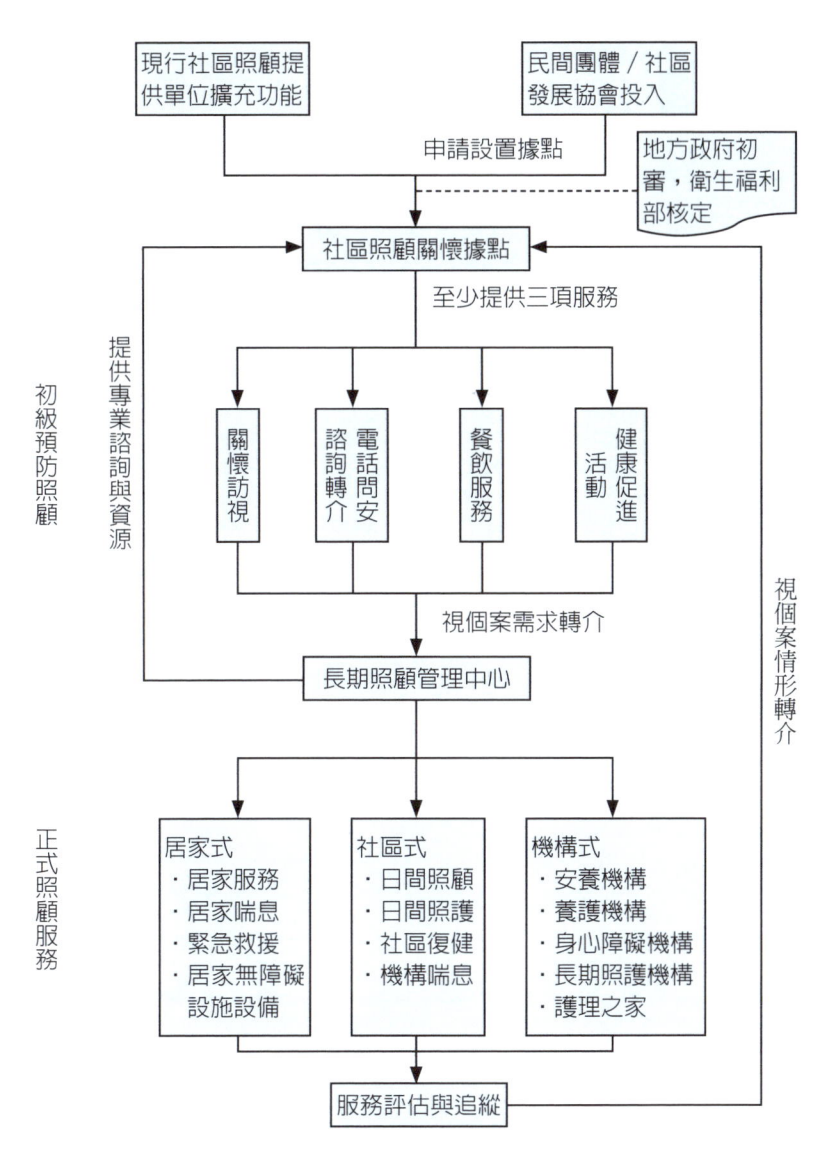

第十五章 重點 2 社區發展工作綱要、社區關懷據點

```
┌──────────────┐              ┌──────────────┐
│現行社區照顧提│              │民間團體/社區 │
│供單位擴充功能│              │發展協會投入  │
└──────┬───────┘              └──────┬───────┘
       │      申請設置據點           │     ┌──────────────┐
       └─────────────┬───────────────┘╌╌╌╌╌│地方政府初審，│
                     │                     │衛生福利部核定│
                     ▼                     └──────────────┘
            ┌──────────────────┐
            │  社區照顧關懷據點 │◄─────────────┐
            └────────┬─────────┘               │
   提                │  至少提供三項服務       │視
   供  初     ┌──────┼──────┬──────┐          個
   專  級     ▼      ▼      ▼      ▼          案
   業  預   ┌───┐ ┌───┐ ┌───┐ ┌───┐          情
   諮  防   │關 │ │電諮│ │餐 │ │健 │          形
   詢  照   │懷 │ │話詢│ │飲 │ │康活│         轉
   與  顧   │訪 │ │問轉│ │服 │ │促動│         介
   資       │視 │ │安介│ │務 │ │進 │
   源       └───┘ └───┘ └───┘ └───┘
                     │  視個案需求轉介
                     ▼
            ┌──────────────────┐
            │  長期照顧管理中心 │
            └─────────┬────────┘
   正   ┌─────────────┼─────────────┐
   式   ▼             ▼             ▼
   照 ┌──────┐  ┌──────┐  ┌──────────┐
   顧 │居家式│  │社區式│  │機構式    │
   服 │居家服│  │日間照│  │安養機構  │
   務 │務    │  │顧    │  │養護機構  │
      │居家喘│  │日間照│  │身心障礙機│
      │息    │  │護    │  │構        │
      │緊急救│  │社區復│  │長期照護機│
      │援    │  │健    │  │構        │
      │居家無│  │機構喘│  │護理之家  │
      │障礙設│  │息    │  │          │
      │施設備│  │      │  │          │
      └───┬──┘  └───┬──┘  └────┬─────┘
          └──────────┼──────────┘
                     ▼
            ┌──────────────────┐
            │  服務評估與追蹤   │
            └──────────────────┘
```

社區照顧關懷據點與相關照顧服務資源關係圖

相關法規說明

項次	法規名稱	說明
1	社區發展工作綱要	請至「全國法規資料庫」下載

練功坊

( ) 1. 「社區發展工作綱要」所定「社區之範圍」由誰劃定？
　　(A) 社區發展協會　　　　　　(B) 縣市政府
　　(C) 鄉（鎮、市、區）公所　　(D) 內政部

解析

(C)。本綱要所稱社區，係指經鄉（鎮、市、區）社區發展主管機關劃定，供為依法設立社區發展協會，推動社區發展工作之組織與活動區域。

( ) 2. 依據「建立社區照顧關懷據點實施計畫」，下列何者非社區照顧關懷據點所提供服務的項目？
　　(A) 關懷訪視　　　　　　(B) 電話問安
　　(C) 健康促進活動　　　　(D) 居家服務

解析

(D)。行政院 2005 年核定通過「建立社區照顧關懷據點實施計畫」，希望結合有意願的社會團體參與設置社區關懷據點，由當地的民眾擔任志工，提供關懷訪視、電話問安諮詢及轉介服務、餐飲服務、辦理健康促進活動，以延緩長者老化速度，發揮自助互助的功能，建立在地化的照顧支持體系。

重點便利貼

❶ 「社會住宅」是歐洲的產物，不用「平價住宅」（low cost housing）一詞，就是要避免意指其救濟性。社會住宅並不意味著社會弱勢者的住宅，而是指在高價與豪華的住宅之外，由政府規劃的，一般平民社會的住宅。

❷ 「社區發展工作綱要」對社區發展之限制
  (1) 由下而上的指導性提案限制了社區創新與社會進步力量。
  (2) 限制了社區發展促成公民社會的發展。
  (3) 限制了社區志願服務與公民社會的發展。

❸ 「社區發展工作綱要」對推動社區發展改進之建議
  (1) 建議請儘速修訂「社區發展工作綱要」，並委託專家學者進行「社區發展法」的草擬工作。
  (2) 設置類似「臺灣社區發展研究中心」。
  (3) 鼓勵民間團體籌設「社區發展基金」。
  (4) 建議可以擇定福利社區化的優先區，主動提供福利資源及專業人力。
  (5) 政府計畫補助應該盡量減少社區行政化的負面效果，社區培力盡量朝向非指導性的功能發展，提供社區更多的揮灑空

間。

(6) 志願服務與社區發展兩者應該配套發展，達到訓用合一的效果。

(7) 持續辦理社區旗艦競爭型計畫，並檢討成效，建議可轉變成為「實驗區」或「實驗方案」的方式，將不同成功的案例分享及推廣至同類型的社區之中。

❹ 行政院2005年核定通過「建立社區照顧關懷據點實施計畫」，希望結合有意願的社會團體參與設置社區關懷據點，由當地的民眾擔任志工，提供關懷訪視、電話問安諮詢及轉介服務、餐飲服務、辦理健康促進活動，以延緩長者老化速度，發揮自助互助的功能，建立在地化的照顧支持體系。

擬真考場

測驗題

(　　) 1. 下列何者不是社區發展工作綱要所指定的工作項目？
(A) 公共設施建設　　　　　　　(B) 生產福利建設
(C) 社區照顧建設　　　　　　　(D) 精神倫理建設

解析

測驗題

1. C　社區發展工作綱要三項工作項目：公共設施建設、生產福利建設、精神倫理建設。

Note.

第十六章

CHAPTER 16
健康與醫療福利之政策與立法

榜·首·導·讀

- 長照財源分為保險制與稅收制,務必完整準備。

關·鍵·焦·點

- 《長期照顧服務法》法案架構與內容須建立完整觀念,才能在申論題完整應答;測驗題亦為重要考題。
- 長照 2.0 務必清楚。

命·題·趨·勢

公務人員	年度	110年				111年				112年			
	考試	高考	普考	地三	地四	高考	普考	地三	地四	高考	普考	地三	地四
		申	申	申 測	申	申 測	申	申 測	申	申	申	申	申 測
	題數	1	1	2	1	2	1	1		1			1

專技社工師	年度	110年		111年		112年		113年	
	考試	2申	2測	1申	1測	2申	2測	1申	1測	2申	2測	1申	1測
	題數		1		2		3		2		2		4

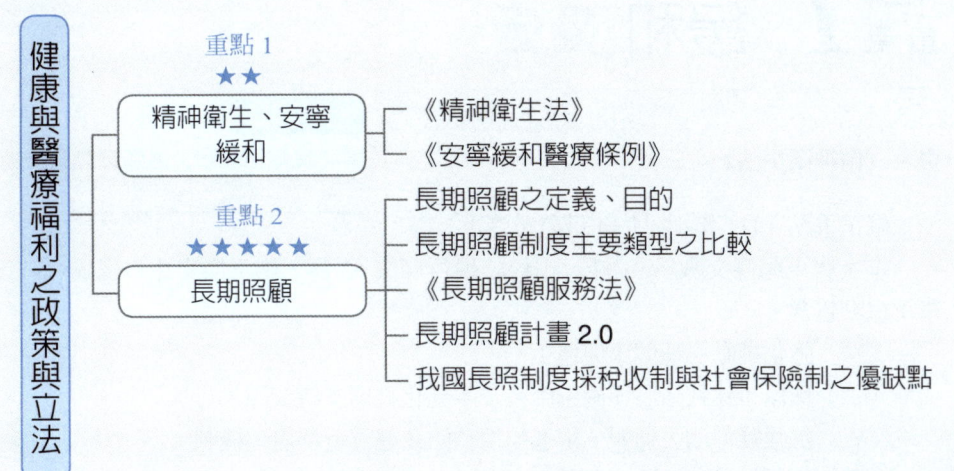

本·章·架·構

健康與醫療福利之政策與立法
- 重點 1 ★★ 精神衛生、安寧緩和
  - 《精神衛生法》
  - 《安寧緩和醫療條例》
- 重點 2 ★★★★★ 長期照顧
  - 長期照顧之定義、目的
  - 長期照顧制度主要類型之比較
  - 《長期照顧服務法》
  - 長期照顧計畫 2.0
  - 我國長照制度採稅收制與社會保險制之優缺點

重點 1 精神衛生、安寧緩和

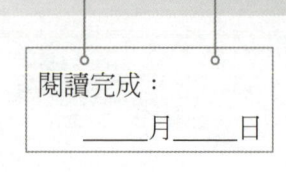

上榜關鍵 ★
請詳讀修正重點；另條文為測驗題考點。

壹、《精神衛生法》

一、修正重點（111年12月14日公布修正）

本次修正總條文數為91條，相較於現行條文63條，修正條文比率已逾九成，修正重點包含：

(一) 強化推動心理健康促進；

(二) 積極布建社區心理衛生中心及多元化社區支持資源；

(三) 加強疑似病人通報、精進前端預防及建立危機處理機制；

(四) 強制住院改採法官保留；

(五) 強化精神病人權益保障及防止汙名化。本次修正，除與時俱進滾動修正外，同時呼應身心障礙者權利公約（CRPD）及兒童權利公約（CRC）精神，確保精神病人人權與兼顧獲得妥善治療及社區服務。另強化各目的事業主管機關職責及跨網絡合作，以支持精神病人照護及復元。

二、修正重點相關條文內容

(一) 強化推動心理健康促進

1. 中央教育主管機關應規劃、推動、監督學校心理健康促進、精神疾病防治與宣導、學生受教權益維護、教育資源與設施均衡配置及友善支持學習環境之建立。

2. 中央勞動主管機關應規劃、推動及監督職場心理健康促進、精神疾病防治、病人就業與勞動權益保障及職場友善支持環境之建立。

3. 內政主管機關應規劃、推動、監督警察、消防及替代役役男之心理輔導機制，依其心理健康需求，分別提供心理健康促進、諮詢、心理輔導、心理諮商、危機處理、醫療轉介、資源連結、自殺防治、物質濫用防治或其他心理健康相關服務。

4. 法務主管機關應規劃、推動、監督犯罪被害人之心理健康促進、就醫協助與轉介服務、精神疾病收容人收容環境之改善、矯正措施之合理調整、危機處理、自殺防治、就醫協助、出監轉銜服務、受監護處分

人轉銜服務及更生保護。
5. 國防主管機關應規劃、推動、監督國軍人員心理健康促進及精神疾病防治，並依國軍人員心理健康需求，分別提供心理健康促進、諮詢、心理輔導、心理諮商、危機處理、醫療轉介、資源連結、自殺防治、物質濫用防治及其他心理健康相關服務。

(二) 積極布建社區心理衛生中心及多元化社區支持資源
1. 中央主管機關得依人口、醫療資源與心理衛生資源分布情形及考量原住民族地區或偏遠地區特殊性，劃分責任區域，建立區域心理健康促進、精神疾病預防及醫療服務網，並訂定計畫實施。
2. 病人社區支持服務，應依多元連續服務原則規劃辦理；地方主管機關針對病人需求，應自行、委託、補助或獎勵機構、法人或團體提供全日型、日間型、居家型、社區型或其他社區支持服務，以建構妥善之社區支持機制；地方主管機關應提供病人家屬心理衛生教育、情緒支持、喘息服務、專線服務及其他支持性服務。
3. 地方主管機關應依轄區人口數與心理衛生之需求及資源，由社區心理衛生中心辦理病人個案管理、心理衛生促進、教育訓練、諮詢、轉介、轉銜服務、資源開發、網絡聯結、自殺防治、精神疾病防治、災後心理重建及其他心理衛生服務事項。

(三) 加強疑似病人通報、精進前端預防及建立危機處理機制
1. 醫事人員、社會工作人員、教育人員、警察、消防人員、司法人員、移民行政人員、戶政人員、村（里）幹事及其他執行社區支持業務人員於執行職務時，發現疑似精神疾病狀態之人，得通知地方主管機關提供醫療、關懷或社區支持服務之協助。
2. 地方主管機關應整合所屬衛生、警察、消防及其他相關機關，於轄區內建置二十四小時緊急精神醫療處置機制。
3. 警察機關或消防機關於執行職務時，發現疑似精神疾病狀態之人，有傷害他人或自己之虞者，非管束不能救護其生命、身體之危險，或預防他人生命、身體之危險時，應通知地方主管機關即時查明回覆是否屬精神病人。經查明屬精神病人者，應即協助護送至就近適當醫療機構就醫；無法查明其身分或無法查明屬精神病人者，地方主管機關應派員至現場共同處理，無法到場或無法及時到場時，應使用具聲音或影像相互傳送功能之科技設備處理之，經地方主管機關認有就醫必要時，除法律另有規定外，應即護送至就近適當醫療機構就醫。
4. 為利提供緊急處置，以維護民眾生命及安全，各級政府衛生、警察及

消防機關設置特定之對外服務專線，得要求各電信事業配合提供各類來電顯示號碼及其所在地或電信網路定位位置。
5. 精神照護機構於病人擅自離開該機構時，應即通知其家屬或保護人；病人行蹤不明時，應即通知地方主管機關及警察機關積極協尋。
6. 保護人、社區心理衛生中心人員或專科醫師發現嚴重病人不遵醫囑致其病情不穩或生活功能有退化之虞，經專科醫師診斷有接受社區治療之必要者，病人住居所在地主管機關、社區心理衛生中心應與其保護人合作，共同協助其接受社區治療。前項嚴重病人拒絕接受社區治療時，經地方主管機關指定之專科醫師診斷仍有社區治療之必要，嚴重病人拒絕接受或無法表達時，指定精神醫療機構應即填具強制社區治療基本資料表、通報表，並檢附嚴重病人與其保護人之意見及相關診斷證明文件，向審查會申請許可強制社區治療。
7. 嚴重病人傷害他人或自己或有傷害之虞，經專科醫師診斷有全日住院治療之必要者，保護人應協助其前往精神醫療機構辦理住院。

(四) 強制住院改採法官保留
1. 神疾病強制社區治療有關事項，由中央主管機關精神疾病強制社區治療審查會(稱審查會)審查；審查會成員，包括專科醫師、護理師、職能治療師、心理師、社會工作師、病人權益促進團體代表、法律專家及其他相關專業人士；審查會召開審查會議，得通知審查案件之當事人或利害關係人到場說明，或主動派員訪查當事人或利害關係人；審查會應協助指定精神醫療機構向法院提出嚴重病人之強制住院或延長強制住院聲請，並協助法院安排審理之行政事項。
2. 緊急安置、強制住院或強制社區治療期間，嚴重病人或其保護人得向法院聲請裁定停止緊急安置、強制住院或強制社區治療。
3. 法對於強制住院或延長強制住院之聲請，認為未達應受強制住院之程度，而有強制社區治療之原因者，得依聲請或依職權裁定強制社區治療。

(五) 強化精神病人權益保障及防止汙名化
1. 病人之人格權及合法權益，應予尊重及保障，不得歧視。關於其就醫、就學、應考、僱用及社區生活權益，不得以罹患精神疾病為由，有不公平之對待。
2. 宣傳品、出版品、廣播、電視、網際網路或其他媒體之報導，不得使用與精神疾病有關之歧視性稱呼或描述；並不得有與事實不符，或誤導閱聽者對病人、保護人、家屬及服務病人之人員、機構、法人或團

體產生歧視之報導。
3. 經病人同意者，不得對病人錄音、錄影或攝影，並不得報導其姓名或住（居）所；於嚴重病人，應經其保護人同意。
4. 住院病人應享有個人隱私、自由通訊及會客之權利；精神醫療機構非因病人病情或醫療需要，不得予以限制。
5. 病人或其保護人、法定代理人、監護人或輔助人、相關照護人員、立案之病人權益促進團體，有客觀事實足認精神照護機構、其他執行社區治療、社區支持之機構或團體及其工作人員，有侵害病人權益或有侵害之虞者，得以書面向上述機構或團體所在地之地方主管機關申訴。

貳、《安寧緩和醫療條例》

一、立意願書選擇安寧緩和醫療或作維生醫療抉擇之相關規定
　（一）末期病人得立意願書選擇安寧緩和醫療或作維生醫療抉擇。
　（二）意願書之簽署，應有具完全行為能力者二人以上在場見證。但實施安寧緩和醫療及執行意願人維生醫療抉擇之醫療機構所屬人員不得為見證人。
　（三）20歲以上具完全行為能力之人，得預立意願書。意願人得預立醫療委任代理人，並以書面載明委任意旨，於其無法表達意願時，由代理人代為簽署。
　（四）意願人得隨時自行或由其代理人，以書面撤回其意願之意思表示。

二、不施行心肺復甦術或維生醫療之規定
　（一）應符合之要件
　　1. 應由二位醫師診斷確為末期病人。
　　2. 應有意願人簽署之意願書。但未成年人簽署意願書時，應得其法定代理人之同意。未成年人無法表達意願時，則應由法定代理人簽署意願書。
　（二）最近親屬出具同意書代替之適用情況、順序
　　1. 末期病人無簽署之意願書且意識昏迷或無法清楚表達意願時，由其最近親屬出具同意書代替之。無最近親屬者，應經安寧緩和醫療照會後，依末期病人最大利益出具醫囑代替之。同意書或醫囑均不得與末期病人於意識昏迷或無法清楚表達意願前明示之意思表示相反。
　　2. 最近親屬之範圍與順序：
　　　（1）配偶。
　　　（2）成年子女、孫子女。

（3）父母。
（4）兄弟姐妹。
（5）祖父母。
（6）曾祖父母、曾孫子女或三親等旁系血親。
（7）一親等直系姻親。

3. 最近親屬出具同意書，得以一人行之；其最近親屬意思表示不一致時，依第四項各款先後定其順序。後順序者已出具同意書時，先順序者如有不同之意思表示，應於不施行、終止或撤除心肺復甦術或維生醫療前以書面為之。

> **上榜關鍵** ★★★
> 最近親屬出具同意書，得以一人行之，請記得人數。

相關法規說明

項次	法規名稱	說明
1	《精神衛生法》	請至「全國法規資料庫」下載
2	《安寧緩和醫療條例》	

編按：為免各社會政策相關法規修法更迭頻繁，請考生於研讀本章時下載相關法規同步研讀，以免所研讀之法規過時，影響應考成績。

練功坊

( ) 1. 依據《精神衛生法》規定，精神疾病強制社區治療有關事項，由中央主管機關精神疾病強制社區治療審查會，以下何者非審查會的成員？
　　(A) 社會工作者　　　　　　(B) 職能治療師
　　(C) 病人權益促進團體代表　　(D) 醫師

解析

(D)。《精神衛生法》第 53 條規定，精神疾病強制社區治療有關事項，由中央主管機關精神疾病強制社區治療審查會（以下簡稱審查會）審查。前項審查會成員，包括專科醫師、護理師、職能治療師、心理師、社會工作師、病人權益促進團體代表、法律專家及其他相關專業人士。選項 (D) 有誤，應為「專科醫師」。

練功坊

( ) 2. 依據《精神衛生法》規定，嚴重病人接受社區治療時，不得超過幾個月？
(A)3 個月　　(B)1 個月　　(C)6 個月　　(D)12 個月

解析

(C)。《精神衛生法》第 54 條規定，保護人、社區心理衛生中心人員或專科醫師發現嚴重病人不遵醫囑致其病情不穩或生活功能有退化之虞，經專科醫師診斷有接受社區治療之必要者，病人住居所在地主管機關、社區心理衛生中心應與其保護人合作，共同協助其接受社區治療。強制社區治療期間，不得逾六個月。

( ) 3. 依據《安寧緩和醫療條例》，下列選項何者為正確之描述？
(A) 18 歲以上具完全行為能力之人，得預立意願書
(B) 意願人得隨時自行或由其代理人，以書面撤回其意願之意思表示
(C) 意願書之簽署，應有具完全行為能力者一人以上在場見證
(D) 本條例所稱主管機關，在中央為健康保險局

解析

(B)。《安寧緩和醫療條例》：
(1) 第 5 條規定：20 歲以上具完全行為能力之人，得預立第四條之意願書。
(2) 第 4 條規定：意願書之簽署，應有具完全行為能力者二人以上在場見證。但實施安寧緩和醫療及執行意願人維生醫療抉擇之醫療機構所屬人員不得為見證人。
(3) 第 2 條規定：本條例所稱主管機關：在中央為行政院衛生署（業務已改由衛生福利部主管）；在直轄市為直轄市政府；在縣（市）為縣（市）政府。

重點 2 長期照顧

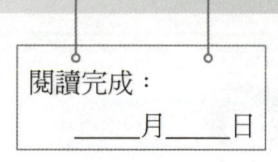

壹、長期照顧之定義、目的

一、長期照顧之定義

依 WHO（1997）之定義：「長期照顧是對生、心理失能、需要接受持續性協助之個人所提供之健康與社會照顧服務均屬之。」提供服務之地點可在機構、社區或住家；服務內容包括由專業機構及工作人員所提供之正式服務，及由家人或朋友所提供之非正式服務。

二、長期照顧之目的

是協助身心功能障礙者恢復受損的功能、維持既有的功能，或者提供他們在進行日常生活活動時所需的協助；長期照顧服務係針對照護需求者，提供滿足其照護需為考量之制度，提供之服務以生活照顧為主、醫療照護為輔，具整合性與連續性。

貳、長期照顧制度主要類型之比較

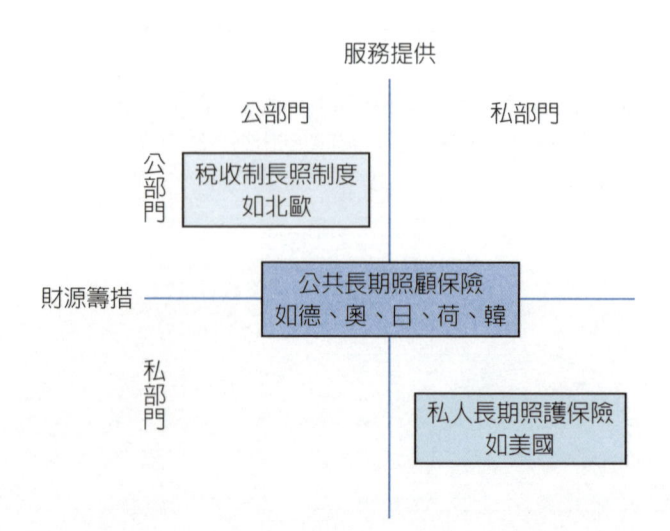

```
                        服務提供
                           │
              公部門        │        私部門
                           │
    ┌──────────────────┐   │
公  │ 稅收制長照制度   │   │
部  │ 如北歐           │   │
門  └──────────────────┘   │
                           │
                  ┌────────┴────────┐
財源籌措 ─────────│ 公共長期照顧保險 │─────────
                  │ 如德、奧、日、荷、韓 │
                  └─────────────────┘
                           │
私                         │   ┌──────────────────┐
部                         │   │ 私人長期照護保險 │
門                         │   │ 如美國           │
                           │   └──────────────────┘
                           │
```

參、《長期照顧服務法》

一、《長期照顧服務法》之內容

> **榜首提點**
> 《長期照顧服務法》為金榜考點，申論題請研讀本段的相關說明；測驗題請詳讀法規。

《長期照顧服務法》共七章66條，內容涵蓋總體規範、人員管理、機構管理、受照護者權益保障、服務發展獎勵措施五大要素，並包括幾項重要制度，說明如下：

(一) 總體規範
1. 立法目的：為健全長期照顧服務體系提供長期照顧服務，確保照顧及支持服務品質，發展普及、多元及可負擔之服務，保障接受服務者與照顧者之尊嚴及權益。
2. 納入多元文化觀點：長期照顧服務之提供不得因服務對象之性別、性傾向、性別認同、婚姻、年齡、身心障礙、疾病、階級、種族、宗教信仰、國籍與居住地域有差別待遇之歧視行為。

(二) 長照服務及長照體系
1. 長照服務提供之方式：長照服務依其提供方式，區分為：（1）居家式：到宅提供服務；（2）社區式：於社區設置一定場所及設施，提供日間照顧、家庭托顧、臨時住宿、團體家屋、小規模多機能及其他整合性等服務；（3）機構住宿式：以受照顧者入住之方式，提供全時照顧或夜間住宿等之服務；（4）家庭照顧者支持服務：為家庭照顧者所提供之定點、到宅等支持服務；（5）其他經中央主管機關公告之服務方式。前項服務方式，長照機構得合併提供之。
2. 定期辦理長照資源及需要調查，據以擬定發展計畫，均衡長照資源
    (1) 中央主管機關應定期辦理長照有關資源及需要之調查，並考慮多元文化特色，與離島偏鄉地區特殊處境，據以訂定長照服務發展計畫及採取必要之獎助措施。
    (2) 中央主管機關為均衡長照資源之發展，得劃分長照服務網區，規劃區域資源、建置服務網絡與輸送體系及人力發展計畫，並得於資源過剩區，限制長照機構之設立或擴充，於資源不足之地區，應獎助辦理健全長照服務體系有關事項。
    (3) 原住民族地區長照服務計畫、長照服務網區與人力發展之規劃及推動，中央主管機關應會商原住民族委員會定之。
3. 設置長照服務發展基金及其來源：中央主管機關為促進長照相關資源之發展、提升服務品質與效率、充實與均衡服務及人力資源，應設置長照服務發展基金。前項基金額度為新臺幣至少120億元，5年內撥充

編列。基金的來源包括：（1）遺產稅及贈與稅稅率由 10% 調增至 20% 以內所增加之稅課收入；（2）菸酒稅菸品應徵稅額由每千支（每公斤）徵收新臺幣 590 元調增至新臺幣 1,590 元所增加之稅課收入；（3）政府預算撥充；（4）菸品健康福利捐；（5）捐贈收入；（6）基金孳息收入；（7）其他收入。

（三）長照人員之管理

1. 長照人員之訓練：長照人員之訓練、繼續教育、在職訓練課程內容，應考量不同地區、族群、性別、特定疾病及照顧經驗之差異性。長照人員應接受一定積分之繼續教育、在職訓練。

2. 長照人員之保密義務：長照人員對於因業務而知悉或持有他人之祕密，非依法律規定，不得洩漏。

（四）長照機構之管理

1. 長照機構之分類：長照機構依其服務內容，分類為：（1）居家式服務類；（2）社區式服務類；（3）機構住宿式服務類；（4）綜合式服務類；（5）其他經中央主管機關公告之服務類。設有機構住宿式服務之長照機構，應以財團法人或社團法人（簡稱長照機構法人）設立之。

2. 長照、醫療及社會福利服務體系之連結機制：中央主管機關應訂定長照體系、醫療體系及社會福利服務體系間之連結機制，以提供服務使用者有效之轉介與整合性服務。

3. 建立長期照顧服務品質基準之原則：主管機關應依下列原則訂定長照服務品質基準，包括：（1）以服務使用者為中心，並提供適切服務；（2）訊息公開透明；（3）家庭照顧者代表參與；（4）考量多元文化；（5）確保照顧與生活品質。

（五）接受長照服務者之權益保障

1. 對接受長照服務者之隱私保護：未經長照服務使用者之書面同意，不得對其進行錄影、錄音或攝影，並不得報導或記載其姓名、出生年月日、住（居）所及其他足資辨別身分之資訊，其無法為意思表示者，應經其法定代理人或主要照顧之最近親屬之書面同意。

2. 長照機構及其人員禁止之事項：長照機構及其人員應對長照服務使用者予以適當之照顧與保護，不得有遺棄、身心虐待、歧視、傷害、違法限制其人身自由或其他侵害其權益之情事。

二、《長期照顧服務法》之特色

（一）強調建立連結機制，有助於提供有效及整合性的服務：該法明定主管機關的職責之外，亦納入多元的目的事業主管機關，除了有助於政府法定部門的明確分工之外，亦可避免因各部門過於本位主義所造成推諉卸責的弊端。另外，該法亦明定中央主管機關應訂定長照體系、醫療體系及社會福利體系間的連結機制，以及服務使用者有效的轉介與整合性服務。這些規範將可改善長期照顧體系長久處於分歧、零散的現象。

（二）強調多元文化思維，關注偏遠地區資源配置：該法明定長期照顧服務的提供不得因服務對象的性別、性傾向、性別認同、種族、宗教信仰、國籍與居住地域而有差別待遇的歧視行為；且長期照顧諮詢代表及人員比例，應有原住民的代表或熟諳原住民文化的專家學者至少一人。另外，該法亦明定中央主管機關應定期辦理長照有關資源及需要的調查，並考慮多元文化特色，與離島偏鄉地區的特殊處境，據以訂定長照服務發展計畫及採取必要的獎助措施，且將考量多元文化納入為建立長期照顧服務品質基準的原則。這些規範彰顯出長期照顧服務的規劃與發展，必須將多元文化及地理空間的特殊性納入考量。

（三）強調服務方式與項目的多元化，增進使用者的選擇性：該法將長照服務依其提供方式，區分為：居家式、社區式、機構住宿式、家庭照顧者支持服務，且明列各種提供方式的服務項目，尤其是將家庭照顧者支持服務納入，將有助於提升家庭照顧者能力及其生活品質。這些規範彰顯出服務使用者可依其狀況，選擇適合其偏好的服務方式與項目。

（四）限定長照機構法人化，排除商業化模式：該法明定機構住宿式服務或長照機構，應以財團法人或社團法人設立之。這種強調以非營利組織的方式經營，已排除商業化的老人長期照顧機構經營模式。這項規範已引發服務品質、營利與非營利等爭議。

（五）訂定長照服務品質基準，有利於服務品質的提升：該法明定主管機關應依下列原則訂定長照服務基準：（1）以服務使用者為中心；（2）訊息公開透明；（3）家庭照顧者代表參與；（4）考量多元文化；（5）確保照顧與生活品質。另外，該法亦明定長照人員的資格要件，且應接受一定積分之繼續教育、在職教育。這些規範將有利於長期照顧服務品質的提升。

榜首提點
新法通過，有關該法的特色，為申論題考點，請列入金榜考點準備。

肆、長期照顧計畫 2.0

一、長期照顧 1.0（民國 96 年行政院核定之「我國長期照顧十年計畫」（簡稱長照計畫 1.0）

（一）政策目標

1. 以全人照顧、在地老化、多元連續服務為長期照顧服務原則，加強照顧服務的發展與普及。
2. 保障民眾獲得符合個人需求的長期照顧服務，並增進民眾選擇服務的權利。
3. 支持家庭照顧能力，分擔家庭照顧責任。
4. 建立照顧管理機制，整合各類服務與資源，確保服務提供的效率與效益。
5. 透過政府的經費補助，以提升民眾使用長期照顧服務的可負擔性。
6. 確保長期照顧財源的永續維持，政府與民眾共同分擔財務責任。

（二）服務對象

主要為因老化失能衍生長照需求者，包含：

1. 65 歲以上老人。
2. 55 歲以上山地原住民。
3. 50 歲以上身障者。
4. 65 歲以上僅 IADL 需協助之獨居老人。

> **榜首提點**
> 長照 2.0 計畫相關內容非常重要，請考生詳加準備。

二、長期照顧計畫 2.0（民國 105 年 7 月衛生福利部公布）

（一）長期照顧計畫 2.0 概念總覽

1. 長照十年計畫 2.0 係立基於民國 96 年行政院核定之「我國長期照顧十年計畫」（簡稱長照計畫 1.0），經衛生福利部檢討後，將以社區化及在地化的精神，呈現以下特色：1. 整合醫療、長照、預防保健資源，達成高齡社會健康照護政策之目標；2. 服務對象擴大，人數預估自 51 萬 1,000 餘人增為 73 萬 8,000 餘人；3. 服務項目從八項預定增為十七項，並具彈性、擴大、創新與整合，以及延伸之性質；4. 推動社區整體照顧模式，透過社區整合型服務中心（A 級）－複合型日間服務中心（B 級）－巷弄長照站整合型模式（C 級），布建服務據點，建立多元層級、綿密的服務網絡，讓民眾在自家附近巷弄就可獲得服務；5. 與地方政府共同開創因地制宜的服務資源，與服務單位共同試辦創新服務並簡化核銷程序，提供民眾配合需求的長照服務。

2. 該計畫將整合前端初級預防保健、活力老化、減緩失能，促進長者健康福祉，並銜接後端提供多目標社區式支持服務，轉銜在宅臨終安寧照顧，減輕家屬照顧壓力，建構從支持家庭、居家、社區到機構式照顧的多元連續服務，同時也整合各部會資源推動創新服務，包括失智症照顧服務、山地原住民族地區社區整合型服務、小規模多機能服務、家庭照顧者支持服務據點等試辦計畫。

（二）長期照顧計畫 2.0 總目標
1. 建立優質、平價、普及的長期照顧服務體系，發揮社區主義精神，讓失能的國民可以獲得基本服務，在自己熟悉的環境安心享受老年生活，減輕家庭照顧負擔。
2. 實現在地老化，提供從支持家庭、居家、社區到機構式照顧的多元連續服務，普及照顧服務體系，建立關懷社區，期能提升失能者與照顧者之生活品質。
3. 向前端優化初級預防功能，銜接預防保健、活力老化、減緩失能，促進老人健康福祉，提升生活品質。
4. 向後端提供多目標社區式支持服務，轉銜在宅臨終安寧照顧，減輕家屬照顧壓力，減少長期照顧負擔。

（三）服務對象
1. 除長期照顧計畫 1.0 服務對象外，擴大納入：
    （1）50 歲以上失智症患者。
    （2）55 至 64 歲失能平地原住民。
    （3）49 歲以下失能身障者。
    （4）65 歲以上衰弱（frailty）老人。
2. 服務對象人數預估由長期照顧 1.0 的 51 萬 1,000 餘人，推估 106 年長照需求人口加計擴大服務對象，總計增至 73 萬 8,000 餘人，成長 44%。

（四）長期照顧計畫 2.0 實施策略
1. 建立以服務使用者為中心的服務體系：整合衛生、社會福利、退輔等部門，排除部門各自為政的弊端。
2. 培訓以社區為基礎的健康與長期照顧團隊：向前銜接預防失能、向後發展在宅臨終安寧照顧，以期壓縮失能期間，減少長期照顧需求。

3. 發展以社區為基礎的整合型服務中心：以在地化原則，提供失能者綜合照顧服務；並藉由友善 APP 資訊系統及交通服務，降低服務使用障礙。
4. 提高服務補助效能與彈性：鬆綁服務提供之限制、擴大服務範圍、增加新型服務樣式、提高服務時數，以滿足失能老人與身心障礙者的長期照顧需求。
5. 鼓勵服務資源發展因地制宜與創新：透過專案新型計畫鼓勵發展創新型整合式服務模式，並因地制宜推動維繫原住民族文化與地方特色之照顧服務模式。
6. 開創照顧服務人力資源職涯發展策略：透過多元招募管道、提高勞動薪資與升遷管道，將年輕世代、新移民女性、中高齡勞動人口納入，落實年輕化與多元化目標。
7. 健全縣市政府照顧管理中心組織定位與職權：補足照顧管理專員與督導員額，降低照顧管理專員個案量，進行照顧管理專員職務分析，建立照顧管理專員訓練與督導體系，俾利建立專業照顧管理制度。
8. 增強地方政府發展資源之能量：縣市應推估鄉鎮市區需求人口分布，盤點鄉鎮市區長期照顧資源，釋出在地可用公共空間；定期分析各縣市鄉鎮市區長期照顧服務需求、服務發展以及使用狀況；透過資源發展策略縮短照顧需求與服務供給之落差，且與服務提供單位共同研商品質提升機制。
9. 強化照顧管理資料庫系統：分析與掌握全國各區域長期照顧需求與服務供需落差，與地方政府共享，作為研擬資源發展與普及之依據。
10. 建立中央政府管理與研發系統：落實行政院跨部會長期照顧推動小組之權責；成立國家級研究中心，發揮管理與研發功能，以供政策修正與調整之依據。

（五）長期照顧計畫 2.0：A-B-C 服務點規劃

	A 級 社區整合型 服務 中心	**B 級** 複合型 日間服務 中心	**C 級** 巷弄 長照站
場域	■ 醫院／綜合醫院 ■ 小規模多機能／日照中心 ■ 護理之家／衛生所 ■ 偏鄉長照據點	■ 日間托老據點 ■ 衛生所 ■ 物理治療所／職能治療所 ■ 診所／社區醫療群（醫師）	■ 居家護理所／居家服務提供單位 ■ 社區照顧關懷據點／農漁會／社區發展協會／村里辦公處／社會福利團體等 ■ 衛生所／樂智據點
服務內容	■ 組成社區健康照顧團隊由護理師、社工、照管專員及照顧服務員組成；或由醫師、護理師、物理治療師、職能治療師、營養師、社工及照顧服務員等人組成。 ■ 優化初級預防功能，提供 B 級與 C 級督導與技術支援；結合區域醫療資源，轉銜在宅臨終安寧照顧。	■ 提供日間托老服務。 ■ 服務包括：緩和失能服務、共餐服務、體適能、諮詢服務及輕度失能復健相關課程。	■ 提供短時數看顧衰弱或輕度失能者照顧服務。 ■ 服務包括：社區預防保健、電話問安、關懷訪視、餐飲服務、體適能、自立支持服務等。
目標	■ 每一鄉鎮市區至少設置一處為原則，並依區人口數酌增設置。 ■ 規劃設置 469 處。	■ 每一個國中學區設置 1 處。 ■ 規劃設置 829 處。	■ 每 3 個村里設置 1 處。 ■ 規劃設置 2,529 處。

長照 2.0 服務體系之建構（A-B-C 服務點規劃）

伍、我國長照制度採社會保險制與稅收制之優缺點

長期照顧財源採社會保險制及稅收制優缺點比較

比較項目	社會保險制	稅收制
代表國家	荷蘭、德國、日本、韓國等	丹麥、芬蘭、挪威、瑞典等
優點	1. 保險費隨薪資或所得成長而自動成長，有基本保險費之設計，財務充足性及穩定性較高，專款專用。 2. 財務費用由社會成員共同分擔社會性風險，維持權利、義務對等的基本精神，政府負擔小。 3. 透過社會參與及公共監督，制度設計及改革較易隨民眾需要而微調。 4. 人人皆需繳保險費，互助性較佳。 5. 透過保險而確保的「應得權益模式」。 6. 必須經過立法，受到政黨輪替影響較低。 7. 能做到由保險人擔任評估者，杜絕球員兼裁判，保險誘發需求導致費用上升無法控制的疑慮較低。 8. 可透過財務規劃採取部分準備提存，平衡若干世代不公的現象。	1. 統由稅收（營所稅等）課徵，行政成本較低。 2. 政府可量力而為控制預算，較不浪費。 3. 對弱勢者所得重分配效果大。

榜首提點

長照的財源制度，請考生對稅收制與社會保險制的優缺點務必要有清楚的觀念，此為金榜考點。

比較項目	社會保險制	稅收制
缺點	1. 徵收保險費，需較高行政成本，但若已有徵收體系，影響較小。 2. 財源籌措制度設計較為複雜。 3. 需直接收保險費，使用機率低，民眾繳交意願較低。但若隨其他保險費徵收，影響較小。 4. 老弱殘者無法繳費，貧窮線嚴格難獲補助。 5. 過去社會保險負債累累。 6. 市場化、機構化隱憂，大財團營利取向。	1. 政府全額負擔，財務責任重。 2. 稅收受景氣影響較深，致長期財務來源的穩定性及充足性較為不足，偏殘補式，無法關照全民。 3. 納稅者因不同稅目而異，部分民眾因無所得資料無法課稅，故非人人皆有分擔。 4. 若需加稅，須面對民眾壓力。 5. 預算需與其他政事競用資源。 6. 受預算限制，服務提供的多元性及普及性較不易符合民眾需要，亦影響長照產業之發展。 7. 長期照顧需求成長快速，編列預算的壓力逐年上升。 8. 政黨輪替而有不同施政偏好，致使預算不穩定。 9. 應得權利模式強調，必須提供服務給通過長照需求評估者，以滿足需求為前提，不受限於預算，投入經費要隨之成長。宜採取「指定用途稅」。 10. 受益與負擔無直接關係，對工作意願影響較大。 11. 人口老化，財務負擔會轉嫁下一代。

備註：引自郭振昌（2016）。臺灣長期照顧錢從哪裡來？保險制與稅收制抉擇的政策分析。《社區發展季刊》，**154**，307-320。

相關法規說明

項次	法規名稱	說明
1	《長期照顧服務法》	請至「全國法規資料庫」下載
2	《長期照顧服務機構法人條例》	

編按：為免各社會政策相關法規修法更迭頻繁，請考生於研讀本章時下載相關法規同步研讀，以免所研讀之法規過時，影響應試成績。

練功坊

一、長期照顧十年計畫 2.0 為政府重要社會政策之一，請說明其政策目標。

解析

茲將長期照顧十年計畫 2.0 政策目標，說明如下：
（一）建立優質、平價、普及的長期照顧服務體系，發揮社區主義精神，讓失能的國民可以獲得基本服務，在自己熟悉的環境安心享受老年生活，減輕家庭照顧負擔。
（二）實現在地老化，提供從支持家庭、居家、社區到機構式照顧的多元連續服務，普及照顧服務體系，建立關懷社區，期能提升失能者與照顧者之生活品質。
（三）向前端優化初級預防功能，銜接預防保健、活力老化、減緩失能，促進老人健康福祉，提升生活品質。
（四）向後端提供多目標社區式支持服務，轉銜在宅臨終安寧照顧，減輕家屬照顧壓力，減少長期照顧負擔。

練功坊

( ) 1. 依《長期照顧服務法》規定，有關長照服務提供方式之社區式服務，不包括下列何者？
(A) 團體家屋　　　　　　　　　(B) 小規模多機能服務
(C) 家事服務　　　　　　　　　(D) 家庭托顧

解析

(C)。《長期照顧服務法》第 9 條規定，長照服務依其提供方式，區分如下：
（1）居家式：到宅提供服務。
（2）社區式：於社區設置一定場所及設施，提供日間照顧、家庭托顧、臨時住宿、團體家屋、小規模多機能及其他整合性等服務。但不包括第三款之服務。選項 (A)、(B)、(D) 屬之。
（3）機構住宿式：以受照顧者入住之方式，提供全時照顧或夜間住宿等之服務。
（4）家庭照顧者支持服務：為家庭照顧者所提供之定點、到宅等支持服務。
（5）其他經中央主管機關公告之服務方式。

重點便利貼

❶ 精神疾病：指思考、情緒、知覺、認知、行為等精神狀態表現異常，致其適應生活之功能發生障礙，需給予醫療及照顧之疾病；其範圍包括精神病、精神官能症、酒癮、藥癮及其他經中央主管機關認定之精神疾病，但不包括反社會人格違常者。

❷ 安寧緩和不施行心肺復甦術或維生醫療，其最近親屬出具同意書，得以一人行之。

❸ 長期照顧：「對生、心理失能、需要接受持續性協助之個人所提供之健康與社會照顧服務均屬之。」

❹ 《長期照顧服務法》之特色：(1) 強調建立連結機制，有助於提供有效及整合性的服務；(2) 強調多元文化思維，關注偏遠地區資源配置；(3) 強調服務方式與項目的多元化，增進使用者的選擇性；(4) 限定長照機構法人化，排除商業化模式；(5) 訂定長照服務品質基準，有利於服務品質的提升。

擬真考場

申論題

一、我國長期照顧措施時常被討論其財源規劃究應為「社會保險」抑或「稅收」，請說明兩種措施之政策意涵。

測驗題

(　) 1. 在長期照顧服務中，提供日間照顧、家庭托顧、臨時住宿、團體家屋、小規模多機能及其他整合性等服務者，此為何種照顧提供方式？
(A) 社區式長照服務　　　　(B) 居家式長照服務
(C) 機構住宿式長照服務　　(D) 家庭照顧者支持服務

(　) 2. 我國長期照顧服務法中，為擴增及普及長照服務量能，促進相關資源之發展，應設置特種基金。有關特種基金來源之敘述，下列何者錯誤？
(A) 基金孳息收入、捐贈收入
(B) 遺產稅及贈與稅稅率由 15% 調增至 25% 以內所增加之稅課收入，其稅課收入不適用財政收支劃分法之規定
(C) 菸酒稅菸品應徵稅額由每千支徵收新臺幣 590 元調增至新臺幣 1,590 元所增加之稅課收入，其稅課收入不適用財政收支劃分法之規定
(D) 菸品健康福利捐

解析

申論題

一、茲將長期照顧採「社會保險」或「稅收」之政策意涵，說明如下：
（一）採社會保險制度：以社會保險制度提供長期照顧，作為長期照顧制度的運作制度，是由被保險人繳費、自給自足的方式運作，且許多的長期照顧採社會保險制度中，雇主、政府都有納入一定的保險費分攤比例。長期照顧採用社會保險制度，在政策意涵上，反對國家過度干預，屬右派之意識型態政策理念，且較偏向屬於俾斯麥的福利國家模型。
（二）採用稅收制：稅收制的特色，是長期照顧的財源由國家的預算中支付。政府透過年度的稅收，分配一定的預算金額供長期照顧支用。長期照顧採用稅收制，在政策意涵上，透過國家干預，屬左派之意識型態政策理念，且較偏向屬於貝佛里奇的福利國家模型。

測驗題

1. A 《長期照顧服務法》第9條規定，社區式長照服務，係指於社區設置一定場所及設施，提供日間照顧、家庭托顧、臨時住宿、團體家屋、小規模多機能及其他整合性等服務。

2. B 《長期照顧服務法》第15條規定，中央主管機關為提供長照服務、擴增與普及長照服務量能、促進長照相關資源之發展、提升服務品質與效率、充實並均衡服務與人力資源及補助各項經費，應設置特種基金。基金之來源如下：
   (1) 遺產稅及贈與稅稅率由百分之十調增至百分之二十以內所增加之稅課收入。選項 (B) 有誤。
   (2) 菸酒稅菸品應徵稅額由每千支（每公斤）徵收新臺幣590元調增至新臺幣1,590元所增加之稅課收入。選項 (C) 屬之。
   (3) 政府預算撥充。
   (4) 菸品健康福利捐。選項 (D) 屬之。
   (5) 捐贈收入。
   (6) 基金孳息收入。選項 (A) 屬之。
   (7) 其他收入。

Note.

第十七章 CHAPTER 17
社會政策的人力及財力資源之政策與立法

榜·首·導·讀

- 社會工作專業面臨之挑戰與回應，請詳加準備。
- 公益勸募請詳細研讀法規，測驗題經常命題。

關·鍵·焦·點

- 治理請建立清楚的基本概念，並思考政府與民間部門的關係。
- 公私協力、社會夥伴均指相同觀念，請詳讀其內涵、優缺點，並連結契約委外併同思考。

命·題·趨·勢

公務人員	年度	110年				111年				112年			
	考試	高考	普考	地三	地四	高考	普考	地三	地四	高考	普考	地三	地四
		申	申測	申	申測	申	申測	申	申測	申	申測	申	申測
	題數		2		2		1		1		1		1

專技社工師	年度	110年		111年		112年		113年	
	考試	2申	2測	1申	1測	2申	2測	1申	1測
		2申	2測	1申	1測	2申	2測	1申	1測
	題數	5		2	1	1	2		4

本・章・架・構

社會政策的人力及財力資源之政策與立法

- 重點1 ★★★★ 《社會工作師法》與人力、志願服務
  - 《社會工作師法》
  - 社會工作專業之挑戰與未來的發展（回應）方向
  - 志願服務

- 重點2 ★★★ 公益勸募與公益彩券、社會服務契約
  - 社會福利財源之籌措
  - 《公益勸募條例》
  - 公益勸募立法之轉變趨向與實務問題
  - 《公益彩券發行條例》
  - 新公共管理主義與社會服務契約委外
  - 社會契約委外程序
  - 社會服務契約委外與志願部門
  - 治理
  - 公私協力夥伴

重點 1 《社會工作師法》與人力、志願服務

閱讀完成：____月____日

壹、《社會工作師法》

一、社會工作師執行業務的範圍、資格之取得與排除、執業

執行業務項目	內容
評估與處置	行為、社會關係、婚姻、家庭、社會適應等問題之社會暨心理評估與處置。
保護性服務	各相關社會福利法規所定之保護性服務。
預防性及支持性服務	對個人、家庭、團體、社區之預防性及支持性服務。
服務資源	社會福利服務資源之發掘、整合、運用與轉介。
社會福利方案	社會福利機構、團體或於衛生、就業、教育、司法、國防等領域執行社會福利方案之設計、管理、研究發展、督導、評鑑與教育訓練等。
福利權之倡導	人民社會福利權之倡導。
其他	其他經中央主管機關或會同目的事業主管機關認定之領域或業務。

二、社會工作師資格之取得方式

項目	資格取得方式	領有之證書	備註
社會工作師	經社會工作師考試及格。	社會工作師證書	非領有社工師證書者，不得使用社工師名稱。
專科社會工作師	社會工作師完成專科社會工作師訓練，並經中央主管機關甄審合格。	專科社會工作師證書	非領有專科社工師證書者，不得使用專科社工師名稱。

430

項目	資格取得方式	領有之證書	備註
附則	外國人及華僑得依法應社工師考試。在中華民國執行業務應依法申請許可,並遵守社工師之相關法令、倫理守則及公會章程。		

三、社工師執業之相關規定

項目	項目	相關規定
執照及處所	申請執業執照	向所在地主管機關送驗社工師證書,申請登記,發給執業執照,始得執業。
	執業處所數量	社會工作師執業以一處為限。但機關（構）、團體間之支援或經事先報准者,不在此限。
	執業情況變更之報備	社會工作師事務所停業、歇業或其登記事項變更時,應自事實發生之日起30日內,報請原發開業執照機關備查。
執業規範	據實陳述	社會工作師受主管機關或司法警察機關詢問時,不得為虛偽之陳述或報告。
	保密	社會工作師及社會工作師執業處所之人員,對於因業務而知悉或持有他人之祕密,不得無故洩漏。
	撰製社工紀錄	社會工作師執行業務時,應撰製社會工作紀錄,其紀錄應由執業之機關（構）、團體、事務所保存。前項紀錄保存年限不得少於7年。
	遵守倫理守則	社會工作師之行為必須遵守社會工作倫理守則之規定。
	接受繼續教育及換照	社會工作師及專科社會工作師執業,應接受繼續教育,並每6年提出完成繼續教育證明文件,辦理執業執照更新。
救濟措施	身心受到不法侵害之虞者	社會工作師依法執行公權力職務,有受到身體或精神上不法侵害之虞者,得請求警察機關提供必要之協助。

項目	項目	相關規定
	依法執行公權力而涉及訴訟者	依法執行公權力而涉及訴訟者,其所屬機關(構)並得提供必要之法律協助。
	依法執行業務而涉及訴訟者	社會工作師依據相關法令及專業倫理守則執行業務涉及訴訟,所屬團體、事務所得提供必要之法律協助。

貳、社會工作專業之挑戰與未來的發展(回應)方向

一、社會工作專業之挑戰

面臨挑戰	說明
1. 社工專業面臨需求多元和問題複雜化的挑戰	■ 隨著個人、家庭與社會問題的趨於複雜和多元,傳統消極被動式的社工處遇模式,已逐漸地被改變中,為讓服務的提供是有效、可行及可被接受的,一種社區為觀點的社會工作,已逐漸躍升成為社會工作的新模式,而資源網絡的建立及專業團隊的運作,可以說是現代社會工作因應需求多元化與問題複雜化的必要條件。 ■ 就臺灣現況而言,資源網絡的建構已屬不易,再加上福利資源的不足,更讓網絡建構在實務面可能留於形式。此外,網絡的運作有賴於專業團隊的默契,但在各個專業主義掛帥的現實環境下,使得滿足多元需求的「單一窗口」,僅是社工本身的單一窗口,這已使得所謂顧客導向的服務面臨嚴峻的考驗,也使得許多個案問題在沒有被適當解決的狀況下無疾而終。如何因應案主需求多元化和問題複雜化的趨勢,並逐步採取社區觀點的社會工作模式,以網絡建構為案主提供較為積極和預防式的服務,可說是社工專業在實務上所應接受的考驗。

> **榜首提點**
> 社會工作專業之挑戰是重量級的考點,請務必扎實準備,切勿疏漏,以免與金榜絕緣。

面臨挑戰	說明
2. 社工專業面臨效率、績效和責信之訴求的挑戰	■ 當臺灣的社會工作正朝向專業之路邁進時，一股管理主義的風潮也吹進臺灣社會福利的領域，在資源有限的前提下，除了要能夠展現出使用者導向的服務外，也要能展現出高品質與高效率的績效。然而，傳統的社會工作教育訓練，在某種程度上，專業以外的管理往往是不被重視的，這也使得原本就不易被測量出績效的社會工作，更加難以被具體展現出來，進而使得強調「效率」、「績效」和「責信」的管理訴求所進行的各式各樣評鑑，似乎是社工專業實務上的惡夢。 ■ 績效的追求是任何行業皆需關注的，然而，在資源不足的現象下追求績效，將可能導致犧牲案主權益及社工專業的自主性，來成就管理主義的訴求。社會福利體系如何在資源相對不足的困境下展現出具體的績效，將是社工專業能否受到肯定的重大考驗。
3. 社會工作面臨人力不足與高度流動率的挑戰	■ 福利服務為勞力密集的行業，但長久以來社工人力不足是普遍的現象。這些年來社會福利相關立法，除新法為社會工作帶來新工作外，舊有的法令更是賦予社工人員新範圍與新職責。但隨著工作量的擴增，社工人力並未能隨其成長，甚至縣市政府在「政府再造工程」精簡人力時，社工員也列為精簡對象，其已嚴重趨於不足的社工人力，面臨沉重的工作負荷，進而可能造成流動率上升，這不僅直接衝擊到福利業務的推展，也不利於服務的品質，特別是社政部門專業社工人力不足，在面對日益複雜的家庭問題，難以發揮積極的預防，僅能補救式的解決短期問題。 ■ 因公部門的人力大多以約聘進用，許多有社工師證照符合轉任到正式公務人員資格者，反而從專業需求最為迫切的第一線工作場域，轉到第二線的行政工作；抑或也有地方以人力精簡為由刪除，漠視他們的職位即工作權益的相關保障，導致有紛紛出走的打算，這對長期人力的培訓及專業制度的建立有不良的影響。有現代的服務工作皆涉及到其他專業或單位的配合，但當社工員很賣力在做，卻在別的單位碰到很多釘子，許多單位對社工的支援不夠，社政人員失去熱誠，使得社工人力大量流失。教育、衛生單位和社會福利整合有其困難，相關單位不願意配合，減弱社會工作人員服務的熱誠。這些現象也對案主的權益保障及社工專業的發揮，有其重要的影響。

面臨挑戰	說明
4. 社工專業受到自身能力侷限的挑戰	隨著民眾福利意識的提升,加上需求的趨於多元,再加上社會對服務品質的要求,社會工作者在強調專業的同時,自身是否真的已裝備自己,且有能力滿足個案或顧客的需求,是一項值得省思的問題。無論是真的無力解決個案問題,抑或社工自身能力的侷限,不管原因為何,在強調結果導向的年代裡,這對社工專業已造成某種程度的衝擊。
5.《社會工作師法》通過後的新問題與新挑戰	《社會工作師法》的實施,對於社會工作專業的發展帶來新希望,但也衍生出新的問題或新挑戰,社工員忙於準備考試以取得轉任公職的機會,以及已取得證照之社工師汲汲於找尋轉任公職的機會,或突顯出某種程度上,已忽略了對案主專業品質的承諾,且轉任後的新環境對社工師也不盡然是友善的。例如:行政知能的相對不足,及可能因非出身於正規公務人員考試系統的相對歧視,這些皆可能對社工專業的形象有負面的影響。此外,社工師考試也可能使得原本就保守的社工專業形象更向學術體制靠攏或趨於同質化,或因進入官僚體系而逐漸喪失專業的自主性。

二、社會工作專業體系未來的發展(回應)方向

發展(因應)方向	說明
1. 透過在職訓練,強化社工專業知能	為因應鉅視面的社會變遷所衍生出的新問題,社會工作實務必須經常充實新的知識與技能,以讓自己的工作方法能與時俱進,而非僅停留在傳統的社會工作方法。例如:當前社工師必須要能瞭解並從事網絡的建構,並將充權、正常化和社會角色激發等觀點運用於實務,以致力於社會排除現象的解決和預防,進而達成社會融合積極性目標。

榜首提點

回應社會工作專業所面臨之挑戰的相關對策,請逐點詳讀建立論述的能力,為重量級考點。

發展（因應）方向	說明
2. 確保社工專業人力的穩定性，以提升其士氣	社會工作專業人力的缺乏是一個明顯的事實，但在面對政府人力精簡之際，奢談增加社工人力有其實質上的困難。但若未能有一套解決方法，對社工員及社會大眾也是不負責任的，全國社會福利會議的相關討論裡，許多與會者倡議除給予遍及全國基層的村里幹事社會工作知能相關訓練外，若能以漸進的方式，讓社區社工員取代村里幹事，將可使我國的社會工作扎根基層。惟於近、中期的實務運作上，在不增加員額的情況下，若能採取一位社工員和一位村里幹事共同負責兩村里的基層工作，待正式評估後再做正式的決定，所引起的阻力可能較小，可行性也較高。
3. 增進社工管理知能，以增進服務的效率、績效與責信	社工專業的實踐不能自外於資源，特別是在需求高漲與資源相對不足的時代裡，社工人員除對案主和方案負責外，也必須要能對寶貴的資源負責。因而，傳統的社會工作較缺乏社會工作專業對管理的訓練，社工不能避免對資源有效使用的訴求，也必須要能展現出對專業、機構和案主的責信。為此，加強社工人員管理知能的訓練，實為提升效率、績效和責信必要的工作。
4. 建構社工員之跨專業的合作機制	以個案／照顧管理的方法為遭遇多重問題或需求的案主解決問題，這是社工普遍所認知的事實，但個案／照顧管理必須建立在網絡的基礎上，其目的是要以跨專業／機構的團隊合作方式，為案主提供包裹式的服務。然而，若未能建構專業／機構間合作的機制，將導致社工員面臨巧婦難為無米之炊的窘境。為此，若缺乏跨專業的合作機制，家暴防治、性侵害防治、老人長期照顧、兒童及少年保護等，皆將難以獲致妥適的解決。
5. 社工學術界與實務界夥伴關係的建立	社工是一項甚為著重經驗的行業，且必須要能針對現行的措施檢討反省，以研議出新的方向與新作法。為此，社工的學術界與實務界應積極建立起夥伴關係，以追求某種程度的社工實務學術化，以及社工學術實務化，藉由彼此的交流以提升社工族群彼此的知能，進而有益於社工學術與實務的成長，亦可避免可能引發的社工實務向學術體制靠攏或趨於同質性的疑慮，其最終受益將是整個社工專業體制，以及需要協助的社會大眾。

發展（因應）方向	說明
6. 落實新修訂之《社會工作師法》的規範	《社會工作師法》的施行對社會工作專業地位的提升，有不可抹滅的功能。然而，隨著國內整體環境的變遷，以及社會工作學術與實務環境的轉變，社會工作的法制化和專業化的理想，仍有諸多問題尚待克服。社工師法經過多次的修正，產生了一些新的規範，並大幅改善原有社工師法被詬病之處。例如：專業證照的終身性（一試定終身）、缺乏高風險領域的保障（如家庭暴力、兒童虐待、性侵害等）。為確保服務對象的權益，及為提升社會工作的專業地位，所有社會工作專業的利害關係人，應共同致力於落實《社會工作師法》的相關規範。

參、志願服務

一、國際志願服務日與國際志工年

　　（一）國際志願服務日

　　　　聯合國於 1985 年正式宣布每年 12 月 5 日為「國際志願服務日」。

　　（二）國際志工年

　　　　聯合國於 1997 年 11 月決議，正式宣布 2001 年為「國際志工年」。

　　（三）國際志工年的目標

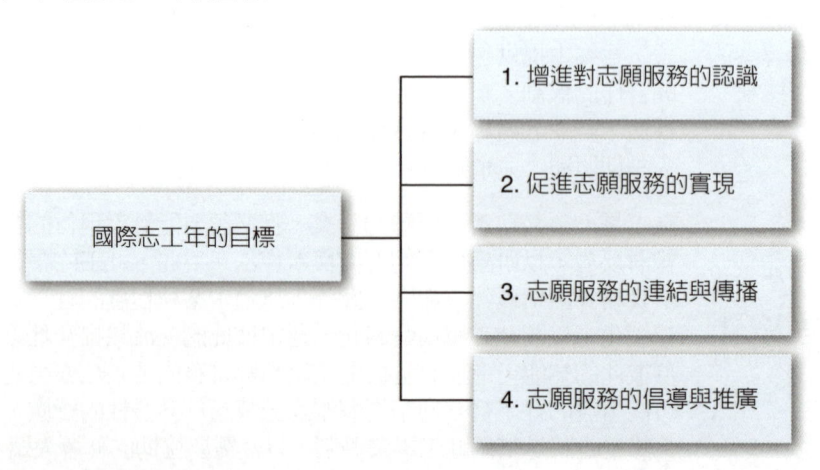

```
國際志工年的目標
├─ 1. 增進對志願服務的認識
├─ 2. 促進志願服務的實現
├─ 3. 志願服務的連結與傳播
└─ 4. 志願服務的倡導與推廣
```

二、臺灣志願服務之發展趨勢

　　（一）從慈善愛心到社會參與

　　　　臺灣的志願服務已逐漸激起民眾對社會的關心，以專業的訓練和管理方

式，透過社會參與及付出的過程，激發國人關心社會各層面的需要，並貢獻個人資源，以實踐對社會的責任感。

(二) 從犧牲奉獻到服務學習與自我成長

傳統的志願服務著重於回饋社會與無報酬的利他服務，儘管回饋社會仍是當前志願服務的動機之所在，但無報酬之利他服務已有實質上的變化，惟這種變化並非是追求金錢上的報酬，而是期待藉由參與者知能的成長，而達到服務者與被服務者皆能獲益的成效。

(三) 從民間自主到政府結合的夥伴關係

傳統的志願服務偏向個人自發性的行為，現代的許多志願服務是以組織型態參與活動，並逐步地與政府的服務相結合，朝向政府與志願組織彼此合作的夥伴關係。

(四) 從熱心利他到品質績效

現代的志願服務為提升工作品質，並保障受服務對象之權益，已要求志願服務運用單位應對志工辦理各項教育訓練，且要能提供志工必要之資訊，並指定專人負責志願服務之督導。

(五) 從免費人力到重視成本

志願服務並非是免費的人力，志工的參與需要有形及無形的成本，運用單位的訓練也需要支付成本（如保險、交通等）。因而，志願服務運用單位需定期對志工個人及團隊進行考核，以讓其所付出的成本發揮最大的效用。

(六) 從完全付出朝向相對的權利義務

在《志願服務法》的規定下，志工可享有各種權利。例如：運用單位應發給志願服務證、服務紀錄冊或榮譽卡等諸多權利；但亦有應遵守的義務，例如：遵守倫理規章、妥善使用志工服務證，以及服務時應尊重被服務者之權益等。

(七) 從庶務性工作朝向專業性發展

現代的志願服務要求志工的運用單位要提供教育訓練，尤其是各目的事業主管機關須提供特殊訓練，這已讓傳統從事庶務性工作的志願服務朝向專業性發展，是為了確保服務品質。

(八) 從國內服務發展到國際交流

隨著國際對志願服務的倡導與推廣，志願服務已突破國界，從事海外的服務與交流，例如：慈濟志工的援外。

三、臺灣《志願服務法》的特色（2001年1月公布實施）
(一) 強調社會人力資源的整合運用
《志願服務法》第1條開宗明義揭示其立法精神，是為整合社會人力資源，使願意投入志願服務工作之國民力量做最有效之運用。同時，其他條文亦有相關規定：主管機關視其實際業務需要定之。為整合規劃、研究、協調及開拓社會資源、創新社會服務項目相關事宜，得召開志願服務會報；志願服務運用單位得自行或採聯合方式召募志工；集體從事志願服務之公、民營事業團體，應與志願服務運用單位簽訂服務協議。凡此，均彰顯政府重視社會人力資源的整合運用。

(二) 界定志願服務有其一定範圍
傳統的志願服務，大都屬於個人行為，可以隨心所欲，服務他人。但依《志願服務法》之規定，志願服務必須由主管機關或目的事業主管機關主辦，並經其備查符合公眾利益之服務計畫；而不包括單純、偶發，基於家庭或友誼原因而執行之志願服務。據此可知，志願服務有一定的範圍，必須是有計畫的服務，並非無所不包。

(三) 規定專人辦理志願服務工作
長久以來，政府或運用志工的單位，對於志願服務工作大都順其自然發展，並未積極介入。不過，《志願服務法》公布之後，明文規定：主管機關及目的事業主管機關應置專責人員辦理志願服務相關事宜；志願服務運用單位應提供志工必要之資訊，並指定專人負責志願服務之督導。換言之，無論主管機關、目的事業主管機關、運用單位，都必須依法配置專人，負責辦理志願服務工作。

(四) 建立志工教育訓練的制度
通常，運用單位招募志工之後，都會為志工安排職前講習或訓練。但是，往昔的講習或訓練，往往便宜行事，沒有一定的規範。《志願服務法》公布之後，明文規定：志願服務運用單位應對志工辦理基礎訓練、特殊訓練。而且，志工必須規定參加一定時數的訓練課程，始能領取志願服務證與志願服務紀錄冊。換言之，志工訓練必須法制化，藉以提升志願服務之品質，保障受服務者之權益。

(五) 規範志工的權利與義務
《志願服務法》對於志工的權利與義務，都有明確的規範。其中，志工的權利，是參加訓練、受到尊重、環境適當、獲得資訊、參與機會；志工的義務，是遵守倫理、遵守規章、接受訓練、妥用證件、尊重案主、保守祕密、拒絕報酬、珍惜資源。此外，志工如因故意或過失而不法侵

害他人權利,還須負法律責任。透過這些規範,使運用單位與志工都有明確的行事準則可以遵循。

(六) 提出具體措施以促進志願服務

依《志願服務法》規定,主管機關與運用單位必須透過福利(意外事故保險、交通費、誤餐費補助)、考核評鑑、獎勵表揚、資源提供、服務績效證明、志願服務榮譽卡、優先服替代役等具體措施,有效鼓勵志工致力於服務工作。這些促進措施,不僅有助於提高志工的服務績效,而且可帶動更多民眾投入志工行列,進而有利於志願服務的永續發展。

相關法規說明

項次	法規名稱	說明
1	《社會工作師法》	請至「全國法規資料庫」下載
2	《志願服務法》	
3	《人民團體法》	

編按:為免各社會政策相關法規修法更迭頻繁,請考生於研讀本章時下載相關法規同步研讀,以免所研讀之法規過時,影響應試成績。

練功坊

一、面對社會環境的多變，使得社會工作案主之問題日趨複雜與多元，增加處遇的困難度，亦使社會工作者面臨高流動率及士氣低迷等情況；再加上社會各界對責信要求等諸多因素之挑戰。試說明社會工作專業該如何加以回應？

解析

茲將社會工作專業體系未來的發展（回應）之方向，說明如下：

(一) 透過在職訓練，強化社工專業知能

為因應鉅視面的社會變遷所衍生出的新問題，社會工作實務必須經常充實新的知識與技能，以讓自己的工作方法能與時俱進，而非僅停留在傳統的社會工作方法。例如：當前社工師必須要能瞭解並從事網絡的建構，並將充權、正常化和社會角色激發等觀點運用於實務，以致力於社會排除現象的解決和預防，進而達成社會融合積極性目標。

(二) 確保社工專業人力的穩定性，以提升其士氣

社會工作專業人力的缺乏是一個明顯的事實，但在面對政府人力精簡之際，奢談增加社工人力有其實質上的困難。但若未能有一套解決方法，對社工員及社會大眾也是不負責任的，全國社會福利會議的相關討論裡，許多與會者倡議除給予遍及全國基層的村里幹事社會工作知能相關訓練外，若能以漸進的方式，讓社區社工員取代村里幹事，將可使我國的社會工作扎根基層。惟於近、中期的實務運作上，在不增加員額的情況下，若能採取一位社工員和一位村里幹事共同負責兩村里的基層工作，待正式評估後再做正式的決定，所引起的阻力可能較小，可行性也較高。

(三) 增進社工管理知能，以增進服務的效率、績效與責信

社工專業的實踐不能自外於資源，特別是在需求高漲與資源相對不足的時代裡，社工人員除對案主和方案負責外，也必須要能對寶貴的資源負責。因而，傳統的社會工作較缺乏社會工作專業對管理的訓練，社工不能避免對資源有效使用的訴求，也必須要能展現出對專業、機構和案主的責信。為此，加強社工人員管理知能的訓練，實為提升效率、績效和責信必要的工作。

(四) 建構社工員之跨專業的合作機制

以個案／照顧管理的方法為遭遇多重問題或需求的案主解決問題，這是社工普遍所認知的事實，但個案／照顧管理必須建立在網絡的基礎上，其目的是要以跨專業／機構的團隊合作方式，為案主提供包裹式的服務。然而，若不能建構專業／機構間合作的機制，將導致社工員面臨巧婦難為無米之炊的窘境。為此，若缺乏跨專業的合作機制，家暴防治、性侵害防治、老人長期照顧、兒童及少年保護等，皆將難以獲致妥適的解決。

(五) 社工學術界與實務界夥伴關係的建立

社工是一項甚為著重經驗的行業，且必須要能針對現行的措施檢討反省，以研議出新的方向與新作法。為此，社工的學術界與實務界應積極建立起夥伴關係，以追求某種程度的社工實務學術化，以及社工學術實務化，藉由彼此的交流以提升社工族群彼此的知能，進而有益於社工學術與實務的成長，亦可避免可能引發的社工實務向學術體制靠攏或趨於同質性的疑慮，其最終受益將是整個社工專業體制，以及需要協助的社會大眾。

(六) 落實新修訂之《社會工作師法》的規範

《社會工作師法》的施行對社會工作專業地位的提升，有不可抹滅的功能。然而，隨著國內整體環境的變遷，以及社會工作學術與實務環境的轉變，社會工作的法制化和專業化的理想，仍有諸多問題尚待克服。《社會工作師法》經過多次的修正，產生了一些新的規範，並大幅改善原有《社會工作師法》被詬病之處。例如：專業證照的終身性（一試定終身）、缺乏高風險領域的保障（如家庭暴力、兒童虐待、性侵害等）。為確保服務對象的權益，及為提升社會工作的專業地位，所有社會工作專業的利害關係人，應共同致力於落實《社會工作師法》的相關規範。

> 練功坊

( ) 1. 直轄市及縣（市）社會工作師公會的成立，以在該鄰近區域工作之社會工作師幾人以上得發起組織？
　　(A) 10 人　　(B) 15 人　　(C) 20 人　　(D) 30 人

解析

(B)。《社會工作師法》第 33 條規定，直轄市及縣（市）社會工作師達 15 人以上者，得成立該區域之社會工作師公會；不足 15 人者，得加入鄰近區域之公會。

( ) 2. 依《志願服務法》之規定，志工依志願服務運用單位之指示進行志願服務時，因故意或過失不法侵害他人權利者，由何者負損害賠償責任？
　　(A) 志工本人
　　(B) 志願服務運用單位
　　(C) 由於屬於志願，所以不必負責
　　(D) 由政府負責

解析

(B)。《志願服務法》第 22 條規定，志工依志願服務運用單位之指示進行志願服務時，因故意或過失不法侵害他人權利者，由志願服務運用單位負損害賠償責任。前項情形，志工有故意或重大過失時，賠償之志願服務運用單位對之有求償權。

重點 2　公益勸募與公益彩券、社會服務契約

閱讀完成：＿＿＿月＿＿＿日

壹、社會福利財源之籌措

一、我國財政收入體系圖

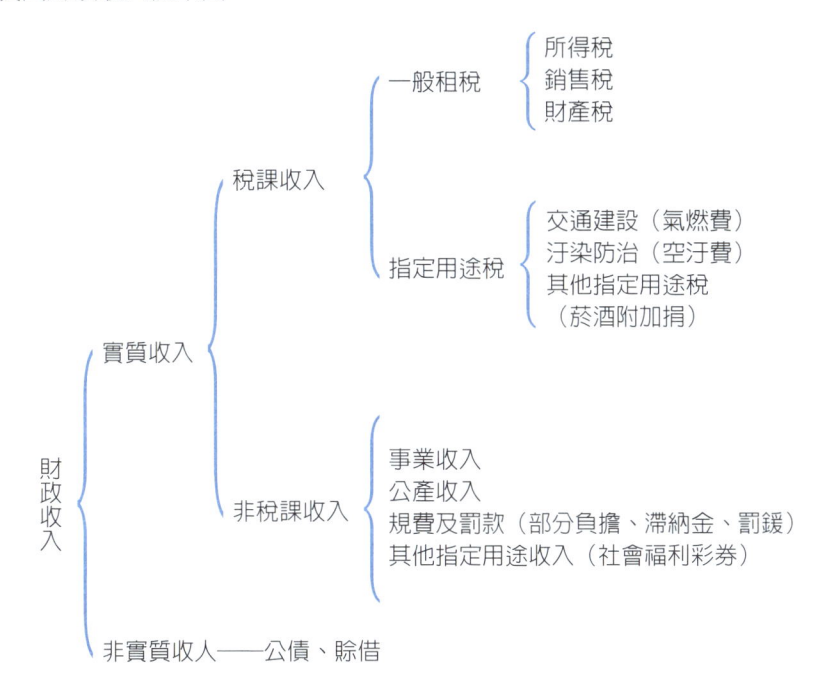

```
                                              ┌ 所得稅
                              ┌ 一般租稅 ─────┤ 銷售稅
                              │               └ 財產稅
                ┌ 稅課收入 ───┤
                │             │               ┌ 交通建設（氣燃費）
                │             │ 指定用途稅 ───┤ 汙染防治（空汙費）
                │             └               │ 其他指定用途稅
     ┌ 實質收入 ┤                              └（菸酒附加捐）
     │          │
財政 │          │             ┌ 事業收入
收入 ┤          │             │ 公產收入
     │          └ 非稅課收入 ─┤ 規費及罰款（部分負擔、滯納金、罰鍰）
     │                        └ 其他指定用途收入（社會福利彩券）
     │
     └ 非實質收入──公債、賒借
```

二、稅收之分類

租稅是政府經常性收入的來源，依其性質是否被指派用途而分為兩類：

類別	說明
1. 一般租稅	未被指定用途，統收統支，其遵循原則為「量能原則」。例如：所得稅、銷售稅、財產稅等一般租稅具有廣大、普遍性的課徵基礎，故較適合於多數人共同消費、或邊際成本為零的公共財。

443

類別	說明
2. 指定稅	■ 已被指定用途者，指定用途稅，專款專用，遵循「受益原則」為課徵依據，亦稱為目的稅。例如：空汙費、菸酒附加捐、氣燃費等。由於各項社會保險費負擔與收取方式，具有強制課徵與強制消費之特性，類似薪資稅，其收入主要為社會保險給付經費，其用途被限制於相關支出上，因此，可稱為一種指定用途稅。此外，個人的部分負擔，則視為規費。 ■ 以指定用途收入來籌措社會保險財源，例如：發行社會福利彩券，也不失為一種可行的方式，但僅能作為補充性財源，因其財源的數額有限且不穩定，不符合充分性。菸品健康捐亦具有相同特性。

三、社會福利財源籌措的原則

籌措原則	說明
1. 充分性	財源必須足以支應支出，如此財務收支才能平衡。在「量出為入」的原則下，首先要確定提供何種財貨或勞務，以及要提供多少，也就是必須先確認制度給付的範圍及支出的可能費用，如此才決定需要籌措多少財源。
2. 公平（正）性	財源籌措的公平性可以分為兩個方面思考： ■ 財源取得的手段是否公平： 　1. 水平公平：「相等者要以相等待之」。化為具體的指標是：在數量上，每個人都要繳交相同數額的租稅或保費，並領取相同數額的給付；在比率上，每個人都繳交相同百分比或比例的租稅或保費，領取相同百分比或比例的給付。 　2. 垂直公平：「不相等者要以不相等待之」。化為具體措施指的是：在數量上，所繳的稅或領取的給付不相等；在比率上，繳不同的稅率與領取不同比率的給付，這不同的比率可能是累進或累退。表面上看，水平公平與垂直公平似乎是相互對立的兩件事，但就事情的本質來說，實是一體之兩面，只是實施對象分類標準之不同。

籌措原則	說明
	■ 最後的結果是否公平：在一般正常情形下，一定數額的稅負或保費，對低所得者所造成的衝擊和影響一定會大於高所得者，因此，為使納稅後或繳費後犧牲程度相等，低所得者應繳交較少的稅，甚至不繳稅，而高所得者應繳多一點稅。而在三種不同的租稅或保費中，由於累進稅／保費向高所得者徵收最多的稅，比例稅／保費次之，累退的定額稅／保費在這方面的公平性優於比例稅，而比例稅／保費又優於定額／保費。
3. 效率性	■ 除了公平原則外，效率性亦為財源籌措的重要原則。在經濟活動中，「效率」可從兩方面解釋：第一，從積極面來看，指的是生產力的提高，亦即能以相同的或是較少的投入，如勞動或資本，生產較多的產出，如財務或服務；第二，從消極面來看，意指浪費的減少，能以較少的投入生產相同的產出。 ■ 就經濟效率而言，理論上，效率原則主要有兩層意義：第一，財源的取得不應干擾純市場之經濟活動所產生的資源配置，也就是須具備「中立性」；第二，財源取得所可能導致的經濟福利損失，應該愈小愈好。以長期照護財源之籌措為例，從歐美國家的經驗來看，財源往往不是來自於租稅就是保費，而保費其型態類似於指定用途的薪資稅，因而往往被視為一種廣義的「稅」。而理論上，所有的稅都會對經濟產生影響。 ■ 以定額稅、比例稅、累進稅三者而言，由於累進稅具有最高的邊際稅率，累進性最高，干擾最大，因此，最不具「經濟效率」。相反地，累退的定額稅（人頭稅）其邊際稅率為零，並不會產生干擾，因此最具「經濟效率」，而比例稅則介於兩者之間。
4. 可行性	財源之籌措，務求徵收方法簡易可行，以減少徵收成本，也就是必須力求「行政效率」，各種財源徵收成本愈低，行政效率就愈高。而徵收成本往往與徵收方式有密切關係，如定額稅或定額保費，其徵收成本最小。此外，由於薪資數額較易確定，而財產所得不易掌握與界定，因此，以薪資作為課徵之基礎，其徵收成本較財產與所得為低。

貳、《公益勸募條例》

> **上榜關鍵** ★★
> 《公益勸募條例》請詳讀法規內容。

一、公益勸募活動的實施程序

實施程序	說明
1. 申請許可	應備具申請書及相關文件，向勸募活動所在地之直轄市、縣（市）主管機關申請許可。但勸募活動跨越直轄市或縣（市）者，應向中央主管機關申請許可。
2. 開立捐款專戶	勸募團體應於郵局或金融機構開立捐款專戶，並於勸募活動開始後7日內報主管機關備查。但公立學校開立捐款專戶，以代理公庫之金融機構為限。
3. 辦理勸募活動	勸募團體所屬人員進行勸募活動時，應主動出示主管機關許可文件及該勸募團體製發之工作證。但以媒體方式宣傳者，得僅載明或敘明勸募許可文號。
4. 開立收據	勸募團體收受勸募所得財物，應開立收據，並載明勸募許可文號、捐贈人、捐贈金額或物品及捐贈日期。
5. 依指定用途使用	勸募團體辦理勸募活動所得財物，以下列用途為限： ■ 社會福利事業。 ■ 教育文化事業。 ■ 社會慈善事業。 ■ 援外或國際人道救援。 ■ 其他經主管機關認定之事業。
6. 定期辦理公開徵信	勸募團體應於勸募活動期滿之翌日起30日內，將捐贈人捐贈資料、勸募活動所得與收支報告公告及公開徵信，並報主管機關備查。前項勸募活動所得金額，開支新臺幣1萬元以上者，應以支票或經由郵局、金融機構匯款為之，不得使用現金。
7. 將辦理情形函報備查	勸募團體應於勸募活動所得財物使用計畫執行完竣後30日內，將其使用情形提經理事會或董事會通過後公告及公開徵信，連同成果報告、支出明細及相關證明文件，報主管機關備查。但有正當理由者，得申請延長，其期限不得超過30日。勸募團體應將前項備查資料在主管機關網站公告，主管機關並定期辦理年度查核。

二、公益勸募不予許可之情況

情況	說明
1. 未開專戶	未開立捐款專戶，並於 7 日內報主管機關備查。
2. 強迫勸募	不得以強制攤派或其他強迫方式為之。亦不得向因職務上或業務上關係有服從義務或受監督之人強行為之。
3. 未依計畫使用	未依許可之使用計畫使用，有賸餘而未報主管機關同意後動支，或賸餘款項再執行期限超過 3 年。
4. 未徵信及備查	未於執行後 30 日內，將使用情形、公開徵信、報主管機關備查。
5. 規避檢查	規避、妨礙或拒絕主管機關檢查勸募活動辦理情形及相關帳冊。
6. 負責人犯罪	勸募團體之負責人或代表人因進行勸募涉犯罪嫌疑，經提起公訴。
7. 收據不實	開立之收據，記載不實。
8. 違反相關法令	違反會務、業務及財務相關法令，情節重大。
9. 申請文件不實	勸募團體申請勸募活動許可之文件有不實之情形者，主管機關得撤銷其勸募許可。

三、勸募活動所得金額必要支出之比率

勸募活動所得金額	勸募活動必要支出之額度
1000 萬元以下	15%
1000 萬元以上 1 億元以下	150 萬元加超過 1000 萬元部分之 8%
1 億元以上	870 萬元加超過 1 億元部分之 1%
勸募所得為金錢以外之物品，應依捐贈時之時價折算為新臺幣。	

參、公益勸募立法之轉變趨向與實務問題

> **上榜關鍵** ★★
> 申論題考點，可視為《公益勸募條例》之優點（特色）、缺點。

一、公益勸募立法之轉變趨向

轉變趨向	說明
1. 專就公益勸募行為加以規範	目前社會上經常有各種勸募活動，但其勸募主體的業務特性及勸募需求不盡相同。《公益勸募條例》規範的範圍，僅限於非營利團體或政府機關基於公益目的，募集財物或接受捐贈之勸募行為。至於政治團體或個人募集政治活動經費之行為，以及宗教團體或個人募集宗教活動之行為，則排除在本條例適用範圍之外，而其他由相關法律給予規範。
2. 依勸募特性而區分管理密度	對於各級政府機關、機構，基於公益目的而接受所屬人員或外界主動捐助者，採取低密度管理；對於公立學校、行政法人、公益性社團法人、財團法人等勸募團體，基於公益目的而對外進行勸募活動者，則採取高密度管理。究其理由，是因政府機關、機構的勸募活動，是對內、被動，且有行政法加以規範，故其管理從寬。至於非營利團體的勸募活動，則是對外、主動或被動，故其管理從嚴，以避免發生弊端。
3. 對勸募活動採取申請許可制	勸募團體基於公益目的而辦理勸募活動，必須事前備妥申請書及相關文件，向勸募活動所在地之主管機關申請許可。其跨越縣市的勸募活動，則向中央主管機關申請許可。同時，勸募團體所屬人員進行勸募活動時，應主動出示主管機關許可文件及該勸募團體所發之工作證。換言之，事前申請許可，有利於管理；勸募過程出示許可文件，則有助於建構誠信與良善的勸募環境。
4. 明定實施勸募活動之時間	社會上勸募團體為數眾多，辦理勸募活動亦相當頻繁，故其勸募活動之期間，不宜漫無限制，以免造成社會公益資源之過度利用。因此，《公益勸募條例》規定勸募團體活動期間，最長為1年。如果逾越許可勸募期限，經制止仍不遵從者，則處以罰鍰，並公告其姓名或名稱、違規事實，並按次連續處罰。
5. 限制勸募活動必要支出之額度	為使勸募團體有效運用勸募所得之財物，並避免弊端發生，勸募條例對於勸募團體辦理勸募之必要支出，規定於一定範圍內，由勸募活動所得支應。如果，勸募所得為金額以外之物品者，應依捐贈時之時價折算為新臺幣。並且，依勸募額度，遞減必要支出所占比率（1%到15%不等），藉以節制勸募活動之經費，增加其使用於公益之額度。

轉變趨向	說明
6. 規範勸募所得財物之使用範圍	明文規定政府機關、機構以外之勸募團體辦理勸募活動所得之財物，其用途以推展社會福利事業、教育文化事業、社會慈善事業、援外或國際人道協助、其他經主管機關認定之事業為限。換言之，限制勸募所得財物必須用於公益，其積極面在於落實勸募活動之公益目的，消極面在於遏止勸募團體假借公益之名而浮濫勸募。

二、公益勸募立法的實務問題

實務問題	說明
1. 法規內容防弊多於興利的問題	勸募行為，至少涉及兩造：一造是勸募團體，另外一造是捐贈人。當勸募團體發起勸募活動，必須民眾願意捐贈，始能勸募到預期的財物，用以促進公益事業。但綜觀《公益勸募條例》條文內容，幾乎都是政府如何管理勸募團體的勸募行為，以防範其弊端，因而設計申請許可、限制用途、返還財物、違規罰款等規範。至於如何鼓勵民眾認識公益勸募的精神，並激勵民眾踴躍捐贈，則殊少著墨。故建議修法時，增列對民眾加強教育宣導，以及有關促進勸募之措施，俾以活絡捐款之能量，落實社會公益。
2. 宗教與政治之勸募例外的問題	《公益勸募條例》將宗教團體與政治團體的勸募活動，列為排除條款，可由其他相關法律加以規範。事實上，依據行政院主計總處有關「臺灣地區社會發展趨勢調查暨社會參與延伸調查報告」顯示，臺灣的募款總額約有 50% 給宗教團體，約 35% 給社會慈善事業，其餘分散各領域。雖然，宗教與政治的勸募性質及用途特殊，且都與公益無關，但同屬勸募行為，其捐贈亦來自民眾，理應適用本條例之部分規範。至少有關宗教團體對外（非教徒或會員）勸募所得財物，應可規定其必須提撥一定的比率，用於推動公益事業。

實務問題	說明
3. 政府遇重大災害可辦理勸募的問題	政府常提出:「民間能做的,政府不做」,因為政府常稱:「政府的力量有限,民間的資源無窮。」《公益勸募條例》雖然規定政府機關、機構不得發起勸募,但遇重大災害或國際救援時,卻不在此限。衡諸實際,如遇重大災害,民間團體亦可能發起勸募,以便投入救災或重建工作,而此時政府可動用相關預算,甚至另列專款,政府與民間同步發起勸募,爭食捐款大餅,既不合理,也不公平。至於政府如以「置入性行銷」利用媒體大打勸募廣告,或者運用「政商關係」大量「吸金」,則更可能背離社會正義。其實,發起勸募,應該也要貫徹「民間能做的,政府不做」的政策,明定政府不得發起勸募,並將「但書」刪除。
4. 必要支出占勸募所得的比率問題	早在研擬《公益勸募條例》時,臺灣聯勸提出的民間版本,就曾與行政院版本之間,針對募款所需行政費用比率,發生多次爭議。其中,民間版提出的比率,是最高不得超過15%;行政院版本提出的比率,則從2%到8%不等。最後完成立法,是依據勸募所得財物之額度,分別訂有不同的比率,最低1%,最高15%。其實,此種規範不僅失之瑣碎,其比率額度不盡合理,建議這部分,政府不必事事「管理」,大可開放民間自行「治理」。相信照現行規定,勸募必須「資訊公開,流向透明」,捐款人自有合理判斷。況且,勸募團體在權衡募款成果的前提之下,也會考慮潛在的觀感,而適當調整其比率。
5. 聯合勸募與獨立勸募的競合問題	國內的勸募活動,除了臺灣聯勸每年辦理聯合勸募之外,許多非營利組織也定期或不定期辦理獨辦勸募。其中,臺灣聯勸是向社會大眾及工商企業募款,然後接受民間社會福利機構申請方案計畫的補助,再透過專業審查,核定補助款。當然,從聯勸獲得補助的機構,仍可再舉辦獨立募款。不過,能得到聯勸補助者,多屬弱小團體,其獨立募款必然無法與聯勸抗衡。就募款行為而言,聯勸似有壟斷募款之嫌。無論如何,同屬勸募活動,目的都在促進公益,法規似應補充有關聯合兩個以上單位辦理勸募活動的相關規定,避免聯勸獨大,而壓縮其他勸募團體的空間及能量。

肆、《公益彩券發行條例》

一、公益彩券發行立法的轉變趨向

轉變趨向	說明
1. 修補立法目的以兼顧社會福利之增進	84年制定《公益彩券發行條例》以來，經過多次的修法，由原先第一條所揭示的立法目的，偏重於健全公益彩券之發行及管理。修法之後，除了注重公益彩券的發行與管理之外，特別強調發行採盈餘運用之監督，並以增進社會福利為其最終目的。換言之，公益彩券之發行，不僅應重視「彩券」的部分，更應強調「公益」的部分。
2. 補強彩券盈餘落實於社會福利之機制	本法制定時，偏重於彩券發行之行政管理，比較屬於形式層面；多次修法之後，兼顧彩券發行盈餘的有效運用，比較屬於實質方面。具體的說，新增四個機制使彩券盈餘真正落實於社會福利： ■ 公益彩券監理委員會應有社會福利代表：公益彩券監理委員會的成員，除政府代表外，增加相關學者專家及社會福利團體代表，共同監督及管理公益彩券盈餘分配及運用事宜。 ■ 彩券盈餘分配不得充抵原有之社會福利經費：受配機關不得將彩券盈餘分配款項，用來充抵已經依法分配及補助的社會福利經費。如果違反此規定，主管機關有懲處機制，包括：通知發行機構扣發其分配款，改善後再行撥付；其情節嚴重者，追回已分配之款項，藉以避免資源不當運用。 ■ 彩券盈餘分配款項須專款用於社會福利並予透明化：受配機關對於彩券盈餘的分配款，必須專款專用於社會福利項目，不得挪用或流用，並應按季公開運用情形。此外，主管機關（財政部）亦應定期透過網際網絡，公告彩券盈餘之運用情形。 ■ 彩券盈餘分配款之運用應列入管理：各受配機關應以基金或收支並列等方式，管理運用公益彩券盈餘分配款。其以收支並列方式管理運用者，應於公庫或代理公庫之行庫設立專戶儲存。
3. 賦予監理委員會對盈餘分配之監督任務	為強化監理盈餘分配及運用事宜，乃明定監理委員會之任務範圍，其中包括各受配機關盈餘運用情形之監督及考核。究其目的，乃在促使彩券盈餘分配款能專款專用，確實運用於社會福利範圍。

二、公益彩券發行立法的實務問題

實務問題	說明
1. 彩券盈餘用於社會保險的政策問題	《公益彩券發行條例》第6條規定：發行機構應將各種公益彩券發行之盈餘，專供政府補助國民年金、全民健康保險準備及社會福利支出之用。其中，將彩券盈餘用於國民年金及全民健保是否適當？值得商榷。因為，國民年金與全民健保屬於社會保險體制。所以，國民年金與全民健保應回歸保險體制的運作模式，而不應該由公益彩券作為其經費來源之一，因為這種補貼，不具有公平性。要之，應將公益彩券盈餘用於社會保險的部分刪除，全數分配作為社會福利支出之用。
2. 各縣市對彩券盈餘分配款的使用問題	《公益彩券發行條例》規定：各直轄市政府、縣市政府受配的盈餘補助款，應依該項社會福利範圍專款專用，並按季公開運用情形。但有少部分縣市部分款項並未在社會福利範圍內專款專用，顯示並未落實相關規定。應修法對於各縣市受配的盈餘款未依規定用於辦理社會保險、福利服務、社會救助、國民就業、醫療保健之業務者，科以罰款處分。
3. 彩券發行對於弱者權益的保障問題	公益彩券的發行，在「公益」方面，原本希望優先保障身心障礙者、原住民及低收入單親家庭的權益，讓這些弱勢者能夠近便申請彩券經銷，或受僱於彩券經銷商，從而增加就業機會，改善經濟困境。彩券雖以「公益」為名發行，反而變成「有辦法」的少數人獲利，應該儘速修法，明定發行機構應降低弱勢者申請經銷商的門檻，讓多數弱勢者可以從這個制度裡獲得一些實質的利益。
4. 彩券發行引發資源重分配的問題	根據觀察指出，公益彩券的購買者，以中低收入者居多，中高收入者較少。據此言之，以中低收入戶者購買彩券所累積的資金，撥出一定比率的盈餘，分配給各縣市作為購買彩券所累積的資金，變成「中低收入者」照顧「中低收入者」，近乎「劫貧濟貧」，在資源重分配上毫無意義。無論如何，目前公益彩券對資源重分配的功能，負面評價多，正面評價少。既然公益彩券發行的目的是在促進社會福利，則各級政府不應過度仰賴這種不穩定的彩券盈餘分配款，且應考慮以各縣市社會福利預算是否達到規定標準，作為分配盈餘的依據。

實務問題	說明
5. 彩券發行對維護社會正義的衝擊問題	社會政策的基本原則之一，是維護社會正義。究竟公益彩券的發行是否符合社會的正義？我們發現可能產生更嚴重的階層化問題，因為沒錢的人玩這個遊戲，想要一夕致富，所以不斷投資買彩券，甚至造成家庭關係緊張症候群，增加婚暴與家暴的機率。建議修法禁止媒體在彩券開獎當天播報投注金額，以免造成不理性的投機行為，最後傷害到沒有錢的人。

伍、新公共管理主義與社會服務契約委外

上榜關鍵 ★★ 申論題考點。

一、新公共管理主義與社會服務契約委外

（一）自1980年代以降，為摒除官僚體制的僵化及提升政府的活力與績效，一股新興的「政府再造」運動，帶動各國政府科層文化的轉移，從公共行政轉變為新公共管理。新公共管理係以市場取向的公共選擇理論為基礎，強調新右派所尊崇的「市場機制」及「效率」，主張政府機關應刪減公共支出，並透過「民營化」（privatization）或準市場的模式，盡量將公共服務交由市場來處理，才能確實達成小而美政府的改造目標。

（二）在新公共管理主義的思維主導下，除了將私部門的管理實務引進政府部門外，社會服務供給的責任亦由政府部門轉移至非政府部門，例如：私人公司、志願組織、社會企業或個人。一套基於公共行政的實務和價值體系，已被另一套強調「管理優於專業」的新策略所取代，某些福利服務尋求以「契約控制」取代「階層控制」，一種社會服務契約委外的運作模式已然形成，主要欲採取「購買者─供給者分離」的「準市場」策略，將競爭引進公共服務的供給，使得以往著重於「守門人」角色的傳統服務輸送模式，轉為強調「顧客選擇」的模式。

（三）新公共管理主義的興起與盛行，將社會服務供給朝向民營化與市場化發展，在準市場（quasi-market）之購買式服務的策略下，政府部門透過「強制性競標」（compulsory competitive tendering, CCT）的途徑，將福利服務透過契約委由民間來提供。迄今，契約委外（contracting out）已成為許多社福機構主要經費來源，且是當代福利服務主要供給模式。「契約委外」是一種較少涉及公權力行使之單純行政業務的委託，是政府與民間簽訂契約，政府提供全部或部分經費或硬體設施，由民間履行契約規定的項目（提供服務），契約載明雙方權利義務關係及監督考核機制。

二、新公共管理主義對社會服務契約委外之觀點限制

在新公共管理主義潮流的影響下，社會服務的競爭、契約化、消費主義、績效指標、監測、守門人和資源配置等，這些被譏稱為「審核社會」（audit society）的元素，也突顯新公共管理主義對社會服務契約委外之觀點限制，如下：

(一) 契約委外真的可藉由競爭達成節省成本或提升效率的目的嗎？

新公共管理主義下的社會服務契約委外，主要目的欲藉由引進市場的「競爭」機制，以降低成本及提升效率。然而，相關研究卻發現：1. 契約委外之成本節約是有限的，且隨著時間的推移而遞減；2. 技術領域的成本節約要比社會服務領域高出許多；該研究提醒，論及契約委外的一般化效果，須特別將服務交易成本、市場和制度/規範等情境納入考量。另外，市場上有足夠的潛在供應者供選擇是實質競爭的先決要件之一。以我國為例，仍有許多地方的社會服務契約委外是缺乏競爭的，偏遠地區的數量或能量更是普遍不足，欲藉由競爭來降低成本及提升效率，早已面臨現實環境的嚴峻考驗。

(二) 有足夠的非營利組織參與並承接社會服務契約委外的服務嗎？

社會服務契約委外推動之初，地方型的社會服務非營利組織數目很少，沒太多的選擇，造成一旦有社福型非營利組織願意承接，往往就是「永遠」的承接，甚至因政策推動所需，為避免流標，承辦業務人員還須「邀請」或「拜託」非營利組織來參與投標。在「邀請」、「拜託」或「扶植」情況下，能否實現藉由競爭來提升服務的效率和品質的期待，其結果不言而喻。可選擇服務輸送是達成民營化目標必備的條件，完全仰賴單一的供給者（無誰是政府或民間企業）都是危險的。

(三) 非營利組織是真心抱持著追求契約所期待的目標嗎？

非營利組織參與社會服務契約的競標，其初衷往往是以服務弱勢人口群為其使命，理論上，若契約內容符合組織的使命或目的，將可創造出政府、非營利組織和服務人口群三贏的局面。然而，政府與非營利組織往往具有不同的目標與利益，一旦簽約後，非營利組織可能出現追求自身而非契約（政府）目標的「道德風險」。例如：不乏政治人物成立或掌控的非營利組織，其投入契約委外雖標榜為提供服務，實則是假社會服務之名行「政治綁樁」之實。另外，在競標的環境裡，也可能出現盲從於潮流而走向市場化的非營利組織，其原本角色的發展可能因而受阻，甚至出現 Weisbrod 指的「營利的偽裝」（for-profit in disguise），即金錢的目標會主導機構的決策，而非利他主義的目標。因此，若欲以市場模式透過非營利組織來達成社會服務的目標，實務上仍可能面臨極大的掙

扎與挑戰。

(四) 契約委外可以達到扶植地方型或社區型非營利組織嗎？

若欲提供快速、方便之可近性的服務，扶植並布建能夠承接契約委外的小型或社區型非營利組織，實為必要之舉措；這類非營利組織仰賴政府的購買服務契約的經費比例愈來愈高，甚至有的是百分之百仰賴政府經費。然而，契約委外的給付常因預算程序僵化、付款時程延宕、預支現金困難等因素而需要承約者先行墊付，這不僅讓大型非營利組織大喊吃不消，許多中小型非營利組織亦因預先墊付財務能力薄弱，而影響服務的提供，甚至無法按時發放員工薪資。因此，在不利的預算或財務因素情境下，為讓服務契約順利被委託，行政單位可能傾向與財務狀況佳，且可能提供額外服務之聲譽較佳的非營利組織合作。這種偏好與中大型非營利組織簽約的舉措，不僅使得扶植非營利組織參與競標的成效大打折扣，甚至出現社會服務的連鎖化與寡占。

(五) 公部門行政人員對契約委外業務有足夠的規劃或管理能力嗎？

社會服務契約委外前的準備階段，需要有具備規劃及撰寫委外招標計畫的專業人員，委外後也要有專業的契約管理者。然而，實務上常出現主責者因缺乏經驗與專業知能，僅能依循以往的作法，未能隨情境變化對招標內容做妥適調整，更遑論要有「創新」作法。另外，當契約順利委託後，若缺乏管理契約的相關知能，便可能僅著重於一些財務、報表或文書的要求，對需要高度投入服務輸送的承接單位，不僅未能提供增進服務能量或品質的輔導或協助，反而可能因過度著重於文書或報表的催繳，而將原具有彈性或自主性的民間部門，帶進一種僅著重程序而疏忽成果、缺乏效率與彈性的科層困境。

(六) 契約委外的方案能夠招募並留住足夠的社工專業人力嗎？

找尋適合提供服務的社工專業人力，是許多承接社會服務契約委外非營利組織共同面臨的問題。相較於公部門的工作條件和待遇，民間部門不僅是低薪，且因「一年一約」造成穩定度不足，致使許多委外方案似乎永遠都是由「新手」接辦，再加上督導機制的不足，讓「新手」可能因孤立無援而受挫，進而萌生轉職或去職的意向。

(七) 契約委外的外聘督導及評鑑考核機制能夠提升服務方案的績效嗎？

由於各類型社會服務契約委外的方案規模龐雜，且涉及的領域相當廣泛，對許多承接契約的小型非營利組織而言，負責服務輸送的專業人力經常是欠缺經驗的職場新手，卻礙於組織的規模及能量，少有聘僱內部督導的能力，即使有的方案能給予外聘督導的經費，卻也困難於覓得符合領

域或專長的外聘督導,致使能夠提供的專業協助甚為有限。另外,無論是契約委外的招標審查,抑或配合方案進行的評鑑,也需要有所謂專家學者的參與,即使是專家,亦可能出現評鑑者對同一評鑑項目見解互異,而令接受評鑑者無所適從。

社會服務與非社會服務契約特性之差異

社會服務	非社會服務
任務通常較複雜且不確定;工作要求難以訂定。	工作要求較容易訂定。
長期性的方案結果較難確定及監督。	數量的輸出較易確定與監督。
績效監督難以進行。	績效的監督著重在有形的任務或輸出。
績效難以測量,因為大部分的服務無法由案主的成果進行判定,處遇方式難以標準化,工作人員的決策適當性亦難以評量。	任務通常較為標準化與定量,績效測量較為容易。

陸、社會契約委外程序

一、社會契約委外五個階段

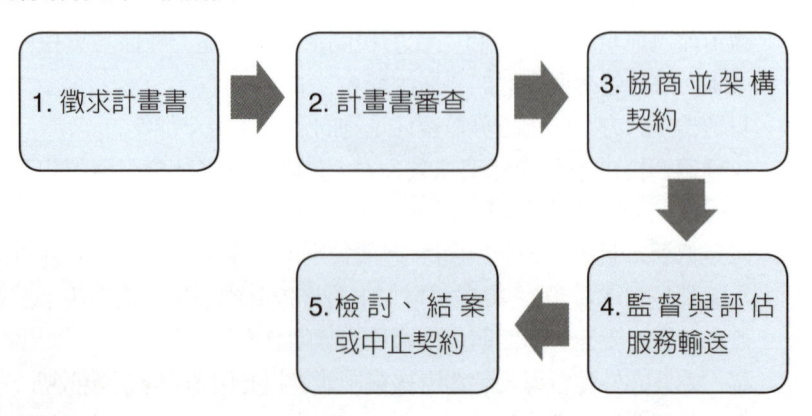

1. 徵求計畫書 → 2. 計畫書審查 → 3. 協商並架構契約 → 4. 監督與評估服務輸送 → 5. 檢討、結案或中止契約

二、委外管理機制

機制	說明
1. 激勵機制	指與成果相關之給付方式，不同給付方式將改變代理人的行為。
2. 訊息機制	指增加政府獲得透明化訊息的機制設計，避免委託人與代理人間的訊息不對稱，包括進行服務供給者間之成果比較，或是對個別供給者服務輸送過程之監督觀察。
3. 控制機制	指科層體系所訂定規則或規定。

柒、社會服務契約委外與志願部門

一、契約文化下志願部門之兩難

在社會服務契約委外的架構下，志願部門與政府之間的夥伴關係日趨緊密，這使得許多的志願部門對於社會服務的提供，從以往以慈善或接受補助為出發的模式，轉移至帶有商業性質的競爭性契約模式。然而，在契約委外下的志願部門卻已面臨諸多互有關聯的兩難。說明如下：

兩難情形	說明
1. 財源之不確定性	契約固然為志願部門帶來更多財源的機會，然而，當志願部門擁有愈多政府經費或成為更「師法企業」的參與者，將可能影響它從非政府部門取得的財源，捐款人可能認為應將錢捐給其他資源缺乏的機構，而導致排擠的潛在問題。但因契約具有競標性質，若無法取得合約時，在原有捐款者已轉移至其他機構時，即可能令機構面臨財源不確定的困境。
2. 契約與慈善使命之間	契約關係中通常政府扮演主導角色，當政府對服務提供的對象與項目有所規定要求，此已限制了志願部門對服務案主與服務內涵的選擇。志願部門的初衷往往是以服務弱勢人口群為其使命，但現今可能因契約關係的驅使，促使志願部門游移在組織使命與契約之間，甚至或完全在契約的規制下喪失其原有性格，特別是組織為確保其生存時，更易陷入慈善與使命的兩難之中。

榜首提點

請先研讀第5章有關福利私有化的論述，再就社會服務契約委外進行研讀，瞭解契約委外與志願部門的兩難與出路，此為重要考點，請扎實準備。

兩難情形	說明
3. 契約與自主性之間	地方政府以監管或組織對政府財源的依賴，取得契約關係中的主控地位；相反地，志願部門將可能產生對自身獨立性與自主性地位之疑慮，這是志願部門最為擔憂之處。政府的公共責信以服務的公平為優先，志願部門的自主性則以回應為優先，這種價值的不同可能會導致契約關係中，兩造之間的衝突和不信任，甚至令志願部門陷入契約與自主性的兩難。
4. 走向市場化趨勢或營利的偽裝	在競標的環境裡，當組織必須隨時關心組織應建立何種角色，或盲從於潮流而走向市場化時，而原本志願部門角色的發展可能因而受阻，甚至出現「營利的偽裝」，即金錢的目標會主導機構的決策，而非利他主義的目標；這種「虛偽」的非營利組織，會以偽裝的形式極大化利潤並分享利潤（如較高的薪資或津貼）。另外，社會服務是否適合以市場競爭模式運作，亦有其爭議之處；此乃因為人類服務產品的特殊性，增加了服務市場中之複雜成分，有別於真正市場中的單純買賣行為。因而，若欲以市場模式經營志願組織，將可能面臨極大的掙扎。
5. 另類的無效率	當志願部門因取得契約而擴大其組織時，他們也許會仿效其所取代之提供者（政府部門）的結構和組織，在運作上變得更師法企業，且在直接個案服務和行政工作上聘僱更多的員工。矛盾的是，他們卻開始增加與使用者間的距離，投入更多經費於處理契約義務的行政事務，造成較少資源投入直接的工作，而可能陷入資源缺乏效率的困境。

二、契約文化下志願部門的出路

出路	說明
1. 廣闢各種財源管道	志願部門愈來愈依賴政府的契約以提供服務，這是個不爭的事實，若欲減少對政府財源的依賴，組織應適度地擺脫對契約的過度依賴，透過發展募款策略和方法開闢其他財源，特別是建立財務徵信制度以取信於捐款人。因而，責信的建立可說是志願部門在面臨競爭，以及為取得外界捐款之基礎，而服務品質的提升則是責信的最佳佐證，機構的品質即代表機構的責信，也是機構處於契約文化的福利服務市場下，因應各種挑戰的根本之道。

出路	說明
2. 與政府和其他機構重建真正的夥伴關係	政府與志願部門之間的權利關係,如何在各種兩難之間取得平衡,以夥伴關係替代競爭實為另一種謀求解決的方法,而真正的夥伴關係應建立於信賴的基礎上。政府與志願部門皆應以有限的資源,建立共同的目標,朝向資源整合及分工合作的市場發展。
3. 尋求組織管理之道	無論志願組織有無加入市場,責信與品質保障之建立皆應被要求,若欲接受市場化之挑戰,則更應充實組織的能力及熟悉市場遊戲規則,以降低組織可能面臨的風險。組織成員必須視改變和創新為生活中不可或缺的一部分,不能以現況為滿足,而是要持續不斷的接受挑戰,組織必須要尋求並創造更具彈性、創新與變革的管理文化。
4. 以社會企業家為典範	在面臨自主、使命與商業化兩難之際,志願組織的經營管理需要秉持著社會企業家的志業,亦即須抱持著組織的目標在於能改善這個世界;評價組織成功與否的最佳標準,並不在於創造利潤的多寡,而是在其創造社會價值的程度。在作為上,組織要能開展一段不斷創新、調適的學習之旅,必須從為顧客服務與其所創造的成績中來展現高度的責任感。

捌、治理（governance）

> **榜首提點**
> 治理請建立清楚的基本概念,並思考政府與民間部門的關係。

一、治理是各種公私部門中的個人與機構,用以處理其共同事務的一種方式;它是使相互衝突或不同利益的各造得以溝通調和,並且採取聯合行動的一種持續性過程,它包括了具有強制權力的正式機構與規章制度,以及非正式的各種關係或安排。而這種治理機制均以參與民眾或機構的同意及共識為前提,同時也是在符合各造利益下所設置。

二、治理所重視的是一種跨越公、私部門限制,結合政府與民間力量之平行權力網絡關係,或其他跨越不同層級政府及功能領域之間的互動協調機制,其間之參與主體仍是政府、市場與其他民間組織。因此,治理可以視為促進政府、市場與其他民間組織合作協力的平臺,促使參與者發揮一加一大於二的效果。

三、治理特別重視國家與公民社會的合作,或者是公私部門的「夥伴協力關係」;換句話說,治理的最大特徵即是「合作協調」與「權力分散」。從權力關係觀察,國家與主要社會團體之間是「夥伴關係」,不但能夠參與決策,兩者的互動關係亦屬於雙向水平互動,而非傳統的「由上而下」或「由下而上」,亦即,

治理的權利運作是一種上下互動的模式，彼此透過信任、合作、夥伴協力關係共同完成一項任務。

四、治理強調的是政府應該與私部門或志願部門等夥伴進行政策與執行的協商，以及由社區居民共同決定社區事務的方向，透過鄰里間的合作，以使社區成員能相互關懷與共享，是一種公私協力的夥伴關係。

玖、公私協力夥伴

> **榜首提點**
> 公私協力、社會夥伴均指相同觀念，請詳讀其內涵、優缺點並連結契約委外併同思考。

一、公私協力夥伴（public-private partnership）／社會夥伴（social partnership）內涵

(一) 傳統上以市場或層級二分來區分公部門與私部門的社會機制似乎過於簡化，相反地，必須尋求兩者間最適合的治理網絡關係，以「合作與參與」代替「競爭與控制」，此種關係即是公私協力夥伴所構連的政府附加價值而建立的角色。

(二) 公私部門協力就是結合公私部門所提供的生產項目，協力生產公共服務。在國內「公私協力」的概念界定與「公私夥伴」經常交替使用，係指除了政府之外，公民或「第三部門」參與公共財貨和服務之提供或輸送的重要方式。而所謂的「公」，也就是公部門，即指政府或公務員；「私」即是「私部門」，即指公民或「第三部門」，如人民、服務對象、社區組織、非營利團體等，而公私協力即公部門與私部門可以形成一種特殊的互動關係，在共同合作與分享資源的信任基礎下結合，以提供政府部門的服務。

(三) M. Stephenson 認為公部門與第三部門夥伴關係的定義，即公部門與第三部門間一種互動的相互合作過程。

(四) Kettner & Martin 認為社會服務民營化系統的本質是競爭或是合作將影響社會服務的運作，亦會影響政府與受委託單位間的關係。因此，發展出政府與受委託單位的兩種模式：

1. 夥伴關係模式（the partnership model）強調政府與受委託單位經由平等且互惠的長期「合作關係」，促進社會福利最大產能，並在委託過程中以協商、交涉等方式增進服務系統的穩定與維持。

2. 市場關係模式（the market relationship model）則主張政府在追求效率與效能的目標下，鼓勵受委託單位間經由「似市場機制」的彼此競爭，以降低服務成本及提高服務產出，並立基於委託價格選擇委託對象。

二、社會夥伴關係的優缺點

優點	缺點
1. 服務方案較為多元、創新、彈性，也較易受民眾信賴，故可以彌補公部門服務之不足。 2. 利用志願部門的服務據點資源，可有效將服務效能與服務空間極大化。 3. 借重志願部門之專精化服務，提升服務責信。 4. 志願部門獲得政府之穩定的財源，有利機構發展。 5. 減少政府人力員額，縮減政府人力支出。 6. 較可提供案主多元化、可近性、可及性的服務。 7. 減少案主對科層官僚的不良印象，提升服務滿意度。	1. 加重了社會行政人員的契約管理責任，除了仍須承擔職位所賦予的任務外，更須對契約所引進的關係網絡進行協調，行政人員是否有足夠的時間和專業能力，實有待商榷。 2. 難以清楚釐清彼此之間的責任與績效期待。 3. 容易出現獨占、利益衝突、政府規避、組織責信之情形。 4. 政府機構過度依賴志願部門，恐會降低其在服務方針和策略上的協議。 5. 志願部門因財源來自於政府，產生財源依賴效益，致使機構喪失自主性與利他主義使命。 6. 志願部門因政府科層組織層層節制，造成行政管理的複雜和負擔。 7. 易有政府與機構之對服務作為之衝突，導致對服務輸送產生影響。

相關法規說明

項次	法規名稱	說明
1	《公益勸募條例》	請至「全國法規資料庫」下載
2	《公益彩券發行條例》	

編按：為免各社會政策相關法規修法更迭頻繁，請考生於研讀本章時下載相關法規同步研讀，以免所研讀之法規過時，影響應試成績。

🔍 練功坊

( ) 1. 依《公益勸募條例》之規定，勸募團體辦理勸募活動期間，最長期間為：
(A)3 個月　　　　　　　　(B)6 個月
(C)1 年　　　　　　　　　(D)2 年

解析

(C)。《公益勸募條例》第 12 條規定，勸募團體辦理勸募活動期間，最長為 1 年。

( ) 2. 請問有關公益勸募相關辦理期限，下列何者正確？
(A) 勸募團體辦理勸募活動期間，最長為 6 個月
(B) 勸募團體應開立捐款專戶，並於勸募活動開始後 7 日內報告主管機關備查
(C) 勸募團體應於勸募活動期滿翌日起 15 日內公開徵信
(D) 勸募團體應於年度終了後 3 個月，將辦理情形受備查

解析

(B)。
《公益勸募條例》規定：
（1）第 12 條規定：勸募團體辦理勸募活動期間，最長為 1 年。
（2）第 20 條規定：勸募團體應於勸募活動所得財物使用計畫執行完竣後 30 日內，將其使用情形提經理事會或董事會通過後公告及公開徵信，連同成果報告、支出明細及相關證明文件，報主管機關備查。但有正當理由者，得申請延長，其期限不得超過 30 日。
（3）第 18 條規定：勸募團體應於勸募活動期滿之翌日起 30 日內，將捐贈人捐贈資料、勸募活動所得與收支報告公告及公開徵信，並報主管機關備查。

重點便利貼

❶ 社會工作專業之挑戰
  (1) 社工專業面臨需求多元和問題複雜化的挑戰。
  (2) 社工專業面臨效率、績效和責信之訴求的挑戰。
  (3) 社會工作面臨人力不足與高度流動率的挑戰。
  (4) 社工專業受到自身能力侷限的挑戰。
  (5)《社會工作師法》通過後的新問題與新挑戰。

❷ 社會工作專業體系未來的發展（回應）方向
  (1) 透過在職訓練，強化社工專業知能。
  (2) 確保社工專業人力的穩定性，以提升其士氣。
  (3) 增進社工管理知能，以增進服務的效率、績效與責信。
  (4) 建構社工員之跨專業的合作機制。
  (5) 社工學術界與實務界夥伴關係的建立。
  (6) 落實新修訂之《社會工作師法》的規範。

❸ 契約文化下志願部門之兩難
  (1) 財源之不確定性。
  (2) 契約與慈善使命之間。
  (3) 契約與自主性之間。

(4) 走向市場化趨勢或營利的偽裝。

(5) 另類的無效率。

❹ 契約文化下志願部門的出路

(1) 廣闢各種財源管道。

(2) 與政府和其他機構重建真正的夥伴關係。

(3) 尋求組織管理之道。

(4) 以社會企業家為典範。

❺ 治理：治理強調的是政府應該與私部門或志願部門等夥伴進行政策與執行的協商，以及由社區居民共同決定社區事務的方向，透過鄰里間的合作，以使社區成員能相互關懷與共享，是一種公私協力的夥伴關係。

❻ 公私協力夥伴／社會夥伴：係指結合公私部門所提供的生產項目，協力生產公共服務；M. Stephenson 認為公部門與第三部門夥伴關係的定義，即公部門與第三部門間一種互動的相互合作過程。

擬真考場

申論題

一、受到新管理主義的影響，契約委外社會服務（contracting-out social services）已成為臺灣福利輸送的主要供給模式，請問契約委外的服務模式，對志願部門與服務使用者有那些重大的影響？

測驗題

(　) 1. 勸募團體辦理勸募活動必要支出，其支用範圍，何者是錯的？
(A)勸募活動所得在新臺幣 1,000 萬元以下者，為 15%。
(B)勸募活動所得超過新臺幣 1,000 萬元未逾新臺幣 1 億元者，為新臺幣 150 萬元加超過新臺幣 1,000 萬元部分之 8%。
(C)勸募所得為金錢以外之物品者，應依捐贈時之時價折算之。
(D)勸募活動所得超過新臺幣 1 億元者，為新臺幣 880 萬元加超過新臺幣 1 億元部分之 1%。

(　) 2. 聯合國所定「國際志工年」是西元那一年？
(A) 2001 年　　　　　　　　(B) 2002 年
(C) 2003 年　　　　　　　　(D) 2004 年

(　) 3. 社會工作倫理守則由那個單位訂定？
(A) 內政部　　　　　　　　(B) 縣市政府
(C) 院轄市政府　　　　　　(D) 全國社會工作師公會聯合會

申論題

一、在社會服務契約委外的架構下，志願部門與政府之間的夥伴關係日趨緊密，這使得許多的志願部門對於社會服務的提供，從以往以慈善或接受補助為出發的模式，轉移至帶有商業性質的競爭性契約模式。然而，在契約委外下的志願部門卻已面臨諸多互有關聯的兩難。茲將契約委外的服務模式對志願部門與服務使用者的影響，說明如下：

(一) 財源之不確定性

契約固然為志願部門帶來更多財源的機會，然而，當志願部門擁有愈多政府經費或成為更「師法企業」的參與者，將可能影響它從非政府部門取得的財源，捐款人可能認為應將錢捐給其他資源缺乏的機構，而導致排擠的潛在問題。但因契約具有競標性質，若無法取得合約時，在原有捐款者已轉移至其他機構時，即可能令機構面臨財源不確定的困境。

(二) 契約與慈善使命之間

契約關係中通常政府扮演主導角色，當政府對服務提供的對象與項目有所規定要求，此已限制了志願部門對服務案主與服務內涵的選擇。志願部門的初衷往往是以服務弱勢人口群為其使命，但現今可能因契約關係的驅使，促使志願部門游移在組織使命與契約之間，甚至或完全在契約的規制下喪失其原有性格，特別是組織為確保其生存時，更易陷入慈善與使命的兩難之中。

(三) 契約與自主性之間

地方政府以監管或組織對政府財源的依賴，取得契約關係中的主控地位；相反地，志願部門將可能產生對自身獨立性與自主性地位之疑慮，這是志願部門最為擔憂之處。政府的公共責信以服務的公平為優先，志願部門的自主性則以回應為優先，這種價值的不同可能會導致契約關係中，兩造之間的衝突和不信任，甚至令志願部門陷入契約與自主性的兩難。

(四) 走向市場化趨勢或營利的偽裝

在競標的環境裡，當組織必須隨時關心組織應建立何種角色，或盲從於潮流而走向市場化時，而原本志願部門角色的發展可能因而受阻，甚至出現「營利的偽裝」，即金錢的目標會主導機構的決策，而非利他主義的目標；這種「虛偽」的非營利組織，會以偽裝的形式極大化利

解析

　　潤並分享利潤（如較高的薪資或津貼）。另外，社會服務是否適合以市場競爭模式運作，亦有其爭議之處；此乃因為人類服務產品的特殊性，增加了服務市場中之複雜成分，有別於真正市場中的單純買賣行為。因而，若欲以市場模式經營志願組織，將可能面臨極大的掙扎。

（五）另類的無效率

　　當志願部門因取得契約而擴大其組織時，他們也許會仿效其所取代之提供者（政府部門）的結構和組織，在運作上變得更師法企業，且在直接個案服務和行政工作上聘僱更多的員工。矛盾的是，他們卻開始增加與使用者間的距離，投入更多經費於處理契約義務的行政事務，造成較少資源投入直接的工作，而可能陷入資源缺乏效率的困境。

測驗題

1. **D**　《公益勸募條例》第 17 條規定，勸募團體辦理勸募活動之必要支出，得於下列範圍內，由勸募活動所得支應：
   一、勸募活動所得在新臺幣 1,000 萬元以下者，為 15%。
   二、勸募活動所得超過新臺幣 1,000 萬元未逾新臺幣 1 億元者，為新臺幣 150 萬元加超過新臺幣 1,000 萬元部分之 8%。
   三、勸募活動所得超過新臺幣 1 億元者，為新臺幣 870 萬元加超過新臺幣 1 億元部分之 1%。

2. **A**　聯合國所定「國際志工年」是西元 2001 年。

3. **D**　《社會工作師法》第 17 條規定：
   一、社會工作師之行為必須遵守社會工作倫理守則之規定。
   二、前項倫理守則，由全國社會工作師公會聯合會訂定，提請會員（會員代表）大會通過後，報請中央主管機關備查。

附錄 歷屆試題

112年特種考試地方政府公務人員考試試題

- 等 別：四等考試
- 類 科：社會行政
- 科 目：社會政策與社會立法概要

本書章節	命題重點	申論題 考題編號	申論題 題數	測驗題 考題編號	測驗題 題數	配分
第2章	社會政策的福利意識型態與價值觀			10,12	2	5
第3章	社會政策的制定理論與決策模式			1	2	2.5
第6章	臺灣社會政策與立法的發展脈絡			7,13,16	3	7.5
第7章	社會保險之政策與立法			11,22	2	5
第8章	社會救助之政策與立法			21,25	2	5
第10章	兒童及少年福利之政策與立法	1	1	6,15,19,23	4	35
第11章	身心障礙者福利之政策與立法			9	1	2.5
第12章	家庭及婦女與人口福利之政策與立法			3,5,8,18,20	5	12.5
第13章	老人福利之政策與立法	2	1	2,14	2	30
第14章	原住民及婚姻移民福利之政策與立法					
第15章	社會住宅與社區營造福利之政策與立法			24	1	2.5
第16章	健康及醫療福利之政策與立法			17	1	2.5
第17章	社會政策的人力及財力資源之政策與立法			4	1	25.

甲、申論題部分

一、針對弱勢家庭、發展遲緩等特殊兒少,政府整合各項資源,推動各項補助措施及支持服務,讓特殊兒少能在成長路上獲得協助並優質成長。以下請就特殊需求兒少的補助措施及支持服務提出論述。

考點分析

- 本題主要係聚焦弱勢家庭、發展遲緩等特殊兒少,並以補助措施、支持服務等二類為論述內容,考生可參考「我國少子女化對策計畫」中有關「特殊需求兒少的支持服務」之內容加以應用及延伸論述。

二、世界衛生組織橫跨57個國家進行「世界價值調查」研究,並於2016年發布調查結果,研究發現各國普遍存在對高齡者的負面印象以及老年歧視的現象,全體受訪者有60%認為高齡者是不受尊重的。我國於2021年修訂「高齡社會白皮書」也明示「反年齡歧視」,其中提及要重視現今的高齡歧視問題。請就目前社會的「高齡歧視」問題進行論述,並提出政策建議。

考點分析

- 我國「高齡社會白皮書」之「反年齡歧視」,有一段這樣的文字:「國際衛生組織所進行的一項橫跨57個國家的調查發現,各國普遍存在對高齡者的負面印象以及老年歧視的現象,全體受訪者有60%認為高齡者是不受尊重的。……」;另我國「因應超高齡社會對策方案」中,亦引用該「高齡社會白皮書」中之前揭文字。本題即是由前揭文件中所命題。考生可參考前揭文件的內容加以綜整,並納入個人的見解加以論述,即可順利應答。

乙、測驗題部分

(　) 1. 強調公共政策的決策過程是永無終止，主張將現有政策持續小幅調整改革，是指下列那一模式？
(A) 領導者模式　　　　　　(B) 公民參與模式
(C) 菁英主義模式　　　　　(D) 漸進模式

(　) 2. 依據老人福利法第33條第2項，為協助排除老人租屋障礙，住宅主管機關得獎勵屋主修繕住宅設施，下列何者不是所定住宅設施應符合的原則？
(A) 需滿足小規模、融入社區及多機能等原則
(B) 興辦事業計畫書所載開發興建住宅戶數為2百戶以下
(C) 由社區現有基礎公共設施及生活機能，使老人易獲得交通、文化、教育、醫療、文康、休閒及娛樂等服務，且便於參與社區相關事務
(D) 配合老人多元需求，提供適合老人本人居住，或與其家庭成員或主要照顧者同住或近鄰居住；設有共用服務空間及公共服務空間，同一棟建築物之同一樓層須有獨立通道

(　) 3. 依家庭暴力防治法第50條規定，在執行職務時知有疑似家庭暴力，應立即通報當地主管機關，至遲不得逾24小時的人員，不包含下列何者？
(A) 醫事人員　　　　　　　(B) 社會工作人員
(C) 里長　　　　　　　　　(D) 保育人員

(　) 4. 下列何者並非社會工作師法界定的社工師使命？
(A) 協助人民滿足其所欲需求　(B) 促進人民及社會福祉
(C) 關注弱勢族群　　　　　　(D) 實踐社會正義

(　) 5. 我國「性平三法」於民國112年7月底大幅度修法，下列敘述何者錯誤？
(A) 明確劃分三法管轄權範圍的位階：發生性騷擾事件，依序先判斷是否適用性騷擾防治法，其次性別平等工作法，最後性別平等教育法
(B) 性別平等工作法新增申訴程序：要求雇主通知地方主管機關
(C) 申訴和裁處時效延長：未成年者被性騷擾，申訴時效為成年後3年內
(D) 軍公教人員遭受該機關最高負責人性騷擾時，應向上級機關等申訴

(　) 6. 有關衛生福利部推動「兒少及家庭社區支持服務方案（守護家庭小衛

星）」的目標，下列敘述何者錯誤？
(A) 適時強化與原生家庭維繫，協助少年返家或在社區中穩定成長
(B) 建置兒少及家庭社區服務據點，強化家庭之陪伴與支持資源
(C) 發展因地制宜的預防性、支持性及發展性服務方案，協助家庭照顧功能發揮
(D) 發展公私協力服務模式，提升家庭支持服務之廣度與深度

( ) 7. 有關民國110年修訂的強化社會安全網－急難紓困實施方案，下列敘述何者錯誤？
(A) 因經濟性因素致自殺通報個案為救助對象之一
(B) 受理申請後，應於24小時內進行個案實地訪視
(C) 符合規定者，得依認定基準表發給關懷救助金1萬元至3萬元
(D) 對急迫性個案得於認定符合規定時，立即先發給5千元，並逕送核定機關於當日核定後，於48小時內發給關懷救助金餘額

( ) 8. 有關遭遇性騷擾的救濟方式，下列敘述何者錯誤？
(A) 行為人是被害人所屬單位的最高負責人時，向社會局（處）或家防中心提出行政申訴
(B) 性騷擾罪為告訴乃論，需於1年內提出刑事告訴
(C) 可具狀向法院提出民事求償
(D) 可申請調解要求行為人賠償被害人受到的身心損害並回復其名譽

( ) 9. 有關大眾運輸工具設置博愛座，下列敘述何者正確？
(A) 法源依據來自老人福利法
(B) 法源依據來自身心障礙者權益保障法
(C) 法源依據來自兒童及少年福利與權益保障法
(D) 並無法源依據，是大眾愛心及公民道德的展現

( ) 10. 關於社會政策的綠色主義或生態主義，下列敘述何者錯誤？
(A) 溫和的綠色主義主張以革新而非革命，以達成環境保護目的
(B) 綠色主義強調政策應由上而下主導，減少分權帶來不負責任及漠視環境的惡果
(C) 強硬的生態主義認為，必須徹底改革現行的政治經濟體制及社會生活

模式
(D) 溫和的綠色主義，基本上接受現存的經濟及社會結構可以與環保共存

( ) 11. 有關農民退休儲金條例，下列敘述何者正確？
(A) 退休儲金全由農民自行提繳
(B) 提繳金額依勞工每月基本工資乘以提繳比率（10%以內自行決定）計算
(C) 退休儲金採隨收隨付制
(D) 儲金領取依據年金生命表，以平均餘命及利率等基礎計算所得之金額，每半年定期發給

( ) 12. 有關社會政策的原則或特性，下列敘述何者錯誤？
(A) 國家對人民的福利權保障，主要以保障基本生活水準為基本原則
(B) 社會政策的概念會隨著時代背景而有所不同
(C) 社會政策制訂多傾向採取弱勢者優先受益原則
(D) 社會政策的正義原則是要求每個人均需善盡與其他人相同的基本義務

( ) 13. 強化社會安全網計畫將主要服務對象家庭分為危機家庭、脆弱家庭與一般家庭等三類。下列敘述何者正確？
(A) 脆弱家庭係指發生家暴、性侵害或弱勢族群保護等問題之家庭
(B) 危機家庭係指因各種易受傷害的風險或多重問題，造成各面向脆弱性而需多重支持與服務介入的家庭
(C) 提升兒少及成人保護事件開案率是整合保護性服務與高風險家庭服務的目標之一
(D) 降低受虐兒童少年致死人數是脆弱家庭需求面向之一

( ) 14. 行政院於民國110年修訂「高齡社會白皮書」，揭示我國高齡社會發展的四大願景。下列何者並非四大願景之一？
(A) 自尊　　　(B) 自立　　　(C) 共融　　　(D) 永續

( ) 15. 有關兒童及少年福利與權益保障法，下列敘述何者正確？
(A) 居家式托育服務係指其四親等內親屬以外者於居家環境中提供收費托育服務
(B) 曾犯家庭暴力罪者均不得提供居家式托育服務
(C) 公寓大廈管理服務人員於執行業務時知悉6歲以下兒童未依規定辦理預

防接種，致有未獲適當照顧之虞，應通報當地主管機關
(D) 地方主管機關接獲通報應立即進行分級分類處理（如緊急安置等），不得超過48小時

( ) 16. 依據民國112年5月頒布之社會福利基本法第6條，社會救助應結合相關措施，對於低收入戶、中低收入戶及遭受急難、災害、不利處境之國民，提供救助及緊急照顧，並協助其自立。請問下列何者並非所指之相關措施？
(A) 就業　　　(B) 教育　　　(C) 國民年金　　　(D) 福利服務

( ) 17. 民國111年修訂精神衛生法，將強制治療（含強制住院與強制社區治療兩類）之決策權，交給何單位決定？
(A) 社會局　　(B) 衛生局　　(C) 醫院　　　(D) 法院

( ) 18. 民國112年完成「數位性暴力」相關四法之修法。關於本次修法之重點，下列敘述何者錯誤？
(A) 刑法新增「性影像」之定義
(B) 性侵害犯罪防治法新增網路平臺業者須先行限制瀏覽、移除性影像相關網頁
(C) 兒童及少年性剝削防制條例擴充「性剝削」之定義，將散布、播送、交付、公然陳列或販賣兒少性影像等行為均納入
(D) 犯罪被害人權益保障法關於性影像被害人之保護服務，限於未成年者

( ) 19. 自民國112年起，凡是已滿18歲者，均可享有比往年同齡者更多之權利與承擔更多責任。請問下列何者不屬於民國112年滿18歲者可獨立行使之權利？
(A) 租房子簽契約　　　　　(B) 選舉罷免總統
(C) 辦手機門號　　　　　　(D) 結婚

( ) 20. 跟蹤騷擾防制法於民國111年6月開始施行。關於該法之敘述，下列何者錯誤？
(A) 警察機關受理跟蹤騷擾行為案件，應即開始調查
(B) 案件經調查，確有犯罪嫌疑，警察機關應核發書面告誡予行為人
(C) 行為人經書面告誡後2年內，再為跟蹤騷擾行為者，被害人得向法院聲請保護令

(D) 家庭成員間、現有或曾有親密關係之未同居伴侶間之跟蹤騷擾行為，亦適用本法關於保護令之規定

( ) 21. 我國社會救助法自民國99年以來的變革修訂內容與實施狀況，下列何者錯誤？
(A) 新增「中低收入戶」認定標準，以擴大救助對象
(B) 修改資格，讓低收入戶及中低收入戶之家庭成員就讀高教領域者，得申請減免學雜費
(C) 新增「犯罪被害人及其家人」為社會救助對象
(D) 修改「最低生活費」計算方式，依可支配所得中位數60%定之

( ) 22. 關於我國的年金相關政策與立法，下列何者錯誤？
(A) 勞工保險條例之老年給付與勞工退休金條例，只能擇一領取
(B) 民國106年完成之「公教人員年金改革」，重點之一為基金永續
(C) 「國民年金」係針對無就業者之老年年金社會保險
(D) 「老農津貼」之性質非社會保險或社會救助，而係政策性補助

( ) 23. 關於我國兒童及少年福利與權益保障法內容與國際政策之敘述，下列何者錯誤？
(A) 該法所稱兒童，指未滿12歲之人
(B) 該法要求主管機關欲推動兒童及少年福利政策，應諮詢兒少代表
(C) 該法要求相關行業人員於執行業務時，知悉6歲以下兒童未依規定辦理出生登記或預防接種，擔心有兒童疏忽之虞，應通報地方主管機關
(D) 聯合國「永續發展目標（SDGs）」的第三項目標「健康與福祉」，包含消除新生與6歲以下兒童的可預防死亡率

( ) 24. 我國住宅法規定，社會住宅應提供至少40%以上比率出租予13類經濟或社會弱勢者，其家庭總收入須不超過一定標準。下列何者非該法所規定之13類經濟或社會弱勢者？
(A) 特殊境遇家庭
(B) 育有未成年子女2人以上
(C) 於安置教養機構或寄養家庭結束安置無法返家，未滿25歲
(D) 65歲以上之老人

(　　) 25. 我國社會救助法有設計關於兒少福利之特殊項目及服務，但多屬地方政府得視財力決定是否辦理之項目，而非法定應予辦理。下列何者非屬上述項目？
(A) 產婦及嬰兒營養補助　　　　(B) 托兒補助
(C) 教育補助　　　　　　　　　(D) 電腦補助

解析

申論題

一、投資兒童就是投資國家的未來，除對所有兒童提供一般性友善環境外，針對弱勢、發展遲緩等特殊兒少，政府在積極平等原則下，規劃支持家庭政策。茲就特殊需求兒少的補助措施及支持服務論述如下：

（一）弱勢家庭兒少福利措施

1. 相關補助措施：衛生福利部訂有「弱勢兒童及少年生活扶助與托育及醫療費用補助辦法」，弱勢兒少生活扶助之補助對象包括：(1) 遭遇困境之中低收入戶內兒童、少年；(2) 因懷孕或生育而遭遇困境之兒童、少年及其子女；(3) 其他經縣（市）主管機關評估無力撫育及無扶養義務人或撫養義務人無力維持其生活之兒童及少年。前述補助措施協助提供現金補助，以協助經濟弱勢家庭無力撫育之子女，改善其生活與度過困境，免於因經濟困難造成生活擔憂，使經濟弱勢兒少健康成長。

2. 提供之支持性服務：為扶助貧窮弱勢家庭自立，政府採社會投資取向積極性社會救助策略，制定《兒童及少年未來教育與發展帳戶條例》，透過政府與貧窮家庭共同合作，符合資格之家長為孩子每年最高存入1萬5,000元，政府即提撥同額款項，藉由鼓勵貧窮家長長期（18年）儲蓄，並提供理財教育、家庭服務等配套作法，為孩童累積未來教育及發展之基金，增加弱勢兒童未來接受高等教育及生涯發展機會，以減少貧窮世代循環問題，同時，降低貧窮家庭與兒少可能遭遇之風險。

（二）發展遲緩兒少之福利措施

1. 相關補助措施：政府提供發展遲緩兒童療育費及交通費，每月提供低收入家庭兒童、非低收入家庭現金補助，以協助家長將孩子送出接受療育服務。

2. 提供之支持性服務：持續推動「發展遲緩兒童社區療育服務實施計畫」，逐年擴充服務區域，降低療育資源缺乏地區之數量，並擬具「療育資源缺乏地區布建計畫」，結合地方政府共同挹注資源於前開衛政、社政、教育體系早療資源共同缺乏地區，改善偏鄉早療資源不足。此外，研訂社區療育及到宅服務工作指引及品質管理指標，積極提升對發展遲緩兒童及其家庭之專業服務成效。

二、高齡者所面對的歧視，包括隱性的與顯性的兩個面向。隱性的歧視，即對高齡者持有負面的刻板印象；顯性的歧視，則仍可見於就業、住宅與社會參與等領域。茲就目前社會的「高齡歧視」問題進行論述並提出政策建議如下：

(一) 對高齡者隱性歧視面向之論述及政策建議

　　社會對老人的刻板印象，普遍認為老了就沒用了，因此，老年人的形象在年輕人心中，通常是負面的代名詞，這樣的刻板印象，也影響了老人對自我的肯定。因此，在高齡政策的推動上，朝向世代共融的方向努力，可增加不同世代間的相互了解，所以，國家應促進高齡者與其他年齡群體的互動，去除社會對於高齡者的刻板印象與年齡歧視，強化世代連結與融合。透過廣泛「破除年齡歧視」之社會宣導，倡導正向老年形象，提升社會對老化的認知，以及對高齡者的尊重。

(二) 對高齡者顯性歧視面向之論述及政策建議

　　目前社會在就業、住宅與社會參與等領域的顯性歧視，仍有無法讓高齡者感受到友善及安全的環境。在高齡就業領域，政府為避免高齡者所面臨因年齡因素遭受就業歧視，已制訂《中高齡者及高齡者就業促進法》，以專法保障高齡者就業免受歧視，但法律的落實，仍有待進一步加強，這包括了鼓勵企業發展高齡友善就業環境、鼓勵發展彈性工作模式等。在住宅領域，社會環境的友善與安全，是讓高齡者能無憂地享受日常生活的基礎條件，政府應積極建構高齡友善的居住與社會環境，讓高齡者享有健康、尊嚴的老年生活，以避免年長者欲租屋時因高齡而遭房東拒絕，或是欲購屋時被迫接受較為不利的貸款條件等情形一再發生。在社會參與領域，當高齡長者進入退休階段後，雖增加許多自由時間可彈性安排生活，但卻因喪失部分原有的角色而減少與社會接觸的機會，因此需要藉由參與各項活動以填補空閒時間並加強新生活的適應，且高齡者異質性高，應發展多元之促進社會參與服務，以達活躍老化。

測驗題

1. D 政治學者 Charles E. Lindblom 便提出漸進模式，作為決策之運用，亦稱為漸進主義（incrementalism）的決策模式。Lindblom 認為政策變遷是一步一步發生的，而且是建立在一系列的協調過程。如果激烈變革，或大幅度改變現狀，將轉移權力的平衡，可能產生非預期的反效果。通

常，政策決定者傾向於考量政治運作的可行性，以現狀政策為基礎，進行局部的修正，而不作大幅度的政策更動。許多的政策決策者認為，政策決定是永無休止的過程，在現行沒有夠好的政策提出之前，最好繼續一點一點地加入可能替代的新方案。

2. D (1) 老人福利法第33條規定，住宅主管機關應推動社會住宅，排除老人租屋障礙。為協助排除老人租屋障礙，直轄市、縣（市）住宅主管機關得擬訂計畫獎勵屋主房屋修繕費用，鼓勵屋主提供老人租屋機會。
(2) 老人福利法施行細則第8條規定，本法第三十三條第二項所定住宅設施小規模、融入社區及多機能之原則（選項 (A) 屬之）如下：
① 小規模：興辦事業計畫書所載開發興建住宅戶數為二百戶以下。選項 (B) 屬之。
② 融入社區：由社區現有基礎公共設施及生活機能，使老人易獲得交通、文化、教育、醫療、文康、休閒及娛樂等服務，且便於參與社區相關事務。選項 (C) 屬之。
③ 多機能：配合老人多元需求，提供適合老人本人居住，或與其家庭成員或主要照顧者同住或近鄰居住；設有共用服務空間及公共服務空間，同一棟建築物之同一樓層須有共用通道。選項 (D) 有誤，應為共用通道，而非獨立通道。

3. C 家庭暴力防治法第50條規定，醫事人員、社會工作人員、教育人員、教保服務人員、保育人員、警察人員、移民業務人員及其他執行家庭暴力防治人員，於執行職務時知有疑似家庭暴力情事，應立即通報當地直轄市、縣（市）主管機關，至遲不得逾二十四小時。選項 (C) 不屬之。

4. A 社會工作師法第2條規定，社會工作師以促進人民及社會福祉，協助人民滿足其基本人性需求，關注弱勢族群，實踐社會正義為使命。選項 (A) 不屬之。

5. A (1) 性別平等工作法第12條規定，本法所稱性騷擾，謂下列2款情形之一：
① 受僱者於執行職務時，任何人以性要求、具有性意味或性別歧視之言詞或行為，對其造成敵意性、脅迫性或冒犯性之工作環境，致侵犯或干擾其人格尊嚴、人身自由或影響其工作表現。

②雇主對受僱者或求職者為明示或暗示之性要求、具有性意味或性別歧視之言詞或行為，作為勞務契約成立、存續、變更或分發、配置、報酬、考績、陞遷、降調、獎懲等之交換條件。
（2）性別平等教育法第3條規定，性騷擾指符合下列情形之一，且未達性侵害之程度者：
①以明示或暗示之方式，從事不受歡迎且具有性意味或性別歧視之言詞或行為，致影響他人之人格尊嚴、學習、或工作之機會或表現者。
②以性或性別有關之行為，作為自己或他人獲得、喪失或減損其學習或工作有關權益之條件者。
(3) 本法所稱性騷擾，指性侵害犯罪以外，對他人實施違反其意願而與性或性別有關之行為，且有下列情形之一：
①以明示或暗示之方式，或以歧視、侮辱之言行，或以他法，而有損害他人人格尊嚴，或造成使人心生畏怖、感受敵意或冒犯之情境，或不當影響其工作、教育、訓練、服務、計畫、活動或正常生活之進行。
②以該他人順服或拒絕該行為，作為自己或他人獲得、喪失或減損其學習、工作、訓練、服務、計畫、活動有關權益之條件。
（4）選項 (A) 有誤。性平三法依照所各法所定義的性騷擾加以適用，三法管轄權範圍無適用位階區分。

6. A 兒少及家庭社區支持服務方案（守護家庭小衛星）」的方案目標：
（1）建置兒少及家庭社區服務據點（簡稱小衛星），強化家庭之陪伴與支持資源。選項 (B) 屬之。
（2）發展因地制宜的預防性、支持性及發展性服務方案，促進兒少身心健全發展，協助家庭照顧功能發揮。選項 (C) 屬之。
（3）發展公私協力服務模式，提升家庭支持服務之廣度與深度，建構以家庭為中心、社區為基礎的整合性支持服務體系。選項 (D) 屬之。

7. D 民國110年修訂的強化社會安全網－急難紓困實施方案，對急迫性個案得於認定符合規定時，立即先發給5,000元，並逕送核定機關於當日核定後，於24小時內發給關懷救助金餘額。選項 (D) 有誤，應為24小時內發給關懷救助金餘額，非48小時。

8. B (1)性騷擾罪為告訴乃論，但其救濟方式，並非提出刑事告訴，而係依照其受性騷擾之場域而有不同的申訴期限及申訴主管單位。選項 (B) 有誤。
(2)性騷擾防治法第14條規定，性騷擾事件被害人除可依相關法律請求協助外，得依下列規定提出申訴：
①屬權勢性騷擾以外之性騷擾事件者，於知悉事件發生後二年內提出申訴。但自性騷擾事件發生之日起逾五年者，不得提出。
②屬權勢性騷擾事件者，於知悉事件發生後三年內提出申訴。但自性騷擾事件發生之日起逾七年者，不得提出。
(3)性騷擾防治法第14條規定，性騷擾事件發生時被害人未成年者，得於成年後三年內提出申訴。但依前項各款規定有較長之申訴期限者，從其規定。
(4)性騷擾防治法第14條規定，申訴得以書面或言詞，依下列規定提出：
①申訴時行為人有所屬政府機關（構）、部隊、學校：向該政府機關（構）、部隊、學校提出。
②申訴時行為人為政府機關（構）首長、各級軍事機關（構）及部隊上校編階以上之主官、學校校長、機構之最高負責人或僱用人：向該政府機關（構）、部隊、學校、機構或僱用人所在地之直轄市、縣（市）主管機關提出。
③申訴時行為人不明或為前二款以外之人：向性騷擾事件發生地之警察機關提出。

9. B 選項 (B) 正確。身心障礙者權益保障法第53條規定，大眾運輸工具應規劃設置便於各類身心障礙者行動與使用之無障礙設施及設備。未提供對號座之大眾運輸工具應設置供身心障礙者及老弱婦孺優先乘坐之博愛座，其比率不低於總座位數百分之十五，座位應設於鄰近車門、艙門或出入口處，至車門、艙門或出入口間之地板應平坦無障礙，並視需要標示或播放提醒禮讓座位之警語。

10. B 綠色主義強調政策應由下而上主導，透過「全球思考；在地行動」，鼓勵地方、鄰里、社區、志願組織，共同參與社會政策，讓大家擁有更好的生活品質。選項 (B) 有誤。

11. B　(1) 選項 (A) 有誤。農民退休儲金條例第3條規定，本條例所定農民退休儲金，由農民及主管機關按月共同提繳。
　　　(2) 選項 (C) 有誤。農民退休儲金條例屬於社會保險性質，但其財務制度並非如健康保險等短期社會保險採隨收隨付制，因係屬於長期性社會保險，故財務制度為採部分提存制度。
　　　(3) 選項 (D) 有誤。農民退休儲金條例第15條規定，農民退休儲金之領取及計算方式為退休儲金專戶本金及累積收益，依據年金生命表，以平均餘命及利率等基礎計算所得之金額，按月定期發給。

12. D　選項 (D) 有誤。社會政策的社會正義的第一個原則，就是每個人所擁有的自由與平等，不因個人之先天或後天的差異而有所不同。因此，人人平等是社會正義的基本原則。羅斯進一步指出社會正義的第二個前提，則是「差異原則」：社會和經濟不平等的存在，為社會經濟劣勢者帶來最大的不利益，同時社會和經濟的不平等，個人在機會均等的條件下均有陷入不平等的機會。前述羅斯的兩大正義原則，第一原則強調每個人有平等的自由權；第二原則在紓解決社會上普遍存在的經濟與地位的不平等，因此他承認社會不平等的存在；但是這種不平等必須是對於那些不幸者有利的安排，同時必須保證機會的絕對平等。第一個原則就稱作「自由的原則」，第二原則稱為「差異原則」，其差異是社會對不幸者提供更多的照顧與利益。例如，社會福利的提供，基本上即是對於社會上需要幫助，卻無力自助的人，給予其所需要的生活照顧，甚至是「積極的差別待遇」（positive discrimination），使得社會上每個人均能「合理」、「公平」地分享經濟的成果。

13. C　(1) 選項 (A)、(B) 有誤。強化社會安全網計畫將服務對象概略分為三類：「危機家庭」係指「發生家庭暴力、性侵害、兒少／老人／身障等保護問題的家庭」；「脆弱家庭」係指「家庭因貧窮、犯罪、失業、物質濫用、未成年親職、有嚴重身心障礙兒童需照顧、家庭照顧功能不足等易受傷害的風險或多重問題，造成物質、生理、心理、環境的脆弱性，而需多重支持與服務介入的家庭」；「一般家庭」係指「支持與照顧成員功能健全的家庭」。
　　　(2) 選項 (D) 有誤。(D) 降低受虐兒童少年致死人數係危機家庭需求面向之一。

14. A 民國110年修訂「高齡社會白皮書」揭示「自主」、「自立」、「共融」及「永續」四大願景,策劃我國高齡社會的發展:
    (1) 自主:國家應考量高齡者需求的異質性,引導社會各部門共同發展多元化的高齡服務,以利高齡者自主選擇。
    (2) 自立:國家應滿足高齡者個人的基本需求,提升生活自立,並促進社會參與和連結,保障基本人權。選項 (B) 屬之。
    (3) 共融:國家應促進高齡者與其他年齡群體的互動,去除社會對於高齡者的刻板印象與年齡歧視,強化世代連結與融合。選項 (C) 屬之。
    (4) 永續:國家應強化社會核心制度的健全發展,降低人口結構快速變遷對社會的衝擊,穩固高齡社會的運作與永續發展。選項 (D) 屬之。

15. C (1) 兒童及少年福利與權益保障法第25條規定,直轄市、縣(市)主管機關應辦理居家式托育服務之管理、監督及輔導等相關事項。前項所稱居家式托育服務,指兒童由其三親等內親屬以外之人員,於居家環境中提供收費之托育服務。選項 (A) 有誤。
    (2) 兒童及少年福利與權益保障法第26-1條規定:
    ① 有下列情事之一,不得擔任居家式托育服務提供者:
        A. 曾犯性侵害犯罪防治法第二條第一項之罪、性騷擾防治法第二十五條之罪、兒童及少年性交易防制條例之罪、兒童及少年性剝削防制條例之罪,經緩起訴處分或有罪判決確定。但未滿十八歲之人,犯刑法第二百二十七條之罪者,不在此限。
        B. 曾犯毒品危害防制條例之罪,經緩起訴處分或有罪判決確定。
        C. 第四十九條各款所定行為之一,經有關機關查證屬實。
        D. 行為違法或不當,其情節影響收托兒童權益重大,經主管機關查證屬實。
        E. 有客觀事實認有傷害兒童之虞,經直轄市、縣(市)主管機關認定不能執行業務。
        F. 受監護或輔助宣告,尚未撤銷。
        G. 曾犯家庭暴力罪,經緩起訴處分或有罪判決確定之日起五年內。選項 (B) 有誤。
    ② 第一項第五款原因消失後,仍得依本法規定申請擔任居家式托育服務提供者。
    (3) 兒童及少年福利與權益保障法第53條規定,醫事人員、社會工作人

員、教育人員、保育人員、教保服務人員、警察、司法人員、移民業務人員、戶政人員、村（里）幹事及其他執行兒童及少年福利業務人員，於執行業務時知悉兒童及少年有下列情形之一者，應立即向直轄市、縣（市）主管機關通報，至遲不得超過二十四小時：
① 施用毒品、非法施用管制藥品或其他有害身心健康之物質。
② 充當第四十七條第一項場所之侍應。
③ 遭受第四十九條第一項各款之行為。
④ 有第五十一條之情形。
⑤ 有第五十六條第一項各款之情形。
⑥ 遭受其他傷害之情形。

(4) 兒童及少年福利與權益保障法第56條規定，兒童及少年有下列各款情形之一者，直轄市、縣（市）主管機關應予保護、安置或為其他處置；必要時得進行緊急安置：
① 兒童及少年未受適當之養育或照顧。
② 兒童及少年有立即接受醫療之必要，而未就醫。
③ 兒童及少年遭受遺棄、身心虐待、買賣、質押，被強迫或引誘從事不正當之行為或工作。
④ 兒童及少年遭受其他迫害，非立即安置難以有效保護。

(5) 兒童及少年保護通報與分級分類處理及調查辦法第2條規定，醫事人員、社會工作人員、教育人員、保育人員、教保服務人員、警察、司法人員、移民業務人員、戶政人員、村（里）幹事及其他執行兒童及少年福利業務人員，於執行業務時知悉兒童及少年有下列情形之一者，應立即填具通報表，以網際網路、電信傳真或其他科技設備傳送等方式，通報直轄市、縣（市）主管機關，至遲不得逾二十四小時；情況緊急時，得先以言詞、電話通訊方式通報，並於知悉起二十四小時內填具通報表，送直轄市、縣（市）主管機關：
① 施用毒品、非法施用管制藥品或其他有害身心健康之物質。
② 充當本法第四十七條第一項場所之侍應。
③ 遭受本法第四十九條第一項各款之行為。
④ 有本法第五十一條之情形。
⑤ 有本法第五十六條第一項各款之情形。
⑥ 遭受其他傷害之情形。

(6) 兒童及少年保護通報與分級分類處理及調查辦法第 5 條規定，直轄市、縣（市）主管機關於知悉或接獲第二條、第三條通報時，應於二十四小時內進行評估後，分級如下：
①第一級：有第二條第一項第五款情形，須立即給予保護、安置或為其他處置，或必須進行緊急安置者。選項 (D) 有誤，所述「如緊急安置等」，應立即給予保護、安置或為其他處置。
②第二級：有第二條第一項第一款至第六款情形，非屬前款案件者。

16. C 社會福利基本法第 6 條規定，社會救助，應結合就業、教育、福利服務，對於低收入戶、中低收入戶及遭受急難、災害、不利處境之國民，提供救助及緊急照顧，並協助其自立。選項 (C) 不屬之。

17. D 精神衛生法第 59 條規定：
(1) 嚴重病人傷害他人或自己或有傷害之虞，經專科醫師診斷有全日住院治療之必要者，保護人應協助其前往精神醫療機構辦理住院。
(2) 前項嚴重病人拒絕接受全日住院治療者，地方主管機關得指定精神醫療機構予以緊急安置，並交由二位以上地方主管機關指定之專科醫師實施強制鑑定。但於離島或偏遠地區，得僅由一位專科醫師實施。
(3) 第二項強制鑑定結果，仍有全日住院治療必要，經詢問嚴重病人意見，其拒絕接受或無法表達時，指定精神醫療機構應即填具強制住院基本資料表及通報表，並檢附嚴重病人與其保護人之意見及相關診斷證明文件，向法院聲請裁定強制住院。

18. D 選項 (D) 有誤。犯罪被害人權益保障法關於性影像被害人之保護服務，未有年齡之限制。

19. B 總統副總統選舉罷免法第 11 條規定，中華民國自由地區人民，年滿二十歲，有選舉權。因此，選舉罷免總統，需年滿 20 歲。

20. D 跟蹤騷擾防制法第 3 條規定，對特定人之配偶、直系血親、同居親屬或與特定人社會生活關係密切之人，以前項之方法反覆或持續為違反其意願而與性或性別無關之各款行為之一，使之心生畏怖，足以影響其日常生活或社會活動，亦為本法所稱跟蹤騷擾行為。選項 (D) 所述對象，不適用跟蹤騷擾防制法之規定。

21. C 社會救助法並未將「犯罪被害人及其家人」為社會救助對象之規定。選項 (C) 有誤。

22. A 勞工保險條例之老年給付為社會保險，勞工退休金條例為職業年金，兩者所依據之法源不同，只要符合該條例領取資格者，均得個別領取。選項 (A) 所述僅能擇一領取，有誤。

23. D 聯合國「永續發展目標（SDGs）」的第三項目標為「確保健康及促進各年齡層的福祉」，其中包括「在西元 2030 年前，消除可預防的新生兒以及五歲以下兒童的死亡率。」選項 (D) 有誤。

24. B 住宅法第 4 條規定，主管機關及民間興辦之社會住宅，應以直轄市、縣（市）轄區為計算範圍，提供至少百分之四十以上比率出租予經濟或社會弱勢者，另提供一定比率予未設籍於當地且在該地區就學、就業有居住需求者。前項經濟或社會弱勢者身分，指家庭總收入平均分配全家人口之金額及家庭財產，未超過主管機關公告之一定標準，且符合下列規定之一者：
(1) 低收入戶或中低收入戶。
(2) 特殊境遇家庭。選項 (A) 屬之。
(3) 育有未成年子女二人以上。依考選部公布之標準答案，選項 (B) 不屬之，有疑義討論之空間。
(4) 於安置教養機構或寄養家庭結束安置無法返家，未滿二十五歲。選項 (C) 屬之。
(5) 六十五歲以上之老人。選項 (D) 屬之。
(6) 受家庭暴力或性侵害之受害者及其子女。
(7) 身心障礙者。
(8) 感染人類免疫缺乏病毒者或罹患後天免疫缺乏症候群者。
(9) 原住民。
(10) 災民。
(11) 遊民。
(12) 因懷孕或生育而遭遇困境之未成年人。
(13) 其他經主管機關認定者。

25. D 社會救助法第 16 條規定，直轄市、縣（市）主管機關得視實際需要及財力，對設籍於該地之低收入戶或中低收入戶提供下列特殊項目救助及服

務：
(1) 產婦及嬰兒營養補助。選項 (A) 屬之。
(2) 托兒補助。選項 (B) 屬之。
(3) 教育補助。選項 (C) 屬之。
(4) 喪葬補助。
(5) 居家服務。
(6) 生育補助。
(7) 其他必要之救助及服務。

113年第一次專門職業及技術人員高等考試
社會工作師考試試題

- 等 別：高等考試
- 類 科：社會工作師
- 科 目：社會政策與社會立法

甲、申論題部分

一、社會福利給付有那些給付形式？請舉一個政策領域為例，申論不同給付形式主要反映出何種政策價值。

考點分析

- 1. 社會福利給付的形式，諸多學者有許多見解。例如：學者林萬億認為可分為現金給付、實物給付、機會、兌換券與信用（credits）、權力、工具儲備（instrumental provision）；學者李易駿認為可分為：現金給付、實物與服務、代券、回溯式核退給付、財稅福利與稅式給付。Neul Gilbert 等人認為可分為：機會、服務、實物、福利券和扣抵稅額、現金、權力等。另黃源協、蕭文高等學者認為可分為現金式福利、實物式福利和保護性立法，本題解析採用此福利形式區分解析。
- 2. 另有關請舉一個政策領域為例，申論不同給付形式主要反映出何種政策價值。其中，考生必須了解的是，此題題意是所述為社會政策的政策「價值」，而非社會政策的政策「意識型態」，兩者有所不同，考生請勿混淆，而將「意識型態」當成「價值」加以論述。在黃源協、蕭文高合著《社會政策與社會立法》一書中，有這樣的一段文字，有助於考生釐清概念：「學者Spicker 曾指出：『福利的供給是一種道德行動，其蘊含的價值，反映出社會所盛行的價值。』」、「何謂『價值』（value）？何謂『意識型態（ideology）』？前者可稱為個人對事物所持的信念，此信念形成人們據以採取行動的準則或基準；至於後者，即如 Drake 與 Spicker 所指，意識型態是由許多相關聯的

> 理念價值所組成。以致貧因素的認知為例，A覺得貧窮來自不平等的社會結構，B卻主張道德缺陷才是主因，其他人可能又有不同的價值觀點（如社區次文化、個人謀生技能不足等），當對特定議題產生價值集合時，我們可稱它已經發展出一種意識型態。」

二、社會政策的制訂可能受到各種因素之影響。試說明影響社會政策的因素為何？並就各種類型影響因素舉例說明之。

考 點 分 析

■ 本題考題命題意旨明確，且曾在歷屆試題多次命題，考前詳讀編者著《社會政策與社會立法》第3章「社會政策的制定理論與決策模式」章節「榜首提點」中的提醒者，應答毫無懸念。

乙、測驗題部分

(　) 1. 在社會正義相關的哲學討論中，提出差異原則的學者是下列何者？
　　(A) 羅爾斯（John Rawls）　　　　(B) 諾齊克（Robert Nozick）
　　(C) 沈恩（Amartya Sen）　　　　(D) 海耶克（Friedrich A. Hayek）

(　) 2. 下列何種敘述不是馬克思主義所強調的重點？
　　(A) 認為資本主義國家必須要滿足資本累積和政治合法性兩者互相矛盾的功能
　　(B) 認為福利國家是一種社會控制的手段
　　(C) 福利制度是為了回應世代之間衝突
　　(D) 社會福利會讓人民形成虛假意識

(　) 3. 撰寫到奴役之路（The Road to Serfdom），認為政府所推動的公共福利是對自由造成侵害，該學者為下列何者？
　　(A) 伯林（Isaiah Berlin）　　　　(B) 海耶克（Friedrich Hayek）
　　(C) 斯密（Adam Smith）　　　　(D) 傅利曼（Milton Friedman）

(　) 4. 布蘭蕭（J. Bradshaw）提出福利服務輸送的四種需求類型，其中將需求感受付諸於行動，這是屬於何種需求？
　　(A) 規範性需求　　(B) 表達性需求　　(C) 比較性需求　　(D) 感覺性需求

(　) 5. 1601年英國的「伊莉莎白43號」法案，強調「親屬責任」的精神下，確立並統整既有三大救濟體系，下列何者非其措施？
　　(A) 對懶惰者加以懲罰
　　(B) 對羸弱者收容在濟貧院中
　　(C) 對身體健壯者要求工作
　　(D) 依麵包價格與家庭人口，補貼工資之不足

(　) 6. 美國近代的社會政策發展中，下列相關重要社會政策敘述，何者錯誤？
　　(A) 1935年通過「社會安全法案」，為美國當前社會福利的基礎
　　(B) 美國詹森（Johnson）總統於1964年開啟對貧窮作戰計畫
　　(C) 1965年之「醫療補助」（Medicaid）方案，主要提供老人健康保險，由民間經營，政府補助行政費用

(D) 1996年克林頓（Clinton）政府簽署「個人責任與工作機會協調法案」

( ) 7. 關於社會福利提供體系的結構，不包括下列何者？
(A) 福利資源提供者　　　　　　(B) 福利接受者或使用者
(C) 福利方案評估者　　　　　　(D) 移轉機制

( ) 8. 有關英國家庭政策觀點發展之敘述，下列何者錯誤？
(A) 家庭保守主義者認為家庭在解組中，希望政策重建傳統的家庭型態
(B) 戰後英國福利國家供給制度，其家庭生活模式為男人是全職工作者，女人是全職照顧者
(C) 家庭務實主義者認為家庭變遷，代表人們選擇自己想過的生活自由和自主權增大
(D) 1970年代，福利國家政策使得結婚者減少，而單親家庭增加

( ) 9. 提出福利的社會分工（Social Division of Welfare）是下列那位學者？
(A) 笛姆斯（R. Titmuss）　　　(B) 希爾（M. Hill）
(C) 詹森（N. Johnson）　　　　(D) 馬歇爾（T. H. Marshall）

( ) 10. 英國保守黨在2010年重新執政之後，提出了所謂的大社會（Big Society）的概念，最主要強調下列那一個福利供給部門？
(A) 家庭　　　(B) 市場部門　　　(C) 志願部門　　　(D) 國家部門

( ) 11. 私有化往往會涉及到福利服務的契約化，下列敘述何者比較正確？
(A) 無法促進福利輸送系統的效率與效益
(B) 可以提升社會服務的民主化機制
(C) 無法解決缺乏競爭
(D) 無法促進福利服務的個別需求

( ) 12. 家庭暴力防治法之保護令的聲請，是由下列何種機關負責核發？
(A) 法院　　　(B) 檢察機關　　　(C) 警政機關　　　(D) 社政機關

( ) 13. 針對新管理主義（new managerialism）的可能缺失，丹哈特夫婦（R. Denhardt and J. Denhardt）提下列何種觀點加以補充？
(A) 新公共行政　　(B) 新福利行政　　(C) 新公共服務　　(D) 新保守行政

( ) 14. 在社會福利脈絡下，網絡治理（network governance）模式的使用者角色，

屬於下列那一種？
(A) 公民　　　(B) 顧客　　　(C) 案主　　　(D) 弱勢者

( ) 15. 歐康納（J. O'Connor）將國家支出分成下列那兩大類型？
(A) 社會資本、社會費用　　　(B) 投資支出、福利費用
(C) 功能支出、發展資本　　　(D) 移轉資本、消費支出

( ) 16. 關於「責信（accountability）」的敘述，下列何者正確？
(A)「誰的責信」意指用什麼準則來判斷
(B)「對什麼事的責信」意指如何讓人負起責任
(C)「對誰的責信」意指對上級主管、對服務使用者、對同事、對顧客、對自己等負起責任
(D)「透過什麼手段的責信」意指對金錢、對服務績效負起責任

( ) 17. 關於社會安全體系的敘述，下列何者錯誤？
(A) 社會安全可以泛指為一種促成人民以社會團結的形式，來因應所得不足、減少或喪失等風險的一種集體制度
(B) 社會安全體系可分為：繳保費的給付、資產調查的給付、普及的非繳保費與非資產調查的事故或分類給付
(C) 社會安全制度都是使用現金給付的方式
(D) 我國社會福利政策綱領宣示，政府應建構以社會保險為主的社會安全體系

( ) 18. 關於社會津貼的敘述，下列何者錯誤？
(A) 社會津貼為一種非繳保費、非資產調查的一種制度
(B) 社會津貼的給付資格通常根據人口屬性或補償原則
(C) 社會津貼的行政通常由政府主導
(D) 社會津貼的財源通常來自社會保險基金

( ) 19. 下列何者不是長照2.0的財源方式？
(A) 菸品健康福利捐　　　(B) 使用者付費
(C) 公益彩券盈餘　　　　(D) 長照基金孳息收入

( ) 20. 學者艾斯平‧安德森（Esping-Andersen）指出，1990年代福利國家要面對

新的社會風險,不包括下列何者?
(A) 全球化 (B) 不平等與社會排除
(C) 後物質主義 (D) 家庭不穩定

( ) 21. 下列何者為老人福利法所規定之老人經濟安全保障的方式?
(A) 健康保險制度 (B) 微型保險制度
(C) 年金保險制度 (D) 個人儲蓄制度

( ) 22. 依據老人福利法規定,下列有關老人受監護或輔助宣告的敘述,何者正確?
(A) 老人有受監護或輔助宣告之必要時,直轄市、縣市主管機關得協助其向法院聲請。受監護或輔助宣告原因消滅時,直轄市、縣市主管機關得協助進行撤銷宣告之聲請
(B) 老人有受監護或輔助宣告之必要時,僅家屬才可向法院提出聲請。受監護或輔助宣告原因消滅時,必須由聲請者進行撤銷宣告
(C) 老人有受監護或輔助宣告之必要時,僅同戶籍者可向法院提出聲請。受監護或輔助宣告原因消滅時,由同戶籍者進行撤銷宣告之聲請
(D) 老人有受監護或輔助宣告之必要時,僅老人直系血親可向法院提出聲請。受監護或輔助宣告原因消滅時,亦須由老人直系血親進行撤銷宣告之聲請

( ) 23. 依據長期照顧服務機構設立標準之規定,社區式及住宿式長照機構,每聘滿多少社會工作人員,應有1人以上領有社會工作師證書及執業執照?
(A) 4人 (B) 6人 (C) 8人 (D) 10人

( ) 24. 依兒童及少年福利與權益保障法之規定,下列何者不是法定取得居家式托育服務提供者資格的條件?
(A) 成年人
(B) 修畢托育人員專業訓練課程,並領有結業證書
(C) 大學以上幼兒保育、家政、護理相關學程、科、系、所畢業
(D) 取得保母人員技術士證

( ) 25. 依兒童及少年福利與權益保障法之規定,「兒童及少年福利機構」包括下列那些類別?①托嬰中心②幼兒園③感化教育機構④心理輔導或家庭諮詢

機構

(A) ①②   (B) ①④   (C) ②③   (D) ③④

( ) 26. 依據身心障礙者權益保障法規定，下列何者不是身心障礙者個人支持及照顧服務的辦理目標？
(A) 促進障礙者自立生活
(B) 促進障礙者社會參與
(C) 增加障礙者失能程度
(D) 促進障礙者生活品質

( ) 27. 依據身心障礙者權益保障法規定，下列何者為直轄市、縣（市）主管機關掌理的事項？
(A) 全國身心障礙福利服務相關專業人員訓練之規劃事項
(B) 全國身心障礙者資料統整及福利服務整合事項
(C) 民間參與身心障礙福利服務之推動及協助事項
(D) 國際身心障礙福利服務權益保障業務之聯繫、交流及合作事項

( ) 28. 下列何者不是身心障礙者權益保障法中，主管機關辦理身心障礙者權益保障事項所應遴聘的對象？
(A) 民意代表   (B) 醫療院所代表
(C) 身心障礙者或其監護人代表   (D) 身心障礙福利學者或專家

( ) 29. 依據家庭暴力防治法規定，醫事人員、社會工作人員、教育人員、教保服務人員、保育人員、警察人員、移民業務人員及其他執行家庭暴力防治人員，在執行職務時知有疑似家庭暴力，應立即通報當地主管機關，至遲不得逾幾小時？
(A) 12 小時   (B) 24 小時   (C) 36 小時   (D) 48 小時

( ) 30. 依據家庭暴力防治法規定，下列敘述何者錯誤？
(A) 將目睹家暴的兒少列入保護對象
(B) 將經濟上之騷擾、控制、脅迫納入家庭暴力之範疇
(C) 對於加害人之處遇要求親職教育輔導
(D) 將通常保護令有效期限延長為 5 年，且延長期間為 2 年

(   ) 31. 有關「現金給付」之特性說明，下列何者錯誤？
　　　　(A) 現金給付最大優點是自由
　　　　(B) 福利需求者自行到市場購買，往往可以獲得最大效用的滿足
　　　　(C) 易於儲存及攜帶，行政相當簡便
　　　　(D) 選擇性少，易有較大烙印效果

(   ) 32. 依社會救助法或其他法令，每人每月所領取政府核發之救助總金額，不得超過下列那一項當年政府公告的標準？
　　　　(A) 最低生活費
　　　　(B) 失業給付
　　　　(C) 中央勞工主管機關公布之最近一次各業初任人員每月平均經常性薪資
　　　　(D) 基本工資

(   ) 33. 依據社會工作師法規定，社會工作師因業務上重大過失行為而移付懲戒程序之敘述，下列何者錯誤？
　　　　(A) 社會工作師移付懲戒事件，由社會工作師懲戒委員會處理之
　　　　(B) 社會工作師懲戒委員會應將移付懲戒事件，通知被付懲戒之社會工作師，並限其於通知送達之翌日起20日內提出答辯或於指定期日到會陳述
　　　　(C) 被懲戒人對於社會工作師懲戒委員會之決議有不服者，得於決議書送達之翌日起20日內，向社會工作師懲戒覆審委員會請求覆審
　　　　(D) 社會工作師懲戒委員會之委員，應就不具民意代表身分之社會工作、法學專家學者及社會人士遴聘之，其中法學專家學者及社會人士之比例不得少於二分之一

(   ) 34. 依據公益勸募條例規定，針對勸募活動所得財物使用，下列敘述何者正確？
　　　　(A) 勸募團體在勸募計畫許可後，仍可依勸募團體之設立宗旨使用
　　　　(B) 應依主管機關許可的使用計畫使用，不得移作他用
　　　　(C) 依主管機關許可的使用計畫原則彈性使用，但需事後報告主管機關
　　　　(D) 賸餘款項再執行期限，不得超過5年

(   ) 35. 特殊境遇家庭扶助條例所稱特殊境遇家庭，指申請人其家庭總收入按全家

人口平均分配,每人每月未超過政府當年公布最低生活費2.5倍及臺灣地區平均每人每月消費支出1.5倍,且家庭財產未超過中央主管機關公告之一定金額,並具有下列何種情形之一者?
(A) 家庭暴力受害
(B) 65歲以上,其配偶死亡
(C) 懷胎3個月以上之已婚婦女
(D) 本人曾入獄服刑1年以上或受拘束人身自由之保安處分1年以上

(　) 36. 依據性侵害犯罪防治法,有關性侵害防治教育課程,包括下列何者?①兩性性器官構造與功能②安全性行為與自我保護性知識③性別平等之教育④學校應運用單一方式進行教學
(A) ①③④　　(B) ②③④　　(C) ①②④　　(D) ①②③

(　) 37. 依據志願服務法規定,下列何者屬於志工的義務?
(A) 一視同仁,尊重其自由、尊嚴、隱私及信仰
(B) 遵守志願服務運用單位訂定之規章
(C) 獲得從事服務之完整資訊
(D) 依據工作之性質與特點,確保在適當之安全與衛生條件下從事工作

(　) 38. 依據國民年金法規定,當隔代教養之服務家庭,被保險人案祖父或祖母身亡且無其他親屬,下列被扶養之孫子女,何者無法請領遺屬年金給付?
(A) 19歲高中畢業後,擔任汽修技師培訓人員每月賺取基本工資之收入
(B) 21歲正就讀大學,在加油站打工每月賺取未達基本工資之收入
(C) 23歲正就讀研究所,擔任家教與餐飲店打工,每月賺取未達基本工資之收入
(D) 應受被保險人扶養而無謀生能力者

(　) 39. 依據長期照顧服務法規定,有關長照服務提供方式之敘述,下列何者正確?
(A) 按民眾獨居狀況核定其長照需要等級
(B) 按民眾失能程度核定自行負擔的額度
(C) 長照服務提供方式分為居家式、社區式、機構住宿式及家庭照顧者支持服務

(D) 低收入戶要負擔一定比例的自付費用

(　　) 40. 依據長期照顧服務機構法人條例，長照機構法人之董事會至少多久時間須召開1次會議？
(A) 至少3個月1次
(B) 至少6個月1次
(C) 至少1年1次
(D) 至少2年3次

解析

申論題

一、茲將社會福利給付之形式，併以兒童福利政策領域為例，申論不同給付形式主要反映出何種政策價值，說明如下：

(一) 現金式服務

現金式服務為發放現金的社會福利給付形式。提供人民現金式福利，可以節省政府行政處理、審查與規範服務供給者（不論此供給者是政府或是民間單位）的行政成本，福利享有者亦可保有較高的自尊，減少恥辱烙印感。雖然提供現金式福利能讓人民自由運用金錢，增加人民購買服務或財貨的選擇權，但這筆錢卻可能被挪作他用，以及因社會福利的使用者多為弱勢，在缺乏足夠資訊下，無法作出最佳的消費選擇。以提供給弱勢兒少的特別津貼為例，提供的現金給付，在社會政策中的價值中，如果政府為強制性，且提供的福利缺少選擇的自由，則係限制了個人在福利上自由使用的價值，現金給付讓兒少有自由處分的自由，避免限制兒少使用該筆現金的自由，增加了福利受益者使用的自由，反映出自由的社會政策價值。

(二) 實物式服務

實物式服務為提供服務、食物、庇護處所等非現金的福利給付形式。當然，福利給付形式並非截然劃分為現金式與實物式福利，尚有介於兩者之間的抵用券（vouchers），它同時保有兩者所欲達成之優點，例如：幼兒教育券。實物式服務的優點，是能確保及限制福利使用者的使用，較不會有浪費及分配上的偏差。相對地，限制福利使用者選擇的自由，其感受到效用會降低。除了有形、具體可見的物資外，各項福利服務及社會工作專業服務亦屬之。以提供給兒少的公共化教保服務為例，只要有符合公共化教保服務年齡的兒少，都可申請接受該服務，其所反映平等的社會政策價值。

(三) 保護性立法

晚近，隨著弱勢群體藉由社會運動提出各種權利訴求與主張，政府對民眾各項公民權之保障逐步深化，在現金與實物式福利之外，「保護性立法」成為福利國家之第三大支柱，其內涵包括各種促進與預防性措施，例如，有關健康、人身安全、最低工資、兒童保護、家庭暴力、工時等法案，這些法案或許不會實質增加所得與服務，卻可保障民眾生存權、發展權，維護基本人性尊嚴與生活品質。以提供給高風險家

庭兒少的保護性立法為例，其反映出公民權、社會正義等社會政策價值。
二、影響社會政策制定之因素，可分為水平面向、垂直面向等因素，併同舉例說明如下：
（一）水平面向的分類
1. 情境因素：指的是一種偶發、非永久或特殊性的情況或事故對政策制定造成了影響，這些事件可能會持續一段時間。例如：在covid-19期間制定的對弱勢紓困政策。
2. 結構因素：指的是社會或政體中相對較不會改變的要素。所以其屬於體系中較為長久性及持續性因素，如經濟基礎、政治制度或人口結構等，由於較具持續性，相對於情境因素來說，也較容易被預測。例如：我國社會安全政策方向，一直維持以社會保險為主，社會津貼為輔，社會救助為最後一道防線的社會安全體系。
3. 文化因素：指的是一個社群中的部分群體或是整體社群所持有的價值觀，其中包括政治性與一般文化的價值（如宗教或家庭價值）。例如：我國的文化、宗教等因素影響同婚政策的制定。
4. 環境因素：指的是存在於政治體制之外，影響體系內決策的事件、結構或價值。例如：國際組織對我國移工人權有被剝削的質疑，會影響我國的移工政策的制定。
（二）垂直面向的分類
1. 巨視層次：此層次分析的是影響社會政策較為廣泛的部分。例如：全球化、後工業社會轉型、資訊社會的來臨等。以我國為例，我國應對全球高齡化、少子女化的人力資源政策。
2. 中視層次：此層次擔任連結巨視與微視二個層次的角色，它著重在社會政策如何被制定，誰使政策進入議程以及制度環境。例如：選舉制度、政黨體系與結構、中央與地方關係、國際組織智庫等。以我國為例，不同政黨意識型態，影響對我國是否擴大移工輸入的政策立場。
3. 微視層次：此層次分析著重在社會的基本單位──個人，考量的是特定人士或關鍵行動者的影響力。例如：政治家、消費者或基層公務員的特質、價值觀等。以我國為例，我國社會各界對擴大引進家庭照顧移工，是否會影響本國長照體系發展之政策討論。

測驗題

1. A　1971 年 John Rawls 所著《正義論》，最著名的就是社會正義，該論點表示「正義即公平」，就如真理是思想體系首要德行一般。Rawls 為了建立正義的原則，列出正義原則可供選擇的「原初立場」（original position），且在「無知之幕」（veil of ignorance）後，進行正義的選擇。而在這個「無知之幕」後，沒有人能夠知道自己在社會中的位置、階級及社會地位為何，亦沒有人知道自己的自然資質、能力、智能及體能等，唯一可以知道的是他位於一個正義的環境中。

在「原初立場」中，基於各種權利與義務之分派，以及社會與經濟利益的分配，因此修訂兩個原則：(1) 第一原則：每個人對於同等基本自由之充分合適體系，均擁有同樣不可剝奪的請求權利，且該體系與他人所擁有之相同自由體系是相容的；(2) 第二原則：社會與經濟的不平等應該滿足兩個條件，包括：A. 各種職位和地位應在公平的機會平等條件下對所有人開放；B. 且它們應該讓社會中最劣勢的成員獲得最大的好處。在上述的原則中，第一原則（自由原則）優於第二原則，而第二原則中的第一個部分（機會平等原則）優於第二部分（差異原則）。

2. C　馬克思主義（Marxism）對福利國家的看法：
   (1) 福利國家是一種社會控制：馬克思主義者認為社會福利是為了要鞏固當權者或資本階級的執政基礎，並消弭群眾的不滿，使其成為「包著糖衣的毒藥」，讓人民形成一種「虛假意識」，而進行社會控制。選項 (B)、(D) 屬之。
   (2) 福利國家本身充滿矛盾關係：歐康納（O'Connor）認為福利國家面對兩個基本且互相矛盾的功能：資本累積（accumulation）與合法性（legitimation）。國家一方面須提供福利與利益俾利私人獲利，但又必須增進資本主義的社會接受度，他認為兩者是不可能同時達成的。因為忽略了資本主義資本累積功能必然使得資本家的獲利較低，苦了經濟成長率，但少了合法性，必然傷害到國家的公眾形象，降低國家統治的正當性。社會服務因此被整合入資本主義體系裡，扮演拯救經濟與政治的生存，但是，為了擴大社會服務的結果，必然造成國家財政的危機。選項 (A) 屬之。

3. B　自由主義係由洛克及亞當史密斯的人所主張，支持個人信仰自由、社會

改革、言論自由、普及參政權、自由競爭、人道主義、小政府、反歧視與剝削、個人選擇及君主與教會專制思潮。在第二次世界大戰後，不但支持市場經濟，且更加放任、主張極端自由主義、自由選擇、政府、市場至上、反對干預，海耶克與佛利曼等為代表人物，是為新自由主義（neo-liberalism）。其中，海耶克在其《到奴役之路》（The Road to Serfdom）一書中，就實行政府管控的計劃經濟發出警告，認為此舉必將導向極權暴政。

4. B （1）規範性需求（normative need）：即專家學者所界定的需求，係依據現有之資料作為規劃之基礎。
（2）表達性需求（expressed need）：即有需求者實際嘗試或接受滿足需求的服務。方案規劃者以實際尋求協助的人數來界定需求。優點是著重人們將感受實際轉化成行動的情況，而未滿足的需求或要求，自然而然就成為規劃所要改變的標的。題意所述屬之。
（3）比較性需求（relative need）：亦稱為相對性需求。亦即比較類似的情境與服務差距所存在的需求。
（4）感覺性需求（perceived need）：即標的人口群透過想像與感受覺知的需求。人們透過想像和感受來覺知自己有何種需求。

5. D 1795年，伯克謝爾郡（Berkeshire County）的「貧民監護官」集會於史賓漢蘭（Speenmland），倡議史賓漢蘭制（Speenhamland System），決定實施普及的食物量表（a table of universal practice），以家庭維持基本生計（subsistence）所需的麵包價格為基準來救濟貧民，這就是所謂的麵包量度（bread scale）。也就是依家庭規模大小，計算應得多少救濟金。選項(D)有誤，所述非「伊莉莎白43號」法案的相關措施。

6. C 美國在1965年7月30日，身為民主黨的總統詹森（Lyndon Baines Johnson）在推動「偉大社會」（Great Society）「向貧窮宣戰」（war on poverty）的政令期間簽訂了推動兩種屬於社會福利的健康保險：(1) Medicare：主要服務65歲以上老人與身心障礙人士；(2) Medicaid：主要提供低收入戶、孕婦與孩童健康保險（選項(C)有誤）。

7. C 福利提供的組成與結構：
（1）付費者或福利資源提供者：是指最終、實際支付社會福利代價及資源的人或組織。選項(A)屬之。

(2) 福利接受者或使用者：是指最後的福利使用者，也是真正獲得福利的人。選項 (B) 屬之。
(3) 福利的提供者：是指那些將福利資源或服務交到福利使用者，或接受者手上的專業者或福利組織。
(4) 移轉機制：是指收集資源及進行資源分配的機制。移轉機制可包括既存的社會制度，與為社會福利而存在的社會制度（和組織）兩種。選項 (D) 屬之。

8. C 家庭務實主義（family pragmatists）者主張這些家庭改變是社會大趨勢變動的一部分，已經難以回復。所以，政策應朝向接納與支持這些新的家庭形式。此一觀點強調，家庭功能與結構的改變，是一種跨越國家、界限、長期的變動，是社會結構變遷的一環，並非特定國家、團體、個人的意志、詮釋或偏好所可以轉變的。因此，政策的目的應該是在調適及適應實際上的變化。進言之，政策的關注應該是使男人與女人在父母角色功能及在工作上都有平等的機會，男人與女人都應該是家庭的家計所得者（breadwinners），也都是家庭的照顧者。所以，調整家庭與工作生活的方式有父母的親職假、國家提供給兒童的補助與津貼、對部分工時工作者亦有平等機會享有福利等。選項 (C) 有誤。

9. A 英國學者提墨斯（Richard Titmuss）1958 年〈福利的社會分工〉的論文（Social Division of Welfare），社會分工形式包括：社會福利、財稅福利、職業福利。

10. C 2010 年英國卡麥隆政府上臺，開啟「大社會」計畫，藉由社區與志願服務團體培力、公民投入社會行動、開放參與公共服務執行等措施，建立道德經濟學的道路。卡麥隆對於強大社會、家庭與社區的重視，以及強調慈善機構、自助團體及志願服務組織，讓公民社會成為管制性政府官僚及競爭性市場機制的另一力量。

11. B 福利國家私有化被支持的理由：
(1) 競爭有助於提高效率。選項 (A)、(C) 有誤。
(2) 助長私人投資。公部門的支出轉移給私人自行儲蓄或投資，有助於資本形成。
(3) 服務較具彈性，吻合各種不同團體的需求。選項 (D) 有誤。
(4) 增加消費者的選擇自由。

(5) 民間組織的技術性往往先進於政府機構。
(6) 民間提供的服務成本較低。
(7) 可以激發社區居民的參與意識。

12. A 家庭暴力防治法第 11 條規定，保護令之聲請，由被害人之住居所地、相對人之住居所地或家庭暴力發生地之地方法院管轄；同法第 14 條規定，法院於審理終結後，認有家庭暴力之事實且有必要者，應依聲請或依職權核發保護令。

13. C 有鑑於公共行政長期以來向管理主義過分傾斜的危機，有志之士不斷呼籲致力尋找新的公共行政價值，重建社群主義與憲政精神，藉以矯治過分偏重管理主義的不當價值傾向。因此，Denhardt 整合相關論點提出新公共服務之論述，明確指陳當代政府民主治理的七項核心命題：（1）是服務，而不是主導；（2）公共利益是主產品，而非副產品；（3）要有策略性思考，也要有民主化行動；（4）要服務公民，而非討好顧客；（5）釐清責任並不容易；（6）人的價值遠勝於生產力；（7）公民主義與公共服務的價值遠勝於企業精神，來試圖扭轉並矯正管理主義重市場而輕公共服務、重短期資源效率而輕長期社會公共利益的失衡發展。

14. A

比較項目	行政	管理	治理／網絡治理
理論觀點	社會民主觀點	新右派	第三路線
政策導向	福利國家	福利多元主義	最佳價值
行為主體	公部門	民間／私部門	公＋私＋公民團體
供給取向	標準／程序	效率／產出（選項）	效能／影響（選項）
關鍵人物	科層／專業人員	管理者	網絡夥伴
政府的角色	划槳者	導航者	協力夥伴

比較項目	行政	管理	治理／網絡治理
使用者的角色	案主	顧客	公民
經營／責信方式	層級節制	市場考驗	績效／目標導向
政策結果	政府／科層失靈	準市場失靈	社會融合

15. A 歐康納從馬克思的經濟分類觀點，將國家支出分成「社會資本」（social capital）與「社會費用」（social expensive）兩種形式。「社會資本」的支出目的是為了促進資本累積，「社會費用」則是用於獲取國家的合法性，不過這種支出卻會帶來財務危機，因為政府的財務支出往往較收益來得快速，使得國家在收支之間產生結構性的落差。歐康納認為，某些教育支出構成了社會投資，由於它提升了勞動生產力；而某些則非如此。社會保險方案有助於勞動力的再生產（即社會消費），另一方面，「對貧民的所得補助有助於安撫與控制剩餘人口」（即社會費用）。

16. C 責信的面向：
    (1) 誰的責信？──責任歸於何處？可能包括：政務官，例如相關部會首長；委任高級文官，例如文官體系中的「會計官員」（accounting officer）；地方經理人（local managers），例如地方政府機構或醫院信託的執行長；個別工作人員，例如醫師、社會工作師。選項 (A) 有誤。
    (2) 對什麼事的責信？──用什麼準則來判斷？可能包括：經費支出的廉潔；遵守專業標準；投資效益（value for money）；組織績效；政策目標的達成。選項 (B) 有誤。
    (3) 對誰的責信？可能包括：對上（對上級主管、執行長及民意代表）；對下（對當地社區、民眾或服務使用者）；平行（對同儕、夥伴或同事）；對外（對透過市場做選擇的顧客）；對內（對自己的正直感與道德觀）。選項 (C) 正確。
    (4) 責信透過什麼手段？──如何讓人負起責任？可以施加什麼制裁？可能包括：報告，例如透過年度報告「給個交代」；稽核，例如查帳

或檢查績效統計量度；審查，例如教育標準局或社會服務監察局的訪視；民主程序，例如選舉。選項 (D) 有誤。

17. C 社會安全制度所提供的形式，包括：現金給付、實物給付、代券等。選項 (C) 有誤。

18. D 選項 (D) 有誤。社會津貼的財源通常來自稅收。

19. C （1）長期照顧服務法第 15 條規定，中央主管機關為提供長照服務、擴增與普及長照服務量能、促進長照相關資源之發展、提升服務品質與效率、充實並均衡服務與人力資源及補助各項經費，應設置特種基金。基金之來源如下：
①遺產稅及贈與稅稅率由百分之十調增至百分之二十以內所增加之稅課收入。
②菸酒稅菸品應徵稅額由每千支（每公斤）徵收新臺幣五百九十元調增至新臺幣一千五百九十元所增加之稅課收入。
③政府預算撥充。
④菸品健康福利捐。選項 (A) 屬之。
⑤捐贈收入。
⑥基金孳息收入。選項 (D) 屬之。
⑦其他收入。
（2）依據長期照顧服務申請及給付辦法，長照給付對象使用長照服務，應依長照身分別，自行負擔一定比率之金額（即為部分負擔、使用者付費）。所以，使用者付費亦為長照 2.0 的財源方式之一。選項 (B) 屬之。

20. C Esping-Andersen 分析指出，50 年代福利國家的危機內涵是通貨膨脹與災害，而 60 年代則是所得不均與過度科層，而 70-80 年代中，停滯性通貨膨脹、失業、政府超荷（overload）與後物質主義則成為主要的危機，到了 90 年代以後，全球化、失業、不平等與社會排除（social exclusion）、家庭不穩定的變遷成為主要的危機與挑戰（選項 (C) 不屬之）。

21. C 老人福利法第 11 條規定，老人經濟安全保障，採生活津貼、特別照顧津貼、年金保險制度方式，逐步規劃實施。選項 (C) 屬之。

22. A　選項 (A) 正確。老人福利法第 13 條規定，老人有受監護或輔助宣告之必要時，直轄市、縣（市）主管機關得協助其向法院聲請。受監護或輔助宣告原因消滅時，直轄市、縣（市）主管機關得協助進行撤銷宣告之聲請。

23. A　長期照顧服務機構設立標準第 14 條規定，社區式及住宿式長照機構，每聘滿社會工作人員四人者，應有一人以上領有社會工作師證書及執業執照。

24. C　兒童及少年福利與權益保障法第 26 條規定，居家式托育服務提供者應為成年（選項 (A) 屬之），並具備下列資格之一：
　（1）取得保母人員技術士證。選項 (D) 屬之。
　（2）高級中等以上學校幼兒保育、家政、護理相關學程、科、系、所畢業。選項 (C) 有誤。
　（3）修畢托育人員專業訓練課程，並領有結業證書。選項 (B) 屬之。

25. B　兒童及少年福利與權益保障法第 75 條規定，兒童及少年福利機構分類如下：
　（1）托嬰中心。題意①屬之。
　（2）早期療育機構。
　（3）安置及教養機構。
　（4）心理輔導或家庭諮詢機構。題意④屬之。
　（5）其他兒童及少年福利機構。

26. C　身心障礙者權益保障法第 50 條規定，直轄市、縣（市）主管機關應依需求評估結果辦理下列服務，提供身心障礙者獲得所需之個人支持及照顧，促進其生活品質、社會參與及自立生活（選項 (C) 不屬之）：
　（1）居家照顧。
　（2）生活重建。
　（3）心理重建。
　（4）社區居住。
　（5）婚姻及生育輔導。
　（6）日間及住宿式照顧。
　（7）家庭托顧。
　（8）課後照顧。

(9)自立生活支持服務。
(10)其他有關身心障礙者個人照顧之服務。

27 C (1)身心障礙者權益保障法第3條規定，中央主管機關掌理下列事項：
A. 全國性身心障礙福利服務權益保障政策、法規與方案之規劃、訂定及宣導事項。
B. 對直轄市、縣（市）政府執行身心障礙福利服務權益保障之監督及協調事項。
C. 中央身心障礙福利經費之分配及補助事項。
D. 對直轄市、縣（市）身心障礙福利服務之獎助及評鑑之規劃事項。
E. 身心障礙福利服務相關專業人員訓練之規劃事項。選項 (A) 屬之。
F. 國際身心障礙福利服務權益保障業務之聯繫、交流及合作事項。選項 (D) 屬之。
G. 身心障礙者保護業務之規劃事項。
H. 全國身心障礙者資料統整及福利服務整合事項。選項 (B) 屬之。
I. 全國性身心障礙福利機構之輔導、監督及全國評鑑事項。
J. 輔導及補助民間參與身心障礙福利服務之推動事項。
K. 其他全國性身心障礙福利服務權益保障之策劃及督導事項。

(2)身心障礙者權益保障法第4條規定，直轄市、縣（市）主管機關掌理下列事項：
A. 中央身心障礙福利服務權益保障政策、法規及方案之執行事項。
B. 直轄市、縣（市）身心障礙福利服務權益保障政策、自治法規與方案之規劃、訂定、宣導及執行事項。
C. 直轄市、縣（市）身心障礙福利經費之分配及補助事項。
D. 直轄市、縣（市）身心障礙福利服務之獎助與評鑑之規劃及執行事項。
E. 直轄市、縣（市）身心障礙福利服務相關專業人員訓練之規劃及執行事項。
F. 身心障礙者保護業務之執行事項。
G. 直轄市、縣（市）轄區身心障礙者資料統整及福利服務整合執行事項。
H. 直轄市、縣（市）身心障礙福利機構之輔導設立、監督及評鑑事項。

I. 民間參與身心障礙福利服務之推動及協助事項。選項 (C) 屬之。
J. 其他直轄市、縣（市）身心障礙福利服務權益保障之策劃及督導事項。

28. B 身心障礙者權益保障法第 10 條規定，主管機關應遴聘（派）身心障礙者或其監護人代表、身心障礙福利學者或專家、民意代表與民間相關機構、團體代表及各目的事業主管機關代表辦理身心障礙者權益保障事項；其中遴聘身心障礙者或其監護人代表及民間相關機構、團體代表之比例，不得少於三分之一。前項之代表，單一性別不得少於三分之一。選項 (B) 不屬之。

29. B 家庭暴力防治法第 50 條規定，醫事人員、社會工作人員、教育人員、教保服務人員、保育人員、警察人員、移民業務人員及其他執行家庭暴力防治人員，於執行職務時知有疑似家庭暴力情事，應立即通報當地直轄市、縣（市）主管機關，至遲不得逾二十四小時。

30. D 家庭暴力防治法第 15 條規定，通常保護令之有效期間為二年以下，自核發時起生效。通常保護令有效期間屆滿前，當事人或被害人得聲請法院撤銷、變更或延長之；保護令有效期間之延長，每次為二年以下。選項 (D) 有誤。

31. D 現金式服務為發放現金的社會福利給付形式。提供人民現金式福利，可以節省政府行政處理、審查與規範服務供給者（不論此供給者是政府或是民間單位）的行政成本，福利享有者可保有自由使用權、選擇性多、可獲得最大效用的滿足，及保有較高的自尊，並可減少恥辱烙印感。選項 (D) 有誤。

32. D 社會救助法第 8 條規定，依本法或其他法令每人每月所領取政府核發之救助總金額，不得超過當年政府公告之基本工資。

33. D 社會工作師法第 17-3 條規定：
（1）社會工作師移付懲戒事件，由社會工作師懲戒委員會處理之。選項 (A) 正確。
（2）社會工作師懲戒委員會應將移付懲戒事件，通知被付懲戒之社會工作師，並限其於通知送達之翌日起二十日內提出答辯或於指定期日到會陳述；未依限提出答辯或到會陳述者，社會工作師懲戒委員會

得逕行決議。選項 (B) 正確。
(3) 被懲戒人對於社會工作師懲戒委員會之決議有不服者，得於決議書送達之翌日起二十日內，向社會工作師懲戒覆審委員會請求覆審。選項 (C) 正確。
(4) 社會工作師懲戒委員會、社會工作師懲戒覆審委員會之懲戒決議，應送由該管主管機關執行之。
(5) 社會工作師懲戒委員會、社會工作師懲戒覆審委員會之委員，應就不具民意代表身分之社會工作、法學專家學者及社會人士遴聘之，其中法學專家學者及社會人士之比例不得少於三分之一。選項 (D) 有誤。

34. B 公益勸募條例第 19 條規定：
(1) 勸募團體辦理勸募活動所得財物，應依主管機關許可之勸募活動所得財物使用計畫使用，不得移作他用。選項 (A)、(C) 有誤；(B) 正確。
(2) 如有賸餘，得於計畫執行完竣後三個月內，依原勸募活動之同類目的擬具使用計畫書，報經主管機關同意後動支。
(3) 前項之賸餘款項再執行期限，不得超過三年。選項 (D) 有誤。

35. A 特殊境遇家庭扶助條例第 4 條規定，本條例所稱特殊境遇家庭，指申請人其家庭總收入按全家人口平均分配，每人每月未超過政府當年公布最低生活費二點五倍及臺灣地區平均每人每月消費支出一點五倍，且家庭財產未超過中央主管機關公告之一定金額，並具有下列情形之一者：
A. 六十五歲以下，其配偶死亡，或失蹤經向警察機關報案協尋未獲達六個月以上。選項 (B) 有誤。
B. 因配偶惡意遺棄或受配偶不堪同居之虐待，經判決離婚確定或已完成協議離婚登記。
C. 家庭暴力受害。選項 (A) 屬之。
D. 未婚懷孕婦女，懷胎三個月以上至分娩二個月內。選項 (C) 有誤。
E. 因離婚、喪偶、未婚生子獨自扶養十八歲以下子女或祖父母扶養十八歲以下父母無力扶養之孫子女，其無工作能力，或雖有工作能力，因遭遇重大傷病或照顧六歲以下子女或孫子女致不能工作。
F. 配偶處一年以上之徒刑或受拘束人身自由之保安處分一年以上，且在執行中。選項 (D) 有誤。

G. 其他經直轄市、縣市政府評估因三個月內生活發生重大變故導致生活、經濟困難者，且其重大變故非因個人責任、債務、非因自願性失業等事由。

36. D （1）104年12月23日公布之性侵害犯罪防治法第7條規定，各級中小學每學年應至少有四小時以上之性侵害防治教育課程。前項所稱性侵害防治教育課程應包括：
A. 兩性性器官構造與功能。
B. 安全性行為與自我保護性知識。
C. 性別平等之教育。
D. 正確性心理之建立。
E. 對他人性自由之尊重。
F. 性侵害犯罪之認識。
G. 性侵害危機之處理。
H. 性侵害防範之技巧。
I. 其他與性侵害有關之教育。
（2）112年2月15日公布之性侵害犯罪防治法第9條規定，高級中等以下學校每學期應實施性侵害防治教育課程，至少二小時。前項性侵害防治教育課程，應包括：
A. 他人性自主之尊重。
B. 性侵害犯罪之認識。
C. 性侵害危機之處理。
D. 性侵害防範之技巧。
E. 其他與性侵害防治有關之教育。
（3）本題為113年第1次專技社工師考試，命題題目未更新，引用舊法規之條文加以命題，命題有誤。

37. B （1）志願服務法第14條規定，志工應有以下之權利：
A. 接受足以擔任所從事工作之教育訓練。
B. 一視同仁，尊重其自由、尊嚴、隱私及信仰。選項 (A) 屬之。
C. 依據工作之性質與特點，確保在適當之安全與衛生條件下從事工作。選項 (D) 屬之。
D. 獲得從事服務之完整資訊。選項 (C) 屬之。

E. 參與所從事之志願服務計畫之擬定、設計、執行及評估。
(2) 志願服務法第 15 條規定，志工應有以下之義務：
A. 遵守倫理守則之規定。
B. 遵守志願服務運用單位訂定之規章。選項 (B) 屬之。
C. 參與志願服務運用單位所提供之教育訓練。
D. 妥善使用志願服務證。
E. 服務時，應尊重受服務者之權利。
F. 對因服務而取得或獲知之訊息，保守秘密。
G. 拒絕向受服務者收取報酬。
H. 妥善保管志願服務運用單位所提供之可利用資源。

38. A 國民年金法第 40 條規定，被保險人死亡者、符合規定而未及請領老年年金給付前死亡者，或領取身心障礙或老年年金給付者死亡時，遺有配偶、子女、父母、祖父母、孫子女或兄弟、姊妹者，其遺屬得請領遺屬年金給付。前項遺屬年金給付條件如下：
(1) 配偶應年滿五十五歲且婚姻關係存續一年以上。但有下列情形之一者，不在此限：
A. 無謀生能力。
B. 扶養第三款規定之子女者。
(2) 配偶應年滿四十五歲且婚姻關係存續一年以上，且每月工作收入未超過其領取遺屬年金給付時之基本工資。
(3) 子女應符合下列條件之一。但養子女須有收養關係六個月以上：
A. 未成年。
B. 無謀生能力。
C. 二十五歲以下，在學，且每月工作收入未超過其領取遺屬年金給付時之基本工資。
(4) 父母及祖父母應年滿五十五歲，且每月工作收入未超過其領取遺屬年金給付時之基本工資。
(5) 孫子女應受被保險人扶養，並符合下列條件之一（選項 (A) 有誤）：
A. 未成年。
B. 無謀生能力。
C. 二十五歲以下，在學，且每月工作收入未超過其領取遺屬年金給付時之基本工資。

（6）兄弟、姊妹應受被保險人扶養，並符合下列條件之一：
　　A. 未成年。
　　B. 無謀生能力。
　　C. 年滿五十五歲，且每月工作收入未超過其領取遺屬年金給付時之基本工資。

39. C （1）長期照顧服務法第 8-1 條規定，照管中心或直轄市、縣（市）主管機關應評估結果，按民眾失能程度核定其長照需要等級及長照服務給付額度。民眾使用長照服務，應依核定之長照服務給付額度自行負擔一定比率或金額。選項 (A)、(B) 有誤。
（2）低收入戶使用長照服務，免負擔一定比例的自付費用。選項 (D) 有誤。

40. B 長期照顧服務機構法人條例第 11 條規定，長照機構法人之董事會，每半年至少開會一次，由董事長召集之。必要時，得召開臨時會議。

Note.

國家圖書館出版品預行編目資料

社會政策與社會立法(含概要)/陳思緯編著.
——十二版.——臺北市：考用出版股份有
限公司, 2024.07
　面；　公分
ISBN 978-986-5525-95-8（平裝）

1.CST: 社會政策　2.CST: 社會福利

549.1　　　　　　　　113006188

4K65

社會政策與社會立法(含概要)

編　著　者	陳思緯(272.7)
企劃主編	李貴年
責任編輯	李敏華、何富珊
文字校對	陳俐君
封面設計	陳亭瑋、封怡彤
出　版　者	考用出版股份有限公司
發　行　人	楊榮川
總　經　理	楊士清
總　編　輯	楊秀麗
地　　　址	臺北市大安區106和平東路二段339號4樓
電　　　話	02-27055066（代表號）
傳　　　真	02-27066100
網　　　址	https://www.wunan.com.tw
電子郵件	wunan@wunan.com.tw
劃撥帳號	01068953
戶　　　名	五南圖書出版股份有限公司
法律顧問	林勝安律師
出版日期	2013年4月初版一刷
	2020年11月九版一刷
	2022年2月十版一刷
	2023年5月十一版一刷
	2024年7月十二版一刷
定　　價	新臺幣660元

※版權所有・欲利用本書內容，必須徵求本公司同意※

經典永恆・名著常在

五十週年的獻禮——經典名著文庫

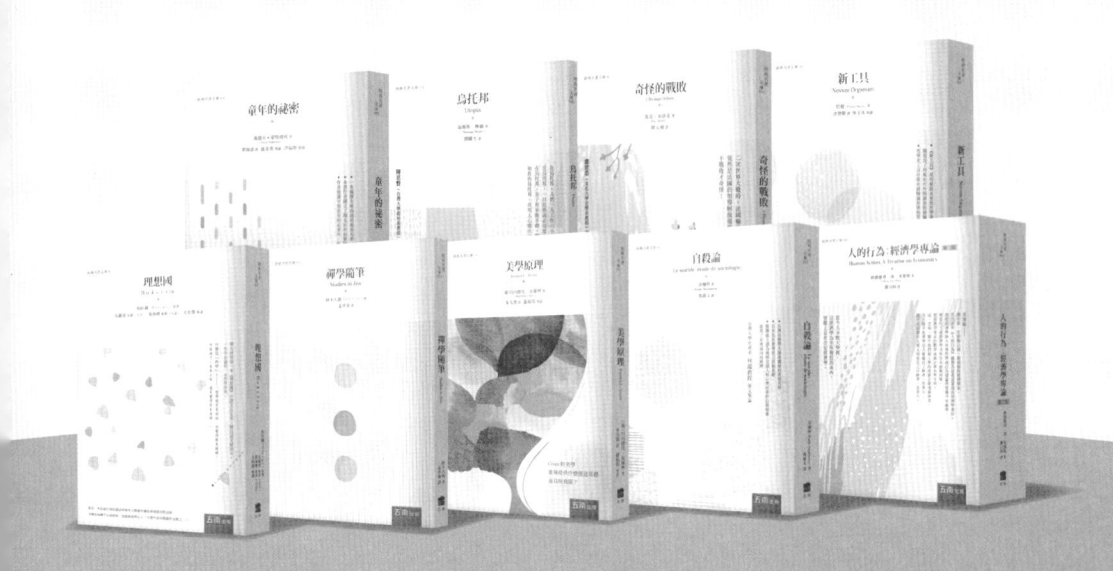

五南，五十年了，半個世紀，人生旅程的一大半，走過來了。
思索著，邁向百年的未來歷程，能為知識界、文化學術界作些什麼？
在速食文化的生態下，有什麼值得讓人雋永品味的？

歷代經典・當今名著，經過時間的洗禮，千錘百鍊，流傳至今，光芒耀人；
不僅使我們能領悟前人的智慧，同時也增深加廣我們思考的深度與視野。
我們決心投入巨資，有計畫的系統梳選，成立「經典名著文庫」，
希望收入古今中外思想性的、充滿睿智與獨見的經典、名著。
這是一項理想性的、永續性的巨大出版工程。
不在意讀者的眾寡，只考慮它的學術價值，力求完整展現先哲思想的軌跡；
為知識界開啟一片智慧之窗，營造一座百花綻放的世界文明公園，
任君遨遊、取菁吸蜜、嘉惠學子！